U0905597

魏晋南北朝美育思想研究

卢政　祝亚楠

著

齐鲁书社

图书在版编目（CIP）数据

魏晋南北朝美育思想研究／卢政，祝亚楠著．—济南：齐鲁书社，2015.12

ISBN 978－7－5333－3450－5

Ⅰ.①魏…　Ⅱ.①卢…　②祝…　Ⅲ.①美育—思想史—研究—中国—魏晋南北朝时代　Ⅳ.①G40－014

中国版本图书馆 CIP 数据核字(2015)第 296744 号

魏晋南北朝美育思想研究

卢政　祝亚楠　著

主管单位　山东出版传媒股份有限公司
出版发行　齐鲁书社
社　　址　济南市英雄山路 189 号
邮　　编　250002
网　　址　www.qlss.com.cn
电子邮箱　qilupress@126.com
营销中心　(0531)82098521　82098519
印　　刷　山东天马旅游印务有限公司
开　　本　880mm×1230mm　1/32
印　　张　13.5
插　　页　2
字　　数　304 千
版　　次　2015 年 12 月第 1 版
印　　次　2015 年 12 月第 1 次印刷
标准书号　ISBN 978－7－5333－3450－5
定　　价　**48.00 元**

目 录
Contents

绪 论

魏晋南北朝(公元220~589年),又称三国两晋南北朝,它是中国历史上的一个特殊阶段,上接秦汉,下启隋唐,是介于两个统一帝国之间的分裂动荡时期,同时也是继承秦汉的历史遗产、孕育隋唐文化高峰的时期。这个时期共369年,自公元220年曹丕建立魏(曹魏)开始,到589年隋朝灭南朝陈而重新统一结束。这个时期大致分为三国时期(以曹魏正统,蜀汉与孙吴并立)、西晋时期、东晋与十六国时期、南北朝时期(南朝与北朝对立时期,共150年)。另外,位于江南,建都在建康(孙吴时为建业,即今天的南京)的孙吴、东晋以及南朝的宋、齐、梁、陈等六个国家又统称为六朝。

魏晋南北朝是一个社会大动荡、民族大融合的时期,更是一个文化大发展的时期、一个充满活力的艺术创新的时期。

魏晋南北朝"是中国美学的自觉期,亦是中国美育理论的发展分化期”①,是中国美育发展史上一个承上启下、走向繁荣的转折时期。

从一定意义上讲,中国古代美育思想的核心是“致中和”,注重美善统一,美育与德育、智育的统一,是一种建立在“天人合一”文化理念基础之上的、以儒家礼乐教化思想为主体的“中和论”美育观。在漫长的封建社会中,统治者普遍意识到只有使老百姓具有了符合封建统治要求的道德规范和良好“资质”,方能有效地施行政令律法的管理与约束,于是美育便成为统治阶级理政御民的治理策略中重要的一环。在这期间,虽然有起落、有反复,但儒家美育所倡导的以德治国、礼乐并举、中和位育思想一直延续了下来,历代文人知识分子都主张用使人欢快、使人乐于接受、为“人情之所必不免”(《荀子·乐论篇》)的“乐教”“诗教”来陶冶人心、塑造人性。到了近现代,许多美学家和教育家如蔡元培、朱光潜等也都继承了这一观点,在审美教育的实践中将艺术作为道德教育和政治变革的重要手段。

魏晋南北朝是中国古代“中和论”美育观发展、深化和发生转向的重要阶段,有承传,也有开拓。中国传统美育思想原有的发展轨迹,无论是在美育思想基础或美育精神方面,在这个时期都发生了新的转换,出现了一些新的因素。这一时期,由于儒学日益衰落,道家、佛家又先后崛起,遂使两汉时期形成的儒术独尊的旧的思想格局被彻底打破,代之以援道入儒,佛玄双流,乃至儒释道三家相互融摄、协调发展的新的思想格局,从而成为隋唐和隋唐以后中国传统美育思想发展演变的基本趋势。

---

① 钟仕伦:《魏晋南北朝时期美育思想述略》,《西南民族大学学报》(人文社科版)2007 年第 10 期。

一

中国古人历来重视美德、美行，在几千年的漫长历史进程中，美育始终融会、贯穿于中国传统教育的各个方面。从上古“先王乐教”到儒家的礼乐教化一直到今天我国的社会主义教育事业，美育都是不可忽视的重要内容。

中国古代美育思想源远流长，内容丰富。虽然各个时代的美育思想由于受到当时的经济发展水平、政治制度、哲学思潮、伦理道德、教育理念、审美意识等的影响而呈现出不同的特点，但是从整体上看，中国古代美育的发展一直贯穿着“中和”观念。“中和”既是中国古代美育的内容，也是中国古代美育的手段，更是中国古代美育的目标。所以，当代美学家曾繁仁先生提出了“中和论”美育观的概念，他认为中国古代美育思想的核心是“致中和”，是一种建立在“天人合一”文化理念基础之上的“中和论”美育观。①

从一定意义上讲，中国古代美育源于上古“先王乐教”的传统。《尚书·尧典》中记载：“帝曰：‘夔！命汝典乐，教胄子，直而温，宽而栗，刚而无虐，简而无傲。诗言志，歌永言，声依永，律和声。八音克谐，无相夺伦，神人以和。’”这段文字被很多人认为是有关中国古代美育思想的最早文献。此外，《吕氏春秋·古乐》《周易》《史记·乐书》《礼记·乐记》等也有类似的关于“先王乐教”的记载。曾繁仁先生以两汉为界限，将中国古代美育史划分为两个阶段，有学者分别将其称之为“主体成熟期”和“观念

---

① 参阅曾繁仁：《美育十五讲》，北京大学出版社 2012 年版，第 275～293 页。

建构期”,学者认为“主体成熟期”又可进一步分为不自觉的美育活动和自觉的美育活动两个阶段,其中不自觉的美育活动是美育思想的起源阶段,这一阶段的美育活动与原始宗教活动即巫术礼仪有着密不可分的关系。① 早期人类主要通过巫术礼仪和诗、乐、舞表达对自然和自身的认识,并未有意识地将其与教育合并,但是它为美育思想的产生提供了观念支撑和历史。因此,从某种角度而言,中国上古时期已然出现了审美教育的萌芽,“先王乐教”可以被认为是中国古代美育的早期形态。

如果说中国古代美育思想观念源自上古的“先王乐教”及西周“制礼作乐”的传统,那么其发端则是春秋时期的说“礼”论“乐”风潮。春秋时期,在“礼崩乐坏”的文化背景下,上古以来的礼乐教化美育传统遭到来自道、墨、法诸家的激烈批判以致否定。但以孔子为代表的儒家始终坚持以诗、书、礼、乐为主,对诗、礼、乐等的美育功能、意义做出了丰富的理论阐述,同时又积极参与与道、墨、法诸家的礼乐论辩。

西汉武帝时期,儒家思想得到了官方认可从而使其正统地位得以确立。董仲舒独尊儒术,其美育思想也承袭了儒家的观点,并一直延续了两千多年,儒家美育思想也由此成为了中国古代美育的主流观念。也是在西汉时期,中国第一部系统阐述美育思想的专著《乐记》成书②,它标志着中国古代美育思想走向

---

① 参阅郑玉和:《曾繁仁“中和论”美育思想研究》,山东大学2009年硕士学位论文。

② 关于《乐记》的成书时间,历来有两种不同的说法:一种说法是《乐记》为战国时期孔子的再传弟子公孙尼子所作;一种说法是《乐记》为西汉刘向、刘歆父子校先秦古籍所得。目前学术界比较公认的观点是《乐记》成书于汉代,但其思想资料来源于先秦诸子言乐事者。

了成熟。《乐记》较为系统地对先秦以来的乐教思想进行了梳理和总结,同时对汉代学者在美育方面的思想成果也有所介绍和反映。《乐记》奠定了中国古代美育的基本观念和发展方向,其后的中国古代美育基本上是承袭了其基本理念和思想主旨而不断拓展和完善的。可以说,从孔子、孟子到荀子以及汉代的《乐记》等,使得以礼乐教化为基本观念的美育思想逐步形成并得以确立。

汉末动乱的社会局势使儒家对个人行为的规范和要求变得苍白无力,因为它对社会的解释已经被动乱的社会现实粉碎。在这种局势之下,以老庄为代表的道家思想又一次回到了人们的视野,“这是由于道家思想对人世黑暗和人生痛苦的愤激批判,以及对超越这种黑暗和痛苦的个体自由(尽管是单纯精神上的自由)的追求,刚好符合于亲身经历并体验到儒家思想的虚幻和破灭的门阀世族的心理”①。与此同时,佛教的影响也日益扩大。于是在魏晋南北朝时期逐渐形成了儒、道、佛并存的思想格局。在此种情形下,魏晋玄学应运而生,儒家的入世观念逐渐被“越名教而任自然”②思想所取代。玄学与佛学唤起了人们对人格与精神的探求,魏晋人喜清谈、嗜书画、比风度、游山水,他们以审美的眼光看待世界,这与先秦儒家重德行的美育观形成了巨大的差别,极大地影响了中国古代“中和论”美育思想的价值取向和审美追求。无论是曹丕的《典论·论文》,还是嵇康的《声无哀乐论》以及顾恺之等人的画论,无一不是一种主体审美理想

① 李泽厚、刘纲纪主编:《中国美学史》(魏晋南北朝编上),安徽文艺出版社1999年版,第6页。

② 戴明扬:《嵇康集校注》,人民文学出版社1962年版,第234页。

的反映与表现。在这种思潮的影响下，魏晋时期的美育观发生了巨大的变化。但是它所强调的主体自身的审美修养和审美追求，仍与儒家美育思想是一致的。

在结束了魏晋南北朝三百余年的分裂局面后，隋唐的统一使得包括文化在内的各项社会活动达到了一个历史高峰，唐代诗歌的繁荣使“诗教”传统得以进一步延续。宋明时期，统治者虽然进一步加强了中央集权，但是整个社会却面临着严重的危机，在这种形势下，封建知识分子们日益深切关注社会现实，理学逐渐成为官方哲学。宋明理学家主张恢复孔孟儒家思想的正统地位，其中最重要的举措就是将传统形而下的儒家伦理思想上升为形而上的本体论思想体系，儒家美育思想于是在中国封建社会后期得到了继承和发展，并最终成为巩固封建社会统治秩序的强大精神支柱和重要手段。

二

“‘中和论’美育”概念的提出者是当代著名美学家曾繁仁先生，这一概念的明确提出是对中国古代美育思想的核心与特征问题的深刻把握。他认为中国古代美育思想的核心是“致中和”，是一种建立在“天人合一”文化理念基础之上的“中和论”美育观。曾繁仁先生提出的这一理论命题将美育的深刻内涵融入到中国古代哲学、伦理学、美学以及文艺学、教育学等学科的价值观念中，不仅对美育学科建设是重要的理论贡献，对系统总结古代美育思想的理论成就并实现其现代价值也有重要意义。曾繁仁先生在其著述中一再指出，中国古典美育代表着更加深邃的21世纪的世界智慧。①

我们认为，中国古代美育思想的发展历程一直贯穿着曾先生所说的这种“中和论”理念。据《周礼》记载：大司徒“以五礼防万民之伪而教之中，以六乐防万民之情而教之和”（《周礼·地官·大司徒》）；“大司乐掌成均之法，以治建国之学政，而合国之子弟焉”，“以乐德教国子，中、和、祗、庸、孝、友”《周礼·春官·大司乐》）。“中”“和”主要是作为德行修养概念提出的，礼乐教化之目的就是培育“中”“和”等德行。前文所引《尚书·尧典》载舜命夔“典乐”“教胄子”，目的也是培养“直而温，宽而栗，刚而无虐，简而无傲”等包含“中和”精神的理想人格。《周礼》和《尚书》均有晚出之嫌，但在中国古代美育思想发轫的春秋时期，以“中”“和”论诗、礼、乐的现象确属常见。如据《左传·襄公十一年》记载，晋悼公曾以“如乐之和，无所不谐”比喻政治关系，将“和”“谐”视为乐的基本特征。再如《左传·僖公二十四年》也曾记载周大夫富辰有“耳不听五声之和为聋”的看法。因此，可以看出当时人们不仅把“中”“和”视为乐的基本特征，而且看到了“中”“和”在个人修养和政治关系中的作用。

春秋时期，人们论“乐”还以“中和”为审美评判的标准，如吴季札在鲁“观乐”“为之歌《豳》，曰：‘美哉！荡乎！乐而不淫，其周公之乐乎？’”“为之歌《颂》，曰：‘至矣哉！直而不倨，曲而不屈，迩而不逼，远而不携，迁而不淫，复而不厌，哀而不愁，乐而不荒，用而不匮，广而不宣，施而不费，取而不贪，处而不底，行而不流。’”（《左传·襄公二十九年》）季札的这些评语不仅与《尚

① 参阅曾繁仁：《走向二十一世纪的审美教育》，陕西师范大学出版社2002年版，第203～205页。

书·尧典》的“直而温”等说法有关，而且直接启发了孔子关于《关雎》“乐而不淫，哀而不伤”的论断。“中和”观念是孔子对礼乐教化的基本看法，如其论《韶》乐曰“尽善尽美”，论《武》乐曰“尽美矣，未尽善也”，论君子之修养曰“文质彬彬”“过犹不及”等。此后，荀子明确以“中和”论“乐”：“礼之敬文也，乐之中和也，《诗》《书》之博也，《春秋》之微也，在天地之间者毕矣。”成书于汉代的《礼记·乐记》也强调：“故乐者，天地之命、中和之纪，人情之所不能免也。”由此可见，中国古代美育思想的形成与“中和”观念存在着密不可分的联系。从另一角度而言，“中和”观念的一个重要来源就是春秋以来的乐论。《礼记·中庸》曰：“喜怒哀乐之未发，谓之中；发而皆中节，谓之和。”从这一经典论述中我们可以明显地看出“中和”观念的乐论渊源。

从一定意义上讲，中国古代“中和论”美育观以儒家礼乐教化思想为主体，同时坚持“儒道互补”的美育传统，注重美善统一，美育与德育、智育的统一。儒家美育在中国美育史上占有绝对优势，但儒学家偏执于人们的伦理道德情感的培养，强调“君子”人格的建构与“中庸”之道的践行，以至于他们所推崇的“美”往往被“善”同化、弱化以致被取消。这在道家美育的提倡者看来未免太功利了，因为它使人失去了个性的自由，为此道家对“美”采取了较为虚无的态度，认为应该“法自然”，使人达到超脱的精神境界。这样，儒家美育思想与道家美育思想在中国美育思想发展史上既相互制约，又互为补充。以儒家礼乐教化思想为基础的“儒道互补”的“中和论”美育传统不仅弱化了儒家的封建专制伦理色彩，同时又矫正了道家无为出世的消极观念。在漫长的发展历程中，“中和论”美育观又不断融入了禅宗等诸家思想。儒释道等各种思想观念在长期的反复辩论中对

"中和论"美育观的发展都产生了重要而复杂的影响作用，从而使其不断趋于成熟与完备。

以"中和论"为核心的中国古代美育思想充分体现了中国传统文化"天人合一"的根本精神，紧密联结着古代经济、政治、伦理、教育和艺术，它是中国古代哲学、政治学、伦理学、教育学、美学等多方面价值观念的集中体现。中国古代"中和论"美育思想的形成确立、发展演变是中国传统文化多学科共同作用的结果，主要体现在哲学美学和文艺美学两个基本层面。众所周知，中国先贤谈美、论艺很少作纯粹哲理性思考，而是强调文艺对世道人心的陶冶感化作用，或是在审美体验和艺术感悟中追求一种审美的自由境界，尤其重视审美与艺术对完美人格的陶冶作用以及对和谐社会的积极促进作用，这使得整个中国古代美学都具有了广义的美育特征。

三

魏晋南北朝是中国历史上社会大动荡、民族大融合、思想大解放、文化大发展的时期，在玄学、佛教等多种思想学说的共同影响下，逐渐形成了以"和"为核心的美育思想，使得中国古代"中和论"美育观发生了重要转向，并得以深化。

其一，汉末至南北朝约有四百年的历史，此间的社会政治制度对古代"中和论"美育思想的发展产生了重要影响。

东汉末年是宦官外戚专权最激烈的时代，由于皇帝的昏庸无能，政治权力落到了宦官手中，在内他们蒙蔽皇帝、杀害忠良，在外勾结外戚、豪族，结党营私，卖官鬻爵，穷凶极恶，无恶不作。朝廷政治的黑暗导致了风起云涌的农民起义，最著名的就是灵帝时期的号称有三十万之众的黄巾军大起义。在这种混乱的年代,不仅战乱、饥饿和死亡在无形中笼罩着人们,党祸更是迫害读书人最直接的手段,例如汉桓帝和汉灵帝时期发生的党祸,受到迫害和诛杀的读书人、正直官吏达九百多人。在这种社会背景下,手无缚鸡之力的读书人,为了保全性命,只能远离政治,隐名避世,寄情山水,谈玄说理。但是,政治的黑暗并不能扼杀一个时代的文化,正如宗白华所指出的:"汉末魏晋六朝是中国政治上最混乱、社会上最苦痛的时代,然而却是精神史上极自由、极解放,最富于智慧、最浓于热情的一个时代。因此也就是最富有艺术精神的一个时代。"①正是由于政治的黑暗,知识分子被迫远离朝堂,他们才能一心专注学问与艺术,这也造就了魏晋南北朝时期伟大的文化艺术宝库,促进了魏晋南北朝美育思想的极大发展。

魏晋南北朝时期的人才选拔制度和教育体制对"中和论"美育思想的发展、深化也产生了重要影响。首先,曹操颁布了求才三令,实行了新的选人用人制度。据《三国志·魏书》记载:建安十五年春,曹操下令:"自古受命及中兴之君,曷尝不得贤人君子与之共治天下者乎!及其得贤也,曾不出闾巷,岂幸相遇哉?上之人不求之耳。今天下尚未定,此特求贤之急时也!……二三子其佐我明扬仄陋,唯才是举,吾得而用之。"②曹操不仅将"才"作为选人用人的标准,而且是唯一标准。同时,他的"山不厌高,海不厌深,周公吐哺,天下归心"的诗句也反映了他对人才的急

① 宗白华:《美学散步》,上海人民出版社1981年版,第208页。

② 〔晋〕陈寿著,〔南朝宋〕裴松之注:《三国志》,中华书局1959年版,第32页。

切渴求。曹操唯才是举的人才选拔制度不仅将大量有用之才汇聚到其身边(如荀彧、荀攸、司马懿、程昱、贾诩、钟繇、戏志才、郭嘉以及杜畿等人),对于巩固其统治有重要的作用,而且打破了汉代独尊儒术的桎梏,打破了儒家以德治天下的传统,标志着政治社会道德思想上的大变革,为魏晋南北朝各种学术思想的活跃打下了政治制度上的坚实基础,更为中国古代美育思想的深化发展开辟了道路。其次,曹丕做魏王时,“制九品官人之法”,即把人才分为九品,唐代杜佑《通典·选举二》对其做了详细解释:“区别所管人物,定为九等。其有言行修著,则升进之,或以五升四,以六升五;倘或道义亏缺,则降下之,或则自五退六,自六退七矣。”①从其中的“言行修著”和“道义亏缺”,我们可以看出人的性行的善恶成为人才选拔的标准,这就标志着曹操唯才是举的人才选拔方法的终结。这时的以德选拔人才的方式,又将儒家伦理道德因素加载到政治生活中。其实这并不是独尊儒术的复兴,而是统治者为了巩固其封建统治必须与封建世族联合的结果。因为只有出身世族家族的人才能被定为上品,进入朝堂任高级官吏,这也形成了当时“上品无寒门,下品无势族”②的情形。封建世族掌握了国家政权,具备了良好的客观条件,非常重视家族教育,从而形成了魏晋南北朝的特殊的美育形式——家庭美育(家族美育),也极大促进了中国古代“中和论”美育思想的深化与发展。再次,国家教育体制也对魏晋南北朝时期美育思想的发展产生了重要的影响。魏晋南北朝时期的学

① 〔唐〕杜佑著,王文锦等点校:《通典》,中华书局 1988 年版,第 328 页。

② 〔唐〕房玄龄等撰:《晋书》,中华书局 1974 年版,第 1274 页。

校分为太学和国子学。魏文帝黄初五年(公元224年),立太学于洛阳。晋武帝泰始八年(公元272年),太学学生达到七千多人。西晋在太学之外,设立国子学,但是只有官宦之后才能进入国子学,而且父亲的官品必须在五品以上,可见国子学主要是为世族大家族设立。以后学校虽然兴兴废废、起起落落,但是官吏选拔依旧是由世族大家族举荐,因此学校在国家选拔人才方面的实绩并不突出。但是到梁武帝时,由国学出身并做官的人就已经很多了。虽然北朝时期人才选拔又进入了门资之争,但是梁武帝时期学校教育确实得到长足发展,并且不限制出身,如《隋书·百官志上》写道:"旧国子学生,限以贵贱,帝(梁武帝萧衍,引者注)欲招来后进,五馆生皆引寒门俊才,不限人数。"①学校教育的发展必然对美育思想的深化及美育的实施产生重要影响。

其二,除了政治方面的原因,魏晋南北朝时期社会思潮、学术思潮的新变化也对"中和论"美育思想的深化发展产生了重要影响。社会思潮、学术思潮的新变化主要表现为经学的退位、玄学的兴起和佛教的兴盛。

首先,自魏晋时期开始,传统儒学日渐衰微。作为两汉时期主要的学术潮流,经学是独尊儒术的产物,它以五经即《诗经》《尚书》《礼记》《易经》《春秋》为经典,通过对经典文本的解读、注释以传承儒家思想。西汉时期,董仲舒向汉武帝提议"罢黜百家,独尊儒术",从此确立了经学在两汉的统治地位。但是,两汉经学只承认儒学正统,五经的地位和内容都不允许质疑;只承认儒学是正确的、合理的,排斥一切非儒思想和学说。在统治阶级

① 〔唐〕魏徵等:《隋书》,中华书局1973年版,第724页。

"独尊儒术"的思想钳制压力之下,经学家们只能局限于文字训诂层面,专注于注经解经,以致后来出现了繁琐僵化、不注重精神实质的现象,束缚了人们的思想,压制了个性自由。因此,汉代比较沉闷、保守的思想局面与经学的大一统是分不开的。尤其是后来谶纬经学的发展严重束缚了人们的思想,其严重的神学封建色彩也阻碍了社会的发展。汉魏之际,随着王充、曹操等人对天命、鬼神和儒学的否定,经学逐渐走向了没落,据《三国志·武帝纪》注引《魏书》载:曹操明令官吏百姓不得祭祀,"及至秉政,遂除奸邪鬼神之事,世之淫祀由此遂绝"①。魏晋南北朝时期,儒家思想的正统地位虽然受到了严峻的挑战,但是儒学并没有完全退出历史舞台,也没有完全退出美育领域。以伦理道德为核心的儒家美育思想继续发挥着重要作用,儒家美育的诗教、乐教传统得以继承,诗、礼、乐三位一体的美育模式得以延续。

其次,士人个性觉醒后必然寻找新的理论归宿,这个理论归宿就是玄学。

老庄学说本是乱世的产物,由于魏晋南北朝时期动荡不安的社会政治局面,知识分子在党祸迫害的恐惧中只能消极避世,转而崇尚虚无,《老》《庄》《周易》之学顺理成章地成为当时知识分子崇尚的经典。老庄学说逐渐成为魏晋南北朝时期知识分子的精神良药,在社会上稍稍出色的知识分子没有不精通老庄学说的。经学的衰落解放了人们的思想,魏晋知识分子在新的形势下融合儒道两家思想,大胆创新,于是玄学这一新的学术潮流

---

① 〔晋〕陈寿著,〔南朝宋〕裴松之注:《三国志》,中华书局 1982 年版,第 4 页。

逐渐兴起。

玄学的产生还与清议、清谈的发展密切相关。从某种意义上说，玄学是清谈发展到一定阶段的产物。由于政治的黑暗，尤其是党锢之祸及九品中正制的实行，魏晋知识分子不能轻言政治，继而转向了清谈、清议，主要是进行人物品评。随着唯美的人物品评及清谈、清议之风的兴起，玄学诞生了，并日渐成为魏晋时期的主流哲学。玄学产生以前的清谈主要以人物品评为主。玄学产生以后，清谈的内容发生了改变，主要是谈玄。因此，从一定角度而言，清谈就是玄学的另一种说法。清谈、清议把人们从经学的束缚中解放出来，使人们在人物品评以及思维方式上都转向了玄学。从一定意义上讲，清谈、清议的产生实质上是经学发展到极限，已经无法促进人的发展以致阻碍人的发展的时刻，中国古代美育思想的一种自我纠偏与修正。因为古代"中和论"美育的终极目标是促进人的品性修养和心性自由，因而当经学严重束缚人的发展的时刻，"中和论"美育思想便对发展方向进行自我调整，以适应时代的变化。魏齐王正始年间，"何晏、王弼等祖述《老》《庄》，立论以为'天地万物皆以无为本'"①，玄学由此产生。"以无为本"是曹魏时期玄学的立论依据，王弼等人宣扬无为、虚静的精神境界，认为精神乃是体无的表现，圣人以无为贵，故精神虚无冲和，但圣人五情同于凡人，不脱世俗。这种学说恰恰迎合了魏晋士人沉恋世情而又高自标持的人格理想。从一定意义上讲，玄学的终极目标是通过铸就一种理想的人格，实现高度和谐的精神境界。从美育层面看，人生理想境界的追求不是"有"，不是功利，而是更加诚挚的真性情，

① 〔唐〕房玄龄等撰：《晋书》，中华书局1974年版，第1236页。

因此作为魏晋六朝时期的重要哲学思潮,玄学必然对美育产生多方面的深刻影响。魏晋时期的人物品藻极大地推崇才情、品貌、气质、风骨、言谈、容止、识鉴、个性等,这与秦汉美育的人才评价标准有很大的不同。这种人物品评带有明显的审美性质,其"特征可以概括为重才情、崇理想、标放达、赏容貌等几个方面,完全适应了士族们的贵族气派,讲求脱俗的风度神采便成了这个时代的美学思想"①,也是这个时代审美教育的基本理念。因此我们说,玄学转化和提升了传统的"中和论"美育思想,将传统的"中和"理念发展成为蕴涵着丰富存在论思想内涵的"和"的观念。儒家美育思想不断吸收、融化来自玄学的积极影响,形成了独具特色的以"和"为中心的魏晋美育理论。同时,"中和论"美育观也对玄学产生了一定的影响作用,使玄学逐渐向新的哲学观念转化。

再次,佛教对魏晋南北朝时期的美育思想也产生了重大影响,既提升了中国古代"中和论"美育的思想境界,又深化了其精神内蕴。佛教自东汉时便传入中国,但是刚刚传入中国之时,思想界并没有真正理解和认识它,因为佛教教义多是口传,人们尚无法理解佛法的真意,因而更多的是将其视为一种西域的方术。但魏晋南北朝时期,佛教在与主流哲学接触中逐渐显示其影响力。例如当时出现了许多有名望的高僧,像释道安、支道林、释慧远等,他们不仅宣扬佛法,而且精通中国哲学,为人们所敬重。因而中国思想界出现了研究佛法的热潮,也出现了许多研究佛法的著作,如孔绰的《喻道论》、郗超的《奉法要》等。东晋时期

① 钟仕伦主编:《魏晋南北朝美育思想研究》,中国社会科学出版社 2006 年版,第 2 页。

宣传佛法名望最高的是支道林，当时许多文学大家都与之交往，如王羲之、谢安、许询、孙绰、袁宏等都与之交游，谈论佛法。南朝刘宋时的画论家宗炳曾深入分析了传统的儒家思想在人生精神方面的弊病与不足，他在《明佛论》中说："悲夫，中国君子，明于礼义，而暗于知人心，宁知佛心乎？今世业近事，谋之不臧，犹兴丧及之，况精神我也，得焉则清升无穷，失矣则永坠无极，可不临深而求，履薄而虑乎？"①宗炳认为，儒家只关注礼义而对人的心灵与精神方面关注不够。精神的缺失使人生难以自救，而佛教正可弥补这种心灵的空虚与孤寂，使人生变得圆润。所以从一定意义上说，佛教在中国文化面临危机的时刻修补了其中的空缺，使中国人重构精神世界，也调整了社会美育机制。

佛教传入中国后，在魏晋南北朝时期逐渐与玄学交叉融合。佛学大师支遁（公元 314 ~ 366 年，字道林）精通玄学，经常用玄学来解释佛学或者以佛学来解释玄学，对当时学术界产生了重要的影响。魏晋玄学关心宇宙本体论问题，热衷于"有无"关系的哲学思辨，不仅启发了佛教的思维方式，也启发了佛教以宇宙真相为主题论述佛法。东晋高僧僧肇（公元 384 ~ 414 年）曾热切地追求精神玄微之学，据《高僧传 · 僧肇传》记载，僧肇"爱好玄微，每以《庄》《老》为心要。尝读《老子 · 德章》，乃叹曰：'美则美矣。然期神冥累之方，犹未尽善也。'后见《旧维摩经》，欢喜顶受，披寻玩味，乃言始知所归矣"②。中国佛教体系的建立也

① 〔清〕严可均辑：《全宋文》，商务印书馆 1999 年版，第 192 ~ 193 页。

② 〔梁〕释慧皎编，汤用彤校注，汤一玄整理：《高僧传》，中华书局 1992 年版，第 249 页。

是以魏晋玄学的“形名学”与“言意之辩”为依据，如僧肇的《不真空论》便以形名学方法否定事物的真实性，以证明宇宙是“不真”的“空”。玄学对佛教的影响还表现在当时对佛教经典的翻译完全借用玄学术语，如“有”“无”“道”“气”“本”“末”“空”等。总之，佛教与玄学在魏晋南北朝时期关系极为密切，它们虽然一种是民间信仰，一种是学术思想，但是其中的相互影响确实是深远的，同时二者也共同对当时的美育产生了重要的影响，显示出中国古代美育精神价值体系多元共生、互相融补的特点。

从一定意义上讲，魏晋南北朝美育是在儒释道三教合流、玄学兴起的背景下形成、发展的，因而它深受儒家、玄学、佛教思想的影响，在美育的观点形式、内容、理想、境界等方面都发生了巨大变化，使魏晋南北朝成为中国古代美育史上发展最活跃、特色最鲜明的时期。

魏晋南北朝是中国历史上一个社会大动荡、政治大混乱的时代，也是一个思想大解放、文化大繁荣的时代。这一时期，军阀分裂割据，大小战争不断，朝代更替频繁，社会动荡乱离，人民颠沛流离，门阀士族垄断政权，寒门庶族备受压抑，生命朝不保夕。混乱和动荡也带来了思想的解放、学术的自由和理论的自觉。文学艺术从经学的附庸地位中挣脱出来，获得了独立，走向了更为广阔的天地。这一时期，在文艺思想、艺术的题材、体裁以及整体风貌上，都呈现出许多新的变化。

魏晋南北朝是中国美育史上一个承上启下、走向繁荣的转折时期。而这些变化又是同这一时期的时代特点、哲学思想、文艺思潮密切相关的。思想的多元化及以老庄为主体的玄学的风行，带来了文人思想观念的解放和个体人格精神的自觉，也带来了古代“中和论”美育思想的新变化以及美育理论的自觉与繁荣。这个时期美育关注的重点开始从社会的、伦理的方面转向人自身,开始注重提高人自身的容止、气质、品性、修养、格调等方面,人物品评之风因此而盛极一时。这是“人的自觉”的表现,是一种对人的生存价值、生命意义的关注,体现了一种终极关怀情结。这一时期还形成了一些新的艺术范畴、概念和命题,像实、神、逸、韵、神韵、养气、风骨、博观、空灵、兴象、境界、形神、知音、观物取象、气韵生动、澄怀味象、游心太玄、立象以尽意等等,含蕴着深刻的美育意蕴。“在人生美育方面,有关人格塑造、人生修养、人物品评也更加深入……人们往往从审美角度以物以景评人”①,重在润育和培养人的风神、才情、仪容、形貌之美,这与先秦两汉时期着重从文质、美善角度塑造人格、陶冶情操的美育观点有明显的区别。在美育实践方面,魏晋南北朝也显示出一些新的特点:一是家庭美育(家族美育)异军突起,在提升贵族子弟的个性情操、审美情趣方面发挥了重大作用,成为这个时期审美教育的一大亮点;二是由于北方少数民族政权的快速更迭以及民族大融合、文化大自由,各种各种的教育思想、美学观念、审美意识此消彼长、互相影响、互相渗透,审美教育打破了两汉时期儒家独尊的格局,日趋呈现出多元发展的态势;三是女子在审美教育中开始发挥一定作用。这一时期有才识的妇女在家庭教育中也有一定的影响,如南齐博学有文才的王融,少时是由母亲直接教授下成才的,据《南齐书·王融传》记载:“母临川太守谢惠宣女,惇敏妇人也。教融书学。”②南朝宋著名文学家何承

① 钟仕伦主编:《魏晋南北朝美育思想研究》,中国社会科学出版社 2006 年版,第 3 页。

② 〔南朝梁〕萧子显:《南齐书》,中华书局 1972 年版,第 817 页。

天幼年丧父，也是由母亲对他进行启蒙教育、言传身教后成才的。

在玄学、佛教等新的思潮影响下形成和发展起来的魏晋六朝美育思想是中国古代“中和论”美育观发展链条中的重要一环，它对后世产生了重要影响，深深渗透于中国古代文论、诗论、书论、画论、乐论，乃至小说、戏曲理论之中，对于文艺创作、艺术表现、古代知识分子人格的培养和建构都起了重要的作用。

四

自20世纪80年代以来，学术界对中国古代美育思想展开了大规模的研究，这是“美学热”兴起后中国传统美学研究在美育问题上的延伸。就目前的研究状况看，研究的重点主要集中在先秦两汉时期以及孔子、荀子等人的美育思想，“诗教”“乐教”问题也得到了较为深入的研究。在对古代美育观念的阐发上主要以西方自席勒以来的美育观念为参考。与此同时，魏晋南北朝美育也受到了学者们的关注，许有为的《中国美育简史》（甘肃科学技术出版社1988年版）、姚全兴的《审美教育的历程》（上海社会科学院出版社1992年版）、单世联等的《中国美育史导论》（广西教育出版社1992年版）、聂振斌的《中国古代美育思想史纲》（河南人民出版社2004年版）、钟仕伦、李天道的《中国美育思想简史》（中国社会科学出版社2008年版）等著作都对魏晋南北朝美育列专门章节进行了阐述和介绍。曾繁仁、谭好哲两位先生主编的《中外美育思想家评传·中国卷》（广西师范大学出版社2002年版）对魏晋南北朝重要思想家的美育理论成就进行了评介。此外，高华平的《魏晋玄学人格美研究》（巴蜀书社

2000年版）从如何建构完美人格的角度探讨了玄学与美育的关系，并对魏晋南北朝美育进行了梳理总结。在众多研究成果中，钟仕伦主编的《魏晋南北朝美育思想研究》（中国社会科学出版社2006年版）尤为引人瞩目，这是一部研究魏晋南北朝美育的专著，该成果从人物品评、魏晋人格、家庭美育、旅游美育、绘画美育、书法美育等方面对魏晋南北朝美育进行了深入研究，在学术界产生了较大影响。以上研究成果为今后的探讨打下了良好基础。

但客观地说，目前理论界对于魏晋南北朝美育的研究仍显薄弱，较为零散，专题性、系统性研究成果较少，仅有钟仕伦主编的《魏晋南北朝美育思想研究》。究其原因主要有三：一是研究视角和研究方法较为滞后，往往是将这一问题局限在单纯的美学或哲学视野内考察，一些具体问题尚未引起足够的重视和关注，尤其是晋南北朝美育与古代“中和论”美育思想的内在逻辑关系等问题亟待深入研究。另外，在玄学、佛教等对中国古代“中和论”美育思想的转化与提升，魏晋南北朝美育思想的核心观念、基本特征及其影响，魏晋南北朝美育思想的传承利用等问题上还有很大的研究空间；二是研究范围相对狭隘，对魏晋时期的美育思想的研究较多，对南北朝时期的美育思想的关注不足；多关注玄学对美育的影响，而较少探讨佛教、道教之于美育的影响；多关注新思潮对于美育的单向影响，而忽视了二者的双向互动关系，对魏晋六朝美育之于玄学、佛教等新思潮的影响的探讨则基本属于空白；三是本土研究话语的缺失。多年来，虽然我们一再强调要突出美学和美育研究的中国特色，但取得的研究实绩却很少，主要原因在于我们的研究多是借用西方的美育理论学说，以西方当代美育理念为衡量标准和评判尺度，使用西方的美育范畴和话语体系,患上了美育研究方面的"失语症"。

上述现状提醒我们有必要在新的语境中,对魏晋南北朝美育进行深入总结和研究,挖掘其思想精华,探讨传承利用的有效途径,这也是当代中国美育学科建设的迫切需要。本书将魏晋南北朝美育相关问题置于中国古代"中和论"美育思想发展的历史链条中加以审视和考察,力求突显民族特色和时代特色,为整体检视魏晋南北朝玄学、佛教等新思潮与中国古代美育思想的复杂的双向互动关系构筑一个跨学科视野的学术平台。一方面,可以加强研究的薄弱环节,丰富中国古代美育理论和哲学思想的研究成果,推动相关领域的研究向更高层次发展,尤其是对于挖掘、整理玄学和"中和论"美育观这些优秀的传统文化资源并实现其当代价值具有重要意义;另一方面,能够为当代美育建设提供可资汲取的传统资源,推动学校美育建设,促进有中国特色的美育思想体系和社会美育机制的建立。

五

本书遵循传统学术研究文史哲统合、史论结合的思路,点、线、面结合,具体就是以个案研究(魏晋南北朝美育思想家和经典美育文本)为点,以古代"中和论"美育思想的变化发展为线,以儒、玄、佛等各派的美育观念为面,以"天人合一""位育中和"的文化传统为背景,以中西美育、文化精神差异和当代美育价值取向为参照。我们以多年来的理论探索和史料研究为基础,力戒一般性论述和重复性研究,着重解决重点、难点问题,将坚持以下基本研究原则:

第一,多学科综合研究。本书认为,与先秦两汉相比,魏晋南北朝美育虽然发生了深刻的变化，出现了新的发展趋向，但是从本质上看，它仍然属于古代“中和论”美育思想的范畴。“中和论”是中国古代美育思想的思想核心、基本特征和理想境界，因而也是中国古代美育思想发展的中心线索。“中和论”美育观以儒家礼乐教化思想为主体，但同时道家、佛学禅宗也有相关论述。也就是说，中国古代“中和论”美育是以儒家美育为主体，由道家、禅宗等诸家思想共同构成的。同时，“中和论”美育观是在不断论辩、纠偏、深化中逐渐发展、完善起来的，一些魏晋南北朝美育家对儒家美育的反对、批评、批判本身就是在深化、发展、完善“中和论”美育思想。

众所周知，中国古代“中和论”美育思想的一个突出特征在于，它不是单纯的美学、文艺思想在审美教育问题的逻辑引申，而是中国古代哲学、美学、伦理学、文艺学、教育学等诸多学科价值观念的综合体现，无论是它的形成确立还是它的发展演变都是诸多学科价值观念演变的综合结果。因此，我们对魏晋南北朝美育思想的研究虽然主要集中在哲学美学和文艺美学两个基本层面，但是要科学地阐明它的理论内涵、基本特征、发展演变，必须在此基础上紧密联系中国古代伦理、教育，乃至政治、宗教等其他学科进行综合研究。这一原则可以说是由研究对象本身的特征决定的。

第二，逻辑与历史的统一。本书以历史发展为主线开展相关研究，但力求避免单纯的理论家、主要概念学说的历时性排比，着力探讨促进魏晋南北朝美育思想形成发展演变的哲学、美学、伦理学、教育学观念演变等多重历史动因，把握理论发展本身的逻辑联系，从而使我们对“中和论”美育观形成发展演变的研究呈现出合逻辑的进展。

第三，史论结合。本书力求梳理出魏晋南北朝美育思想的发展脉络，比较清晰地呈现其形成确立、发展演变的历史过程，突出“史”的线索，同时在具体问题的研究上则强调突出“论”的意识，着重探讨每一具体美育观念的文化背景、思想渊源、学术价值、理论特点、形成动因和发展趋势。

第四，体用结合。这一原则充分体现了本课题研究的价值导向，本书不仅对魏晋南北朝美育的思想理论进行深入探讨，还结合社会政治、经济、文化大背景对美育实践进行细致的研究分析。同时，本书不满足于魏晋南北朝美育思想本身的研究，而且要在此基础进一步探索其当代价值及其在全球化背景下传承利用的有效途径。

本书的基本研究方法是文化还原法和比较研究法。我们知道，魏晋南北朝美育思想源自传统文化，而且各种美育观念本身就植根于传统文化中，美育新观念的生发、美育话语的构建与传统文化阐释总是密切地纽结在一起。而且中国古代美学本质上具有美育性，换言之，中国古典美学是一种特殊的人生美学，就是广义上的美育。在中国古代美育发展史上，审美和艺术活动与道德教化、人性修养的关系一直极为密切。因此本书拟将魏晋南北朝美育的若干概念范畴、命题、构想与其所植根的文化语境紧密联系起来加以考察，而不是孤立地分析那些概念范畴和命题，从而较客观地深入挖掘其中所蕴含的美育思想。同时运用纵向和横向比较，纵横并行。既有儒学、玄学、佛教等不同思潮流派的横向比较，也有魏晋南北朝与先秦两汉、唐宋明清等不同时期美育思想的比较。当代美育理论是本书研究的理论基础，魏晋南北朝美育思想的核心、实质及其当代价值在此视野中得以清晰显现。

本书力求突出研究的全面性、系统性。魏晋南北朝美育思想的价值不仅体现在美育命题、相关范畴上，还体现在美育理念、理论形态、言说方式甚至美育思想家的具体实践和日常生活中；不仅与西方美育思想不同，而且与中国当代美育思想也有区别；不仅儒、玄、道、佛各家美育观念不尽相同，而且同一思潮或派别的美育思想，在不同历史阶段，其核心观念、表现形态、宗旨境界也不尽相同。基于以上基本识见，本书主要从事三方面的研究：一是从历时性角度，对魏晋南北朝美育思想的发展演变进行历史描述和理论阐发；二是从共时性角度，从不同层面透析魏晋南北朝美育的本质特征与思想精髓；三是立足当下，探讨魏晋南北朝美育之于当下美育研究与美育实践的价值与意义，以及如何在美育研究中充分汲取魏晋南北朝美育思想精髓和优秀传统的策略与途径。

本书力求全面展示魏晋南北朝美育的整体风貌与当代意义，为国内外相关问题的探讨提供有独到见解和借鉴价值的学术参考，可作为高校教师、研究机构科研人员教学、科研的参考文献，也可作为高等院校相关专业本专科生课外阅读资料以及美学、文艺学、艺术学、教育学等专业研究生的参考文献。

第一章 新的时代思潮

汉末的大动乱既使四百年的汉帝国崩溃瓦解，也使独尊的儒家经学走向衰败颓微；伴随着现实的苦难和信仰的危机，由道家思想发展而来的玄学逐渐承担起减缓乃至解脱处于残酷乱世中士人的焦虑、彷徨、苦闷、痛苦的功能。随着后期玄学清谈逐渐在现实中失去其思想的深度与精神的救助力量，佛学以它的生死轮回说将苦难现实的解脱寄托于彼岸，归旨于“空”，玄佛合流，共同抚慰着愁苦的心灵，同时也消解着对现实的抗争。此外，这个时期还出现了以《列子》为代表的纵欲主义思想。哲学思想的多元与开放，为魏晋人的思想解放、个性自由开辟了广阔的精神领域。国家的动乱、社会秩序的解体、旧礼教的崩溃、思想和信仰的自由、艺术创造精神的勃发，使得文学艺术逐渐摆脱了政治和教育的附庸地位而独立发展。书法、绘画、音乐、建筑、雕塑等，也都以昂扬蓬勃的生机令人刮目相看。正是在这样的大背景下，先秦时期形成的“中和论”美育思想发生了新的变化，走向了更为广阔的新天地。

第一节　玄学的兴起

魏晋南北朝是中国历史上最黑暗、最恐怖、最混乱、最动荡、最痛苦的时代之一。

经济上，土地兼并日益严重。土地所有权日益集中在豪强大族手里，与此同时，破产的手工业者和失去土地的农民不得不汇聚在豪强大族门下，成为被束缚在领主土地上的农民。这就构成了典型的以自给自足的地主庄园经济为基础的封建社会形态，而这种新的社会经济形态必然会带来审美文化上的深刻变化。

社会结构上，同封建大土地所有制这一经济基础相适应，门阀士族取代了秦汉世家贵族的地位。门阀士族在政治、经济、军事、文化等方面享受特权，相对独立。门阀制度在魏晋之际的形成，对大一统的中央皇室专制集权无疑是一极大的冲击和瓦解，从而为思想文化的解放奠定了阶级基础。

政治上，整个社会处于动荡不安和黑暗恐怖之中。先是三国之战，再是曹氏与司马氏两大集团之间的权力之争，后是西晋的“八王之乱”“永嘉之乱”，还有中央皇室与地方豪强、门阀士族之间，以及地方豪强、门阀士族之间的尖锐冲突等等，真可谓政治险恶、战乱频仍、宦海肃杀、疫疾肆虐、哀鸿遍野，正如《晋书·阮籍传》中所说：“魏晋之际，天下多故，名士少有全者。”①但是现实的黑暗恐怖在给人以朝不保夕的畏惧感的同时，也会产生另外一种效应，那就是导致诸如王道理想、皇朝权威、正统道德、伦

① 〔唐〕房玄龄等撰：《晋书》，中华书局1974年版，第1360页。

常秩序之类往昔曾被视为神圣的东西,在被怀疑和疏离中走向暗淡甚至崩解。这就为社会文化思想格局的大调整提供了现实前提。

与政治、经济和社会结构方面的巨大变化相适应,魏晋时期的意识形态和哲学思想也发生了深刻变革,出现了各种思想学说交汇融合的趋势,玄学走到了学术思想的前沿并逐渐占据主导地位,从而导致了社会审美意识、审美观念和美育思想的巨大变化。

一、经学的衰微与变化

众所周知,在汉代,“儒家著作被强行规定为全国必读之物,儒家经典成了一整套完全的学说,并且使整个社会制度都留下了儒学的烙印。人们最后赋予了儒教文献一种经典的作用……”①“汉代的儒家思想所关心的是国家的稳定和等级观念,最后变成了一种经院式的哲学,其作用只不过是根据对权威文献的解释而使人们争论不休和玩弄字眼。这就削弱了儒家思想的自行发展以及解决文化和物质文明方面层出不穷的新问题的能力,而这些问题又是由于变化莫测的政治和社会风云所引起的。”②

到了汉魏之际,“中华学术大变”③,两汉时代所“独尊”的官方化儒学(经学)已趋衰微,出现这种情况有其必然性:一是“经术之变,上接今古文学之争”④,作为迷信荒诞的谶纬神学和枯

① 〔法〕布尔努瓦著,耿昇译:《丝绸之路》,山东画报出版社 2001 年版,第 95 页。

② 〔法〕布尔努瓦著,耿昇译:《丝绸之路》,山东画报出版社 2001 年版,第 96 页。

③ 汤用彤:《魏晋玄学论稿》,人民出版社 1957 年版,第 84 页。

④ 汤用彤:《魏晋玄学论稿》,人民出版社 1957 年版,第 84 页。

燥繁琐的章句经术,已失去了思想活力和学术生命力,渐为士人所厌弃;二是它所讲的纲常名教和道德伦理那一套,无法在当时混乱残酷、丑恶虚伪的社会现实中找到客观依据,因而不可避免地要遭到当时人们的怀疑和冷落;三是经学作为一种服务于大一统专制集权的理论工具,一时难以适应封建大地主庄园经济迅速崛起和门阀士族集团各自为政这一新的政治经济局面,因而自然要被暂时边缘化。

在社会意识形态领域,各种思想学说同时并兴,一些异端思想也得以流行,带来了社会思想和学术文化的相对自由及多元化,与大一统专制政治相联系的儒家思想一尊独大的局面已不复存在。当然,这并非意味着儒学的消亡。其实,魏晋时期,经学仍然获得了一些发展。东汉末年,农民起义、军阀混战以及封建兼并战争使黄河中下游地区的社会生产遭受到极大破坏,社会动荡不安,但是处于南方的荆州地区,由于远离政治中心,较少战乱,百姓生活相对安定,加之占据荆州的刘表的倡导和支持,学术活动得以顺利进行,甚至取得了一些新的进展。刘表在肃清荆州境内群寇后,采取了一些有利于社会生产和学术研究的措施,如模拟太学,"开立学官,博求儒士"①,起立学校,创建荆州官学,广泛搜集文献资料,集綦毋闿、宋忠等诸儒改定五经章句②,于是在荆州就聚集了一大批洪生硕儒,他们相互交流,

---

① 〔晋〕陈寿著,〔南朝宋〕裴松之注:《三国志》,中华书局1982年版,第212页。

② 《三国志·刘表传》注引《英雄记》曰:刘表"使綦毋闿、宋忠等撰五经章句,谓之后定"。(〔晋〕陈寿著,〔南朝宋〕裴松之注:《三国志》,中华书局1972年版,第212页)

精研群经,传道授业,培养学生,逐渐形成了以儒学研究为主的荆州学派。另据王粲《荆州文学记官志》记载:刘表"乃命五业从事宋衷所作文学,延朋徒焉,宣德音以赞之,降嘉礼以劝之,五载之间,道化大行,耆德故老綦毋闿等负书荷器"①,"训六经,讲礼物,谐八音,协律吕,修纪历,理刑法,六路咸秩,百氏备矣"②,官方推重古文经学,官学重点讲授《易》《乐》《书》《尔雅》《诗》《礼》《春秋》《尚书》等典籍,"于是童幼猛进,武人革面",荆州因此成为当时的一个学术中心和思想交流中心,"自远而至者三百有余人"③,并且形成了多个影响较大的经学门派,南齐王僧虔《诫子书》中就有"荆州《八帙》""《八帙》所载,凡有几家"之说④(《南齐书》卷三十三《王僧虔传》),可知那时荆州儒学发展还是相当兴旺的。鱼豢《魏略》中将董遇、贾洪、邯郸淳、薛夏、隗禧、苏林、乐详等七人视为儒宗,并将他们列入《儒宗传》。据《三国志·尹默传》载:蜀国尹默"远游荆州,从司马德操、宋仲子等受古学。皆通诸经史,又专精于《左氏春秋》……"⑤尹默还与李譔之父李仁"俱游荆州,从司马徽、宋忠等学。譔具传其业……著

① 〔清〕严可均辑,许振生审订:《全后汉文》,商务印书馆1999年版,第921页。

② 〔清〕严可均辑,许振生审订:《全后汉文》,商务印书馆1999年版,第921页。

③ 〔清〕严可均辑,许振生审订:《全后汉文》,商务印书馆1999年版,第921页。

④ 〔南朝梁〕萧子显:《南齐书》,中华书局1972年版,第598页。

⑤ 〔晋〕陈寿著,〔南朝宋〕裴松之注:《三国志》,中华书局1982年版,第1026页。

古文《易》《尚书》《毛诗》《三礼》《左氏传》《太玄指归》”。①《三国志·王肃传》曾载：王肃“采会同异，为《尚书》《诗》《论语》《三礼》《左氏》解，及撰定父朗所作《易传》”②“魏初征士燉煌周生烈，明帝时大司农弘农董遇等，亦历注经传，颇传于世”③。汤用彤先生在《魏晋玄学论稿》中曾经十分详尽地描述了当时经学的发展状况，认为王弼等人其实“极重儒教”④，他说：王弼“解老虽精，然苦心创见，实不如注易之绝伦也”⑤“魏晋经学之伟绩，首推王弼之易，杜预之左传，均源出古学”⑥。汤用彤先生还指出：“荆州儒生之最有影响者，当推宋衷。……易学实极盛，马融、郑玄、荀爽、王肃、虞翻、姚信、董遇、李譔，均治周易”⑦，其中“江东一带，以虞翻、陆绩等人作代表……荆州，以宋忠等为代表……北方，以郑玄、荀融等人为代表”⑧。其实，魏晋时期的思想家们并不忽视儒学，而且在文人知识分子中还一度兴起了一股解经（儒家经典）潮流，例如何晏曾注《论语》，王弼曾作《周易正义》，杜预曾注《左传》，郭璞曾注《尔雅》，嵇康曾在太学写经

① 〔晋〕陈寿著，〔南朝宋〕裴松之注：《三国志》，中华书局 1982 年版，第 1026 ~ 1027 页。

② 〔晋〕陈寿著，〔南朝宋〕裴松之注：《三国志》，中华书局 1982 年版，第 419 页。

③ （晋）陈寿著，〔南朝宋〕裴松之注：《三国志》中华书局 1982 年版，第 420 页。

④ 汤用彤：《魏晋玄学论稿》，人民出版社 1957 年版，第 84 页。

⑤ 汤用彤：《魏晋玄学论稿》，人民出版社 1957 年版，第 84 页。

⑥ 汤用彤：《魏晋玄学论稿》，人民出版社 1957 年版，第 84 页。

⑦ 汤用彤：《魏晋玄学论稿》，人民出版社 1957 年版，第 86 页。

⑧ 汤用彤：《魏晋玄学论稿》，人民出版社 1957 年版，第 123 页。

并撰有《左氏音》,等等。总之,魏晋南北朝时期,经学总体发展势头虽然不如两汉,但仍有不少文人坚持著述与传授经学,学校的教学内容也主要还是经学,甚至在个别地区经学还取得了一些新的发展。所以我们可以肯定地说,儒学(经学)在魏晋时期的地位虽大不如前,但依然是社会意识形态和哲学思想的重要组成部分,在政治上仍发挥着重要作用。

同时,我们还应该看到当时的经学所发生的一些新变化,乃至出现的些许生机和活力。一是经学内部不断进行自我调整,在汉魏之际古文经学得以立于学官,逐渐取代了今文经学的位置。众所周知,西汉武帝所立五经博士皆为今文经学,今文经学长期垄断汉代官学,东汉的十四博士也都是今文经学。但后来今文经学逐渐陷于僵化和繁琐,且又与谶纬结合,渐趋流于妄诞。自东汉末年董卓之乱,博士流散,至魏文帝黄初年间,今文经学逐渐被人们摒弃而古文经学却占据了优势,古文经学得以立于学官,博士所传授课试的已不是汉末的今文经学而已被古文经学所取代,导致经学在思想内容、传授方式、治学特点等方面都相应发生了变化;二是经学借鉴吸收了玄学的部分新思想,并日渐与佛、道相融合,以适应新的社会现实的需要。魏晋时期,无论是玄学家,还是经学家,都没有在儒、道之间划出一条不可逾越的鸿沟,也没有将儒学与其他思想学说完全对立,而是试图打通各种思想学说之间交流融汇的通道。许多玄学思想家都是由儒入玄、玄儒兼治,体现出一种开放的治学视野。《三国志·魏书》称玄学家王弼"好论儒道""注《易》及《老子》"①,汤用彤

① 〔晋〕陈寿著,〔南朝宋〕裴松之注:《三国志》,中华书局 1982 年版,第 795 页。

先生认为此处"孔老并列,未言偏重"①。玄学家何晏曾注《论语》,梁朝皇侃又作《论语集解义疏》。"何注"把《论语》引上谈玄的道路,显示出以道释儒、援儒入道的倾向。正如清代陈澧的《东塾读书记·论语》中所说:"何《注》始有玄虚之语,如子曰'志于道',《注》云'道不可体,故志之而已''回也其庶乎,屡空',《注》云'一曰,空犹虚中也'。自是以后,玄谈竞起。"②皇侃的"疏解"亦是采取了"何注"的思路,玄虚风格更趋明显。"皇疏"多议论,而且是用老庄的观念解释儒家的言论。据《三国志·王肃传》注引《魏略》云:儒宗董遇"善治《老子》,为《老子》作训注。又善《左氏传》,更为作朱墨别异"③。以裴徽、傅嘏、荀粲、钟会等为代表的晚期名流所论从"言意之辨"到"本末有无",在方法论和治学思路上呈现出会通孔老的趋向。而且这个时期经学家注经时由汉代的注重章句训诂变为注重义理,不拘传统,广采众说,自出新意,显示出儒、佛、道融合交汇的特点。例如王肃在《周易注》和《孔子家语注》等著述中,就表现出非常明显的援道释儒的义理化倾向和道末儒本的兼治理路。受佛教讲经的影响,南朝时期儒生开始有讲疏、义疏之学。讲疏是口头讲经的记录,义疏是阐发经义比经注更详尽的著作。这些都体现了经学在新的时代背景下的新变化、新发展。

总之,汉魏之际,经学虽然衰微,但依然获得了一定发展并

① 汤用彤:《魏晋玄学论稿》,人民出版社1957年版,第84页。

② 〔清〕陈澧:《东塾读书记》,世界书局1936年版,第12页。

③ 〔晋〕陈寿著,〔南朝宋〕裴松之注:《三国志》,中华书局1982年版,第420页。

且出现了一些新的变化，它必然对当时社会审美思潮、审美意识、美育观念以及文人士子、教育者的思想理念产生重要影响。

二、儒道和而玄学生

道家思想是魏晋思想大格局中的重要一翼。随着形势的变化，道家思想也发生了一些变化，出现了以道补儒的趋势，这突出表现在名士们的儒道兼治理论探讨上。

汉末魏初，由于经学出现了衰落的趋势，士人都企图建立一种新的理论体系，希望既可用来维系人心，又可给新兴政权以理论规范。由于儒学在本体论上的缺失，当时的思想家将注意力转向老庄，试图利用老庄哲学中关于本与末、一与多、有与无关系的论证来补儒之缺、纠儒之偏，为儒学找到形而上的本体论依据，以此来论证纲常名教的合理性与合法性。

"在正始玄学正式登上思想舞台致力解决名教与自然统一之前和同时，以裴徽、傅嘏、荀粲还包括钟会为代表的准玄学家们已经在才性名理和言意本末方向上探讨和实践着儒道兼治的理论了。他们体现了道家本体哲学由隐约到明朗在士大夫学术思想、政治生活各方面与传统儒家本位意识的冲突对立，虽然他们融合儒道的努力未竟全功，但是在方法论和具体演进方向上已经指明正始道路，并由此营造出会通孔老的高潮趋势催生玄学思潮给出初步答案。"①

何晏、王弼继承并发展老庄思想，着力宣扬贵无论，史载"何

---

① 秦跃宇：《会通孔老 催生玄学——早期名士兼综儒道研究》，《学习与探索》2005年第2期，第122页。

晏、王弼等祖述《老》《庄》，立论以为：‘天地万物皆以无为本’”①。何晏从《周易》《老子》这两部经典中提炼了“以无为本”的命题，奠定了“贵无论”的理论基础。但由于儒道两家很难调和，何晏没有找到援道入儒的契机，所以没有形成独立完整的理论体系。真正提出系统“贵无论”思想的是王弼。王弼是魏晋玄学理论的创始人和主要代表之一，他以老子“有生于无”，“道”是宇宙根本的思想作为自己思辨的起点，但又改造了《老子》，他综合“三玄”②、儒道两家思想，用名辨析理的方法和许多抽象议题论辩，反复论证“无”和“有”的关系，论证自然和名教皆“以无为本”的道理，提出“名教”出于“自然”的观点，从而创建了他的玄学理论体系。他认为“无”为万物之本。“无”生出了天地万物，又存在于天地万物之中，“无”是天地万物赖以存在的根据。即“凡有起于虚（虚无，引者注），动起于静，故万物虽并动作，卒复归于虚静，是物之极笃（本，引者注）也”③。万物以“无”为本，但是“无”不能离开“有”而存在，也不能自己表现出来，必须通过“有”才能了解“无”。“无”与“有”是本末、体用的关系，二者是密不可分的。王弼还把《庄子》的这个“得意而忘言”的论点作了进一步发挥，提出了“得意忘象”的命题。王弼首创用“得意忘言”之说注释《老子》和《周易》，单刀直入，直取其义。正如汤用彤先生所说：“玄学家主张儒经圣人，所体者虚无；

---

① 〔唐〕房玄龄等撰：《晋书》，中华书局1974年版，第1236页。

② 三玄：魏晋玄学家对《老子》《庄子》和《周易》三书的合称。

③ 〔魏〕王弼著，楼宇烈校释：《王弼集校释》（上册），中华书局1980年版，第36页。

道家之书,所谈者象外。圣人体无,故儒经不言性命与天道;至道超象,故老庄高唱玄之又玄。儒圣所体本即道家所唱,玄儒之间,原无差别"①,由此调和儒道。王弼认为,成就仁义并非"用"仁、"用"义所能达到的,应"以无为本","崇本息末"。而这个"本"即"道",即"无","天下之物,皆以有为生。有之所始,以无为本。将欲全有,必反于无也"②。认为天地万物是有形有象的存在,而有形有象的万物得以产生,又是由于"无"这个根本。要保全有形有象的万物,就必须返回去守住这个根本"无"。这是强调"无"为宇宙万有的本原、本体,把《老子》"有生于无"的思想进一步发展为"有以无为本"的思想了。所以,王弼还说:"夫物之所以生,功之所以成,必生乎无形,由乎无名。无形无名者,万物之宗也。"③"无形无名"是指"道",也就是"无"。"宗"是根本、原则。这就是说,"无"是万物之所以生成、存在的根本或原则。他不赞成老子力主的"绝圣弃智""绝仁弃义",而认为圣人必以自然为本,崇本而不遗末,体用如一,体"无"而应物,必依自然之道而制名教。换言之,名教本身是自然之道的表现,自然为本,名教为末。由此,归名教于自然,儒道俱存,本末兼顾,化黄老道家的宇宙论为儒家本体论,论证了"名教"的合理性。其后,阮籍、嵇康为代表的魏晋士人,主张"越名教而任自然"④。嵇

① 汤用彤:《汤用彤学术论文集》(汤用彤论著集之三),中华书局1983年版,第223页。

② 〔魏〕王弼著,楼宇烈校释:《王弼集校释》(上册),中华书局1980年版,第110页。

③ 〔魏〕王弼著,楼宇烈校释:《王弼集校释》(上册),中华书局1980年版,第195页。

④ 戴明扬:《嵇康集校注》,人民文学出版社1962年版,第234页。

康、阮籍继承了庄学所特有的批判精神,有力地揭露了“名教”与“自然”之间所存在的深刻的矛盾,认为“自然”高于“名教”。

将名教与自然关系作系统解释和论述的是向秀与郭象的《庄子注》,这本道家的著作被赋予了儒学化的解释,显示了魏晋时期儒道融合的趋势。向秀将“自然”解释为自然的法则,人的心智情欲以及社会的伦理道德都属于“自然”的范畴。人的情欲只要“节之以礼”,出于人伦,就是符合自然法则的。这些理论,不仅将儒道完全融合,也充分肯定了儒家名教。郭象作为“崇有”派的另一个代表,否定了有超越于万物存在之上的“道”“无”,认为存在是“自然而然”,没有使之然者。“自然”既是万物的存在形式,也是万物的根本性质。每一事物都各依其“自性”或“性命”而存在,事物的“自性”即自然之性、自有之性、自得之性,它们是天生的。这种天然之性就是事物本来的样子,即事物所表象的那种样子。郭象又引出“性分”的概念。因为万物的“性分”都是自然而然、完全自足的,无所谓大小、高下的差别。万物都以自身标准为“极”,只要完成了“性”分之内的自我实现,也就达成了自由。郭象认为仁义礼乐,同样是自然而然,遵循自然原则的,是人的本性中固有的特性,并把社会地位的尊卑贵贱、等级秩序和社会伦理的仁义道德也完全归于“性分”,是性分的外在体现,因而是“天人之道”“天理自然”。郭象强调施行名教要“任其性命”、善于自得、忘仁而仁,即任人之情性的自由发展。只要顺应自然,遵守礼教,达到以自身为标准的“极”,就是自由。这样,郭象综合了以前思想家们关于名教与自然的争论,最终完全使名教与自然同一。郭象的思想以“任自然”为基础,主张应以“无为”来“治天下”,让每个事物都能任其自然之性,这样社会就能相安无事。所以,他认为可以“不废名教而任自然”。此外，郭象哲学有两个重要而独特的概念，一个是“独化”，一个是“玄冥”。他在《〈齐物论〉注》中说：“凡得之者，外不资于道，内不由于己，掘然自得而独化也”；“万物虽聚而共成乎天，而皆历然莫不独见矣”。① 他认为，天地间一切事物都是独自生成变化的。② 如果用《秋水》注中的话解释就是“天下莫不相与为彼我”，“彼我皆欲自为，斯东西之相反也”。③ 彼我即万事万物，即各个特殊的具体的事物，他们各有各的个性，不能相互转化。玄冥指的是万物的共同发展规律或者可以称为“终极”真理，他在《庄子注》中曾讲道：“物有自然，理有至极，循而直往，则冥然自合。”④也就是说，万事万物既是独立自成的，同时也有一个终极真理，独化和玄冥的关系是——“神器独化于玄冥之境而源流深长”⑤(郭象《庄子序》)。郭象还上承庄子“适性”即美的思想，认为“物任其性”则“自得逍遥”。郭象不是只为了维护“名教”，而是为“名教”找了合理的依据。至此，向秀、郭象重新创建了儒家的理论体系。魏晋思想家们的玄学思想，一方面强调了虚静的人生境界，一方面又强调万物的个性，而郭象的“适

① 〔晋〕郭象注，〔唐〕成玄英疏，曹础基等点校：《南华真经注疏》(上册)，中华书局 1988 年版，第 147 页。

② 北京大学哲学系中国哲学史教研室选注：《中国哲学史教学资料选辑》(上册)，中华书局 1981 年版，第 432 页。

③ 〔晋〕郭象注，〔唐〕成玄英疏，曹础基等点校：《南华真经注疏》(下册)，中华书局 1988 年版，第 336 页

④ 北京大学哲学系中国哲学史教研室选注：《中国哲学史教学资料选辑》(上册)，中华书局 1981 年版，第 431 页。

⑤ 北京大学哲学系中国哲学史教研室选注：《中国哲学史教学资料选辑》(上册)，中华书局 1981 年版，第 448 页。

性”的思想对美育最重要的影响在于重视个性的发展以及因材施教等。魏晋南北朝时期的玄学家众多，如竹林七贤，以及郭象、鲍敬言等，他们的玄学思想对于魏晋南北朝时期的美育产生了多方面重要的影响，后面我们将详细展开，这里不再赘述。

可见，魏晋时期，知识分子利用道家学说在进行理论重建的时候，并未完全抛弃儒学。当时的知识分子将注意力转向老庄，试图利用老庄哲学中关于本末、一多、有无关系的论证来补儒学之缺、纠儒学之偏，为儒学找到形而上的本体论依据，于是儒道和而玄学生。

三、宗教的渗透与影响

公元一世纪，佛教传入中国。公元二世纪，张道陵创立了道教①。东汉魏晋时期，道教和佛教逐渐登上中国思想文化舞台，并出现了与其他各种思想学说互渗互补的现象。

汉末魏晋，儒学衰落、皇权衰微，社会出现了信仰危机，对于当时处于苦难中的人们而言，究竟哪一种信仰可以代替满目疮痍的汉王朝的儒家教理呢？当时面临着两种选择，即道教与佛教。

道教不等同于道家，也不等同于玄学。道教主要是中国土生土长的产物，和儒教一样具有悠久历史。道教始源于黄帝，发扬于老子，成教于张道陵。它是东汉张道陵将道家思想与古代流行的巫术、求仙思想加以糅合而形成的一种宗教流派，并迅速

① 关于道教创立的时间，学术界有不同意见。目前大多数学者将东汉时期张道陵创立五斗米道作为道教正式创立的时间，本书持这一观点。

发展，在魏晋南北朝时期已发展成为重要的宗教流派。道教以学道、修道、行道为主。自从汉王朝开始衰落后，道教变得越来越盛行了。道教有时秘密活动，有时公开活动，“在一般普遍认为的道教形式中，它越出了家庭的严格界限和儒家的等级，根据各个人的作用而把个人直接地纳入自然界，越出了形式主义与一切清规戒律的桎梏，完全独立于社会阶级”①。“每当儒教代表一种官吏、翰林学士和统制经济的时候，道教就变成了一种抗衡力量。道教有时以一种新式共济会的形式和秘密联络的方法而得以急剧发展”②，在黄巾起义时即如此。东汉末年，儒学衰落，战乱频仍，百姓流离失所、无家可归，此时，“社会上另一种权势，即一种非儒教的和非官方的、开始是隐蔽的和秘密的强大力量收留了这批人，这就是道教。道教既为这批人带来了一种强大的社会正义和希望，同时又为他们提供了一种比儒教更为实用的信仰。”③“对于那些迷信十足和胆小怕事的平民来说，道教为他们带来了一整套魔法和秘诀，为他们提供了抵抗厄运和不吉利影响的武器，因为中国老百姓认为这些厄运和灾难像幽灵一样到处徘徊游荡。”④道教的美育思想首先表现在对“长生不死”的追求上，道教坚信依靠人自身的养生与修炼可以达到使人

① 〔法〕布尔努瓦著，耿昇译：《丝绸之路》，山东画报出版社 2001 年版，第 97 页。

② 〔法〕布尔努瓦著，耿昇译：《丝绸之路》，山东画报出版社 2001 年版，第 97 页。

③ 〔法〕布尔努瓦著，耿昇译：《丝绸之路》，山东画报出版社 2001 年版，第 97 页。

④ 〔法〕布尔努瓦著，耿昇译：《丝绸之路》，山东画报出版社 2001 年版，第 97 页。

长生不死的愿望,因而道教否认死亡,坚持修炼养生。我们知道,健体养生是魏晋美育的一个重要内容,这不能不说与道教思想的影响有极大关系。道教构筑了一个自己理想中的神仙乐园,表达了人们对理想生活景象的向往。能够在这个神仙乐园中生活是人们养生修道的目的,这就为处于乱世中的人们提供了一个精神上的避难所。在美育方面,道教以"真""善"为完美人格修养要求,晋代道教学者葛洪将"仙"作为人格修养的最高目标,他将"真"和"朴"作为"仙"人的基本品格,并把山水之自然美与修道之神秘美统一起来,认为"绝迹幽隐"于山林之中会有助于修养这种品格,更容易达到美育理想。魏晋时期的道教"重玄",由本体论向心性论转变,这是魏晋道教美育的重要特色,重玄思想是道教信仰者在阐发老庄思想的过程中建立和发展起来的。他们对老庄"涤除玄览""心斋""坐忘""损之又损,以至于无为"等思想十分重视。这是魏晋道教与玄学相互结合的重要表现。另外,道教思想具有广泛的社会性,道教不像玄学只局限于士族大夫中,而是具有广泛的社会适应性。道教在组织上分为上层神仙道教和下层符水道教,神仙道教主要在皇帝、士大夫中流行,以长生修仙为主要内容;符水道教主要在下层劳苦大众中流行,以治病祛祸为主要内容,这种广泛的适应性,使道教在魏晋时期具有广泛的社会基础,强化了道教的生命力,因此,魏晋时期的美育思想就不可避免地受到了道教文化的影响。

在魏晋南北朝这个混乱的年代,文人士大夫所面对的残酷现实是人生无望与世事难测,人的灵魂无法找到归宿,精神无法实体化与轮转。越来越多的人将希望寄托在来世,把人生幸福建立在非理性的精神修炼之上,于是佛教作为一种宗教境界,便逐渐成为新的精神世界的支点。佛教刚传入中国时,道教和佛

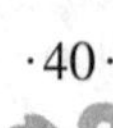

教二者概念的混用现象很普遍,比如,道教中的"无为"概念被移植到佛教的涅槃观念中。"佛教与道教有共同之处,即它们都反对儒教。道教也和佛教一样,主张取消家庭,由个人主宰自己的命运;和道教一样,佛教在某些方面也是非社会性的。在1500多年的历史长河中,儒教也就是这样指责佛教的。因此,在最早的时候,佛教最为乐意向道教内部渗透……一般来说,道教思想是允许其信徒不像儒家教规那样,对佛教抱有成见。"①

"佛教渗透进了道教……导致了与原有社会等级和风俗习惯的决裂,个人的命运代替了家庭的命运,一种没有种族和性别区别的普遍概念代替了民族观念和性别的隔阂……带来了一种对无边无际的和普遍的仁慈观念的全新看法,而这却是与严格的和无情的法规秩序及各种执拗的神灵意志背道而驰的。在战争、贫穷和苦恼烦忧纠缠的时刻,这二者都是对抗世俗的避难地,也是脱离苦难生活的一线希望。无论任何人,赤贫或富翁,奴隶或主子,甚至那些罪孽深重的人,都可以趋附之。"②于是,道教和佛教在汉末魏晋时期都得到了一定发展,极大影响了当时中国文化思想发展进程。

佛教传入中国后,首先遇到了如何处理与儒学关系的问题。然而问题在于,佛教的传入以及在魏晋时期的流行,这一阶段毕竟不是儒学的黄金时代。恰恰相反,儒学当此时除了陷入玄学化的危机外,其自身也面临着深刻性的信仰危机。因此,儒佛之

① 〔法〕布尔努瓦著,耿昇译:《丝绸之路》,山东画报出版社2001年版,第97~98页。

② 〔法〕布尔努瓦著,耿昇译:《丝绸之路》,山东画报出版社2001年版,第100页。

间的冲突并不仅仅是夷夏之辨问题，而是佛道合流共同推进了儒学的玄学化过程。《高僧传·支遁传》载："遁尝在白马寺，与刘系之等谈《庄子·逍遥篇》，云：'各适性以为逍遥。'遁曰：'不然，夫桀、跖以残害为性，若适性为得者，彼亦逍遥矣。'于是退而注《逍遥篇》。群儒旧学，莫不叹服。"①那么他们叹服的究竟是什么呢？刘孝标在《世说新语·文学篇》注云：

> 支氏《逍遥论》曰：夫逍遥者，明至人之心也。庄生建言大道，而寄指鹏鷃，鹏以营生之路旷，故失适于体外；鷃以在近而笑远，有矜伐于心内。至人乘天正而高兴，游无穷于放浪；物物而不物于物，则遥然不我得；玄感不为，不疾而速，则逍然靡不适。此所以为逍遥也。若夫有欲，当其所足，足于所足，快然有似天真，犹饥者一饱，渴者一盈，岂忘烝尝于糗粮，绝觞爵于醪醴哉？苟非至足，岂所以逍遥乎？此向、郭之注所未尽。②

按向秀、郭象的解释："夫大鹏之上九万尺，鷃之起榆枋，小大虽差，各任其性，苟当其分，逍遥一也。然物之芸芸，同资有待，得其所待，然后逍遥耳。唯圣人与物冥而循大变，为能无待而常通，岂独自通而已。又从有待者不失其所待，不失则同于大通矣。"③显而易见，支遁的解释之所以令众儒叹服，主要在于他纠正了向、郭"从有待者不失其所待"的偏颇，而直认庄周以"至

① 〔南朝梁〕释慧皎撰，汤用彤校注：《高僧传》，中华书局 1992 年版，第 160 页。

② 〔南朝宋〕刘义庆：《世说新语》（上），上海古籍出版社 1982 年版，第 129 页。

③ 〔南朝宋〕刘义庆：《世说新语》（上），上海古籍出版社 1982 年版，第 129 页。

虚之心”全然超脱了现实的物质世界，而不是依顺于现实世界。这样一来，佛家义理便与道家思想若合符节，从而对儒学的玄学化起到进一步的推进作用。故而孙绰《道贤论》以为：“支遁、向秀雅尚庄、老。二子异时，风好玄同矣。”

除此之外，魏晋南北朝时期还出现了佛教与玄学直接融合的趋势。佛教是一种具有高度抽象思辨色彩的宗教神学体系，佛教传入中国后，“首先有一个依附本土文化的过程，它必得借助中国传统思想之概念来介绍阐发佛教的义理，这才可能为华人所接受，而老庄玄学因其题旨和术语近于佛学尤其是大乘般若学，再加之它作为一种时代思潮所具的巨大影响，因此特别获得了僧人的青睐”①。虽然在汉末曹魏时期，佛教这种外来的宗教理论基本上是停留在引进阶段，发展比较缓慢，但是它已经初步显露了与玄学融合的趋向，一些佛教徒利用魏晋玄学的相关思想内容和方法，以玄释佛，以佛解玄。“魏晋玄学虽然有协调名教与自然的关系的一面，但维护名教绝不是玄学家的目的，放旷任性、逍遥自适才是玄学的宗旨。正是玄学这种超越性的品格，使得以出世主义为宗旨的佛教般若学乘虚而入，迅速与之合流而汇为时代的新潮。可以设想，如果玄学不是以曲径通幽的方式侧面否定儒学的权威，如果玄学不是将个人的精神自由置于第一地位，那么，般若学的宗教理想就不可能同玄学打成一片，而迅速同当时的士大夫的生活理想达成共识。”②根据任继

① 吴丹：《试析魏晋玄学背景下中国佛学的发展》，《淮阴师范学院学报》（哲学社会科学版）2003 年第 3 期。

② 申俊龙、刘立夫：《魏晋玄学向佛学转变的内在哲学根据》，《南京社会科学》2000 年第 10 期。

愈先生的观点,可以从无与空、虚静、反本与诸法不动、言意之辨与真俗二谛等的比较中,清楚地看到玄学与佛教般若学的“相似性”。但玄学强调的自然主义和精神超越与佛教般若学追求的出世主义理想的“相似性”则是促进玄佛融合的一大关键性因素。①

随着佛教向道教、玄学的渗透,它逐渐被当时处于苦难中的人们所接受而发展起来,并且开始成为中国社会思想发展进程中越来越重要的影响因素。在当时,佛教以其万法皆空、一切随缘的说法,可以安慰人们的困苦心境。魏晋时期殷浩(? ~356年)等人从早年醉心玄理到后来皈依佛教,正说明佛教精神可以填补人们精神世界的真空地带,弥补理性主义对于人们精神世界的剥蚀。正如黑格尔在《美学》中指出:“如果艺术作品以感性方式使真实,即心灵,成为对象,把绝对的这种形式作为适合它的形式,那么,宗教就在这上面加上虔诚态度,即内心生活所特有的对绝对对象的态度。”②佛教以其空明澄澈的精神般若境界,加上微妙至诚的情感体验,可以与审美的心灵世界相互冥照,安慰人的心灵,这也就是为什么魏晋南北朝的佛学逐渐与美育结合的缘故。

佛教义理对于魏晋南北朝审美思潮、美育观念的发展嬗变也起到了很大影响作用,与其他哲学理论共同促成了中国古典美学精神的转型。按照詹志和的观点,这种作用主要表现在三

① 参见任继愈主编:《中国佛教史》(第二卷),中国社会科学出版社1985年版,第112~127页。

② [德]黑格尔著,朱光潜译:《美学》(第一卷),商务印书馆1979年版,第132页。

个方面:审美主体的自觉意识、审美创造活动中的求真精神、“贵神似,重写意”的审美思潮三个方面。① 具体如下:

一是佛教心性理论激发了魏晋文人具有审美创造原动力意义的自由意识。在心灵、人格,也即精神生活上,佛教是追求自由、弘扬自由的。在对待物质与精神的关系上,佛教教义极端地约束物质生活而极力开拓精神生活的自由。因而在佛门中,与浩如烟海的律学形成鲜明对照的,是同样浩如烟海的关于心性理论的阐发。唐代华严五祖宗密在《禅源诸诠集都序》中对佛教义理曾经做过精辟的解说,他说:“一藏经论义理,只是说心。心即是法,一切是义。”②《华严经·十地品》称:“三界所有惟一是心”③。《大乘起信论》也说:“心生则种种法生,心灭则种种法灭。”④“对心之大及其无微不至、无远弗届之功用的强调,实际上就是对精神自由的强调。佛教是一种力图使精神自由获得纯粹独立意义的宗教。”⑤佛教大力弘扬的心性理论,使魏晋文人渐渐树立起了一种新的人生价值观:心灵自由、精神自由,乃是人生意义之真谛。与中国本土文化中生成的自由观不同,这种由佛教心性理论激活的自由意识认为:自然不是手段和工具,也

① 参阅詹志和:《佛教影响与魏晋时期美学精神转型》,《文艺研究》2005 年第 7 期。

② 蓝吉富主编:《禅宗全书》第 31 册,北京图书馆出版社 2004 年版,第 7 页。

③ 张新民等注译:《华严经今译》,中国社会科学出版社 2003 年第 2 版,第 274 页。

④ 高振农译注:《大乘起信论校释》,中华书局 2012 年版,第 45 页。

⑤ 詹志和:《佛教影响与魏晋时期美学精神转型》,《文艺研究》2005 年第 7 期。

不是简单的过程,自由本身就是目的,就具有不可替代的价值。从中国古代文人士子文化心态积淀变化的历程来看,“自由”具有纯粹独立的价值和意义,始于被佛教精神深深浸润过的魏晋士文化。这样,佛教心性理论激活了审美主体的自由创造意识。同时,也正是由于极大地开拓了主体精神上的自由度,才使得魏晋时期的文人士子在魏晋那个混乱、苦痛的时代亲近释门,抛弃名教物欲,转而到审美活动中去寻求人生价值。

二是佛教般若学促进了在审美活动中起着价值导向作用的真实观,由注重客观真实上升为注重艺术真实。魏晋时期,主要由于佛教般若学的影响,中国文人的求真意识出现了一个质的飞跃:由比较注重“接物即事之真”,发展为同时上下求索“哲理诗情之真”,也就是由偏重于追随客观真实发展为更多地追求主观真实。这是佛学与玄学互相激扬的结果。当时思想家们争论的几大问题如“有无”“言意”“名实”“形神”等,实际上都是关于宇宙间的最高真实特别是最高主观真实的问题。这些争论的缘起和演变,与佛教般若学密切相关。① 求真意识的崛起与变化对于当时的中国美学意义深远,它与前述自由精神相辅相成,构成了“美”要求它的创造者必须具备的两种基本品格。如果说自由精神是审美创造的原动力的话,那么,求真意识便在审美创造中起了价值导向的作用。从魏晋时期起,中国古典美学在“真”的问题上便跳出了拘泥于客观真实和生活真实的“事真”窠臼,而跨进到了属于主观真实和艺术真实范畴的“情真”“意真”“理真”“性真”境界。这直接影响到刘勰对“真”的探讨,刘勰在《文

---

① 参阅詹志和:《佛教影响与魏晋时期美学精神转型》,《文艺研究》2005 年第 7 期。

心雕龙·诠赋》中提出了既讲“情以物兴”，又讲“物以情观”①的情物论，也即艺术真实论，并强调“登山则情满于山，观海则意溢于海”②的审美主体能动性。刘勰的观点标志着中国古代美学思想史上的一次飞跃，它将审美创造的主体带进了左右逢源的自由王国，使文学艺术创造活动的指导思想，在先秦两汉时期的“感物”说、“比德”说、“美刺”说、“兴观群怨”说以及“经国之大业”说等这些注重客观真实和工具效用的美学思想基础上，提升到了同时也自觉追求甚至更为看重艺术真实和主观真实的品位上，并因具有了特殊的真理性品格并获得了不必再依附于政教伦理的自主地位。“真”，特别是侧重于艺术真实和主观真实的“真”，它之所以能作为一个重要的概念进入中国古代文学艺术的创作、批评领域和审美王国，可以说是深深得益于魏晋时期由于佛教般若学的影响而发展高涨起来的求真意识。

三是佛教形神观中的重神倾向促成并强化了审美—艺术思维中“贵神似，重写意”的审美追求。随着佛教活动的兴盛，造像立碑、图影写形的活动在魏晋南北朝时期十分发达。艺术家所遵循的基本的美学法则，是慧远、支道林等名僧提出的形神理论，艺术创作着重表现佛像幽深莫测、神明超妙的神态。从六朝的壁画、造像到北朝的石窟艺术，都体现了这种美学观念。这些变化正是魏晋时期的中国古典美学走上自立、自为发展道路的重要标志。③

---

① 周振甫:《文心雕龙今译》，中华书局2013年版，第81页。

② 周振甫:《文心雕龙今译》，中华书局2013年版，第250页。

③ 参阅詹志和:《佛教影响与魏晋时期美学精神转型》，《文艺研究》2005年第7期。

在佛教影响下形成的“崇自由”“尚求真”“贵神似”的美学精神标志着中国元气论美学或诗化美学的发展进入了一个相当重要的阶段。总之，玄学与佛教的兴起是魏晋南北朝时期思想学术的最主要特征。从一定意义上说，玄学是各种思想学说交汇融合的结果，它并不像佛学那样系统、精粹，它的内容十分庞杂。不但佛教等新的思想学说都融入了玄学发展的进程中，而且在玄学家们的论著中，几乎先秦诸子之学都得以复兴。

第二节　玄学与魏晋南北朝审美思潮

美育是通过审美实践活动有意识地培养人的审美能力及健全人格的一种教育形式，是人类实现诗意生存的根本途径，它必然受到世人的审美意识、社会的审美思潮的巨大影响。

代表门阀士族价值体系的玄学思潮的崛起无疑是魏晋六朝文化思想的主要特征。如果说魏晋六朝艺术是用感性体验的方式朦胧地表现了审美意识的时代变化，那么玄学则是以理性思辨的姿态明确地导引了审美意识的历史转换。

玄学是随着门阀士族这一新的社会势力的发展而形成的社会意识形态和价值观念体系，是一种不同于传统经学的新的文化思潮和思维方式。门阀士族作为新兴的社会特权阶层，它当然不愿意轻易接受现成的旧的思想体系，它要建立反映自己意愿和权利的新的理论依据与话语方式。同时，动荡变乱黑暗虚伪的社会政治现实，使人们普遍产生了一种强烈的忧惧情绪和怀疑意识，一种时事难为人事不测的孤寂感和绝望感。人究竟该怎样活才既安全又快乐？究竟什么样的人格才是最理想、最完美的？……这一些早在建安诗文中就被朦胧意识到了的严峻的时代性问题，此时变得愈加清晰，迫切需要一种新的理论来解答，于是一种反映时代要求的新的理性话语——玄学便应运而生了，并且走到了思想理论的前沿。

关于“玄学”这个概念，汤用彤先生曾做了如下的解释：“夫玄学者，谓玄远之学。学贵玄远，则略于具体事物而究心抽象原理。论天道则不拘于构成质料（Cosmology），而进探本体存在（Ontology）。论人事则轻忽有形之粗迹，而专期神理之妙用。”①意思是玄学的特征是摒弃可道有名的具体事物，而专言形而上的抽象本体和绝对精神。关于玄学，应该说这是中国古代哲学发展过程中的一个重要阶段，标志着古代哲学从两汉粗糙、肤浅的经学和荒诞不经的谶纬之学的基础上逐渐走向成熟和理性，它的许多理论命题如“本末”“有无”“一多”“动静”“自然”“名教”等都是中国古代哲学中的重要内容。玄学通过对这些命题的讨论，大大提高了人们的抽象思维能力和理性思辨水平，同时也对当时的美学观念、审美意识以及文艺创作和文艺批评产生了重要影响。

但是“玄学”这个概念，也容易给人一种印象，即它是一种拒人千里之外的莫测高深神秘难辨的抽象玄虚之学。这可能与“玄”这个字有关，“玄”字一直被人们视为神秘莫测、悠远高深的一个字眼。《说文解字·玄部》讲：“玄，幽远也。象幽而入覆之也。”②也就是深远、深奥之义。魏晋玄学之称为“玄”，也跟当时研究的是《老子》《庄子》《周易》这三本号称“三玄”的书有关；

① 汤用彤：《魏晋玄学论稿》，人民出版社1957年版，第26～27页。

② 〔汉〕许慎：《说文解字》，中华书局1963年版，第84页。

这三本书的义理确比一般书要显得深远、深奥一些。但这并不意味着它就是神秘莫测的玄虚之学。实际上玄学在这里虽指一种深厚、幽奥、透彻、高远之学，但其间少有神秘玄虚之意。恰恰相反，它是一门直窥生命本体意义的极有情致的“学问”。《玉篇·玄部》讲：“玄，妙也。”①所谓妙，一指精微、深微，一指高妙、美妙。在玄学思潮推动和影响下，在魏晋时期，“玄”这一概念作为审美范畴就逐渐被世人接受。② 所以有的学者认为：“玄学是一门很妙的学问，它的魅力就在于它的精妙、深妙、高妙、美妙，即让人在一种妙不可言的审美化体验中领悟到精深的玄思理趣。”③

其一，作为玄学的主要存在方式，清谈本身具有一定的审美品性。

玄学并不完全是一种书斋里的学问，它所反对和逃避的其实正是那种坐在书斋里皓首以穷的繁琐学问。所以更多的时候，它是在文人、名士、朋友等之间的交谈或议论中“悟”出来的，这也就是它为什么又叫玄言清谈的缘由了。所以说，“清谈”是魏晋玄学的一种重要的存在方式。

清谈作为一种社会风气，源自汉末议论朝政、品评人物的“清议”风尚。清议主要以人物品评为主，早期的人物品评可能用相骨之术，如王充《论衡》中的《相骨篇》，王符《潜夫论》中的

---

① 《宋本玉篇》，中国书店 1983 年版，第 387 页。

② 李戎：《玄学美学的四大范畴：“无”“空”“玄”“妙”》，《昌潍师专学报》2000 年第 1 期。

③ 参阅仪平策：《中国审美文化史·秦汉魏晋南北朝卷》，山东画报出版社 2000 年版，第 234 页。

《相列》篇，都是讨论这一问题的。相骨之术大体认为人的天命秉性可以从人的外在骨相推知。到东汉中后期，特别是东汉末年，骨相的人物品评有了变化，开始由具体走向了抽象、空灵，开始以抽象精神鉴人。比如袁宏在《后汉纪·灵帝纪》中讲述符融对郭泰的评价："高雅奇伟，达见清理，行不苟合，言不夸毗，此异士也。"①因符融的推荐，李膺见到郭泰，他评价郭泰说："吾见士多矣，未有如郭林宗者也，其聪识通朗，高雅密博，今之华夏，鲜见其俦。"②可见这时的人物品评已经超越了人物具体的容貌，而注重人物的精神气质和精神风貌。那时的人们在品评人物时所常用的词语，如高雅、奇伟、密博、通朗等，虽然没有具体呈现人物的容止之美，却抓住了人物的内在神韵。人物品评从此转向重才性、重仪容风姿，呈现出一定的唯美性，这是士人个性觉醒的一种表现。但同时清议之士往往会为此招致党锢之祸，后又因魏晋之际的政治局势愈加黑暗恐怖，这种人物清议之风便逐渐转为脱离实务的玄理清谈，重虚，重空灵。这样士人在人物品评中就呈现空灵传神的抽象化、唯美化趋势，思维方式日渐玄学化。在玄学家那里，清谈原先那种名士文人相聚辩谈的形式似乎未变，但在具体对象、内容、方式、意义上，清谈已非同清议。清谈已经演变成玄学家们在游戏化的情境中谈玄悟理的主要方式，而且是一种极富游戏意味和审美色彩的存在方式。

---

① 〔晋〕袁宏撰，周天游校注：《后汉纪校注》，天津古籍出版 1987 年版，第 646 页。

② 〔晋〕袁宏撰，周天游校注：《后汉纪校注》，天津古籍出版 1987 年版，第 646 页。

一方面，清谈的形式具有审美品性。此时的清谈不再是“品核公卿，裁量执政”①的才德品评，而是一种“论天人之际”、究有无之理的形上思辨，是一种探本求真的理性活动，“共谈析理”是其基本的目标和特征。正如宗白华先生在《清谈与析理》中所说的：“魏晋人的清谈，本是产生于探求玄理的动机。王导称之为‘共谈析理’。嵇康《琴赋》里说：‘非至精者不能与之析理。’‘析理’须有逻辑的头脑，理智的良心和探求真理的热忱。”②这种共谈析理、唯真是求的清谈活动以主客辩难为主要形式，依靠的是形式逻辑的推演，是极富挑战性的。它的具体论辩对手、题目、场合等大都是随机的、即兴式的。这种玄谈方式，极大地激活了人的思辨潜能，锻炼了人的思维能力，启发了人们的独立思考，唤起了一代士人追究真理、崇尚智慧的热情和风气。但是需要指出的是，它其实并不是在那儿抽象枯燥地谈玄论理，而是一切都运行在一种游戏性的氛围和形式中；它把这种探本求真的理性思辨活动，已提升为一种心调意畅的审美活动了。据《世说新语·言语》记载道：“诸名士共至洛水戏。还，乐令问王夷甫曰：‘今日戏乐乎？’王曰：‘裴仆射善谈名理，混混有雅致；张茂先论《史》《汉》，靡靡可听；我与王安丰说延陵、子房，亦超超玄著。’”③把玄言清谈看作“戏”，看作自由的、愉快的游戏甚或嬉戏，这堪称魏晋之际审美意识的一种极典型的风格和情态。它

① 〔南朝宋〕范晔撰，〔唐〕李贤等注：《后汉书》，中华书局 1965 年版，第 2185 页。

② 宗白华：《宗白华全集》（第二卷），安徽教育出版社 1994 年版，第 309 页。

③ 〔南朝宋〕刘义庆：《世说新语》（上），上海古籍出版社 1982 年版，第 63 页。

将名理、《史》《汉》之类纯然学理性问题的探讨,变成了富于诗意性鉴赏体验的审美活动。

另一方面,不仅清谈形式本身,而且清谈的内容即玄学义理,也变得诗意化、趣味化,可以直接感动人的内心。《世说新语·文学》记载,丞相王导曾叹曰:"至于辞喻不相负,正始之音,正当尔耳。"①《世说新语·文学》还曾说:"傅嘏善言虚胜,荀粲谈尚玄远。每至共语,有争而不相喻。裴冀州释二家之义,通彼我之怀,常使两情皆得,彼此俱畅。"②人们对于"理"的追逐已不仅仅是一种执着,而是近乎达到一种痴迷和迷恋的状态了。所以,当裴頠巧妙地将傅嘏和荀粲所执之理沟通起来后,二人也便两情皆得,彼此俱畅了,因为"理"对他们来说,已差不多就是"神"之所往,"美"之所在;既然双方的"理"已通畅无碍,那么他们顿生一种审美性质的和谐感、愉悦感也就很自然了。

清谈之风发展到永嘉前后又有些许变化,那就是人们在依然讲究玄学之理的同时,其关注的重心已开始向审美的一面倾斜和转化。所谓"正始之音"的清谈是以"理"为唯一准则,而到此时的清谈,人们对论辩各方的形象姿态、表述技巧和言辞文采则更加注重和欣赏;也就是他们不再单纯追求以"理"服人,而是更加强调以"美"悦人了。能为话语的佳致丽辞感动得流汗交面,也能为辩难的精妙才藻满足得鼓掌舞蹈,以至于只顾沉浸在清谈形式的审美化欣赏里,反倒"不辩其理之所在"了。这大约

---

① 〔南朝宋〕刘义庆:《世说新语》(上),上海古籍出版社 1982 年版,124 页。

② 〔南朝宋〕刘义庆:《世说新语》(上),上海古籍出版社 1982 年版,第 117 页。

就是魏晋之际玄言清谈的审美化风尚所达到的一种极致境界。①

通过上述简单分析,可以看出玄学的玄风理趣本身就蕴涵着浓厚的审美品性。例如魏晋美育思想家嵇康,他曾经担任中散大夫一职,而中散大夫掌议论之责,一向关注社会人生的嵇康以其卓越的辩才,积极参与了当时盛行的清谈活动,远近闻名。正是在这种具有审美品性的魏晋清谈之风中,嵇康逐渐形成了其极其深刻的美育思想。

其二,玄学是一种自我人格本体论,“超越有限去追求无限”的本质将它与美学乃至美育内在地连接在一起。

作为一种时代潮流,玄学首先表现出一种对理想人格本体的追求,要求冲破儒学的伦理本位而追求人格独立与解放的个体本位。魏晋士人以玄学为武器,使自己在精神上获得了空前的解放。玄学将任何事物,大到宇宙生成,小到才能之辨都作为玄思的对象加以把握,从而大大突破了传统儒者恪守的伦理道德的狭小精神领地,实质上是对人的主体性的高扬。“主体性即人性,人性即主体性”②。因此我们说,玄学是一种以“自我超越”为主旨的人格本体论体系,也是一种涵蕴着新的自我人格美范式的价值论体系。自我超越就是“个体实现从外部功利世界向自我情性本体的回归”“不再是外在的高官厚禄荣华富贵道德节操名誉地位,而就是个体自我的天性、生命、心情、智慧、人格

① 参阅仪平策:《中国审美文化史·秦汉魏晋南北朝卷》,山东画报出版社2000年版,第234~238页。

② 丁少伦:《当代中国实践工具论美学的哲学反思——从现象学和存在论的角度看》,《山东社会科学》2007年第5期。

等等成为至高无上的本体。再没有什么比个体自我的超脱、性情的和谐、生命的安乐、智慧的明达和心意的自得这一类的事更重要、更有意义的了。”①正是在此意义上，玄学的义理必然影响到美学，影响到当时的社会审美思潮和审美观念。

个体的人应当怎样活才有意义？究竟什么样的人格才是最美、最理想的？……这是魏晋之际身处黑暗恐怖变乱虚伪现实境遇中的人们所严重关心的、迫切需要回答的时代课题。实际上，这也是一个如何协调个体和社会、“自然”和“名教”、感性和理性之间尖锐矛盾与冲突的问题。当文学艺术感受到了这一严峻问题却又无法明确解答时，玄学便自觉承担起了这一思想文化使命。比如，王弼的玄学作为中国传统哲学的一种特定形式，其着重点、落脚点仍然是在“人”的话题上，在人事、人生、人格、人性、人伦、人道等问题的探索上。在他这里，本体论的思辨是以目的论、价值论的重建为旨归的，“纯粹理性”是以“实践理性”为旨归的，“天道”是以“人道”为旨归的。所以，王弼玄学的根本目的就是要通过有无之辨，提出一种新的人格美范式，构建一种他心目中的“圣人”理想，以便协调在魏晋之际的每个人身上所表现出来的个体与社会、性情与伦理、“自然”与“名教”之间的尖锐矛盾和冲突，使个体的人既不脱离社会的伦理原则和名教秩序，不远离外在的物欲世界和功利现实，同时又不至于在伦理名教中扭曲自己，在物欲现实中丢失自己，而是仍保持着自我人格的独立，守护着自然人性的完满，显现着个体生命的本真，体验着内在精神的自由。王弼“以无为本”的理论学说蕴涵

---

① 仪平策：《中国审美文化史·秦汉魏晋南北朝卷》，山东画报出版社2000年版，第238～239页。

着对于内向型“大美”人格理想的赞美。①

玄学所追求的是“在现实的人生之中，特别是在情感之中去达到对无限的体验，进入一种超越有限的、自由的人生境界。这样一种境界，正是审美的境界②。”玄学为士人提供了驰骋想象与思维的极好方式，进入玄思领域，人们就无异于达到一种精神极自由、极和谐的境界。在这里，尘俗的一切限制、禁忌、规范都无影无踪了。在这种玄学精神境界的影响下，魏晋士人在审美领域同样达到一种自由之境，真正以个体的主观感受、感官好恶来评价美与丑了。他们将自我意识延伸到个体生命存在，于是个体价值标准取代了社会价值标准，使审美活动成为纯粹的个体活动，这样在他们面前才展现出一个真正的美的世界。与真美的外在世界相对应的是真情的内心世界。玄学的思辨并没有窒息魏晋士人的情感，反而使他们抛弃了儒者的那种讳言真情，乃至泯灭真情的虚伪。一切任意而行，任情而为，绝无矫揉造作。

以“竹林七贤”为代表的一批玄学名士，通过他们的所作所为，展示了一种崭新的人格意识，成为当时人们争相效仿的楷模。他们那种超凡脱俗的风度，狂放不羁的举止，热爱生命、肯定个人价值的人生态度，乃至游心于山林，沉醉于艺术的审美精神，都对时人的思想起到了巨大的启蒙作用。

正如李泽厚、刘纲纪所指出的，玄学与美学的连接点在于

---

① 参阅仪平策：《中国审美文化史·秦汉魏晋南北朝卷》，山东画报出版社 2000 年版，第 239 ~ 244 页。

② 李泽厚、刘纲纪：《中国美学史》（魏晋南北朝编上），安徽文艺出版社 1999 年版，第 104 页。

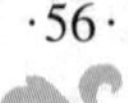

"超越有限去追求无限"①,"由于超越有限而达到无限是玄学的根本,同时对无限的达到又是诉之于人生的体验的,这就使玄学与美学内在地联结到一起了。"②宗白华先生也指出:"晋人以虚灵的胸襟、玄学的意味体会自然,乃能表里澄澈,一片空明,建立最高的晶莹的美的意境。"③正是在玄学的推动下,对本体的探询才逐渐进入到了个体人格的层面,这就必然引起对人的情感、人的精神世界和个体心性自由的关注。魏晋玄学也正是在探询人性、探询个体价值的过程中,进入了美学的领域。

其三,社会化的审美教育是玄学的主要思潮,也是魏晋之风的特点。这种审美教育观点首先表现在文学领域。由"六艺"之文逐渐演变到"辞章"之事,在与经学对立的抗争中,文学无可辩驳地确立了自己的地位,涌现出了大量词语华丽的佳作,也产生了如刘勰的《文心雕龙》、钟嵘的《诗品》等一大批文学理论著作,标志着审美教育实践的深入和文学创作的繁荣丰硕景象。其次,"养气炼性"成为文人修养的方式和审美教育的中心环节。要创作出精美华丽的佳作,文人必须"养气",养"浩然之气",正如曹丕所说的"文以气为主,气之清浊有体,不可力强而致"④,即必须在平时从典籍中汲取养料来丰富和扩展个体内在的气势力度,这实质上就是把伦理修养转变到文学修养,把气的理论从

---

① 李泽厚,刘纲纪:《中国美学史》(魏晋南北朝编上),安徽文艺出版社 1994 年版,第 103 页。

② 李泽厚、刘纲纪:《中国美学史》(魏晋南北朝编上),安徽文艺出版社 1999 年版,第 104 页。

③ 宗白华:《美学散步》,上海人民出版社 1981 年版,第 211 页。

④ 郭绍虞主编:《中国历代文论选》(第一册),上海古籍出版社 2001 年版,第 158 页。

道德中转化到审美中。如何养气呢？玄学强调注重地理环境、民族风情对个体心灵的影响，倡导遍游名山大川，经历风俗人情，以助于"养气炼性"和运思作文。玄学的这种审美观点至今亦具有深厚的影响，中国文人亦多以养气炼性为其人生的题铭，注重博大开阔的心胸，浩然周流的气势修炼，这不能不说是玄学之功的流芳。再次，玄学社会化的审美教育以文学为中心，延伸拓展到书法、绘画、音乐等诸方面。如魏晋著名的玄学家嵇康就非常重视美育，对于中国古代美育的发展与深化作出了突破性的贡献。他力图通过音乐、绘画等艺术审美活动实现审美救赎，以美育来营造美好的物质家园和精神家园，最终使人能够审美地生存，通达诗意化的人生境界。从一定角度来说，审美教育已经成为魏晋玄学的重要内容之一。

总之，魏晋之际社会主流意识形态由儒而玄的这一转换，尤为直接地驱动和催化了魏晋南北朝审美意识、审美思潮以及美育思想的重大变折与飞跃。

正是在儒、道、佛、玄多种思想并存互渗的思想局面和文化背景中，中国古典美学的基本精神在魏晋时期发生了很大的变化，"六朝美学以高迈超逸的风神卓然标峙于中国美学史。它结束了先秦两汉时期美学依附于政教道德的狭隘境界，将审美和艺术创作与动荡岁月中士人的生命意识与个性追求熔为一体"①，真正走上了自主自为，独立发展的道路。

老庄那一套"有无相生"的哲学及其"言不尽意""得意忘言"的妙谛，随着玄学的大盛，更同魏晋六朝时代的艺术理论发生了密切联系，促使文学注重追求言外的旨趣和意象；特别是随

① 袁济喜：《六朝美学》，北京大学出版社1999年版，第1页。

着玄学的广泛流播和"名教"归本于"自然"的理论确立,追求玄旨和崇慕自然的风气,更成为一种时尚。其结果不只是给了那些玄言诗、游仙诗和山水田园诗的产生和发展以极大的影响,而且还使这一时代的"美学思想中出现了新的价值观念"。

面对个体与社会、自然与名教、情与理的尖锐时代性冲突,将东汉中晚期萌动的新趋向,即审美教育由外而内、由伦理而性情、由名教而自然的变折,变成了一种历史的自觉,一种时代的主潮,其基本标志,一方面是自我人格的本体化、主体化,是个体向自我、人性、真情的回归,用钱穆先生的话说,也就是"个人自我的觉醒"①;另一方面,则是个体对伦常、名教、礼法、俗规、节操、功业等外在价值目标的疏淡和超越,而且这种疏淡和超越并不是一种自然的过程,而是有意识的、理性自觉的文化选择。这两个方面统一起来,便凝成和突出了"自我超越"这一时代主题。"自我超越"可以视为魏晋之际一种主流性的社会意识、文化姿态、哲学观念和审美风尚。它使得这个时代充满了"极自由、极解放,最富于智慧、最浓于热情"②的文化气息,使得一个时代文化真正走向了艺术,走向了美!

众所周知,每一个时代都有自己特殊的审美问题,都有占据主流地位的审美意识和审美观念。鲁迅先生曾把魏晋看作是"文学的自觉时代"③,这是对魏晋六朝审美特征的极准确概括。所谓文学的自觉,从一定意义上讲,就是人的自觉,人的主体意

---

① 钱穆:《国学概论》,商务印书馆 1997 年版,第 147 页。

② 宗白华:《美学散步》,上海人民出版社 1981 年版,第 208 页。

③ 鲁迅:《鲁迅全集》(第三卷),人民出版社 1973 年版,第 491 页。

识的觉醒，人的自我超越。从历史发展上看，汉代美学集中在“虚妄”与“反虚妄”的斗争上，王充的“疾虚妄”①“求实诚”②，实际上是魏晋文学、美学自觉的先声。到了汉魏，在重建新的理论思维的历程中，具有反传统特点的老庄思想，助长了魏晋人那种“叛散五经，蔑弃风雅”的精神，使他们有勇气去推倒那些旧的观念和僵化了的经典，促进了思想的活跃和解放。老庄的自然主义哲学，有力地冲击、否定着两汉以来“天人感应”的神学观念，有助于唤起“人的自觉”，从而使那些置身于动乱、险恶环境中的士人对自己生命的意义、命运有了新的发现、思索和追求。建安文学首先以其慷慨通脱的风格表达了对人生目的和意义的反思与咏叹，反映了“疾虚妄”的历史成果，接着是曹王的“文气论”，对创作主体的气质、秉性予以空前重视，而后来陆机在《文赋》中提出“诗缘情而绮靡”，顾恺之在画论中提出“以形写神”，以至诗画中对自然美的发现，构成了魏晋人在审美中以主体意识的觉醒而进入“自觉时代”，这也是一个美育的“自觉时代”。

当然，人的觉醒或者说对审美主体、对个性自由的重新发现，作为魏晋时代审美和美育的特殊性，也决不单纯是美学、美育自身的演变，在总体上它是一种历史的必然结果。在人类文化史上，人的主体性、自我意识的失落和复归，似乎反映着人的被异化与反异化的历史斗争过程。主体性的失落是人对自然、宗教等异己力量的屈服，表现为人与外部现实的某种统一，但同时也就有主体性复归的斗争，表现着与外部现实的相分裂、相对立。欧洲文艺复兴时对人文主义的张扬，十八世纪启蒙运动对

① 黄晖:《论衡校释》，中华书局 1990 年版，第 870 页。

② 黄晖:《论衡校释》，中华书局 1990 年版，第 1184 页。

人的理性的崇拜,都是在与外部现实相分裂中实现人的自我意识的觉醒。这一特征在中国历史上,是两汉儒家一味崇尚社会功利的美育价值观念,已使人的自我意识和精神心态所剩无几,但又被两汉的神学目的论扭曲而推向了极端,人的观念完全消失在谶纬迷信、自我掏空的荒诞神学观念之中。东汉章帝刘炟主持的"白虎观"会议,使儒学与谶纬文学进一步结合起来完成了经学的神学化立宪,在以国家法典形式出现的经学(神学)文化中,人的主体意识最后彻底失落,个体被完全淹没在社会结构网络中。这就为道家的反社会异化、崇尚自然的美育价值观念的复苏,提供了历史的反作用力。所以东汉末期像马融、郑玄这样著名的经学大师,也开始变卦,以"生贵于天下""以曲俗咫尺之羞,灭无赀之躯",归于所安,由不守章句而寻"老庄所谓也"。① 经过黄巾大起义的扫荡,儒学被动摇了,给魏晋人的精神觉醒和美育观念重构带来了历史的机缘,加之战争、党争和政争的动乱,腐败的门阀势力的残酷统治,造成了人与现实的严重对立。于是,人生的目的和意义究竟是为了成就某种积极的善,还是逃避现实的不幸,便自然提到魏晋六朝士人的面前。不论是"正始之音"从清议的政争到竹林清谈的思辨,或是曹氏父子的尚刑名崇放达的权变,都是魏晋人又一次对人生意义的反思。所谓"魏晋风度",其实是魏晋人觉醒心态的一种精神表现,即从对生存的恐惧,转而对生命的热爱与追求。而玄学作为这个时代的意识,也是先以对生命本体的思考,转而对宇宙本体的探索,标志着人的主体意识的复归。正是儒、道、佛、玄各种文化思

① 〔南朝宋〕范晔撰,〔唐〕李贤等注:《后汉书》,中华书局1965年版,第1953页。

潮和理论学说的共同作用,使"人的觉醒""人的发现""自我超越"成为新的美学和美育思想主题,该主题使这一时代在整个古代美育思想史上生气勃扬、光彩流溢、个性凸显、意义彰著,成为一个至为关键的历史转捩点。也正是这一复杂而独特的文化背景,造就了嵇康、颜之推等一大批新的美育思想家。道家之"道"、儒家之"道"以及佛教之"道"都在他们身上刻下了深刻的烙印。这是我们分析魏晋南北朝美育思想时所不能忽视的。

第二章 玄学、佛教向美育领域的渗透

魏晋南北朝是中国古代美育发展史上的一个转折期。自魏晋南北朝以后,中国古代美育思想出现了前所未有的新变化,但这些变化仍然属于中国古代"中和论"美育观发展的范畴。从一定意义上讲,魏晋六朝是中国古代"中和论"美育思想发展完善的重要时期。魏晋南北朝是中国美学和艺术空前发达的时代,这种情形促进了审美教育的空前发展,从而改变了历来教育只重德育的状况,使审美教育达到了前所未有的高度。

魏晋南北朝审美教育的发展与当时社会变动和人们观念的变化分不开。玄学思潮的兴起、流行以及佛教的传播与发展,是当时社会、政治、经济等发生变化的必然结果,极大推动了审美教育的发展、深化。玄学、佛教通过各个方面向美育领域渗透,不仅影响了当时人们的精神状态,也深深影响了人们审美趣味的变化。

"党锢之祸"和九品中正制的实行,使大量士人无法走入朝堂,转而退隐山林,而主张退隐的老庄之学便受到人们的重视,玄学应运而生。玄学家们以老庄道家学说来解释儒家经典,主要特征是清谈理性和反对传统。在思想体系上,他们以老庄思想为骨架,糅合儒、道两家思想而形成;在内容上,提出了有无、体用、本末等概念,剖析了“名教”与“自然”的差异,并把人生境界引向更虚静、更神秘的境界。在美育方面,玄学家以自然人性论为基础,倡导自然主义教育,把人的个性完善与发展放在首位。玄学家强调美育以个人为中心,主张在美育过程中坚持人本主义教育,在美育方式上坚持顺应自然发展规律,美育内容上以“三玄”为经典。魏晋玄学不仅开辟了一代哲学新风,对于中国古代美育也产生了重要的影响。魏晋南北朝时期,玄学家所注的经典在国学教育中被列为主要教授内容,在南朝宋时,还设有专门学习玄学的学校。玄学风气的盛行,为中国古代“中和论”美育注入了新鲜的活力,使其逐渐摆脱了经学的束缚,进而影响了整个社会的风气,使魏晋南北朝成为中国古代美育史上最具特色的时期。

佛教虽然并非产生于中国,但是在佛教传入之后,迅速实现了自身的本土化,对中国的政治、军事、经济、文化、教育等各个方面都产生了重要的影响。佛教诞生于古印度,大约在东汉时期传入中国,但是当时并未得到广泛的传播。到了魏晋南北朝时期,佛教借助道家、玄学术语阐释佛经、佛典,因而得到广泛的传播,其影响力也超过了中国本土的道教,成为中国最具影响力的宗教。尤其是在南北朝时期,佛教空前繁荣,唐代诗人杜牧“南朝四百八十寺,多少楼台烟雨中”(《江南春》)的名句便展示了当时佛教盛行的情景。从一定意义上讲,佛教在中国传播的过程也是它日益与中国传统文化相融合的过程,日益被普通百姓所接受的过程。佛教从“色即是空”的基本世界观出发,竭力追求出世的清净无染的道德美、真实无妄的本体美。佛教的许多理论观点都带有美学性质，对中国古人的审美意识、审美理想、审美境界都产生了重要影响，因而佛教美学历来被学术界看做是中国古典美学的重要组成部分。我们认为，宗教与美育并不矛盾，二者在救赎人的灵魂、净化人的心灵、提升人的精神境界这一目的上是一致的。佛教的非逻辑的、“体认悟道”的思维方式与美育的潜移默化、润物无声的要求也是极其吻合的。而且佛教本身具有十分强大的美育功能，一些佛理教义可以成为美育的重要内容，佛教艺术是人类艺术的重要一支，它是一种极其重要的陶铸情感手段和方式。20 世纪初蔡元培先生提出“以美育代宗教”①的观点，有其特殊的时代背景，因为中国佛教当时已经是衰落不堪，僧团腐败，义学凋零，而且蛊惑迷信，逃禅避世，其社会功能、美育功能几乎丧失，越来越背离了宗教的本质、背离了社会潮流。在美育思想方面，佛教具有自己独特的思想体系，由于佛教重视今生与来世的因果关系，因而佛教美育既要求超脱现世、追求来世的幸福，同时又注重今世的修行戒律。在佛教美育中，人生观、善恶观受到很大的重视，这是对中国本土美育思想的继承与发展。

第一节　玄学、佛教境界观对“中和论”美育理想的提升

在阮籍、嵇康等魏晋玄学家看来，人只有在与自然的契合中，才能达到物我合一、物我两忘的至高完美境界。阮籍的心中

① 蔡元培：《蔡元培全集》（第三卷），中华书局 1984 年版，第 30 页。

的理想人格形象是“大人先生”：他“以万里为一步，以千岁为一朝”①，“与造物同体，天地并生”②，大人先生逍遥空灵、不食人间烟火，飘忽于天地之间，通于造化，与道合一，与自然融为一体。嵇康心目中的圣贤与阮籍略有不同，他认为：“至人远鉴，归之自然。万物为一，四海同宅。”③嵇康心中的“至人”是生活于现实中的返归自然、物我两忘、四海为家的君子。虽然嵇康的“至人”与阮籍的“大人先生”并不完全相同，但二者仍然有着明显的相似之处，即对“天人合一”理想境界的追求。无论是嵇康的“大人先生”还是阮籍的“至人”，他们追求的至高境界都是虚静玄远的精神境界。“境界”本是佛教的专用术语，其他宗教、理论学派很少使用“境界”一词。东晋南朝时期，逐渐兴盛起来的佛教，在借鉴玄学理论的基础上，不断加入本土因素，对“境界”做了系统的阐释和深化完善，并且将其渗透、融入到当时的艺术实践和审美教育中。

一、玄学、佛教境界

玄学和佛教都对境界问题进行了深入的思考，形成了各自的境界观。玄学、佛教的境界观对魏晋南北朝美育都产生了十分重要的影响。

（一）玄学境界观

清谈盛行，玄学兴起，使得越来越多的士族知识分子热衷追

① 陈伯君：《阮籍集校注》，中华书局1987年版，第161页。

② 陈伯君：《阮籍集校注》，中华书局1987年版，第165页。

③ 戴明扬：《嵇康集校注》，人民文学出版社1962年版，第19～20页。

求玄远的精神境界。而这种玄远的精神境界,不同的玄学家有不同的表述,但归根到底他们的核心观念都是天人合一。例如坚持“贵无论”的王弼崇尚“以虚为主”的精神境界。他把“无”看作是宇宙万物存在和发展的终极依据,认为圣人的最高境界是“以虚为主”,虚就是虚其心,心代表的是人的意识、思想、目的等。人之所以不能成为圣人是因为不能抛弃心里的执念,无法与自然为一,与道为一。而圣人则不同,他们能够“虚”其心,按照自然无为的方式处世,因而能达到物我合一、天道一体、天人合一的理想状态。再如,嵇康在他的《释私论》里提出了“越名教而任自然”①的理想境界。嵇康摒弃荣华富贵等外物,向往内在的精神的充实,追求的是一种顺应自然之道的内在的精神上的快乐,他在《答难养生论》中称之为“大和之乐”。而要达到这种精神上的“大和”只有“越名教而任自然”,怡情山水,与自然融合而为一。继嵇康之后,郭象又提出了“玄冥之境”的精神理想。“玄冥之境”探讨的是一种新的“内圣外王之道”,它追求一种整体性的和谐。郭象认为,造成当时社会的种种不和谐的原因就在于人们丧失了自己的自然本性。若使整个社会趋于和谐,人人都应按自己的“性分”去做事,而不要去追求“性分”以外的东西,例如做君王的,就应做君王分内的事;做大臣的,就应做大臣分内的事;普通平民就做普通平民分内的事。这样不仅个体可以达到玄远的精神境界,整个社会也才能实现和谐,达到“玄冥之境”。

从以上论述中,我们可以发现玄学家们继承了先秦以来的优秀传统,他们所追求的理想境界实质上仍然是“天人合一”的

① 戴明扬:《嵇康集校注》,人民文学出版社1962年版,第234页。

境界。玄学的境界观主要包括三个内涵:其一,玄学高度重视人的内在精神美,其理想境界是一种玄远的精神境界。我们知道,儒家的至高人格境界是以“仁”为核心的美善合一的人格境界,其实在这种美善合一的境界中隐藏的是各种伦理道德和规范束缚,或者可以说儒家的人格境界是在礼制基础上的道德境界。与儒家人格的道德本体论不同,魏晋玄学的境界是玄远淡泊、放达通脱的精神境界。玄学家们追求宅心玄远、放浪形骸、超然的境界,他们率真大胆、不受任何约束地纵情山水,在山水自然中袒露情怀,与自然融为一体,也就是嵇康所说的“越名教而任自然”①,摆脱了外界的束缚与自然融合,人的思想、精神也更加虚静、自由,因此更加注重人格的内在修养;其二,玄学虚静玄远的精神境界是与自然合而为一的精神境界。宗白华说:“晋人向外发现了自然,向内发现了自己的深情。山水虚灵化了,也情致化了。”②自然山水在魏晋士人那里有着前所未有的意义,在玄学的影响下,在与自然的交流中,他们发现自然的一草一木都蕴含着生机、蕴含着美。在他们看来,也只有在自然中才能够达到更加玄远、虚静的人生境界。这样,魏晋六朝的文人士子把美引向了自然,极大拓展了审美空间。同时,他们认为自然之美与人格之美成为互动的主体,自然之美可以促进人格美的塑造,人格美的升华也有利于发现自然之美,人与自然成为不可分割的整体。除了自然之美与人格之美的融合之外,人与自然的融合还表现在感情的融合,“向内发现了自己的深情”。在玄学思想的影响下,寓情于山水便成为必然。在魏晋六朝世人看来,将人情转化

① 戴明杨:《嵇康集校注》,人民文学出版社1962年版,第234页。
② 宗白华:《美学散步》,上海人民出版社1981年版,第215页。

为物情，融于山水，以本真的心去感受自然之情，使自己与天地同化，与宇宙融为一体，就可以达到天人合一的至高境界；其三，虚静玄远的精神境界是以和谐为本的境界。和谐是天人合一境界的基本内涵，天人合一的境界首先体现的是人与自然的和谐。人出入于自然，与自然和谐相处才能达到玄远的人生境界。除了人与自然的和谐，天人合一的境界还包括人与人、人与社会的和谐，正如郭象的“玄冥之境”崇尚的便是社会整体性的和谐。玄学境界观表现在人格美育方面便是追求人性之和、人行之和，即构建和谐中庸的人格，养成文雅中正的行为习惯，只有这样才能达到社会整体性的和谐，达到天人合一的精神境界。

(二)佛教境界观

魏晋南北朝时期，“境界”一词随着佛教理论的繁荣，出现在许多汉译佛典中，例如东晋佛陀跋陀罗所译的《华严经》，北魏菩提流支三藏所译的《无量寿经论》，元魏天竺三藏法师昙摩流支译的《如来庄严智慧光明入一切佛境界经》，梁僧伽婆罗三藏所译的《度一切诸佛境界智严经》等都出现了“境界”“法境”“境”等词语。由于佛学家们对般若性空的解释因有诸不同说法而有“六家七宗”之分，因此他们对“境界”的解释也有所差别。佛学中的“境界”理论以东晋高僧僧肇和竺道生的观点最具代表性。

对于佛教中的“境”，丁福保解释为：“心之所游履攀缘者，谓之境，如色为眼识所游履，谓之色境，乃至法为意识所游履，谓之法境。”①意思是说，境是心认识的对象，所以心与境是不可分割的。“界”除了有区别事物种类的意思之外，还有“因”的意思，“百法疏曰：‘界是因义，中间六识，籍六根发，六境牵生。为识为

① 丁福保编：《佛学大辞典》，上海书店1991年版，第2489页。

因,故名为界。'"①所以,这里的境界指的是人的内心境界。但是佛教的"境"除了内心之"境"外,还包括客观外境。由于佛教把世界上的一切客观、外在物质都看作是心识的产物,即眼、耳、鼻、舌、身、意、末那、阿赖耶识八识产生了不同的境相,如眼识产生了色境,耳识产生了声境,鼻识产生了香境,舌识产生了味境等,因此佛教的"境"既包括了八识产生了各种客观外境,也包括了与心相依相生的内心境界。

僧肇大师(公元384~414年)的境界理论旨在引导人们追求客观的本质,即"真如"。僧肇阐发了般若宗真谛,提出了"不真空论",他将大乘空宗的"空"解释为"不真空",即"不真"就是"空"。他认为构成"空"的"有"和"无"都不是"真有"和"真无","有"和"无"都不是绝对的,"虽无而非无,无者不绝虚;虽有而非有,有者非真有"。② "有"和"无"都是不真的,那个由"有"和"无"构成的"空"也就是"不真"的,即所谓的"不真空"。他认为宇宙万物现象不存在自性,只有用人类智慧才能洞照"真如",最后进入涅槃的最高境界。因此,僧肇的"境界"是洞照性空真谛。

竺道生(公元355~434年)是东晋著名的佛学家,他提出了涅槃佛性说,他的"境界"理论对"心"和"境"的关系进行了更深入的探讨。竺道生将"心"和"境"视为佛性的两个重要方面,既从"境"的方面阐述佛性,又从"心"的方面论证佛性。他所倡导的"顿悟成佛"正是建立在对"心""境"的关系论述基础上。竺

---

① 丁福保编:《佛学大辞典》,上海书店1991年版,第1603页。

② 〔东晋〕僧肇著,徐梵澄译注:《肇论》,中国社会科学出版社1985年版,第31页。

道生认为佛性起源于“心性本净”，这是顿悟的重要条件，只有“心净”才能具备成佛的可能，也就是说“心”要在一定条件下才能顿悟，才能产生佛性，而这条件中最重要的就是境界，即心达到了一定的境界才能顿悟，才能成佛，这就是他说的“境界缘”。

可见，不论是僧肇的“不真空论”还是竺道生的涅槃佛性论，都是主张人生的境界不要执着于外在的某一事物、某一目标，只有不执着于外在事物才能获得彻底的自由、清净、无碍，才能进入佛教中所讲的自在无碍的极乐世界，才能顿悟成佛，因此佛教最高境界就是抛弃了人的欲望、贪念和痴迷而进入的自由的人生之境。

总之，玄学所追求的至高的精神境界，无论是王弼“以虚为主”的精神境界还是嵇康“越名教而任自然”①的精神境界以及郭象的“玄冥之境”都包含了玄远自由、融于自然以及协调适度的内涵；佛教所追求的人生境界，无论是僧肇所说的“不真空”的境界，还是竺道生所说的涅槃境界，都体现了对人“真如”本性和自由境界的追求。我们知道，先秦以来的中国古代美育思想历来强调通过礼乐教化，培养和造就完美的君子人格，促进人格自身、人与社会的和谐，最终达到人与自然和谐的理想境界。而盛行于魏晋六朝的玄学境界观和佛教境界观不可避免地会影响到这个时期的美育理想和追求。

二、魏晋六朝美育理想与追求

受玄学境界观与佛教境界观的影响，魏晋南北朝的人们表现出明显不同于前人的美育理想与追求。

---

① 戴明扬：《嵇康集校注》，人民文学出版社1962年版，第234页。

先秦时，孔子就已十分重视对人格美的鉴赏，但他的着眼点在于人的道德，他讲的人格美其实就是善。到了魏晋时代，由于玄学的影响，中国传统美育思想发生了重要的转向。魏晋六朝人爱自然界的美，更爱人格气质的美。这时的人物品藻也不再像汉代那样着重人物的经学造诣和道德品行，而是着重于人物的风姿、风采和风韵，呈现出新气象新倾向。《世说新语》就有专门的《容止》篇以记述众多人物的风姿容貌之美，如："时人目王右军，飘如游云，矫若惊龙。"①"海西时，诸公每朝，朝堂犹暗。唯会稽王来，轩轩如朝霞举。"②"时人目夏侯太初，朗朗如日月之入怀；李安国，颓唐如玉山之将崩。"③因此，我们看到，在魏晋时期，善不再是美的束缚，人们追求的是超凡脱俗、飘逸自然的风度、品貌、神采，不为政治、名利所累的高度自由的精神状态成为文人士子们心目中的理想境界。正如宗白华先生所说："'世说新语时代'尤沉醉于人物的容貌、器识、肉体与精神的美。"④

由魏晋时代对人超凡脱俗、飘逸自然之美的标举深入下去，我们可以看到那个时代对旧的传统、信仰、价值和风习的一种怀疑、对抗和颠覆，可以看出一种对精神解放和自由的向往与追求。魏晋人力求超脱礼法的束缚，而极力追寻一种活泼的、真实的、丰富的人生，他们甚至用狂狷反抗桎梏性灵的礼教和功名利

① 〔南朝宋〕刘义庆：《世说新语》（上册），上海古籍出版社 1982 年版，第 332 页。

② 〔南朝宋〕刘义庆：《世说新语》（上册），上海古籍出版社 1982 年版，第 333 页。

③ 〔南朝宋〕刘义庆：《世说新语》（上册），上海古籍出版社 1982 年版，第 326 页。

④ 宗白华：《美学散步》，上海人民出版社 1981 年版，第 219 页。

禄之徒的庸俗,从自己的真性情中发掘真正的人生意义。例如阮籍,行动最为任性怪诞,藐视礼法也最为彻底,他的目标就是要把道德的灵魂重新建筑在热情和率真之上,以摆脱那已经成为阻碍生命桎梏的陈腐礼法。

玄学重玄谈,主张重返自然,崇尚自然率真、玄远、和谐的精神境界,其对魏晋六朝美育追求的影响主要表现为魏晋风度。魏晋风度是中国文化史上的独特景观,是一种诗意的人生追求。提到魏晋风度,人们首先想到的是饮酒服药和谈玄清议。"酒正使人人自远"①是魏晋士人对待酒的态度。鲁迅先生在《魏晋风度及文章与药及酒之关系》中虽然没有给魏晋风度一个明确的定义,但是单从题目来看魏晋风度与药及酒的关系是必然的,是魏晋人士生活方式的缩影。实际上,在这篇文章中鲁迅先生主要是把魏晋风度作为一种文人的心态和时代的精神来看待的。此后,冯友兰先生从哲学美学的角度对魏晋风流做过论述,但他用的是"魏晋风流"这个词。他认为魏晋风流是一种人格美。李泽厚先生在《美的历程》中也对魏晋风度做过论述,他认为"药、酒、容姿、神韵,还必须加上'华丽好看'的文采词章,才构成魏晋风度"②。马良怀先生也曾给魏晋风度下过定义,他说:"所谓魏晋风度,是魏晋时代的士大夫在权威思想的崩溃与重建过程中的精神上的迷惘与困惑的外在表现。"③总之,由于出发点和角

---

① 〔南朝宋〕刘义庆:《世说新语》(上册),上海古籍出版社 1982 年版,第 39 页。

② 李泽厚:《美学三书》,安徽文艺出版社 1999 年版,第 103 页。

③ 马良怀:《崩溃与重建中的困惑——魏晋风度研究》,中国社会科学出版社 1993 年版,第 24 页。

度的不同,对魏晋风度内涵的理解也各不相同。

如果从美育角度思考魏晋风度,我们认为它主要包括两个方面的内涵,一是仪容,二是气度。仪容指仪表、容貌,气度主要指人的内在修养。仪容是外在容貌美,气度是内在修养美。因此,不难看出魏晋六朝美育所追求的是内外兼修、俊逸潇洒的人格境界和悠游闲适、自然无度的人生境界。例如《晋书》第九十六卷《王凝之妻谢氏传》记载:"(谢)道韫风韵高迈,叙致清雅。"①《晋书》第三十五卷曰:裴楷"风神高迈,容仪俊爽,博涉群书,特精理义,时人谓之'玉人'"②。《世说新语·容止》有这样一段描述,骠骑王武子是卫玠之舅,俊爽有风姿。见玠辄叹曰:"珠玉在侧,觉我形秽。"③可以看出,魏晋风度一方面重视外在仪容美,同时也重视内在修养美。

魏晋六朝美育崇尚和倡导容止美,玄学家荀粲曾提出"唯色论",他说:"妇人德不足称,当以色为主。"④他认为妇人以德为主不对,妇人应该是"以色为主",漂亮不漂亮才最重要。虽然"唯色论"具有片面性,但是它一方面反映了对封建礼法的反抗,另一方面也反映了当时对容貌之美的崇尚。《世说新语·贤媛》刘孝标注引南朝宋虞通之《妒记》:桓温娶了李势的妹妹为妾,而桓温的妻子是当时贵为晋明帝女儿的南康长公主,其妻因嫉妒生恨,于是率领一群婢女要将小妾杀之。但当看到小妾的绝色

---

① 〔唐〕房玄龄等撰:《晋书》,中华书局1974年版,第2517页。

② 〔唐〕房玄龄等撰:《晋书》,中华书局1974年版,第1048页

③ 〔南朝宋〕刘义庆:《世说新语》(上册),上海古籍出版社1982年版,第328页。

④ 〔南朝宋〕刘义庆:《世说新语》(上册),上海古籍出版社1982年版,第477页。

美之后，“主于是掷刀前抱之，曰：‘阿子，我见汝亦怜，何况老奴！’遂善之”①。魏晋时期除了重视女性的容止美之外，对男性容止美的重视尤为突出，例如《世说新语·容止》中“貌若潘安”的典故：“潘岳妙有姿容，好神情。少时挟弹出洛阳道，妇人遇者，莫不连手共萦之。左太冲绝丑，亦复效岳游遨，于是群妪齐共乱唾之，委顿而返。”②此外，《世说新语·容止》还曾讲道：“魏明帝使后弟毛曾与夏侯玄共坐，时人谓：‘蒹葭倚玉树。’”③就是以玉树比喻夏侯玄，这大概就是成语“玉树临风”的来源之一。《世说新语》在形容李安国、嵇康、裴楷、卫玠等人时都用了玉或玉山来比喻其容貌，是对容貌赞美之至。而描述王恭“濯濯如春月柳”④，即用“杨柳”来比喻其形貌。以上这些都表现了魏晋男性容貌之美。可见容貌姣好、仪表俊逸成了那个时代一种十分普遍的追求和爱好。而要具备容止之美，当然离不开美育。魏晋六朝美育对外在容止美的追求，在艺术上则体现为对形式美的追求。嵇康提出了“声无哀乐”的命题。这个命题主要包括两方面的内容，“第一，音乐是自然产生的声音，它并不包含哀乐的情感。第二，音乐不能使听者产生哀乐的情感”⑤。嵇康认为自

① 〔南朝宋〕刘义庆：《世说新语》（上册），上海古籍出版社 1982 年版，第 365 页。

② 〔南朝宋〕刘义庆：《世说新语》（上册），上海古籍出版社 1982 年版，第 326～327 页。

③ 〔南朝宋〕刘义庆：《世说新语》（上册），上海古籍出版社 1982 年版，第 326 页。

④ 〔南朝宋〕刘义庆：《世说新语》（上册），上海古籍出版社 1982 年版，第 334 页。

⑤ 叶朗：《中国美学史大纲》，上海人民出版社 1985 年版，第 194 页。

然的声音只有善恶的区别，即好听的和不好听的区别，同哀乐的情感无关。音乐同自然的声音一样，也只有好听的和不好听的区别，与哀乐的情感无关。嵇康也承认音乐是人们喜爱的，但是他认为音乐对人的影响是因为音乐具有形式美，而不是音乐具有情感内容，即嵇康认为音乐的本质就在于其形式美。嵇康反复指出"声音和比""声音克谐"，也就是说如果音乐的感人之处在于它的和谐，那么和谐则来自音符、曲调以各种节奏构成的完善组合，即音乐的美来自音乐的形式，"形式美"就是音乐的价值体现。牟宗三先生说："持纯美之观点，则以'和声'本身为美，而'和声无象'，并无喜怒哀乐之情。是则善听音乐者，当以内心不起丝毫波浪，而与客观之纯和声冥契无间，为欣趣之极致。此亦当为音乐之最高境界。"①

魏晋六朝美育还崇尚和倡导人的神情、德行之美。由于玄学的影响，人格美的追求发生了很大的变化，表现为对人的容貌美、容姿美的重视，但是魏晋时期的容貌美不再是人外在的装饰品，而被视为内在真性情的表现，即通过外在容姿可辨内在才性神情，例如刘劭《人物志》说："故其刚柔明畅贞固之征著乎形容，见乎声色，发乎情味，各如其象。……故诚仁必有温柔之色，诚勇必有矜奋之色，诚智必有明达之色。夫色见于貌所谓征神。"②魏晋六朝美育在重视外在美的同时更重视内在美。魏晋女性的内在美在《世说新语》中有集中的体现，《世说新语》独辟

---

① 牟宗三：《才性与玄理》，广西师范大学出版社 2006 年版，第 274 页。

② 〔魏〕刘劭著，梁满仓译注：《人物志》，中华书局 2009 年版，第 16～17 页。

一章《贤媛》,足见六朝人对女性才情、德性的要求和认可。中国古代对女子的要求是“女子无才便是德”,但是魏晋六朝时期的美育观完全打破了这种说法,在那个时代,才女、德妇不断涌现,比比皆是。谢道韫是魏晋六朝才女的代表和典范,唐人张怀瓘《书断》曰:“谢道韫有才华,亦善书。”①关于她的才情,《世说新语》有“咏絮”的典故,“咏絮之才”千百年来一直为世人称道。据《世说新语·贤媛》记载:许允妇也是一位才女,但是长相奇丑,结婚当天,许允因嫌弃其妻相貌丑陋而不愿进入洞房,之后又故意刁妻子:“妇有四德,卿有其几?”妻子没有自卑和胆怯,而是灵敏应答:“夫百行以德为首,君好色不好德,何谓皆备?”②从而赢得了丈夫的尊重。可见魏晋六朝人对女性内在德行的重视。故胡应麟在《诗薮》中云:“汉以下妇人能文甚众,而有(文)集行世,则六朝为多。”③除了对女性内在德性的重视,对男性风姿、飘逸的内在人格的崇尚更是魏晋六朝美育观的主流。对内在人格美的追求首先表现在轻功名、鄙视荣华富贵。嵇康在《重作四言诗》之一中就鲜明地指出:“富贵尊荣,忧患谅独多。……惟有贫贱,可以无他,歌以言之,富贵忧患多。”④他在《与阮德如诗》这首诗中写道:“泽雉穷野草,龟灵乐泥蟠,荣名秽人身,高位多灾患,未若捐外累,肆志养浩然……”⑤嵇康游览名川大山,极

① 上海书画出版社,华东师范大学古籍整理研究室选编、校点:《历代书法论文选》,上海书画出版社 1979 年版,第 180 页。

② 〔南朝宋〕刘义庆:《世说新语》(上册),上海古籍出版社 1982 年版,第 355 页。

③ 〔明〕胡应麟:《诗薮》,上海古籍出版社 1958 年版,第 264 页。

④ 戴明扬:《嵇康集校注》,人民文学出版社 1962 年版,第 46 ~ 47 页。

⑤ 戴明扬:《嵇康集校注》,人民文学出版社 1962 年版,第 66 页。

力摆脱世俗的羁绊,在自然中放浪形骸以培养放达的人格、追求玄远的精神境界。嵇康等人的人格理想是超凡世俗,他在《与山巨源绝交书》中说:“今但愿守陋巷,教养子孙,时与亲旧叙阔,陈说平生,浊酒一杯,弹琴一曲,志愿毕矣。”①这也是他人生境界的追求,是对那个时代美育理想和追求的典型表述。内在人格美的追求还表现在对优雅从容的气度的倡导。据历史记载,桓温原以为简文帝死后会把皇位传给自己。咸安二年(公元372年),简文帝去世,太子司马曜即位,满怀期待的桓温大失所望。桓温以为是谢安和王坦之阴谋阻拦他即位,因而摆下鸿门宴,下令召见他们。面对生死存亡的时刻,王坦之吓得汗流浃背。谢安却镇定自若,在宴席上始终保持从容优雅的气度,并咏诗一首。由于谢安的从容镇定,桓温便没敢下手,解除了埋伏。这就是谢安以优雅从容的气度而缓解危险局面的故事,其从容优雅的风度被魏晋士人争相效仿,成为魏晋六朝美育的范例。《世说新语·雅量》记载了嵇康赴死的从容气度:“嵇中散临刑东市,神气不变,索琴弹之,奏《广陵散》,曲终曰:‘袁孝尼尝请学此散,吾靳固不与,《广陵散》于今绝矣!’”②另外,受到道家思想的影响,魏晋六朝美育内在人格美的培育方面还表现在对空灵、虚静、玄远的精神境界的追求,也就是使人格顺应自然,超越世俗,以达到与道唯一、天地并生的至高境界。

总之,由于魏晋士人一方面对仪容仪表之美极其重视,另一

---

① 戴明扬:《嵇康集校注》,人民文学出版社1962年版,第126~127页。

② 〔南朝宋〕刘义庆:《世说新语》(上册),上海古籍出版社1982年版,第196页。

方面也重视内在气度的修养，使魏晋整个士人群体的风貌都呈现一种“风清骨峻”的风格。“风清骨峻”不仅是魏晋审美的艺术性要求更是魏晋高尚人格美的体现，鲁迅称之为魏晋风度。这种魏晋风度就是魏晋美育审美追求的集中体现。

综上所述，魏晋六朝美育的理想与追求不再是美善统一、文质彬彬的君子，而是建立在自然基础上的率真个性的人格。这里的自然包括两层含义：一是外在的自然界。魏晋士人发现了自然，主张在自然中追求玄远放达的人生境界，因而自然美育是魏晋六朝美育中不可缺少的重要部分，自然美的熏陶是魏晋六朝美育的重要实施途径。二是自然而然的意思。魏晋六朝人反对雕琢，追求符合“道”的自然美，因而美育追求方面也反对各种礼制面具的束缚，主张袒露自己真诚的心性，崇尚率真无为的人格之美。

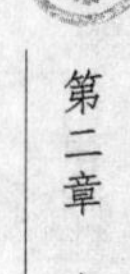

第二节　玄学、佛教对“中和论”审美范畴的丰富

魏晋南北朝时期，玄学、佛教对美育的影响于渗透还表现在概念范畴上。在美育领域出现了许多新的范畴，它们要么来自玄学、佛教用语，要么带有明显的玄学或佛教色彩。

玄学家们尚清谈、崇老庄、亲自然、斥名教，他们谈玄论道时经常使用的概念范畴包括“有”“无”“玄”“虚”“得意忘象”“名教”“自然”等，这些范畴关注点不同，因而具体形态也不同，但是都表达了玄学虚静、玄远、无为的思想。佛教自东汉传入中国以后，发生了一些变化，逐渐本土化，魏晋六朝佛经教义中出现频率较高的概念范畴主要有“心”“性”“真心”“妄心”“阿赖耶识”“平常心”“佛性”“善”“恶”“染”“净”“觉”“情”“理”等。上述理论范畴对魏晋南北朝审美范畴都产生了重要的影响，体现了玄学、佛教向美育渗透的趋向。

本书以玄学的“得意忘象”“名教”“自然”以及佛教的“心”“性”范畴为例，探讨玄学、佛教理论范畴对魏晋南北朝美育的重要影响。

“得意忘象”是玄学家王弼提出的一个重要范畴，这也是一个哲学命题、一个美学命题，在文学史和美学史上影响很大。王弼的这个命题可以溯源到《庄子》。庄子说：“筌者所以在鱼，得鱼而忘筌。蹄者所以在兔，得兔而忘蹄。言者所以在意，得意而忘言。吾安得夫忘言之人而与之言哉！”（《庄子·外物》）这段话的意思是说，“言”的目的是为了表达“意”，因此得到这个“意”，“言”就可以完全抛弃了。王弼对庄子的观点进行了发挥和拓展，他在《周易略例·明象》中说：

> 夫象者，出意者也。言者，明象者也。尽意莫若象，尽象莫若言。言生于象，故可寻言以观象；象生于意，故可寻象以观意。意以象尽，象以言著。故言者所以明象，得象而忘言；象者，所以存意，得意而忘象。……是故，存言者，非得象者也；存象者，非得意者也。象生于意而存象焉，则所存者乃非其象也；言生于象而存言焉，则所存者乃非其言也。然则，忘象者，乃得意者也；忘言者，乃得象者也。得意在忘象，得象在忘言。故立象以尽意，而象可忘也；重画以尽情，而画可忘也。①

意思是说，“意”要靠“象”来显现，“象”要靠“言”来说明。

---

① 〔魏〕王弼著，楼宇烈校释：《王弼集校释》（下册），中华书局1980年版，第609页。

但是“言”和“象”本身不是目的。“言”只是为了说明“象”，“象”只是为了显现“意”。王弼的“得意忘象”命题对魏晋六朝美育最直接的影响是导致了“传神写照”概念的提出。“传神写照”可以说是“得意忘象”在绘画美育理论的具体表现。以形神论画，盛于魏晋，它的出现，不仅是当时人物绘画发展到一个新时期的内在需要，也与魏晋玄学的形神理论及唯美的人物品藻相关。没有玄学思潮提供的哲学氛围，没有在玄学影响下人物品藻形成的士大夫的特殊审美心态，画论中的形神观是难以形成的。顾恺之“传神写照”中的“神”，不是一般意义上的精神、生命，而是神韵、风神，一种具有审美意义的人的精神，是魏晋风度所追求的超脱自由的人生境界的某种微妙难言的感情表现，它所强调的是审美主体作为感性存在的人的独特的风神气貌。而人的精神美，即在于这不凡的风神气貌。而他所说的“写照”，并非一般的描绘肖像，而是要写出人物的神秘的精神、智慧、心灵的活动。因此顾恺之的美学思想，是重视活生生的个体气质神韵的感性美学。实际上“传神写照”更多的是一个美学和艺术命题，但在人格培养或者美育方面，它也直接影响了魏晋六朝的美育思想。从整体上看，魏晋六朝美育正是在以魏晋风度为主体的人物品藻中体现、发展起来的。玄学不仅为魏晋六朝美育的发展、变化提供了哲学前提，而且它的一些命题、范畴，或者直接地转化为了美育的命题、范畴，或者间接地启发了美育命题的产生和提出。

魏晋玄学还有一对重要范畴，即“名教”“自然”。我们知道，“名教”与“自然”的关系问题是玄学家们经常讨论的热门话题。所谓“名教”是对当时以经学为主的社会政治制度和伦理道德规范的总称，而“自然”就是玄学家们所主张的“道”。王弼提

出了“名教”出于“自然”的理论，阮籍、嵇康等竹林名士继承和发展了王弼的理论，提出了“越名教而任自然”①的口号，玄学的集大成者郭象糅合了前人的思想提出了“名教即自然”思想。魏晋玄学家们崇尚自然，反对名教，主张回归自然而然的本真状态，但实际上他们反对的不是名教而是当时陈腐破旧的桎梏人们情感的道德习俗、伦理规范。正如鲁迅先生在《魏晋风度及文章与药及酒之关系》一文中说：“魏晋时代，崇奉礼教的看来似乎很不错，而实在是毁坏礼教，不信礼教的。表面上毁坏礼教者，实则倒是承认礼教，太相信礼教。……但其实不过是态度，至于他们的本心，恐怕倒是相信礼教，当作宝贝，比曹操、司马懿要迂执得多。”②仁义等道德规范植根于他们的内心深处，这既非功名利禄的诱惑所促使，亦非养生安命的需要所导致，而是天然如此。在他们的潜意识里，伦理纲常、君臣上下、尊卑贵贱等有关的等级秩序都是“自然”或不可变更的，因此他们反对的是违背自然的“道”，反对违背自然的礼教，而对于符合自然的“道”他们并不反对。各种名教自然之辨彰显出魏晋六朝的文人士子对自由生活的真心向往，对真道德的热烈呼唤。所谓“越名教而任自然”，实际上是为了追求名教与自然的和谐统一。

“心”“性”是佛教理论中的核心概念，在佛经中运用十分广泛。佛教认为“心”是人性的真正承担者，“心”与“性”是合一的，人要成就理想的人格就需要返回自己的心灵世界，实现内在自我的超越。因此，心性学说是中国佛教思想的主流。佛教的

① 戴明扬：《嵇康集校注》，人民文学出版社1962年版，第234页。

② 鲁迅：《鲁迅全集》（第三卷），人民文学出版社1973年版，第502页。

"心"有不同的含义,概略统计,大约有四种含义:"一,纥利陀耶,此云肉团心,此是身中五藏心也。二,缘虑心,此是八识,俱能缘虑自分境故。此八各有心所,于中或唯无记,或通善恶之殊。诸经之中,目睹心所,总名心也,谓善心、恶心等。三,质多耶,此云集起心,唯第八识,积集种子,生起现行故。四,乾栗陀耶,此云坚实心,亦云真实心,此是真心也。"①"心"大约分为四种:一是肉团心(即物质的心),二是缘虑心(即意识活动中用来思考的心),三是收集心(即收集种子生起现行的第八识),四是如来藏心(即宇宙万物的真心)。这是佛教教义对"心"的大致分类。当然,佛教往往根据不同情况对心进行分类,最常见的是分为"真心"和"妄心",所谓"真心"是自性恒常不变的心,"妄心"则是虚妄变化的心。中国佛教强调"心""真心"的本原作用,认为心能容摄万物,这种看法就高扬了心的包容性和主体性。佛教一直主张神不灭,认为精神与心是不能分离的,不灭的"神"也就是"心",就是众生成佛的主体,而众生想要成佛必须具有佛心,佛心与其心体无异,"心"即是佛。"性"也是佛教理论中的重要概念。佛教对"性"的解释一般为"法"的自相,即"自性"。如《瑜伽师地论》卷十三所云:"云何性?谓诸法体相。若自相,若共相,若假立相,若因相,若果相等。"②智颛在《摩诃止观》卷五中释之为:"性以据内,总有三义:一不改名性,无行经称不动性,性即不改义也。又性名性分,种类之义,分分不同,各各不可改。

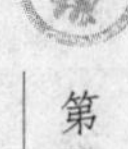

---

① 〔唐〕宗密著,邱高兴校释:《禅源诸诠集都序》,中州古籍出版社2008年版,第30页。

② 〔唐〕玄奘译:《瑜伽师地论》宗教文化出版社2008年版,第288页。

又性是实性,实性即理性,极实无过即佛性异名耳。”①这里说的“性”也是“自性”,即万事万物区别他物的特殊性规定,即“本性”。佛教的“心”“性”理论范畴,突出了人的主体性和特殊性本质。佛教对“心”“性”“真心”“自性”的强调,极大影响了那个时代的美育观念。从魏晋南北朝美育对虚静、玄远的精神的追求中,可以清晰地窥见佛教之概念范畴的影子。可以说,佛教的“心”“性”“自性”等概念范畴的运用与流行,极大促进了魏晋六朝人对本体性和特殊性的重视,其直接结果就是对因材施教的美育方式的大力提倡与具体践行。

总之,玄学、佛教的理论范畴对魏晋南北朝美育产生了重要的影响,使中国古代美育领域中所使用的范畴从先前儒家强调道德伦理的“尽善尽美”“文质彬彬”“中庸”“亲仁”等概念逐渐转向了强调人的内在气质、神韵的“越名教而任自然”②“神韵”“风骨”等概念范畴。

第三节　玄学、佛教对“中和论”美育核心理念的深化

先秦、两汉以来形成的“中和论”美育观,主要是以儒家思想为主导,以礼乐教化为主要方式,以培养美善统一、文质彬彬的君子为目的,本质上是为了维护封建统治秩序。魏晋以来,随着

① 石峻等编:《中国佛教思想资料选编》(第二卷第一册),中华书局 1983 年版,第 34 页。

② 戴明扬:《嵇康集校注》,人民文学出版社 1962 年版,第 234 页。

玄学、佛教的渗透以及“人的发现”,“中和论”美育观开始向着新的方向发展。玄学以其新的哲学思路,佛教以其异质的文化观念,对“中和论”美育的核心理念进行了深化与提升。

一、以整体性和谐为基本精神

先秦时期逐渐形成、发展起来的古代“中和论”美育观从本质来说是一种和谐的美育观,和谐是“中和论”美育的基本精神。但是,先秦两汉儒家美育的“和谐”与魏晋六朝美育的“和谐”又有所不同,这主要源自后者受到玄学、佛教等新的思潮的影响。

魏晋以前“中和论”美育思想的“中和”含有无过与不及的意思。“中和”一词,由“中”“和”两字组成词组。“中”可以看做是一种为人处世的标准。从道德上说,“中”就是公正而合乎天理人情之正道;从方法上说,“中”是指一种不偏不倚、恰到好处的状态;从行为上说,“中”是合理、合宜、恰如其分。《说文解字》曰:“中,内也,从口。丨,上下通。”①段玉裁《注》曰:“俗本和也。……然则中者,别于外之辞也,别于偏之辞也,亦合宜之辞也。”②《中庸》谓:“中者,不偏不倚,无过不及之名。”关于“和”,《说文解字》中的解释为:“和,相应也。”③《广雅释诂三》曰:“和,谐也。”④《辞源》中解释“和”有“和顺、和谐”⑤之意。“和”

---

① 〔汉〕许慎:《说文解字》,中华书局1963年版,第14页。

② 〔汉〕许慎撰,〔清〕段玉裁注:《说文解字注》,上海古籍出版社1981年版第20页。

③ 〔汉〕许慎:《说文解字》,中华书局1963年版,第32页。

④ 〔清〕王念孙:《广雅疏证》,中华书局1983年版,第103页。

⑤ 广东、广西、湖南、河南辞源修订组,商务印书馆编辑部编:《辞源》,商务印书馆1988年版,第502页。

这一概念早在西周末年就已出现。据《国语·郑语》记载:“夫和实生物,同则不继。以他平他谓之和,故能丰长而物归之。若以同裨同,尽乃弃矣。”把“和”与“同”加以区分。所谓“和”就是性质不同的东西结合在一起。后来齐国的晏婴又进一步对“和”之含义加以解释,据《左传·昭公二十年》记载:“先王之济五味,和五声也,以平其心,成其政也。声亦如味,一气,二体,三类,四物,五声,六律,七音,八风,九歌,以相成也;清浊,小大,短长,疾徐,哀乐,刚柔,迟速,高下,出入,周疏,以相济也。君子听之,以平其心。心平,德和。故《诗》曰:‘德音不瑕。’”那么,“中和”的基本含义是什么呢?《辞源》对“中和”的解释是:“儒家中庸之道,认为能‘致中和’,则无事不达于和谐的境界。”①这里是把中庸作为达到和谐的途径,而何为中庸?朱熹在《四书章句集注》将“中庸”解释为:“中者,不偏不倚、无过不及之名。庸,平常也。”②又说:“中庸者,不偏不倚、无过不及,而平常之理,乃天命所当然。”③中庸也就是要求把握好一个度,《论语·雍也》中说:“仲弓曰:‘居敬而行简,以临其民,不亦可乎?居简而行简,无乃大简乎?’”④“居简而行简”就是没有把握好度,因而孔子发出感慨:“中庸之为德也,其至矣乎!民鲜久矣。”⑤儒家传统美育的中庸之德,其核心是把握“中”这个度,做到无过与不及。在这里“中”也代指儒家的根本精神,即仁爱之道,个人行为只有符合仁

① 广东、广西、湖南、河南辞源修订组、商务印书馆编辑部编:《辞源》(修订本),商务印书馆1988年版,第86页。

② 〔宋〕朱熹:《四书章句集注》,中华书局1983年版,第17页。

③ 〔宋〕朱熹:《四书章句集注》,中华书局1983年版,第18页。

④ 杨伯峻译注:《论语译注》,中华书局2006年版,第61页。

⑤ 杨伯峻译注:《论语译注》,中华书局2006年版,第72页。

爱原则,做到恰到好处,才能达到“中和”。钱逊的《先秦儒学》把中庸的意思概括为两点:一是“无过无不及”,二是“和”。① 可见,先前儒家的中庸与中和有着非常相近的内涵,二者都注重“中”这一个度,在“中”的基础上才能实现“和谐”。可以说,“中和位育”“致中和”是魏晋以前儒家“中和论”美育的基本精神。

但是,随着玄佛之风吹进魏晋六朝美育领域,加之两汉经学思想的衰落,传统的“中和论”美育观中的道德伦理因素日渐消除,转而更加注重“和”,也就是和谐。此时,“中”只是一种手段,“和”才是根本。“和”不仅指个人修养的和谐,也是指真善美的和谐统一,还是指人与自然、人与人、人与社会的和谐,是一种全面的和谐。于是,中国古代“中和论”美育观的基本精神逐渐深化为一种整体性的和谐。魏晋美育思想家的著述中经常使用“和”这个概念。此时,“和”绝非单纯的“自然之和”,而是一种动态的和谐,是一种真(天人合一)、善(知行合一)、美(情理合一)相结合的、至高无上的理想状态。② “越名教而任自然”③,最终目的不在于反对“名教”,而是要通过“任自然”的方式,最终实现人与社会的和谐。更为可贵的是魏晋美育思想家们追求人与社会的和谐,并不是以牺牲个人的和谐为代价的,恰恰相反,它还十分注重人自身的和谐。嵇康认为:“六经以抑引为主,人性以从欲为欢。”④他非常重视个人的言与行、情与理、

---

① 钱逊:《先秦儒学》,辽宁教育出版社 1991 年版,第 63 页。

② 辛玉彤:《嵇康美学思想新论》,北京语言文化大学 2002 年硕士学位论文,第 22 页。

③ 戴明扬:《嵇康集校注》,人民文学出版社 2013 年版,第 234 页。

④ 戴明扬:《嵇康集校注》,人民文学出版社 1962 年版,第 261 页。

身与心、神与形的和谐，这突出地表现在他的养生思想上。综观魏晋南北朝美育思想，我们不难发现，它处处透显着对整体性和谐的渴望，处处洋溢着生命的任性与天真。

二、最终指向个体生命的和谐与充盈

魏晋时期是中国历史上非常特殊的时代，随着两汉政治大一统格局的结束，其思想统治也随之瓦解，老庄思想又重振声威与儒家思想分庭抗礼，玄学应运而生。同时，佛教也传入中国，为中国文化增添了异域因素。动乱的社会局面，各种思想交融，尤其是学理思辨和生命感悟，直接导致了魏晋六朝人的觉醒，个体生命受到了前所未有的重视。

魏晋是一个重情的时代，《世说新语 · 伤逝》所谓“情之所钟，正在我辈”①，正是对魏晋士人钟情于生命的深情写照。刘勰提出“因情立体，即体成势”②，表现出对真情、心性、气质的重视。魏晋六朝著名的美育思想家颜之推《观我生赋》曰：“予一生而三化，备荼苦而蓼辛，鸟焚林而铩翮，鱼夺水而暴鳞，嗟宇宙之辽旷，愧无所而容身。”③对百姓的同情、对死亡的焦虑、对前途的迷茫，在魏晋士人心中交织成一种沉郁难解的深情和感伤，而当这种感伤的深情借助自然的万千情状表现出来时，其感人的程度也就非同一般了。魏晋六朝美育思想主张任情而动，这

---

① 〔南朝宋〕刘义庆：《世说新语》（上册），上海古籍出版社 1982 年版，第 339 页。

② 周振甫：《文心雕龙今译》，中华书局 2013 年版，第 278 页。

③ 〔唐〕李百药：《北齐书》（第二册），中华书局 1972 年版，第 625 页。

种情既不是歌功颂德之情，也不是对王政得失的忧患之情，而是渗透着个人经历和生命体验的深沉感悟。抒发感情的目的也由怨刺王政转变为排解人生忧嗟的感伤，寻找精神的慰藉。按照德国古典哲学家鲍姆加登的看法，人的心理结构包括知、情、意三个方面，教育也相应地分为真、善、美三个方面的教育，而美育则承担着培育真挚、高尚的情感的任务。20世纪西方知识分子又提出了“情商”(EQ)概念，尤其是美国行为与脑科学专家丹尼尔·戈尔曼(Daniel Goleman)1955年出版了专著《情感智商》，提出并详细论述了“情商”与情感教育理论①，深化了人们对审美教育的认识。情商的有无与高低，同样是决定着一个人得失与事业成败的重要因素。今天，西方学者业已把美育当作促进人的全面发展的不可或缺的重要手段。由此看来，魏晋六朝士人对情感的重视与西方思想家们的观点主张有着异曲同工之妙。

魏晋士人通过对自然之美的观照，领悟着生命的价值、意义和人性之美。儒家美育思想所崇尚的是“文质彬彬”的君子人格，但是在独尊儒术的两汉时期，对人的评判往往是唯伦理道德标准是从，只要具备儒教所要求的道德品行就是美的，至于气质、风度、形貌考虑甚少。但是在魏晋士人看来，人的美不仅在于抽象的德行，还在于能够表现风度和个性的外在形貌，更在于人的气质、风骨、情趣以及生生不息的内在生命力。魏晋士人摒弃了自然之物的教化色彩，往往用自然界的事物直接比拟人的外貌之美。如《世说新语·容止》载：“嵇叔夜之为人也，岩岩若

① 参阅[美]丹尼尔·戈尔曼等著，耿文秀、查波译：《情感智商》，上海科学技术出版社1997年版。

孤松之独立；其醉也，傀俄若玉山之将崩”①，“唯会稽王来，轩轩如朝霞举”②，有人叹王恭形茂者云：“濯濯如春月柳。”③《世说新语·赏誉》载：“王戎云：‘太尉神姿高彻，如瑶林琼树，自然是风尘外物。’”④“孤松”“玉山”“朝霞”“春月柳”“瑶林琼树”这些散发着飘逸气息的自然意象，是诗意的凝结，是生命活力的象征。在魏晋士人看来，只有内蕴着鲜活生命力和神韵气质者，才能像自然山水一样使人为之怦然心动，才是最美的。此时，人的生命已“不是哲学意义上深刻然而抽象的人的生命，而是同样深刻然而具体的人的生命‘呈现’，是种种富有美的意味的生命活动和生命情调”⑤。从自然草木的生命之中，魏晋士人深深地体味到人自身的生命韵律和生命情调，他们用感性的心灵去拥抱自然，鸢飞鱼跃、树荣草茂、水清山峻的自然界成为他们内心激情萌动和个人生命力鲜活跃动的真切反映。魏晋时期的美育思想家王羲之《兰亭诗》曰：“群籁虽参差，适我无非亲。”⑥对自然

① 〔南朝宋〕刘义庆：《世说新语》（上册），上海古籍出版社 1982 年版，第 326 页。

② 〔南朝宋〕刘义庆：《世说新语》（上册），上海古籍出版社 1982 年版，第 333 页。

③ 〔南朝宋〕刘义庆：《世说新语》（上册），上海古籍出版社 1982 年版，第 334 页。

④ 〔南朝宋〕刘义庆：《世说新语》（上册），上海古籍出版社 1982 年版，第 234 页。

⑤ 吴中杰：《中国古代审美文化论》，上海古籍出版社 2003 年版，第 412 页。

⑥ 〔清〕沈德潜：《古诗源》（卷八），中华书局 1963 年版，第 182 页。

物象感性生命形式和内蕴于其中的生命力的审美观照,深刻体现了他们对自由生命的深情向往。正如吴中杰先生主编的《中国古代审美文化论》所说:“人将自己的身体整个地投入到了自然的怀抱,通过人与自然的形神交融,人不仅感受到了大自然山石的磊落、林泉的清幽、松冈的高古、竹月的洒脱,同时大自然也带来了人的感觉、思维和观念的变化。这时人们对自然山水草木的审美,不仅将其作为合理价值的象征,而是以人的整个生命形式去感应和同构大自然,从而形成了人的精神和肉体的极大自由……我们看到的是人的生命同大自然的和谐共振。”①

对黑暗现实的强烈不满,也体现了魏晋六朝人对现实人生的极度关注和生命本体的热切追求。以《古诗十九首》为代表的文人化五言诗的盛行,显示出人们对现实黑暗的不满和对个体生命意义的探索。这类诗歌多写离愁别恨和彷徨失意,情调低沉,长于抒情,再现了文人在汉末社会思想大转变时期,追求的幻灭与沉沦,心灵的觉醒与痛苦,同时也说明那个时期知识分子对个体生存价值的关注,使他们与自己生活的社会环境、自然环境,建立起更为广泛而深刻的情感联系。过去与外在事功相关联的,诸如帝王、诸侯的宗庙祭祀、文治武功、畋猎游乐乃至都城宫室等,曾一度霸据文学的题材领域,让位于诗人的现实生活、精神生活息息相关的进退出处、友谊爱情乃至街衢田畴、物候节气,文学的题材、风格、技巧,因之发生巨大的变化。这些变化反映在审美教育领域就是对个体生命的关注和精神韵致的追求。

另外,魏晋六朝时期众多文人士子热衷于服药、养生,这也

① 吴中杰主编:《中国古代审美文化论》,上海古籍出版社 2003 年版,第 185 页。

是个体生命意识觉醒的表现。至此，美育不再是政治统治的手段，美育的最终指向不再只是和谐的社会群体的建构，而更多地转向了个体生命的充盈、活泼与和谐。

三、对人生的精神救赎

如何在动荡不安的社会中安身立命，崇尚个性、自由的魏晋六朝人选择了出世的生活态度，主张在朝野之外、山林之中，通过养气炼性、守心养生，进行生命的自我救赎。

魏晋六朝人进行自我人生救赎的途径和手段可以分为世俗的方式和审美的方式两种。

读鲁迅先生的《魏晋风度及文章与药及酒之关系》，我们不难发现：服药、饮酒是魏晋士人对人生救赎的主要的世俗手段。服药主要针对身体的救赎，而饮酒则主要针对精神的救赎。服药即服食五石散，唐孙思邈《千金翼方》中有五石更生散的配方，主要是紫石英、白石英、赤石脂、钟乳和石琉黄等五石。五石散有剧毒，服用后身体会产生巨大的内热，必须吃冷饭，因此五石散又称为寒食散。服用五石散其实有相当大的危险，如果不能将身体的内热排除，便会五毒攻心，后果不堪设想。但是当时仍有很多人服用，并成为一种风尚，《世说新语》记载："何平叔云：'服五石散，非唯治病，亦觉神明开朗。'"①汉末的社会动乱，对人的生命直接造成了威胁。在道教延长寿命、长生不老的鼓动下，上流社会开始流行服用五石散。嵇康在其《养生论》中说："夫神仙虽不目见，然记籍所载，前史所传，较而论之，其有必矣；

① 〔南朝宋〕刘义庆：《世说新语》（上册），上海古籍出版社 1982 年版，第 57 页

似特受异气，禀之自然，非积学所能致也。至于导养得理，以尽性命，上获千余岁，下可数百年，可有之耳。”①面对动荡的社会和危险的政治局面，渺小的士人把生命的延续寄托于服药，这一方面反映了魏晋六朝人对个体生命的重视，另一方面也是避世之后的无奈之举。饮酒是魏晋六朝士人自我救赎的另一个方式，在他们看来，与其冒着生命危险去服食五石散，把希望寄托在飘渺的成仙之后，还不如醉酒当歌，珍惜眼前的生活，及时行乐。魏晋六朝人以无为本，追求与自然同化，在自然中达到物我合一、物我两冥的高远的精神境界。而酒就是进入这种境界的有效刺激手段，因为在醉意中没有世俗外物的干涉，没有内心杂念的烦扰，才能更容易进入玄远的精神境界。总之，服药和饮酒都是魏晋士人出世的人生态度的具体表现，面对政治、社会对个体生命的各种威胁，他们没有轻视生命，即使方式不完全正确，但是他们的确是站在精神救赎的立场上来抵抗外界的对个体的威胁，进行主动的个体生命的救赎。

如果说，服药饮酒是魏晋六朝人摆脱现实苦闷、求得精神解脱的世俗方式，那么艺术审美活动和自然审美活动就是他们进行精神救赎的美育手段。嵇康等一些美育思想家将养生问题引入美育，将养生与美学结合起来，主张形神兼养，开辟了一片新的天地，更好地从美学角度阐释了自由和谐的人生理想境界。

服药饮酒折射到审美领域，就是通过艺术活动养气炼性、守心养神。社会化的审美教育是魏晋六朝人的主要立场。这种审美教育观点首先表现在文学领域。由“六艺”之文逐渐演变到“辞章”之事，在与经学对立的抗争中，文学无可辩驳地确立了自

① 戴明扬：《嵇康集校注》，人民文学出版社 1962 年版，第 144 页。

己的地位，涌现出了大量词语华丽的佳作，也产生了如刘勰的《文心雕龙》、钟嵘的《诗品》等一大批审美文学理论著作，标志着审美教育实践的深入和纯文学创作的繁荣丰硕景象。其次，“养气炼性”成为文人修养的重要方式和审美教育的中心环节。再次，魏晋六朝社会化的审美教育以文学为中心，进而泛化拓展到书法、绘画、音乐等诸方面。如著名的书法家王羲之的行楷就代表了这一时期最高的书法成就，佛教壁画、石窟艺术、山水画等则是这一时期的绘画成就的集中体现。阮籍、嵇康、刘勰、萧统等众多文学家、艺术家、思想家非常重视美育，在中国古代美育方面做出了突破性的贡献。总之，审美教育是魏晋南北朝时期一股重要思想潮流。

为了摆脱世俗纷扰、避免政治的迫害，众多魏晋六朝知识分子纷纷退出朝野，回归山林，流连于山水之间。在魏晋六朝文人那里，对自然美的体会，也即是对生命本体最贴近最亲和的体会。因而，从生命本然、本真来看人、山水、艺术、美学，万事万物莫不重新焕发出勃勃生机。如果说，魏晋以前“乐山乐水”型的自然审美是表象化、伦理化、世俗化的，那么到了此时，其自然审美则更趋向心灵化、情趣化、艺术化。魏晋六朝人不但将自然美纳入艺术表现之中，在艺术世界建立了人与自然的亲和的审美关系，而且还亲身融入自然山水，以审美的目光看待自然，使人与自然和谐地融为一体。对于魏晋六朝文人士子而言，自然美已经被赋予了审美救赎的意义。面对残酷、黑暗的社会现实，面对人的本性被压制、被戕害的现象，如何使人的心灵回归自我，如何拯救失落的人性，成为那个时期众多文人知识分子孜孜思索的难题。“面对权力赋加的不公、不义或者怀才不遇，放弃庙堂，转身归隐田园或者游历名山大川不约而同地成为许多书写者共有的反抗姿态。”在当时，“庙堂与乡村是社会构成的基本结构，那些留下无数田园诗作的书写者们往往并不拒绝庙堂的召唤”“田园作为与庙堂对立的另外一极往往并不源于田园本身的迷人而是来自于庙堂对书写者们的拒绝和排斥”①。多数魏晋六朝文人士子欣赏和向往田园，并将自然美作为现实的社会丑的对立面。在他们看来，自我人格的完美为最高审美境界，而自然美恰恰为审美主体达成这一理想提供了最佳途径。黑暗的社会现实给人类的生存带来种种困境，并导致人们产生了渴望无限丰富自己灵魂的愿望，促使魏晋六朝文人知识分子不断追问存在的意义，试图通过重新确立人与自然的关系来重建人类的生存家园。他们认为，在自然美的欣赏中，人的心灵能够得到净化，人更容易进入理想的自由之境。于是，在魏晋六朝人那里，自然作为审美对象，作为社会现实的对应物，之于人类已有了救世主的意味。人与自然的亲近，也便具有了救赎的色彩。更难能可贵的是，魏晋六朝知识分子还通过自然将真善美和谐地统一在一起，即真、善、美统一于自然。自然美由此获得了前所未有的独立的意义与价值。同庄子一样，魏晋士人认为美是自然界所固有的，但是他们并未从根源上把审美和道德截然对立起来，而是把审美当做是人的一种基本的存在方式。在他们看来，自然美不仅合乎规律（真）而且可以促进道德（善）。我们认为：“自然作为审美对象，它具有客观的规律性，这是自然美的基础，当人们对自然进行审美观照，直观地意识到自己已经把握了自然的规律，就会产生自由感。这种自由从本质上讲是合乎自然

① 张秀宁、李丹：《自然美的历史嬗变和现代意义》，《中国矿业大学学报》（社会科学版）2007 年第 2 期。

规律的自由,但不能否定它还可以启迪人的道德自由。前者是广义的善,即对人类有利,后者是狭义的善,即人在执行具体的道德规范时所感受到的自由。在审美观照下,自然超越自在的状态而趋向于为我的状态,人们对自然的认识不仅合乎规律而且还合乎理想。这就是人对自然的审美经验的双重性质,或者说是真、善、美三者的统一。"①

魏晋六朝文人力图在审美批判中实现审美救赎,以美育来营造美好的物质家园和精神家园,最终使人能够审美地生存,通达鸢飞鱼跃般诗意化的人生境界。

① 卢政:《嵇康美学思想述评》,中国社会科学出版社 2011 年版,第 83 页。

第三章 跌宕起伏的发展历程

众所周知，事物的发展是一个过程，往往是分阶段的，具有一定的阶段性。自然界、人类社会和思维领域中的一切现象都是作为一个过程而向前发展的。

由于受到社会思潮及教育发展状况的影响，魏晋南北朝美育的发展时盛时衰，起起落落，呈现出一定的阶段性，大致分为恢复性发展时期、稳定发展时期、多元发展时期三个阶段。

第一节 魏晋南北朝美育的恢复性发展期

三国时期（公元 220 ~ 280 年）是魏晋南北朝美育取得快速发展的时期。以诗教乐教、尊儒读经为主要内容的汉代美育观念被打破之后，随着玄学的兴起，美育思想新潮涌动，产生了一些有关审美教育的新观念新命题，美育实践也得到了恢复性发展。

一、文学艺术为美育的发展提供了条件

三国时期，统治者十分重视文学艺术，曹丕甚至把文学看作是“经国之大业，不朽之盛事”①。

三国时期文学艺术取得了较大成就。当时的建安文学反对靡弱诗风，“三曹”及“建安七子”等人的创作展现出一种古朴苍凉、慷慨激昂、刚健有力的诗歌风格，被称为“建安风骨”或“汉魏风骨”。正始时期，既出现了以何晏等人为代表的冲淡风格的文学作品，亦产生了以嵇康、阮籍等人为代表的具有清峻遥深风格的作品。蜀国诸葛亮、郤正、秦宓、陈寿等人的作品内容浅易、情意真切、感人肺腑。

在艺术方面，东吴有很多擅长各种艺术的名士，如吴范、刘惇、赵达、严武、皇象、曹不兴、宋寿和郑妪等人，被称为“吴国八绝”。其中，严武擅下围棋，同辈中无人能胜，有“棋圣”之称。至于曹不兴则擅绘画、皇象则擅书法。东汉末期动乱不堪，许多画作被破坏或遗失，但是随着佛教的传播与发展，开始出现了以佛教为题材的绘画，画家纷纷由黄河流域的中原地区转移到长江流域。孙吴曹不兴，擅长写生与绘佛画，其作品富有立体感，世人有“曹衣出水”之称。孙吴吴王赵夫人，善于书法山水绘画，时人誉为“针绝”。她为孙权绘制各国山川地形图，实开山水画之首。其他擅长绘画的还有桓范、杨修、魏帝曹髦、诸葛瞻等人。曹魏桓范擅长丹青，魏帝曹髦善绘画人物史实，蜀汉诸葛瞻亦工书画。

---

① 〔魏〕曹丕:《典论·论文》，郭绍虞主编《中国历代文论选》（第一册），上海古籍出版社 2001 年版，第 159 页。

书法艺术兴起于东汉末期。三国时期书法艺术获得了较快发展,其中曹魏碑文尤为引人瞩目,书体方正,气度庄严,少有生趣。孙吴的著名碑刻有《天发神谶碑》《禅国山碑》《谷朗碑》等。其中《天发神谶碑》以圆驭方,势险局宽,气势雄伟奇恣。本时期主要的书法家有张芝、张昶、韦诞、钟繇及皇象等人。其中张芝擅章草,并创新出今草,比较出名的作品有《冠军帖》《今欲归帖》等。韦诞总结书法经验,著有书法美学著作《笔经》。钟繇在书法方面颇有造诣,与东晋书法家王羲之并称为"钟王",他是楷书(小楷)的创始人,被后世尊为"楷书鼻祖"。钟繇对后世书法影响深远,王羲之等后世书法家都曾经潜心钻研学习钟繇书法。

文学艺术所取得的巨大成就为美育奠定了良好的基础,提高了统治者对文学美育功能的认识,不论是官学还是私学都纷纷通过文学来提高学生的品性修养,陶冶他们的情操。

二、美育思想新潮涌动

三国时期,中国古代哲学思想发生了剧烈的变动,主要与传统思想的变化及政治斗争有关。

由于东汉晚期政治败坏,局势混乱,曹操与诸葛亮采用名家或法家的思想来恢复社会秩序。曹操提倡信赏必罚,主张法治。提出"唯才是举"的观念,打破以门第或名教进行人才选拔的标准。诸葛亮也提倡法治观念,入蜀后修明法制,执法公平。他在《便宜十六策·举措》提出"治国之道,务在举贤"①的主张,唯才是用。汉末魏初的名法思想为此后魏晋玄学思潮提供了基础,

① 张连科、管淑珍校注:《诸葛亮集校注》,天津古籍出版社 2008 年版,第 240 页。

使名士基于政治黑暗将焦点由名法的具体问题转向玄学的抽象思辨。

经学在三国时期出现了衰落。王肃继承父学而注经,其对经学的见解与汉代郑玄不同,遂有郑、王两派互相驳难。曹魏末年,司马氏篡魏为晋。当时政治黑暗,知识分子思想趋向反动、消沉而无出路。倾向曹氏者多是失势士子,采取清谈方式批评政治,主张自然;倾向司马氏者,则主张维持名教,使儒家作风渐起分化。因晋武帝为王肃外孙,王学遂被立为官学,一时黜郑申王,使王学成为宗主。

三国时期思想领域最突出变化是玄学的兴起。玄学是魏晋时期以老庄思想为骨架,从两汉繁琐的经学解放出来,企图调和“自然”与“名教”的一种特定的哲学思潮。玄学的基本教义为三玄,即《老子》《庄子》和《周易》。玄学家喜清谈,好谈玄理,不谈俗事。它讨论的中心问题是“本末有无”问题,即用思辨的方法讨论关于天地万物存在的根据的问题,也就是说它用一种远离“事物”与“事务”的形式来讨论事务存在根据的本体论形而上学的问题。玄学是中国哲学史上第一次企图在老庄思想基础上,把儒道两家结合起来,建构新的哲学理论体系的有益尝试。玄学的发展经历了正始玄学、竹林玄学、西晋玄学和东晋玄学等几个阶段。正始玄学诞生于曹魏初期,其创始人为何晏,王弼、夏侯玄、诸葛诞、荀粲、裴徽等是其主要代表。随着东汉大一统王朝的分崩离析,统治思想界近四百年的儒家之学也开始失去了魅力,文人士大夫对两汉经学的繁琐学风、谶纬神学的怪诞浅薄,以及三纲五常的陈词滥调普遍感到厌倦,于是转而寻找新的“安身立命”之地,醉心于形而上的哲学论辩。这种论辩犹如后代的沙龙,风雅名士,聚在一起,谈论玄道,形成了盛极一时的“清谈”(或称“玄谈”)之风。正始玄学以自然为本、名教为末,

提倡“以本统末”、以“自然”统御“名教”，认为“名教本于自然”；坚持“贵无论”，认为“天地万物皆以无为本”①。玄学家以道家思想解释儒家经典，企图齐一儒道，调和自然与名教的矛盾。玄学的出现完成了中国古代哲学思潮由宇宙生成论向本体论的历史转变。正始之后到司马炎篡魏建晋为止，玄学以阮籍、嵇康等竹林七贤为代表性人物。当时政治黑暗，司马氏压制文人知识分子，并以崇尚名教自饰。阮籍、嵇康等人强烈抨击儒教礼法压抑人性及虚伪本质，强调人性的解放与自然真诚。阮籍、嵇康标榜老庄之学，崇尚自然，认为“自然”乃是宇宙本来的状态，是一个有规律的和谐的统一整体，其中没有任何矛盾冲突。而人类社会又是自然的一部分，也本应是一个无利害冲突的和谐整体。他们认为名教破坏了这种和谐状态，因此主张“越名教而任自然”②“非汤、武而薄周、孔”③，把焦点由思想理论转移到人生问题上。向秀与嵇、阮不同，他认为自然与名教不相矛盾，用“称情”“得性”解释“自然”，在《难嵇叔夜养生论》中提出了“有生则有情，称情则自然”④的主张，认为人的欲望与自然“不得相外”。竹林七贤带头践行玄学理论，形成了一股解放个性的时代潮流。也正因为这个原因，以阮籍、嵇康为代表的“竹林七贤”被看做是魏晋风度的化身，在他们身上我们可以看到当时士人所崇尚的理想人格。

玄学与道教具有极为密切的关系。如果说魏晋玄学是精致的形而上的哲理玄思，则当时的道教可谓是通俗的信仰和实践

① 〔唐〕房玄龄等撰：《晋书》，中华书局 1974 年版，第 1236 页。

② 戴明扬：《嵇康集校注》，人民文学出版社 1962 年版，第 234 页。

③ 戴明扬：《嵇康集校注》，人民文学出版社 1962 年版，第 122 页。

④ 〔清〕严可钧辑，何宛屏等审订：《全晋文》，商务印书馆 1999 年版，第 764 页。

中的操作，这二者，构成了互为表里的关系。对此，汤用彤先生曾指出："中华方术与玄学既俱本乎道家自然之说。汉魏之际，清谈之风大盛，佛经之译出较多，于是佛教乃脱离方士而独立，进而高谈清净无为之玄致。其中演变之关键有二要义，一曰佛，一曰道。由此二义，变迁附益……至魏晋之世遂进为玄理之大宗也。"①道家注重致虚守静的功夫，通过养生、长生说即可转化为神仙术，所以牟宗三先生说："通过修炼之工夫而至长生、成仙，则是顺道家而来之'道教'……"②如果说玄学重在通过语言文字来认知事物，那么道教则重在通过实践修炼来证知事物，二者的终极目标都是形而上的哲理和信仰。这说明了道教与魏晋玄学之间的相互影响关系。

从以上的分析，我们可以看出，玄学是当时一批知识精英在正统的儒家信仰发生严重危机后，跳出传统的修齐治平的人生理想，对宇宙、社会、人生进行哲学反思，以便为士大夫重新寻找精神家园，为社会确立新的人格修养目标。

由于玄学的兴起以及佛学的崛起，三国时期的美育思想出现了快速发展的局面，出现了许多新的美育观念和学说。一些美育思想家将审美教育看做是实现人生超越、获得精神自由的重要途径和手段。以嵇康为代表的曹魏美育思想家突破了儒家君子人格的传统观念，对理想人格进行了新的构筑，重新阐释了"君子"的概念，认为理想的君子人格应该是"心无措乎是非"

① 汤用彤：《汤用彤全集》(第一卷)，河北人民出版社2000年版，第93页。

② 牟宗三：《才性与玄理》，广西师范大学出版社2006年版，第178页。

"行不违乎道""情不系于所欲""矜尚不存乎心"①的,主张形神兼养,通过乐教和养生"颐性养寿"②,使人"体逸心宽"③"体气和平"④。三国时期的美育思想家们在中国美育史上第一次明确将养生作为实施美育的重要途径,丰富了审美教育的具体手段,表达了他们试图在黑暗的社会现实中通过摄生保养以求延寿、坐享天年及构建自由人格的美好愿望。嵇康说:"以大和为至乐,则荣华不足顾也。以恬澹为至味,则酒色不足钦也……"⑤"对至乐的追求,就是对审美的追求"⑥,人生的至乐境界,也就是审美的境界。在曹魏美育思想家那里,审美境界与人生的理想境界合二为一了。以竹林七贤为代表的士人蔑视礼法、放浪佯狂、任性而为,或"肆意酣畅"⑦,或"脱衣裸形在屋中"⑧,或"眠其妇侧"⑨,或"以竿挂大布犊鼻裈于中庭"⑩,或"以大瓮盛

① 戴明扬:《嵇康集校注》,人民文学出版社1962年版,第234页。

② 戴明扬:《嵇康集校注》,人民文学出版社1962年版,第32页。

③ 戴明扬:《嵇康集校注》,人民文学出版社1962年版,第45页。

④ 戴明扬:《嵇康集校注》,人民文学出版社1962年版,第146页。

⑤ 戴明扬:《嵇康集校注》,人民文学出版社1962年版,第190页。

⑥ 钱雯:《嵇康的玄学与乐论》,《安徽大学学报》(哲学社会科学版)2003年第5期。

⑦ 〔南朝宋〕刘义庆:《世说新语》(上册),上海古籍出版社1982年版,第379页。

⑧ 〔南朝宋〕刘义庆:《世说新语》(上册),上海古籍出版社1982年版,第381页。

⑨ 〔南朝宋〕刘义庆:《世说新语》(上册),上海古籍出版社1982年版,第382页。

⑩ 〔南朝宋〕刘义庆:《世说新语》(上册),上海古籍出版社1982年版,第382页。

酒,围坐相向大酌”①,或“倒著白接篱”②,或“一手持蟹螯,一手持酒杯”③“或乱项科头,或裸袒蹲夷,或濯脚于稠众”④……这种反传统礼仪规范的衣着举止和生活方式实际上是对封建礼教的反叛,是独立的个性与人格的彰显,这与魏晋人超凡脱俗的内在追求是一致的。那时美育着力培育的不是人的学识、道德感,所追求的也不是功名、利禄,而是人的内在的人格与品性。这是人的觉醒,而这种觉醒是在对旧信仰、旧传统、旧价值观和旧习俗的怀疑、对抗、破坏乃至颠覆中取得的,体现了一种新的美育观念。

在玄学的影响下,三国曹魏时期还出现了许多玄学化的审美范畴,如得意忘象、声无哀乐、性足于和、游心太玄、体逸心冲、形神相亲、越名任心、值心而言、发滞导情等,极大地丰富和发展了中国古代“中和论”美育观。

总起来看,三国时期的美育思想是在对传统美育观的继承与反思的基础上形成的。它将儒家传统的“中和位育”的观念发挥得更为玄远与理想,并且糅合了道家学说的自然主义教育观,富于艺术热情和宇宙深情,最终指向始终是人之生命的和谐与充盈。

二、官学美育得以复兴

与美育思想相比,三国时期的美育实践取得的成就并不突

---

① 〔南朝宋〕刘义庆:《世说新语》(上册),上海古籍出版社 1982 年版,第 383 页。

② 〔南朝宋〕刘义庆:《世说新语》(上册),上海古籍出版社 1982 年版,第 385 页。

③ 〔南朝宋〕刘义庆:《世说新语》(上册),上海古籍出版社 1982 年版,第 386 页。

④ 〔晋〕葛洪:《抱朴子》,上海书店 1986 年版,第 152 页。

出，官学教育的恢复带动了学校美育实践的恢复性发展。

在大一统的政治局面下，两汉的美育思想及美育实践都取得了较大成就，但是汉末社会大动乱，群雄割据，军阀混战，百姓流离失所，经济、文化遭到了巨大破坏，官学也日渐衰败，学校美育研究与美育实践都停滞不前甚至出现了倒退。

三国时期，各国统治者为稳定各自的政权，开始注意官学教育，因此美育得到了恢复性发展。相对于蜀国、吴国而言，魏国起步较早，对中央和地方官学都相当重视。曹操掌握政权后立即命令郡国各设学，县设校，招本地子弟入学。建安二十二年（公元 217 年）曹操建泮宫①于邺城南（今河南临漳县），以恢复官学。曹丕登基不久，即于黄初五年（公元 224 年）在洛阳重新恢复了荒废多年的太学。太学置经学博士，以儒学的诗教乐教为主要美育形式。魏国太学恢复了东汉桓帝永寿二年（公元 156 年）所定的课试法，并有所创新，称为“五经课试法”。“五经课试法”实行定期考试制度，根据学习结果安排仕进的梯级，即整个官学学习过程分为五个阶段，每经过一个阶段的学习修养，考试合格者再进入下一阶段的学习，通过五经者加以提升，量才任用。目的在于激发学生学习动机，保证教学质量，将官学教育与文官选拔集于一身，使得培养出来的人才和选拔出来的官员能够在道德品性、文学修养等方面都得到发展。“五经课试法”对于官学美育的恢复、稳定和发展起到了积极的作用。除了太学之外，魏国还最早开置律学，使得当时人才培养的内容更加丰富。

蜀国、吴国的官学美育发展状况赶不上魏国，但是也得到了

---

① 泮宫，古代的国家高等学校。

一定的恢复性发展。蜀地有汉代文翁兴学的良好基础,加之三国鼎足局面稳定后统治者对官学的重视,因此官学美育得到了一定程度的恢复。刘备于公元221年即帝位后,即立太学、设博士,并设立州学等地方官学机构,典学从事总辖州之学者。地方的教育管理人员,除典学从事外,还设有劝学从事、典学校尉、儒林校尉、师友祭酒、师友从事等掌管文化教育的官员。其中劝学从事为州之学官,地位略次于典学从事。据《三国志·蜀书》记载,尹默、谯周都曾先后担任过劝学从事,谯周后又担任过典学从事。在这种情况下,官学美育获得了一定程度的发展。东吴的建立者孙权于公元229年称帝,就在次年下诏立"都讲祭酒"这一管理吴国教育的专职官员。吴国的地方官学也有一些建树,许多地方官员力倡办学。吴国的官学仍照汉代旧制办理,其管理制度亦照搬汉代教育管理模式,美育方面仍然延续汉代的礼乐教育传统。

第二节　魏晋南北朝美育的稳定发展期

两晋是魏晋南北朝美育的稳定发展时期。玄学影响下美育思想得到了进一步深化,佛学教义也日渐融入美育思想,产生了一些新的审美范畴和观点。在美育实践方面,虽然官学美育发展较为缓慢甚至几度出现徘徊、停滞的局面,但在个人和家庭美育(家族美育)方面却多有可圈可点之处。

一、玄学美育思想的深化及佛教思想的美育化

到了西晋之后,清谈之风蔓延到政治舞台上,握有大权的达官显要也大谈玄理,呈现一批在世又欲出世的权贵。西晋玄学

以裴頠、郭象、王衍、庾敳、王承、阮修、卫玠、谢鲲等为代表。裴頠对“自然”提出修正，主张“崇有论”，以矫“虚诞之弊”。西晋玄学仍朝两个方向发展：一是嵇康、阮籍等人的“越名教而任自然”的思想由“贵无”派发展到极端，使得当时一些名士如阮瞻、王澄、谢鲲等人继承了嵇、阮思想中颓废的一面，嗜酒极欲，追求表面形迹上的放达。这种放浪形骸的拙劣模仿完全窒息了玄学贵无派在思想上的创造力，使它走向没落。郭象主张独化说，认为“有”是独自存在的，不需要“无”作为自己的本体，提出了名教即自然的理论。东晋玄学以张湛为代表。这时司马氏政权南迁，社会矛盾尖锐复杂，进一步导致文人士大夫思想上的空虚。因此超生死、得解脱的问题便成为玄学的中心内容。佛教为了扩大在本土的影响力而附会玄学，佛教以玄学语言阐述佛理传教，由此佛教大为盛行，玄学家也多有以谈佛理见长者，玄学发展至此已臻终结。在两晋时期，以追求长生不死、得道成仙、济世救人为宗旨，以服食炼丹、导引养生、吐纳炼气为主要修持手段的道教，由于统治者的支持而跻身社会上层，在民间也广泛流传，其影响力不断扩大。

两晋时期，在玄、道、佛、儒等思想的综合影响下，“传神写照”“迁想妙得”“神韵”“清”等审美范畴逐渐形成，对当时的美育观念产生了巨大影响，并且左右这个时期美育思潮的走向。

这个时期，随着佛教的发展，道安、慧远等佛教高僧将佛学研究与人生境界的提升相联系，使得佛学思想在本土化的同时，也不断向审美、教育领域渗透，出现了佛教思想美育化的倾向。禅智是两晋时期佛学关注的重要问题。东晋时期的佛教高僧释道安（公元312～385年）认为只有将禅和智的结合，才能达到涅盘的境界。他侧重从禅智方面来谈精神的作用，在《人本欲生经序》中他说："神变应会，则不疾而速；洞照傍通，则不言而化。不言而化，故无弃人；不疾而速，故无遗物。物之不遗，人之不弃，斯禅智之由也。"①释道安将《周易》中"唯神也，故不疾而速，不行而至"的说法与禅智相比较，认为周易所倡的神秘感通作用，可以通过禅智体现出来，禅智是将解放了的心智与精神自由融合无间的创造，也是精神潜能空前释放的过程。禅以不立文字、见性成佛的简捷方式，使精神与心智达到了一种新境致。释道安的禅智观点是一种比同时代的僧人更加洞达显豁的学说。禅智不能依靠日常生活的聪明才智，而必须从修炼心境的角度去用功。同样，人的素养和精神境界的提升，也必须经过长期的训练和培育。可见，两晋年代的佛教专注于人的精神和心性，以精神的自由作为人生的最高境界，这一倾向与先秦两汉时期的美育观有着明显的不同。

东晋佛学大师慧远（公元 334～416 年）不仅精通佛教的各家各派的学说，而且谙熟儒、道、玄，同时对艺术与审美亦颇有见地，提出了许多独特的美育观念。他将佛学理论引入美育领域，同时用玄学思想来解释禅智，体现了魏晋美育佛玄合流的新趋向。慧远提出了"至极以不变为性，得性以体极为宗"②的理论命题。在他看来，美育的本质就是排除世俗意识、超越肉体情欲束缚，进而忘却形体、解脱自我，这也是佛教美育的目的。他在《沙门不敬王者论·求宗不顺化三》中说："不以情累其生，则生

① 〔晋〕释道安：《人本欲生经序》，见〔南朝梁〕释僧祐撰，苏晋仁、萧鍊子点校《出三藏记集》，中华书局 1995 年版，第 250 页。

② 〔南朝梁〕释慧皎撰，汤用彤校注：《高僧传》，中华书局 1992 年版，第 218 页。

可灭;不以生累其神,则神可冥。冥神绝境,故谓之泥洹。”①只有超脱生死,不为私欲烦恼所累,不为外境所囿,禅趣智悦,绝知弃相,空灵澄澈,纯然如一,既依赖色相又超越色相,才能进入绝对自由的精神境界。他还认为只有把人们引向往生弥陀净土才是佛教美育的终极目标和最高理想。慧远认为,审美教育必须循序渐进,由浅入深,只有这样才能收到事半功倍的效果。在美育方法上,慧远提出了“念佛三昧”说,主张禅智并用,通过精神高度集中,口念或观想特定对象而获得佛法悟解的方法。在禅智的审美心态中观照宇宙、社会、人生。只要凭借这种静虑来凝聚精神,感应万物,并通过长期的积累与修养来改变性情,即可于冥冥之中通达神灵,抵达美妙的“至极”境界,达到西方净土极乐世界。慧远的理论学说虽然着意于宣扬佛教教义,但其深意与旨趣却已远远超出了宗教范畴,蕴含着极为丰富的审美教育思想。慧远的理论学说虽然不是直接针对审美与艺术而言,但其思想实质和审美与艺术创造相通,是对审美教育心理特征的深刻说明,并且提到了宇宙观和人生哲学的高度,不同于一般肤浅的经验性的观察;他所倡导的佛教修持方法具有浓重的审美意味,与世俗的艺术审美方法在本质上是一致的,因而成为魏晋南北朝时期一种重要的美育方法,丰富了传统美育的内容和形式,为中国古代“中和论”美育开辟了更为广阔的发展空间。

东晋另一美育思想家王羲之“雅好服食养性”②,潜心于书法艺术审美活动,并努力将书法修习与人格的陶铸、性情的培育相

① 〔南朝梁〕僧祐编撰,刘立夫、胡勇译注:《弘明集》,中华书局2011年版,第323页。

② 〔唐〕房玄龄等撰:《晋书》,中华书局1974年版,第2093页。

联系。他认为书法应该尚意重韵,表现人的思想情感和个性风貌,这可以说是魏晋时“意以象尽”“言不尽意”的美学思想在书论中的表现。在王羲之那里,理想的人格应该是超然物外、虚静无为、旷达豪迈的。他反对书法的人工雕琢,强调书法的自然天趣、生机盎然。把书法中的笔画与自然物象联系起来,以自然美来要求书法,充分体现了以王羲之为代表的两晋士人自然和美、超然旷达的品格以及心怀坦荡、追求个性解放的强烈意识和美学理想。

这个时期,具有浓厚道教色彩的美育思想在人格培养方面也颇多独到见解。东晋时期著名的道教领袖、美育思想家葛洪(约公元 281 ~341 年)将道教的戒律方术与儒家的纲常名教相结合,主张神仙养生为内、儒术应世为外,他在《抱朴子内篇·对俗》中说:“欲求仙者,要当以忠孝和顺仁信为本。若德行不修,而但务方术,皆不得长生也。”①葛洪在《抱朴子》中大谈神仙品格之美,实际就是在谈他心目中的理想人格之美;他所论的修道成仙,实际是在阐述现实生活中的美好人格的培养问题。他不满于魏晋清谈,主张文章、德行并重,立言当有助于教化。在修身养性方面,他主张依照道家的原则,见素抱朴,不为物役,天真自然,不事雕饰。在经世治国方面,他又赞同儒家的观点,崇尚辞赋,重视礼乐教化。葛洪认为美是多元的,《抱朴子外篇·广譬》曰:“色不均而皆艳,音不同而咸悲,香非一而并芳,味不等而悉美。”②《抱朴子外篇·辞义》曰:“五味舛而并甘,众色乖而皆丽。”③人的审美

① 王明:《抱朴子内篇校释》(增订本),中华书局 1985 年版,第 53 页。

② 杨明照:《抱朴子外篇校笺》(下册),中华书局 1997 年版,第 333 页。

③ 杨明照:《抱朴子外篇校笺》(下册),中华书局 1991 年版,第 395 页。

情趣千姿百态，往往带有强烈的个人色彩，体现了审美者的个性，没有高下之分，不可一概而论。譬如“人情莫不爱红颜艳姿，轻体柔身，而黄帝逑笃丑之嫫母，陈侯怜可憎之敦洽……魏明好椎凿之声，不以易丝竹之和音。人各有意，安可求此以同彼乎？”①非但人的审美情趣有别，人的欣赏能力也是不同的，《抱朴子外篇·守塉》曰：“夫聩者不可督之以分雅郑，瞽者不可责之以别丹漆。”②人的情感、品性、心灵也是多种多样的，人格、品性的培养如同文章的风格，不能强求一律。葛洪的人格构建思想具有一种多元共存的平等意识，突破了传统的人分三六九等的等级观念。葛洪比较重视对人的审美情趣、审美能力的培养，认为对于缺乏审美能力的人，即便是面对美好的事物也会视而不见，面对动听的音乐也会听而不闻。而审美能力的高低往往与人的审美情趣的高下相联系，“山龙之绮粲，安能赏克谐之雅韵，玮晔之鳞藻哉？”③。葛洪在理想人格的培养上，继承、融合并超越了儒道两家的美育思想。他说：“积善事未满，虽服仙药，亦无益也。若不服仙药，并行好事，虽未便得仙，亦可无卒死之祸矣。”④对于个人修养而言，如果能将仁义道德充实、完善并上升到美的程度，那么就是一种理想的、美的人格。葛洪说：

---

① 王明：《抱朴子内篇校释》（增订本），中华书局 1988 年版，第 230 页。

② 杨明照：《抱朴子外篇校笺》（下册），中华书局 1991 年版，第 183 页。

③ 王明：《抱朴子内篇校释》（增订本），中华书局 1985 年版，第 13 页。

④ 王明：《抱朴子内篇校释》（增订本），中华书局 1985 年版，第 53 ~54 页。

山川草木，井灶洿池，犹皆有精气；人身之中，亦有魂魄；况天地为物之至大者，于理当有精神，有精神则宜赏善而罚恶，但其体大而网疏，不必机发而响应耳。然览诸道戒，无不云欲求长生者，必欲积善立功，慈心于物，恕己及人，仁逮昆虫，乐人之吉，愍人之苦，周人之急，救人之穷，手不伤生，口不劝祸，见人之得如己之得，见人之失如己之失，不自贵，不自誉，不嫉妒胜己，不佞谄阴贼，如此乃为有德，受福于天，所作必成，求仙可冀也。①

凡是“欲求长生者”，都必须施行仁爱，“仙法欲博爱八荒，视人如己”②，这种能体现天地之精神的善正是儒家所谓的“君子”才具有的独特品格，是一种崇高的人格之美。葛洪还继承了道家虚静无为的审美人格思想，将“真”“朴”并列为神仙品格之美。他认为要培养理想的审美人格，首先要从生理欲望中解脱出来，他说：“仙法欲静寂无为，忘其形骸”③，这既体现了葛洪对欲求仙道之士在修身养性方面的要求，又体现了他对于超越世俗的人格美的追求。葛洪不仅追求儒家至诚的精神境界，更向往老庄所追求的那种朴素自然的生活，他说：“含醇守朴，无欲无忧，全真虚器，居平味淡。恢恢荡荡，与浑成等其自然。”④为了

---

① 王明：《抱朴子内篇校释》（增订本），中华书局 1985 年版，第 125 ~ 126 页。

② 王明：《抱朴子内篇校释》（增订本），中华书局 1985 年版，第 18 页。

③ 王明：《抱朴子内篇校释》（增订本），中华书局 1985 年版，第 17 页。

④ 王明：《抱朴子内篇校释》（增订本），中华书局 1985 年版，第 3 页。

追求长生不死、羽化成仙，葛洪提出要“全真”，即保全自然的天理，不为世俗欲念所诱，一切应顺乎天理，所以他说：

> 人能淡默恬愉，不染不移，养其心以无欲，颐其神以粹素，扫涤诱慕，收之以正，除难求之思，遣害真之累，薄喜怒之邪，灭爱恶之端，则不请福而福来，不禳祸而祸去矣。……患乎凡夫不能守真，无杜遏之检括，爱嗜好之摇夺，驰骋流遁，有迷无反，情感物而外起，智接事而旁溢，诱于可欲，而天理灭矣，惑乎见闻，而纯一迁矣。①

这既是对儒道人格境界的融合，更是对二者的超越。葛洪不片面追求儒家的善，也不片面追求道家的自由，而是追求善与自由的结合。对于我们当代社会的美育来说，葛洪的人格美理论就是一种重要的育人思想。它要求人要积极入世为社会作贡献，同时又要求以清静、无欲、纯朴的审美心态去对待一切，这对于建构审美化人格，促进社会和谐来说无疑是有启发和借鉴意义的。东晋另一道学美育思想家郭璞（公元 276 ~ 324 年），与葛洪一样坚持道本儒末，以真善美为本，注重“修身”与“修仙”的统一。郭璞以长生求仙为目标，他所追求的神、灵、肉合一化——“仙格”，其实就是他心目中的理想人格。郭璞写的《游仙诗》与一般的游仙诗不同，常常借描写仙人和仙境来寄托自己的抱负，表达对理想人格的向往。他以“至道”为“至美”，认为长生久视就是大美。他的美育思想、审美理想从传统道教思想出发，但又不拘泥于传统，时而背道，时而又回归道本思想，具有较高的价值。他提出了不少与众说迥异的见解，极能开人耳目、启

---

① 王明：《抱朴子内篇校释》（增订本），中华书局 1985 年版，第 170 ~ 171 页。

迪后人,对我们今天的美育建设具有较大的借鉴意义。

二、美育实践取得一定进展

西晋时期玄学思想发生了一些新的变化,庄子的高蹈恣意被郭象、向秀的学说所解构而日益世俗化。在文学领域,则兴起了一股缘情写物、极宴娱人的文学思潮。这个时期的教育较之三国时代有所发展,出现了一些新的教育设施,教育管理制度也相应完善一些,从而带动了美育的发展。西晋太学在曹魏的基础上加以整顿和重建,当时太学生人数众多,最多时达七千多人。由于太学生品类不齐,规模过大,晋武帝司马炎诏令精简太学,挑选试经合格者留下,余者淘汰,并挑选大臣子弟堪受教育者入学,精简后太学生仅剩三千人。太学设博士,由太常博士统理。学生中除正式学生(弟子)外,还有门生、散生、寄学等多种称谓,有的散生来自西域各国。西晋教育体制的最大特点就是创办了旨在培养高级贵族子弟的国子学。国子学之名,取自《周礼》国子受教于师之意,《周礼》曰:师氏"掌国中失之事,以教国子弟,凡国之贵游子弟学焉"。国子是贵族子弟,他们未来要走向官场,从事政治活动,所以必须全面学习礼乐。国子学是晋武帝司马炎于公元278年下令设立的,据《晋书·职官志》记载:"及咸宁四年,武帝初立国子学,定置国子祭酒、博士各一人,助教十五人,以教生徒。博士皆取履行清淳,通明典义者。"①惠帝元康三年(公元293年)又进一步确定了国子学的入学资格,规定官员五品以上子弟方能入国子学。国子学的设立,显示出中央官学形式多样化发展的态势。西晋末期,太学衰落,中央官学

---

① 〔唐〕房玄龄等撰:《晋书》,中华书局1974年版,第736页。

奄奄一息。西晋地方官学的兴衰主要依赖地方长官，朝廷虽然偶或颁发诏令，要求地方兴学，但在中央官学都奄奄一息的年代，地方兴学更是形同空文。

东晋建立后，统治者还是比较重视教育的，常有兴学之举。但由于政局动荡，取得的成效不高。东晋初年官学曾掀起一个小高潮。建武元年(317 年)元帝置史官，于江左立太学，使办学一时蔚然成风，形成一股潮流，但不久又发生叛乱，刚刚有所复兴的官学又陷于低潮。直到晋孝武帝司马曜当政时(公元 373 ~ 396 年)，太学才有一个短暂的复兴期，但终难成大气候。东晋初年未像西晋那样设立国子学，孝武帝太元九年(公元 384 年)在尚书谢石的请求下，置国子助教 10 人，选择公卿二千石的子弟约一百人，增造庙屋 155 间，建国子学于太庙之南。但这已是徒具虚名，并无实效。总体来看，东晋苟延于江东的一百多年时间里，政治极度腐败和动荡，官学时建时断、兴废无常，规模也不及西晋，办学效果并不理想，官学美育也是差强人意。

西晋后期“八王之乱”导致中国北部和四川地区先后出现了许多地方政权，史称“十六国”。十六国的政权大多为少数民族政权，为加快汉化的需要，他们特别推崇汉代学校的儒学教育模式，美育实践取得了一定进展。例如《晋书·刘曜载记》记载：前赵刘曜迁都长安后，于太兴三年(公元 320 年)“立太学于长乐宫东，小学于未央宫西，简百姓年二十五已下十三已上，神志可教者千五百人，选朝贤宿儒明经笃学以教之”①，并设置国子祭酒、崇文祭酒、大司徒等职官负责管理学校。前燕(鲜卑)的慕容廆

① 〔唐〕房玄龄等撰：《晋书》，中华书局 1974 年版，第 2688 页。

"美姿貌""雄杰有大度"①,置东庠祭酒,命世子率世胄受业。慕容廆之子慕容皝"尚经学,善天文"②"雅好文籍"③,大臣封裕上书慕容皝说:"四业者国之所资,教学者有国盛事。"④慕容皝接受建议,于咸康七年(公元341年)下令开除"不任训教"⑤的学生。其后又"赐其大臣子弟为官学生者号高门生,立东庠于旧宫,以行乡射之礼",而且"每月临观,考试优劣",挑选"经通秀异"的学生担任近侍。慕容皝自己"勤于讲授,学徒甚盛,至千余人。亲造《太上章》以代《急就》。又著《典诫》十五篇,以教胄子"⑥。可见慕容廆父子对于贵族子弟的智育、美育都很重视。前秦世祖宣昭皇帝符坚"性至孝,博学多才艺"⑦,于升平五年(公元361年)在长安"广修学宫",博延学子,表彰儒生,并"每月一临太学""考学生经义优劣,品而第之"⑧。后秦武昭帝姚苌即位前,就立太学,并礼待先贤之后。建国后姚苌即下令诸镇"各立学官"⑨,国家实行考试制度,按成绩优劣选拔人才。除此,后秦还设有带研究性质的学校,即"逍遥园",这是专门研究佛经的机构。由鸠摩罗什主持。"逍遥园"是后秦文桓帝姚兴于弘始七年(公元405年)在长安设立的,据《晋书》记载:姚兴经常

① 〔唐〕房玄龄等撰:《晋书》,中华书局1974年版,第2803页。
② 〔唐〕房玄龄等撰:《晋书》,中华书局1974年版,第2815页。
③ 〔唐〕房玄龄等撰:《晋书》,中华书局1974年版,第2826页。
④ 〔唐〕房玄龄等撰:《晋书》,中华书局1974年版,第2825页。
⑤ 〔唐〕房玄龄等撰:《晋书》,中华书局1974年版,第2825页。
⑥ 〔唐〕房玄龄等撰:《晋书》,中华书局1974年版,第2826页。
⑦ 〔唐〕房玄龄等撰:《晋书》,中华书局1974年版,第2884页。
⑧ 〔唐〕房玄龄等撰:《晋书》,中华书局1974年版,第2888页。
⑨ 〔唐〕房玄龄等撰:《晋书》,中华书局1974年版,第2971页。

去逍遥园“与罗什及沙门僧略、僧迁、道树、僧叡、道坦、僧肇、昙顺等八百余人,更出大品……续出诸经并诸论三百余卷。……沙门自远而至者五千余人。……沙门坐禅者恒有千数”①。由此可见“逍遥园”在当时是十分兴旺的。佛教美育开始出现于北方官学,美育初现多样化的特征。此外,南燕、南凉、北燕、前凉、后凉、西凉、北凉等小国也时有兴学之举。十六国官学教育及美育模式大多以两汉为样板,教育行政长官的设置也多沿袭两汉,有司徒、太常、儒林祭酒、博士祭酒、经学祭酒等职。教育内容也以儒学为主,在美育方面也基本上沿袭了两汉时期的礼乐教化传统。但有的政权在美育实践上形式较为灵活、内容也比较丰富,除了儒学外,还有律学、史学、佛学等方面的内容。

当然,两晋时期的美育实践在家庭美育(家族美育)、个人美育方面也取得了一定成就,这表现在一些美育大师的教育实践活动和日常生活中。东晋王羲之非常重视对子女的艺术教育,将审美教育提高到教育中心地位的高度。他在书法教育中使孩子知荣辱、明事理、辨美丑、懂诗书、健身心。经过长期的书法审美教育,其子都擅长书法,而且气度超逸、品性雅致。在美育的具体方式方法上,王羲之注重激发受教育者的兴趣,主张因人施教、循循善诱。在对子女进行的具体书法美育中,他重视书法的意趣笔韵,讲求飞动之美、错落之美、中和之美,以使整幅作品“气韵生动”。由于王羲之等人在理论和实践上的努力,书法艺术才真正进入了审美教育领域,成为中国古代美育的重要内容,这在一定程度上是对儒家诗教、乐教传统的有力补充,丰富和拓展了古代审美教育的手段,为以儒家礼乐教化思想为主体的中

① 〔唐〕房玄龄等撰:《晋书》,中华书局1974年版,第2984~2985页。

国古代“中和论”美育开辟了新的发展空间。东晋陶渊明的美育思想主要蕴含在其清新自然的诗文辞赋之中,更体现在其淡泊脱俗的诗意生存中。构建和谐的世外桃源是陶渊明所追求的美育理想,亦是一种充满诗意的、极和谐极自由的境界、一种天人合一的宇宙境界。他认为审美教育可以使人摆脱物欲、名利、地位的束缚,人性回归自然,人格得到提升,精神获得高度的自由,促进人与自然、人与人、人与社会之间的和谐相处,构建和谐的人类社会。陶渊明把文学艺术审美活动看做是救赎灵魂、挽救社会的重要途径。陶渊明将审美化的生存与生活看做实现审美理想、抵达精神至境的方式和途径。在陶渊明那里,审美化的生活既是美育的途径,也是美育的目的。在陶渊明看来,美育重在培养自然拙朴的人格,他主张通过审美化的生活方式,将子女培养成性情高雅、人格完美的有用之人。陶渊明将审美融入日常生活,其实就是将审美教育落实于人伦日用之中、渗透在现实生活的方方面面,使得美育的功能得到了最大限度的发挥,这一点无疑是具有开创意义的。

第三节　魏晋南北朝美育的多元发展期

东晋灭亡以后,天下分裂为南北朝,形成对峙的局面。这时期学校美育的总体特征是:南朝较为发达,思想较为活跃,呈现多样化的特征;受到南方学术气息的影响,北朝美育则进一步趋于规范化的同时,也相应地表现为多样的特征。

一、佛教影响下的多元化美育思想

东晋之后,玄学与佛学合流。玄学衰落后分别被道教、般

若、禅宗所继承，作为一种时代思潮的玄学也就“笑渐不闻声渐消”了。但是佛教却蓬勃发展，主要原因是为了维护统治，帝王多对佛教采取了保护、支持的政策，如南朝梁武帝萧衍“以佛化治国”，使得佛教盛极一时，整个社会均处于浓厚的佛教禅智的氛围中，这个时期的美育也就不可避免地染上了浓厚的佛学色彩。佛教与中国传统文化的融合日益加深，中国化的佛教形态“禅宗”初步展露萌芽。在这种思想大背景下，南北朝美育取得了令人瞩目的成就，这着重表现在涌现了一批在中国古代美育思想发展史上具有巨大影响的美育思想家及美育理论著作。儒家学说适应时代的变化和审美教育的实际，变得更为圆通、开阔和包容。这个时期的经学正循着儒、道、佛调和的方向发展。而佛教美育也在实践中不断以其他学派、学说来丰富自身的思想。佛学美育家本身就有不少人由学儒而进到信佛，因此熟悉、精通两家经典，为推广、弘扬佛学美育思想而巧妙借用融化儒学美育思想，是他们经常采用的美育思路。

东晋灭亡后，在中国南方先后出现了宋、齐、梁、陈几个朝代，一些帝王对文学艺术比较重视，如萧衍、萧纲、萧绎、宇文毓等，据《北史》记载：宇文毓“宽明仁厚，敦睦九族，有君人之量。幼而好学，博览群书。善属文，词彩温丽。及即位，集公卿以下有文学者八十余人……”①在帝王贵族的大力倡导下，文人知识分子对文学创作及艺术教育普遍比较重视，例如刘勰就曾说：“生也有涯，无涯惟智。逐物实难，凭性良易。傲岸泉石，咀嚼文义。文果载心，余心有寄。”②在六朝文人看来，人的生命是有限

① 〔唐〕李延寿：《北史》，中华书局 1974 年版，第 338 页。

② 周振甫：《文心雕龙今译》，中华书局 1986 年版，第 458 页。

的，只有表达人的智慧心性、记载人之心灵的文学艺术能够长存。在这种文学艺术发展环境极佳以及佛教蓬勃发展的形势下，美育思想进入了一个百花齐放的繁荣时期。这个时期还形成了澄怀味象、澄怀观道、应目会心、气韵生动、神与物游、养气、博观、知音、神思等审美范畴，且逐渐走向成熟，其中所蕴含的美育思想日渐深刻与完善。

南朝美育所取得的一大成就是《文心雕龙》的问世，它是南朝梁代美育思想家刘勰创作的一部影响深远的美育著作，被称为“笼罩群言”“体大而虑周”的巨著。《文心雕龙》从文学角度对美育的功能、目的、原则、特征、手段、途径等问题都做了阐述，将文学熏陶看做是美育的重要途径，做了较为深入而系统的探讨。他说：“观天文以极变，察人文以成化……故知道沿圣以垂文，圣因文而明道……”①刘勰认为美育的目的和功能是陶铸性情、教化百姓、维护社会的和谐，他在《文心雕龙·体性》中说：“然才有庸隽，气有刚柔，学有浅深，习有雅郑，并性情所铄，陶染所凝。”②他又在《文心雕龙·徵圣》中说：“陶铸性情，功在上哲。”③人的天性是可以改变的，美育便是陶冶、铸造人的性情的过程，“才由天资，学慎始习”“故宜摹体以定习，因性以练才”④。刘勰坚持先天禀赋与后天培育的辩证统一，主张因材施教、博见取约、慎始积累。刘勰还提出和完善了多个艺术范畴，并赋予其美育意蕴，如“博观”“知音”“神思”等。此外，刘勰还深入思考

① 周振甫：《文心雕龙今译》，中华书局 1986 年版，第 14 页。

② 周振甫：《文心雕龙今译》，中华书局 1986 年版，第 256 页。

③ 周振甫：《文心雕龙今译》，中华书局 1986 年版，第 19 页。

④ 周振甫：《文心雕龙今译》，中华书局 2013 年版，第 260 页。

了审美教育过程的“神用象通”①和“情变所孕”②的特征，把“虚静”摆到了审美和艺术活动最为突出的位置，体现了佛教对南朝审美教育的重要影响。

南朝萧衍父子美育观念总的趋向则是注重发挥文学艺术审美娱情的特质，求新、求变、求美，反映了在佛教思想影响下的魏晋南北朝美育的新特征。梁武帝萧衍（公元464～549年）是一个多才多艺、学识广博的学者，在文学艺术、审美教育等方面颇有见地，《梁书·武帝纪》称他：“天情睿敏，下笔成章，千赋百诗，直疏便就，皆文质彬彬，超迈今古……六艺备闲，棋登逸品，阴阳纬候，卜筮占决，并悉称善。……草隶尺牍，骑射弓马，莫不奇妙。”③萧衍雅好诗文，现存诗歌有80多首，其中一部分乐府诗是用七言歌行的体裁写的。萧衍善画花鸟与走兽，并与大画家张僧繇善多有交往。还常与文学家、炼丹家陶弘景探讨书法方面的问题，二者间的对话被整理为《与梁武帝论书启》流传于后世。同时梁武帝还留下了《观钟繇书法十二意》《草书状》《答陶隐居论书》《古今书人优劣评》四部书法理论著作，都是历代书法美学典籍中的精品。梁武帝很重视对子孙的审美教育，萧统、简文帝萧纲、梁元帝萧绎这兄弟三人从小就在父亲萧衍的濡染下酷嗜文学，具有较高的艺术素养和儒雅的气质。父子四人皆爱诗尚美，其艺术理念基本相同，在美育方面的思想观点也极为接近。他们经常招聚文人学士，以赋

① 周振甫：《文心雕龙今译》，中华书局2013年版，第253页。

② 周振甫：《文心雕龙今译》，中华书局2013年版，第253页。

③ 〔唐〕姚思廉：《梁书》，中华书局1973年版，第96页。

诗为乐,据记载:“高祖招文学之士,有高才者,多被引进,擢以不次。”①萧统由于受到父风的影响,经常招聚文学辞章之士,进行诗赋创作和学术研讨,史书记载:萧统“引纳才学之士,赏爱无倦。恒自讨论篇籍,或与学士商榷古今;闲则继以文章著述,率以为常。于时东宫有书几三万卷,名才并集,文学之盛,晋、宋以来未之有也”②。在萧氏父子的引领下,梁朝诗坛创作风气大盛。他们打破了传统的文学功利观的束缚,有涉风教,更尚审美,以审美赏玩的态度看待文学艺术,重视发挥文学艺术的教化和审美娱情功能,提倡雅正的文风,主张用雅乐熏染情性。例如梁武帝创制了许多新歌,还自制雅乐以用来教化子民。他曾“下诏访百僚曰:‘夫声音之道,与政通矣,所以移风易俗,明贵辨贱。’”③《隋书·音乐志》说:梁武帝“素善钟律,详悉旧事,遂自制定礼乐”④。《梁书·江革传》云:高祖萧衍“使革制书与昂,于坐立成,辞义典雅,高祖深赏叹之”⑤。早在即位之初,萧衍便不满于雅、郑混淆的局面,下诏访集雅乐。在书法方面,萧氏父子坚持“传志意于君子,报款曲于人间”⑥(萧衍《草书状》)的美育观,并认为书法要“合自然之理”⑦(萧衍《答陶隐居论书》)。

① 〔唐〕姚思廉:《梁书》,中华书局1973年版,第702页。

② 〔唐〕姚思廉:《梁书》,中华书局1973年版,第167页。

③ 〔唐〕魏徵、令狐德棻:《隋书》,中华书局1973年版,第287~288页。

④ 〔唐〕魏徵、令狐德棻:《隋书》,中华书局1973年版,第288~289页。

⑤ 〔唐〕姚思廉:《梁书》,中华书局1973年版,第523页。

⑥ 〔清〕严可均辑:《全梁文》,商务印书馆1999年版,第69页。

⑦ 上海书画出版社,华东师范大学古籍整理研究室选编、校点:《历代书法论文选》,上海书画出版社1979年版,第80页。

他们充分肯定美育实施过程中人的主体性作用,情虽因物而生,却仍须以主体的审美感受为前提,艺术审美活动重在优化和完善主体的人格、心态、精神境界等,如萧衍在《孝思妇(并序)》中说:“感四气之变易,见万物之化成。受天和而异命,禀地德而齐荣。察蟭螟于蚊睫,观鹍鹏于北溟。彼含识而异见,同有色而殊形。虽万类之众多,独在人而最灵。”①萧衍对美育主体提出一定的要求,即虚静,其《净业赋》云:“有动则心垢,有静则心净。”②只有“外清眼境,内净心尘。不与不取,不爱不嗔”③,即可心若明镜,照理应物,神攀思缘。萧统的美育观念集中表现在《文选》的选文定篇之中。在萧统看来,文学具有尊帝王、重讽谏、宣孝心、美教化、厚人伦的功能,他试图用诗文的形式改造社会、维护封建统治,使诗文成为“孝敬之准式,人伦之师友”④。萧统等人所提出的“丽而不浮,典而不野,文质彬彬,有君子之致”⑤的文学主张,同时也蕴含着深刻的美育意义。在萧氏父子的影响和倡导下,梁朝文化事业的发展达到了东晋以来最繁荣的阶段,正如唐代史学家李延寿在《南史》中所论:“自江左以来,年逾二百,文物之盛,独美于兹。”⑥

在佛教思想的影响下,南朝宋美育思想家宗炳提出了“畅神”说,并以带有佛教色彩的“澄怀味象”“神超理得”“闲居理

---

① 〔清〕严可均辑:《全梁文》,商务印书馆 1999 年版,第 2 页。

② 〔清〕严可均辑:《全梁文》,商务印书馆 1999 年版,第 5 页。

③ 〔清〕严可均辑:《全梁文》,商务印书馆 1999 年版,第 6 页。

④ 〔清〕严可均辑:《全梁文》,商务印书馆 1999 年版,第 222 页。

⑤ 〔清〕严可均辑:《全梁文》,商务印书馆 1999 年版,第 216 页。

⑥ 〔唐〕李延寿:《南史》,中华书局 1975 年版,第 226 页。

气”等概念来阐述审美教育的有关问题。在《画山水序》中，宗炳说：“峰岫峣嶷，云林森渺，圣贤映于绝代，万趣融其神思。余复何为哉！畅神而已，神之所畅，孰有先焉。”①面对自然界中具体的有形的山水的“万趣”，心有所感，情有所动，神思飞扬，畅然遨游，在物我两忘的审美体验中，实现超然物我的审美境界。宗炳认为自然山水形象能给人精神的愉悦和美的享受，通过自然审美可以愉悦身心、净化心灵、陶铸情感。宗炳和陶渊明一样，把自然美与人格美的发现紧密地联系在一起，和谐地汇集于一体。而且宗炳在《画山水序》中还鲜明地提出了“山水以形媚道，而仁者乐”②，“神本亡端，栖形感类，理入影迹”③等观点，明显受到了佛教思想的影响。宗炳深入探索了自然美的本质具有哲理的意义。在他看来，由于自然美具有不一定是孔子所规范的与社会功利相联系的独立的审美价值，所以一个人对自然美的追求，就是他个人的才能、风貌、情操、性格以及他的人生意义、人生价值的重要体现。他将自然美看作是一种具有独立的审美价值的客体，将自然审美作为美育的一种重要方式，极大地丰富了中国古代“中和论”美育思想。“畅神”说的提出，是魏晋六朝人摆脱传统的“致用”观与“比德”说束缚的表现，是审美进入自觉状态的表现。宗炳所提出的山水“畅神说”，突破了先秦儒家“君子比德”的美育观，表现了一个新的美育思潮的兴起。

南朝齐梁文人周兴嗣（约公元469～521年）积极倡导艺术

---

① 〔清〕严可均辑：《全宋文》，商务印书馆1999年版，第192页。
② 〔清〕严可均辑：《全宋文》，商务印书馆1999年版，第191页。
③ 〔清〕严可均辑：《全宋文》，商务印书馆1999年版，第192页。

教育与道德教育、文化知识教育紧密融合、融为一体的美育观念，主张审美教育大众化、通俗化，其美育思想集中体现在他所编写的《千字文》上。据《梁书·周兴嗣传》记载：周兴嗣“博通记传，善属文”①。公元502年，“高祖革命，兴嗣奏《休平赋》，其文甚美，高祖嘉之”②。“高祖以三桥旧宅为光宅寺，敕兴嗣与陆倕各制寺碑，及成俱奏，高祖用兴嗣所制者。自是《铜表铭》《栅塘碣》《北伐檄》《次韵王羲之书千字》，并使兴嗣为文，每奏，高祖辄称善，加赐金帛。”③《千字文》以儒学理论为纲，穿插诸多常识，全文分为四个部分，其中第二部分重在讲述人的修养标准和原则。《千字文》所体现出的美育观点主要如下：其一，周兴嗣比较重视对学生进行综合文化素养的培养，所以他认为美育内容必须丰富而多样。《千字文》虽短却富有文化教育意义，文化内涵十分厚重，它仅仅用一千个汉字便勾画出一部完整的中国文化史的基本轮廓。《千字文》内容博大精深，涉及天文、地理、哲学、伦理、礼仪、历史、语言、文字、生活常识、学习方法等。既有儒家礼乐教化的内容，也有道家修身养性、藻雪精神的内容；既有处世做人方面的经验和劝谕，又有人生态度和美学追求方面的内容……可谓包罗万象，直接、具体、形象地体现了中国传统文化的精神，这是其他美育教材不能相比的；其二，在周兴嗣看来，必须将人的审美心理和认知规律作为开展艺术教育的基础，美育必须面向老百姓，美育内容要通俗化、大众化，与普通老百

① 〔唐〕姚思廉：《梁书》，中华书局1973年版，第697页。

② 〔唐〕姚思廉：《梁书》，中华书局1973年版，第697~698页。

③ 〔唐〕姚思廉：《梁书》，中华书局1973年版，第698页。

姓的接受能力相吻合。《千字文》通俗易懂,音韵和谐,老少咸宜,雅俗共赏。全文用四字韵语写出,每 4 字一句,共 250 句 1000 字,字不重复,简短押韵,通篇又绝不是简单的文字堆积,而是咏物叙事。不仅条理分明,且逢双句押韵,押韵自然,读来朗朗上口,铿锵悦耳,易于记诵,符合儿童的认知特点和审美接受规律;其三,在周兴嗣看来,情感教育、艺术教育必须与道德教育、文化教育融合在一起,方能收到良好的效果。《千字文》全篇主题清晰,章句文理一脉相承,层层推进,语言优美,辞藻华丽,富于文采,几乎是句句引经,字字用典,解释起来明白易懂,充分发挥了结合课文进行知识教育、思想教育和审美教育的优点,有利于对学生进行文学熏陶。《千字文》主要内容的安排是以天人合一、自然与社会统一、政治与道德一体的思想为线索的,这暗含着作者追求和谐的美育理想。例如:"鸣凤在竹,白驹食场。化被草木,赖及万方"①;"墨悲丝染,《诗》赞羔羊"②;"祸因恶积,福缘善庆。尺璧非宝,寸阴是竞"③;"临深履薄,夙兴温清。似兰斯馨,如松之盛。川流不息,渊澄取映。容止若思,言辞安定。笃初诚美,慎终宜令……"④其四,《千字文》书法精美,历代

① 李逸安译注:《三字经·百家姓·千字文·弟子规》,中华书局 2009 年版,第 140 页。

② 李逸安译注:《三字经·百家姓·千字文·弟子规》,中华书局 2009 年版,第 142 页。

③ 李逸安译注:《三字经·百家姓·千字文·弟子规》,中华书局 2009 年版,第 143 页。

④ 李逸安译注:《三字经·百家姓·千字文·弟子规》,中华书局 2009 年版,第 145 ~ 146 页。

书家争相竞书，它把识字文化教育、艺术（书法）教育融为一体，学生可以在习字过程中体会汉字的结构之美，在潜移默化中接受审美教育的熏陶。总之，《千字文》在传授基本知识中进行道德教育，在识字中进行审美教育，其编写原则、体制和思路充分体现了周兴嗣美育与德育、智育互相融合、互相渗透的美育观念，也反映了南北朝时期中国古代美育观念日益丰富多样的发展趋向。

绘画的育人功用也受到了南朝文人士大夫们的高度重视，他们纷纷追求丹青神韵，绘画的美育意义得到了深入阐述。南朝齐梁间画家、美育思想家谢赫（公元479～502年）将笔力与人格、画格相关联，把绘画视为一种重要的美育手段。谢赫在其《古画品录序》中开篇讲道："图绘者，莫不明劝戒，著升沉，千载寂寥，披图可鉴。"①显然，在他的心目中，绘画艺术具有一定的教化、育人作用，显示出他的教化为本、道德优先的美育思想。从技术上分析，绘画作品只有具备了客观形似的前提条件，才有可能对观者实现"明劝戒，著升沉"的美育功效。因此，谢赫之提出绘画"六法"以重新抬升"形妙"的理论高度。

北朝美育思想也取得了较为丰硕的成果，这集中表现于美育思想家颜之推（公元531～约595年）的美育理论上。颜之推将佛教理念融入其美育思想，体现了六朝末期的新的时代特征，凸显了中国古代以儒家礼乐教化思想为主体的"中和论"美育的新变化，即佛教思想日益与儒道玄合流成为六朝美育的哲学根基。颜之推将家训这一具体的美育方式理论化、系统化，提出了

---

① 俞剑华编著：《中国画论类编》，人民美术出版社1986年版，第355页。

许多具有见地的美育观点,极大地促进和完善了家庭美育理论研究,其《颜氏家训》在阐述美育思想时,不是用抽象的道理进行枯燥的说教,而是以自己的经历现身说法,渗透了深切的人身体验,因而具有很强的说服力,在中国美育思想史上占有极为重要的地位。颜之推在严厉批评当时的文学之士的基础上,积极倡导通过诗书琴画等艺术的熏染培养“士君子”,“士君子”具有儒雅的风度、美好的形象,立身处世能够“有益于物耳,不徒高谈虚论,左琴右书,以费人君禄位也”①。他认为美育的目的就是培养应世经务的人才。颜之推把行为举止之美的培养列为家庭教育的首位,把它看做是美育的重点和重要内容。《颜氏家训》设《风操》专章,集中论述士大夫的风操问题,即个人修养问题。颜之推对老庄“全真养性,不肯以物累己”②赞赏有加,把美育从本质上看做是精神方面的熏陶而非技能或技艺的培训,在他看来,风操行为美是人的内在美质的外现,而不属于具体技能,它既高于文学也高于艺术。颜之推十分重视家庭美育(家族美育),充分认识到了儿童早期美育的重要性,希望通过家庭美育来培养后代人贤良的人格。他还深入探讨了儿童美育的具体途径问题,注重儿童良好个性习惯的养成及环境的影响。颜之推作为北朝末期的美育思想家,一方面受到这种社会风气的影响,认识到审美教育在完善人格、陶冶情操和增加人生趣味等方面的积极作用,重视培养后代的审美素养,另一方面以复兴儒学为己

① 庄辉明、章义和:《颜氏家训译注》,上海古籍出版社 2012 年版,第 144 页。

② 庄辉明、章义和:《颜氏家训译注》,上海古籍出版社 2012 年版,第 88 页。

任，对南朝特别是梁代以来追求感官享乐、放弃审美自觉的文风和社会风气给予严厉的批判，坚持美育的经世致用。颜之推在中国美育思想史的一个重要贡献就在于他将家训作为一种重要的美育形式和载体引入了美育领域，开创了美育思想发展的新天地。北周美育家王褒（约公元513～576年），重视家庭美育，著有《幼训》，认为训诫“进退循焉，俯仰观焉”①，可起立身行道、终始如一的作用。他教育子弟“既崇周、孔之教，兼循老释之谈”②，反映出南北朝时期儒、道、佛思想在美育方面的融合。

二、美育实践的勃兴

南朝历宋、齐、梁、陈，前后约170年。南朝经济比北朝富庶，教育也较发达，尤其是宋梁两朝在教育管理上有所创新。南朝教育制度和教育内容的多样化，进一步推动了学术思想的活跃和各种学说的融合。在佛学的影响下，美育思想也较为活跃。

南朝各代，国子学的入学条件都比晋朝宽，并不限于士族子弟。梁武帝萧衍打破国子学生根据出身、贵贱入学的标准，“五馆生皆引寒门俊才，不限人数”③，北朝更是如此。这极大地促进了学校审美教育的大众化。官学学生的数量往往视各朝的政治、经济状况和官学的实际需要而定。例如南齐永明年间国子学生二百人，北魏天兴年间国子学生达三千之众，北齐国子寺生七十二人、太学生二百人、四门学生三百人。宋武帝刘裕比较重视对百姓的教化，提倡“敦崇学艺”，他曾下诏曰：“古之建国，教

---

① 〔唐〕姚思廉：《梁书》，中华书局1973年版，第583页。

② 〔唐〕姚思廉：《梁书》，中华书局1973年版，第584页。

③ 〔唐〕魏徵等撰：《隋书》，中华书局1973年版，第724页。

学为先,弘风训世,莫尚于此,发蒙启滞,咸必由之。故爰自盛王,迄于近代,莫不敦崇学艺,修建庠序。……《国风》所以永思,《小雅》所以怀古”,试图“修建庠序”“博延胄子,陶奖童蒙,选备儒官,弘振国学”①,但尚未施行,就驾崩了。他生前曾召名儒周续之到京师“开馆东郭外,召集生徒”②,教授《礼》《毛诗》等。到文帝元嘉十五年(公元438年),在京师设置四所类似专科学校性质的学馆:“帝雅好艺文,使丹阳尹庐江何尚之立玄学,太子率更令何承天立史学,司徒参军谢元立文学,并次宗文学为四学。……帝数幸次宗学馆。”③四馆并立,分别依玄学、史学、文学、儒学等专业招收学生,传道授业,说明到南朝宋代,文学的独立地位在官学教育中得到正式承认,也说明了美育形式日趋灵活多样。四馆之中,文帝刘义隆最重儒学馆,他曾数次视察该馆,资给甚厚,还委任儒家学者朱膺之、庾蔚之当四学馆总管。四学馆的分立,是中国古代官学美育机制的重大变革,它突破了汉以来官学教育制度的经学化的单一模式,开启了学校教育和美育多样化的新时代。泰始六年(公元470年),宋明帝刘彧鉴于战争使国学荒废,遂下令“置总明观,玄、儒、文、史四科,科置学士各十人,正令史一人,书令史二人,干一人,门吏一人,典观吏二人”④。总明观又名东观,是一个复合体,既是高等学校,又是研究机构,集德育、智育、美育多种功能于一身。梁朝帝王也

① 〔南朝梁〕沈约:《宋书》,中华书局1974年版,第58页。

② 〔南朝梁〕沈约:《宋书》,中华书局1974年版,第2280页。

③ 〔宋〕司马光编著,〔元〕胡三省音注,“标点资治通鉴小组”校点:《资治通鉴》,中华书局1956年版,第3868页。

④ 〔南朝梁〕萧子显:《南齐书》,中华书局1972年版,第315页。

比较重视学校教育和对贵族子弟的美育，如梁武帝萧衍曾下《立学诏》曰："建国君民，立教为首。不学将落，嘉植靡由。……今声训所渐，戎夏同风，宜大启庠教，博延胄子。"①

私学美育在南北朝时期获得了较快发展。私学开办者成分较为复杂，各个阶层、民族的人都参与其中；审美教育的内容也呈现多元化特点，尤其是书法、绘画等特殊性质的家学美育得到较大发展；家训、家诫之类的撰写极为盛行，成为家庭美育的重要手段和方式；相比南朝而言，北朝私学美育、家庭美育无论在规模、数量还是在设置地域方面均超过南朝。

南朝时期还出现了专门的美育教材，使审美教育更加规范化。梁武帝萧衍一生戎马倥偬，但始终不忘读书，他深知那些"生于深宫之中，长于妇人之手"（《荀子·哀公第三十一》）的皇子中愚笨邪恶的多，而贤明善良的少。为了巩固梁朝江山，他希望自己的兄弟子侄，能够在他统治的太平年代成为学识广博、志向高远、品格高洁之士，承担起治理国家的重任。然而他苦于没有一本合适的启蒙读物和美育教材，流行的一些书籍如《尚书》《左传》《论语》等，对于初学者来说，程度较深，很不方便，且枯燥乏味，没有感染性。梁武帝为教育子辈，令殷铁石在王羲之书写的碑文中，拓下不重复的一千个字，供皇子们学书用。每字一纸，一字一字地教授那些皇子，可是这种教法杂乱无章，不便记忆，收效甚微。于是梁武帝命大臣周兴嗣将这一千个各不相同的字，编成一篇通畅又有韵味的教材。周兴嗣于是就编写了《千字文》进呈武帝。《千字文》把自然与名教结合起来，表现出珍惜人生、热爱自然、追求美好生活的态度。《千字文》把事物都写得

① 〔清〕严可均辑：《全梁文》，商务印书馆 1999 年版，第 19 页。

那么美好，处处流露出欢快明朗的情绪，正是这种人生态度的反映。《千字文》也有封建思想道德教条，但是主要的倾向还是以情动人，给人以美的享受和对人生问题的启发，具有强烈的节奏感和感染力，很适于儿童诵读，于是渐渐在官学乃至私学中普遍使用。后来《千字文》成了中国教育史上最早、最成功的启蒙教材，也是中国美育史上最早的专门的美育教材。此外还有范岫的《字训》、王褒所写的《幼训》，也带有一定的美育教材性质。

北朝统治者在推行汉化过程中，比较重视学校美育。北魏道武帝拓跋珪初定中原，即仿汉代的教育制度，在平城（今山西大同）立太学，置五经博士，学生达一千多人。天兴二年（公元399年）又增国子太学生员三千人，规模相当宏大。天兴四年（公元401年）改太学为中书学，立教授博士。此后，又组织博士儒生撰《众文经》，以为太学教材。可见北魏建国初期，儒术成为统治思想，仿汉晋的学制已初步建立，太学规模已具，教材建设也有新的建树。北魏还确立了郡县学制。献文帝拓跋弘天安元年"初立乡学，郡置博士二人，助教二人，学生六十人"①。并"诏大郡立博士二人，助教四人，学生一百人；次郡立博士二人，助教二人，学生八十人；中郡立博士一人，助教二人，学生六十人；下郡立博士一人，助教一人，学生四十人"②，视郡县大小分为四等办学，从教师、学生人数到入选资格都做了明确规定。北魏还颁布了《学令》，规定："诸州郡学生，三年一校所能通经数，因正使列之，然后遣使就郡练考。"③北齐的官学设置在形式上也相当

① 〔唐〕李延寿：《北史》，中华书局1974年版，第75页。

② 〔唐〕李延寿：《北史》，中华书局1974年版，第2704页。

③ 〔北齐〕魏收：《魏书》，中华书局1974年版，第497页。

完备,有国子寺、太学、四门学,学生人数有数十到数百不等。孝昭帝高演皇建元年(公元560年)诏“国子寺可备立官属,依旧置生,讲习经典,岁时考试”①。国子寺掌训教胄子,这是北齐学制上的创设,除保留国子学的办学体制外,还下辖太学与四门学。北周的中央官学除了沿袭旧制设立太学之外,在学校美育体制上也有一些新的建树。明帝宇文毓本人雅好文史,为提高胄子艺术涵养设立麟趾学,其性质与东汉时期的学习、研究文学艺术的高等专科学校鸿都门学颇为相似。北周武帝天和二年(公元567年)设立露门学,这是一所贵胄学校,教学内容不以经学为限。北周建德三年(公元574年)五月武帝下诏禁断佛、道二教,同年六月又颁布《立通道观诏》:

> 至道弘深,混成无际,体包空有,理极幽玄。但岐路既分,派源逾远,淳离朴散,形气斯乖。遂使三墨八儒,朱紫交竞;九流七略,异说相腾。道隐小成,其来旧矣。不有会归,争驱靡息。今可立通道观,圣哲微言,先贤典训,金科玉篆,秘迹玄文,所以济养黎元,扶成教义者,并宜弘阐,一以贯之。俾夫玩培塿者,识嵩岱之崇崛;守碛砾者,悟渤澥之泓澄,不亦可乎。②

通道观是官方的道教教育机构,招纳已还俗的佛、道教徒为通道观学士,主要学习“圣哲微言,先贤典训,金科玉篆,秘迹玄文”,性质与南朝四学馆中的玄学馆相似。通道观的设置为北周后期的佛、道二教提供了特殊的生存空间,对三教融合和佛、道二教的发展以及学校美育都产生深远影响。

---

① 〔唐〕李延寿:《北史》,中华书局1974年版,第269页。

② 〔唐〕令狐德棻等:《周书》,中华书局1971年,第85页。

总之，魏晋南北朝的官学教育虽因时局的动荡而长期处于兴废无常的状态之中，办学效率低下，难以承担传承文化和开展美育的重任，从而给私学的发展和兴盛创造了有利条件，教育事业的延续主要是依靠私学、家学，私学设置范围也已延伸至国家边陲，加上“人的觉醒”和思想的大解放、精神的大自由，私学美育、个人美育因此盛极一时。虽然这个时期的美育实践主要依靠私学，却出现了多样化发展的倾向，儒、道、佛、玄诸说并存，文、书、画、律、算各艺竞发，史学、文学交互而生，形成了那个时代美育发展的新格局，并为隋唐学校美育的发展奠定了一定基础。

第四章 以“和”为核心的美育观

魏晋南北朝时期玄学、佛教对中国古代美育思想的影响是深远的，它为以儒家为主体的传统“中和论”美育观注入了新鲜血液，使其在形态特征、内在理念、概念范畴、审美追求等许多方面发生了巨大的转变，形成了以“和”为核心的魏晋美育观。

第一节 魏晋南北朝美育的基本特征

与先秦两汉美育相比，魏晋南北朝美育依然是建基于“天人合一”文化理论之上，并且继承了传统“中和论”美育的基本精神，但由于受到新的社会思潮的影响，也呈现出一些新的特征。

一、魏晋之前的“中和论”美育

经过春秋战国时期轰轰烈烈的百家争鸣，至汉代对于统治阶级而言，儒家思想的优势和特色日渐凸显。由于大一统的中央集权专制国家统治的需要，西汉董仲舒提出“天人感应”理论，汉武帝实行“罢黜百家，独尊儒术”政策，从而确立了儒家思想的正统与主导地位，内圣外王，刚柔相济，人治社会的政治理想第一次因为有了一套完备的仕进制度而得以确立。因此，魏晋之前的中国古代“中和论”美育是以传统儒家美育思想为核心，其基本形态特征是：文质兼修，以德为先；以“礼”修外，以“乐”修内。

（一）诗、礼、乐三位一体

魏晋之前的“中和论”美育坚持诗、礼、乐三位一体的美育形式，正如孔子所说：“兴于诗，立于礼，成于乐。”（《论语·泰伯》）礼是仪式规范，乐是音乐、舞蹈、诗歌三位一体的综合体艺术。礼乐相济，既是社会制度，又是道德规范，同时也是一种审美教育方式。实际上，政治、道德、教育、审美是混沌不分的。中国古人对诗、礼、乐的重视，逐渐形成了古代“中和论”美育的诗教、礼教和乐教传统。有时人们将诗教、乐教统称为乐教。

我国一直自称礼仪之邦，礼乐制度在我国古代社会中占有非常重要的地位。从一定意义上讲，中国的古代文化就是一种礼乐文化。说起“礼”我们首先会想到的是周公制礼作乐的历史故事，实际上“礼”在我国有更加源远的传统，郭沫若《十批判书·孔墨的批判》认为：“大概礼之起源于祀神，故其字后来从示，其后扩展而为对人，更其后扩展而为吉、凶、军、宾、嘉的各种仪制。”①古典文献里还有“伏羲以来，五礼始彰。尧舜之时，五礼咸备”②（《通典·礼一》）的记载，无论这种说法是否可信，都可

① 郭沫若：《郭沫若全集》（历史编第二卷），人民出版社1982版，第96页。

② 〔唐〕杜佑撰，王文锦等点校：《通典》，中华书局1988年版，第1119页。

见“礼”在我国上古时期政治、文化、日常生活等方面的重要作用。一般来说，周礼是中国礼乐文化的起点，儒家的礼乐观基本是在周礼的基础上继承发展而成的。儒家学者将周礼整理成礼学专著“三礼”，即《周礼》《仪礼》《礼记》，被称为“礼经”，列入“十三经”。周公是西周礼乐文化的奠基者，汉代司马迁在《史记·周本纪》记载：“召公为保，周公为师，东伐淮夷，残奄……归在丰，作《周官》。兴正礼乐，度制于是改，而民和睦，颂声兴。”①可见礼对当时政治和百姓生活的作用。先秦时期就有制乐成礼的记载，礼乐成为青年教育的选修课。对礼乐的重视事实上体现了先秦时代人们对建立一种等级分明、秩序井然的和谐的社会制度的要求。礼和乐相辅相成，构成了一个完整有序的社会政治制度；礼教与乐教相配合，形成了古代独特的教育体制和美育形式。西周能够延续近三百年，在一定意义上讲，它所依赖的就是这套礼乐结合的教育机制。礼乐结合的制度本身天然地具有伦理教育的功能和审美价值取向。尤其是礼教，它能够为各种适龄的受教育者提供良好的道德教育环境和精神素材。如谦和好礼、尊老爱幼、克己奉公、诚实守信、勤俭廉政、笃实宽厚等，都是从此时逐渐被华夏儿女所接受并不断向下传承的。

随着中国社会进入春秋时代，西周的宗法制崩坏，世袭制逐渐瓦解，各阶级、各阶层的矛盾异常尖锐，社会局势动荡不安，礼乐制度被颠覆，出现了“礼崩乐坏”的局面。“西周的支配思想在这时已经成了形式的具文、背诵古训的教条了。所谓《诗》《书》、礼、乐的思想，在这时已经失去灵魂，成为好像礼拜仪式上

① 〔西汉〕司马迁：《史记》（第一册），中华书局1959年版，第133页。

宣读的‘经文’。……‘礼’不是成了贵族交际的礼貌仪式，就是成了冠婚丧祭的仪节；‘诗’则流于各种各样的形式，如贵族交际场合中的门面词令，外交场合中的酬酢问答（赋诗背诵一首雅颂）等等。这样地，西周的文化，便变成了死教条。”①礼乐文化的衰落引发了春秋时期说“礼”论“乐”的风潮，并在此基础上形成了儒家礼乐观。

春秋时期的大思想家孔子希望新兴的统治者“克己复礼”，能像古圣先贤那样“揖让”而治，天下归仁。但这在政治上是不可能的，于是他转向了教育，创立了对中国古代美育影响深远的儒家教育思想体系。孔子对周公为西周制礼作乐推崇之至，他常以周公的继承人自居。如《淮南子》记载：“周公受封于鲁，以此移风易俗。孔子修成康之道，述周公之训，以教七十子，使服其衣冠，修其篇籍，故儒者之学生焉。”②（《淮南子·要略》）孔子继承了周公的礼乐思想，同时也根据形势的变化对其进行了改造。首先，春秋时期，“礼”已不再是尊天祀祖祭神的宗教礼仪，而有了“规范”“礼制”的意义，并成为“经国家、定社稷、序民人、利后嗣”（《左传·隐公十一年》）的重要手段。在西周时期，礼只适用于贵族，所谓“刑不上大夫，礼不下庶人”（《礼记·曲礼上》），就是要求以礼治贵族而以刑治百姓，在对王室成员和贵族的教育中，“礼”是不可缺少的教育内容。但到了春秋时期，“礼”不再是贵族的专属，孔子要求百姓也以“礼”行事，“礼”就

① 侯外庐等：《中国思想通史》（第一卷），人民出版社 1957 年版，第 38 页。

② 〔汉〕刘安等编著，高诱注：《淮南子》，上海古籍出版社 1989 年版，第 235 页。

成了整个社会的行为规范，成为了国家、社会安定的保障。其次，春秋时期人们除了将“礼”作为定国安邦的重要手段，“礼”也被作为君子伦理道德修养的重要手段。人们特别重视“礼”对人的行为的规范作用。据《左传·昭公三年》记载：“郑伯如晋，公孙段相，甚敬而卑，礼无违者。晋侯嘉焉，授之以策。……君子曰：‘礼，其人之急乎！伯石（即公叔段，引者注）之汰也，一为礼于晋，犹尚荷其禄，况以礼终始乎！’《诗》曰：‘人而无礼，胡不遄死’，其是之谓乎！”此外《左传》还有“礼，人之干也。无礼，无以立”的说法，大概孔子的“不知礼，无以立”（《论语·季氏》）、“不学礼，无以立”（《论语·尧曰》）的说法也因此而来。众所周知，“仁”是孔子思想的核心，因此以孔子为代表的先秦儒家美育思想也处处贯穿着“仁”的思想。“子曰：‘克己复礼为仁。一日克己复礼，天下归仁焉。为仁由己，而由人乎哉？’”（《论语·颜渊》）“礼”是实现“仁”的重要手段，如“子曰：‘人而不仁如礼何？人而不仁如乐何？’”（《论语·颜渊》）孔子以“仁”释“礼”的目的是以“仁”复“礼”，他以复兴“周礼”为己任，曾声言：“如有用我者，吾其为东周乎？”（《论语·阳货》）因此他对古代美育的一个独特贡献，是挖掘了“礼”的内在的普遍的合理的依据，也就是要为“礼”找到一个内在价值本原——“仁”。孔子曾说的“里仁为美”（《论语·里仁》），就是将仁作为一种内在的道德修养内容，这种内在修养的外在表现就是“礼”。在孔子的美育思想中，“礼”是重要的美育手段和方式。只有学“礼”才能成就完善的人，才能“成人”，才能成为“文质彬彬”的君子。因此，在孔子那里，“礼”不仅具有外在的形式性，而且具有了一定的内在先验性；“礼”不再是外在的强制性规范，遵行“周礼”已经成为人性的自觉情感要求。通过儒家的努力，周礼逐渐从单纯的祭祀典

礼中走出来，不仅更具现实关怀意义，也深化了其在现实政治、人伦修养、审美教育中的作用。

在孔子那个时代，诗成为一种独立的语言艺术。孔子非常重视诗的教育作用，他说："兴于诗，立于礼，成于乐"（《论语·泰伯》），实施美育首先从"诗"开始。孔子教育弟子："小子何莫学夫《诗》？《诗》可以兴、可以观、可以群、可以怨，迩之事父，远之事君，多识于鸟兽草木之名。"（《论语·为政》）这是孔子对诗在德育、智育、美育等诸育中的作用的一个综合阐述和全面概括。宋代思想家朱熹在《论语集注》中对此作了细致的解读："兴"的作用是"感发志意"①；观的作用是"考见得失"②，即借助诗歌作品观察当时社会的风貌风物、民风民情，这是认识论上的观察，同时观也是一种审美观照、一种直观体验；群是"和而不流"③，一般与怨结合在一起，意思是利用诗歌在社会人群中相互感染、交流思想，但是这个过程又不是要求人们在切磋交流中达到思想的相同、一致，强调的是"和而不同"；怨，主要指怨刺上政，即以诗来抒发人们的感情，抨击时弊。此外，诗还具有道德教育和认识作用，即"迩之事父，远之事君""多识于鸟兽草木之名"。在儒家看来，诗能够在美育方面发挥重要功能，它不仅可以怡情养性、养成内心的和谐，而且可以提高人的语言美。诗微言大义、载德载情，通过诗教发挥其精神熏陶与德育内化功能，个人的精神风貌、审美品位、气质修养都会得到整体的提升，所以孔子曰："入其国，其教可知也，其为人也温柔敦厚，诗教也。"

---

① 〔宋〕朱熹：《论语集注》，齐鲁书社1992年版，第177页。

② 〔宋〕朱熹：《论语集注》，齐鲁书社1992年版，第177页。

③ 〔宋〕朱熹：《论语集注》，齐鲁书社1992年版，第177页。

(《礼记·经解》)众所周知,作为儒家经典,《诗经》是中国最早的诗歌总集,内容丰富多彩,不仅展示了劳动人民的生活、劳动与爱情,也展示了当时的战争与徭役、压迫与反抗、风俗与婚姻等各个方面的内容,堪称先秦时期社会人生的百科全书。《诗经》描写生动,语言朴素优美,音节自然和谐,而且还蕴含着温柔敦厚的美育传统:厚人伦、正教化、美风俗、倡温柔。厚人伦首先表现在《诗经》的编排次序上。《关雎》是诗经的第一篇,它表现了青年男子对爱情的大胆追求和对爱人的热切相思。汉代《毛诗序》指出:"《关雎》,后妃之德也,风之始也,所以风天下而正夫妇也。故用之乡人焉,用之邦国焉。"①这样,《关雎》被看做了道德教育的重要内容,用以厚人伦、正风气的伦理色彩逐渐突出。《诗经》的十五国风向我们展示了各地特色的风土民谣,如《周南·芣苢》描述妇女们三三两两去采集车前子、边采边唱的情景,表达了妇女劳动时欢快之情;《豳风·东山》描述战后农村的破败之景,揭示了战争给人民带来的不幸和痛苦,表达了人民对和平的社会生活的渴望;《秦风·无衣》表达了战士们在国难当头保卫家园、同仇敌忾的豪情。《诗经》通过对各地风俗、景象的描写,起到了正教化、厚人伦的作用。此外,我们知道古代诗歌是配乐歌唱的,因此《诗经》中还蕴含着丰富的韵律美与音乐美,重章叠句的结构是其韵律美的重要表现。结构章法的严整、音乐的重复演奏以及诗歌的反复咏唱,和谐之美自然而然地呈现在我们眼前。这种和谐的韵律不仅让人感受到诗歌的音乐美,更重要的是可以使人达到虚静的审美心境,陶冶情操,促进

① 郭绍虞主编:《中国历代文论选》,上海古籍出版社 2001 年版,第 63 页。

和谐人格美的形成。《诗经》的美育功能除了体现在道德修养方面之外,还体现在能够在培育人的语言美方面发挥重要作用。孔子主张从事政治、外交者都要有很高的语言表达能力,也就是要做到"语言美"。诗是语言艺术,因此《诗》自然就承担着培养人们语言美的任务。孔子非常重视语言修养,他说:"不学《诗》,无以言。"(《论语·季氏》)孔子要求他的儿子孔鲤要学诗,因为语言是政治生活、日常交往的重要工具,学《诗》可以训练语言表达能力。"子曰:'诵《诗》三百,授之以政,不达;使于四方,不能专对;虽多,亦奚以为?'"(《论语·子路》)一个人如果把《诗》三百篇都背诵下来,但是却不能变成自己的语言表达出来,如此诵诗虽多有什么用呢?也就是说如果语言能力差,从政不能很好地上传下达,从事外交也不能随机应对。孔子所强调的是从诵诗中提高语言能力,臻于优美、文雅的语言美。总之,孔子对《诗经》的审美特征有深刻的认识,对诗的教育(包括美育)功能有全面的论述,并提出了一系列独创性的思想观点,对后世产生了深远的影响。当然,关于诗的教育功能,他更重视其道德教育作用,所以他说:"《诗》三百,一言以蔽之,曰:'思无邪。'"(《论语·为政》)这可以看做是孔子所立下的诗教之宗旨。

西周时期乐与礼在古代社会文化中占据着中心位置,但是进入春秋时期面对着"八佾舞于庭,是可忍也,孰不可忍也"(《论语·八佾》)的现实,孔子痛恨乐的内在精神的沦丧:"礼云礼云,玉帛云乎哉!乐云乐云,钟鼓云乎哉!"(《论语·阳货》)意思是说,虽然礼乐的形式还在,但是其内在精神却荡然无存了,因此孔子便致力于礼乐文化的复兴。孔子之前就已出现了"乐以安德"的观念,"夫乐以安德,义以处之,礼以行之,信以守之,仁以厉之,而后可以殿邦国,同福禄,来远人,所谓乐也"。

(《左传·襄公十一年》)意思是说,由于种种礼制的规范对人的行为产生严厉的制约,难免使人产生负面情绪,这就需要乐来熏陶,使人从严厉的伦理道德规范中体味音乐的和谐之美,以陶冶情操、培养和谐的人格美。上古诗乐舞是三位一体的,至孔子首兴私学,授弟子以诗、书、礼、乐,诗与乐才分为二事。孔子说:"兴于《诗》,立于礼,成于乐。"(《论语·泰伯》)主张把诗,实际上也就是乐的歌词,用于教育的初级阶段,把乐用于教育的完成阶段。司马迁《史记·孔子世家》中曾记载师襄子学习鼓琴,而且学习进程记述得十分详细:"孔子学鼓琴师襄子,十日不进。师襄子曰:'可以益矣。'孔子曰:'丘已习其曲矣,未得其数也。'有间,曰:'已习其数,可以益矣。'孔子曰:'丘未得其志也。'有间,曰:'已习其志,可以益矣。'孔子曰:'丘未得其为人也。'有间,有所穆然深思焉,有所怡然高望而远志焉。曰:'丘得其为人,黯然而黑,几然而长,眼如望羊,如王四国,非文王其谁能为此也!'师襄子辟席再拜,曰:'师盖云文王操也。'"①这段文字详细记述了孔子脚踏实地、全心全意学习鼓琴的过程:首先,要掌握演奏古琴的技巧和规律,即所谓"习其曲"而"得其数",这只是技艺层面。进一步还要把握乐曲的内在精神,所谓"得其志",即是把握乐曲的内在精神,在反复练习中通过对乐曲的"性之和"的领悟,而"得其为人",提高人的思想意识和精神品味,从而进入理想的人格境界,即"天之和"。由此,可以看出乐在审美品格和伦理品格中的重要作用。不仅如此,我们也不难看出,孔子学琴是为宣扬和恢复礼乐制度、礼乐文化服务。除了孔子学习

---

① 〔汉〕司马迁:《史记》(第六册),中华书局 1959 年版,第 1925 页。

鼓琴的故事外，《论语》中也有不少孔子对于音乐重视的记载，如“子在齐闻《韶》，三月不知肉味”（《论语·述而》）以及“子曰：‘《关雎》乐而不淫，哀而不伤’”（《论语·八佾》）等，说明乐在孔子美育思想体系中的重要地位。孔子重视音乐“中和”的作用，主张以音乐的和谐美使百姓安身立命的同时在音乐和谐的节奏中找到心灵的归属，因此孔子的音乐思想和音乐教化都是以“中和”作为人生境界和人格境界的最高目标，如“以六乐防万民之情，而教之和”（《周礼·地官·大司徒》）。“和”不仅是音乐节奏的和谐，更主要是音乐形式与内容的和谐。只有美，即形式和善、内容和谐，才能达到最高的人生境界。成书于西汉时期的《乐记》系统地总结了先秦儒家的乐论，开创了儒家美育理论的新局面，是儒家乐教思想走向成熟的标准。《乐记》曰：“乐也者，圣人之所乐也，而可以善民心，其感人深，其移风易俗，故先王著其教焉。”即音乐可以教化民心、移风易俗，这与春秋时期儒家美善合一的美育思想相契合。乐教的美育作用主要通过陶冶情操、完善人格来调节人际关系实现。首先，儒家认为音乐能触及人心灵的深处，唤起人的向善之情，即用音乐来陶冶心灵，宽容、善良、慈爱、正直的品格就自然而然地形成了。儒家认为音乐生于人心、合乎人性、顺乎人情，是人内在情感的流露，因而可以通过音乐观人心。因此，它不像礼那样从外部规范人的品格，而主要是从内部对人心产生影响，这种影响是潜移默化的，更是深刻的。因而，孔子将乐教作为美育的完成阶段，强调音乐对人性情、情感的作用。音乐的美育作用体现在对人性情的陶冶和人格的完善上，正如孟子所说：“闻其乐而知其德。”（《孟子·公孙丑上》）其次，乐教的美育功能还体现在对和谐的人际关系的调节上，如《乐记》所述：“故乐在宗庙之中，君臣上下同听之，则

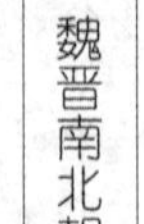

莫不和敬;闺门之内,父子兄弟同听之,则莫不和亲;乡里族长之中,长少同听之,则莫不和顺。”这里可以看出音乐能使君臣长幼、亲友邻里之间的关系融洽和睦,进而使整个社会和谐稳定。所以说,以乐教作为美育的手段,不仅可以对人的精神、内在品格产生直接影响,同时能够对整个社会群体的和谐产生重要影响。

继孔子之后,战国时期的孟子和荀子两位儒学代表人物继承了孔子的诗教、乐教思想,仍然把诗与乐看成是成就人格理想的重要手段,并做了进一步的深化与完善。孟子认为:“仁言不如仁声之入人深也,善政不如善教之得民也。”(《孟子·尽心上》)荀子提出了“化性起伪”的理论,指出修己不能依靠人性自身的力量,必须经由礼乐“外铄”以成就“美善文化”的君子品格。他认为:“礼乐之统,管乎人心矣。穷本极变,乐之情也;著诚去伪,礼之经也。”他还讲道:“乐者,圣人之所乐也,而可以善民心,其感人深,其移风易俗,故先王导之以礼乐而民和睦。……故乐行而志清,礼修而行成,耳目聪明,血气和平,移风易俗,天下皆宁,美善相乐。”(《荀子·乐论》)故而,春秋战国儒家所信奉的美育思想基本因袭上古礼乐教化传统。两汉时期,由于独尊儒术,儒家思想占据了社会意识形态的主导地位,因此儒家这一美育观点得以长期承续。

(二)以“善”为主要内容

儒家主张诗、礼、乐三位一体,将乐教作为美育的重要方式和手段之一,孔子的“兴于《诗》,立于礼,成于乐”(《论语·泰伯》)说的正是乐的美育作用。那么在进行审美教育时应该选取什么样的乐呢?“子谓《韶》:‘尽美矣,又尽善也。’谓《武》:‘尽美矣,未尽善也。’”在孔子看来,韶乐不但曲调、节奏极美,内容也典雅庄重;不仅符合形式美的要求,而且内容向善,符合道德美的要求。武乐是武王伐纣、建立新王朝而制的乐曲。武王的帝位是伐纣而得来,虽然伐的是暴君,但是孔子仍然认为这有违当时宗法世袭的礼制,不完全符合道德的要求,因而即使武乐曲调非常优美,但是仍没有被孔子列为上品。可见,在孔子那里,美必须符合道德要求,必须包含道德内容。也就是说,美不能离开善。

在这里,孔子虽然将“美”“善”区别开来了,但是在这种区别的基础上孔子又要求在艺术中把“美”“善”统一起来。美善统一,在一种意义上讲也就是形式与内容的统一,“美”是形式,“善”是内容。艺术的形式应该是美的,而内容则应该是“善”的。进行审美教育不能只依靠美的形式,美必须与善结合起来。这一点可以从孔子提出的另一个命题“文质彬彬”得到证实:“子曰:‘质胜文则野,文胜质则史。文质彬彬,然后君子。’”(《论语·雍也》)这是讲人的修养,“质”指人的内在道德品质,“文”指人的文饰。孔子认为,缺乏文饰(“质胜文”),这个人就粗野了。一个人单有文饰而缺乏道德品质(“文胜质”),这个人就虚浮了。只有“文”“质”统一起来,才能成为“君子”。“文”和“质”的统一,也就是“美”和“善”的统一。孔子之后,荀子提出了“美善相乐”说,也是将美与善统一起来,将善纳入美育的主要内容。所以,无论是“尽善尽美”说、“文质彬彬”说,还是“美善相乐”说,都说明儒家“中和论”美育始终将“善”作为美育的主要内容。所谓过犹不及、恪守中道显示的都是文质相得益彰的“中和”之美。

二、魏晋南北朝美育的形态特征

魏晋南北朝是美育思想大解放的阶段,在审美教育领域,人们越发注重自然个性的充分发展，逐渐淡化了伦理观念的统摄而代之以人的情感，充溢着清新自然的风格和“风清骨峻”“气韵生动”的艺术情调。人们从经书史典中解脱出来，投身自然，流连于万象之间，心与物游，迁想妙得。

这一历史时期，在新的思潮的影响下，中国古代“中和论”美育的形态特征发生了深刻变化。先秦、两汉时期的“中和论”美育主张以“礼”修外，魏晋六朝人则提倡“越礼”，主张返归自然，在自然中达到至高的人格境界；魏晋之前的“中和论”美育以诗教、乐教为美育的主要形式，而魏晋六朝人更加注重艺术教育，尤其重视绘画美育、书法美育；魏晋之前的“中和论”美育，坚持美善统一，而且“善”是美育的主要内容，而魏晋六朝时期，由于新思潮的影响、人的发现，此时的美育更重视个性和气质的培养，坚持自然美育与艺术美育并举。

（一）自然美育成为重要的美育手段

先秦时期的“中和论”美育主张以“礼”修外，认为在现实生活中人易受到各种诱惑的影响，而要保持善良、正直、宽容的人格，就必须加强“礼”的教育，“礼”是塑造完美人格的外在手段。到了汉代，随着国家大一统的完成，“礼”的教育也得到了进一步的强化，并在与官方统治思想的结合中达到了前所未有的高度，发展成为森严的礼制，成为统治阶级进行阶级统治的手段。随着东汉末年政治的动荡，各种哲学思想的冲击，传统的礼教被推到了美育建设的对立面。因此，魏晋六朝士人选择了“越礼”的方式来表达与当时社会的不满以恪守心中的信仰，进而造就独立的人格和超群的气质。

“礼”在儒家思想体系中是社会秩序正常运行的保障，而“情”却是人内心的产物，善恶皆藏其中，所以儒家主张“以礼制情”。由于魏晋时期“礼教沦为了手段性的礼教(成了捞取名利的工具)”①,文人士子们认为人的言行举止都是其内心状态的流露,人的视听言行不应被僵死的礼教奴役和束缚。现行秩序中的“礼”已无法与玄学名士们所崇尚的“情”相适应,不少名士往往“任情废礼”、率性而为。例如《世说新语·仁诞》记载:“刘伶病酒,渴甚,从妇求酒。妇捐酒毁器,涕泣谏曰:‘君饮太过,非摄生之道,必宜断之。’伶曰:‘甚善,我不能自禁,唯当祝鬼神自誓断之耳!便可具酒肉。’妇曰:‘敬闻命。’供酒肉于神前,请伶祝誓。伶跪而祝曰:‘天生刘伶,以酒为名,一饮一斛,五斗解酲。妇人之言,慎不可听!’便引酒进肉,隗然已醉矣。”②《世说新语·仁诞》还记载道:“刘伶恒纵酒放达,或脱衣裸形在屋中。人见讥之,伶曰:‘我以天地为栋宇,屋室为幝衣。诸君何为入我幝中?”③王子猷也是魏晋南北朝时期任情放诞的名士,《世说新语·仁诞》记载了王子猷雪夜访戴的怪诞轶事,而他自己说:“吾本乘兴而行,兴尽而返,何必见戴?”④可见,王子猷完全是一个性情中人。再如《世说新语·仁诞》记载:“阮公邻家妇,有美色,当垆酤酒。阮与王安丰常从妇饮酒,阮醉,便眠其妇侧。夫始殊疑

① 黄应全:《嵇康派玄学的“越名任心”论》,《中国哲学史》2000年第1期。

② 〔南朝宋〕刘义庆:《世说新语》(上册),上海古籍出版社1982年版,第380~381页。

③ 〔南朝宋〕刘义庆:《世说新语》(上册),上海古籍出版社1982年版,第381页。

④ 〔南朝宋〕刘义庆:《世说新语》(上册),上海古籍出版社1982年,第397页。

之,伺察,终无他意。”①多么率情,多么肆意啊!阮籍为了任情畅饮而直接提出了“礼岂为我辈设也”②的口号,长史王伯舆甚至大声疾呼“终当为情死”③,这些都表达了魏晋六朝文人对束缚人之情感的礼教的强烈反对。魏晋士人肆意酣畅、举止放诞实则是对传统儒家孝礼的破坏,但是这种行为却是其内心性情的真实流露。

摆脱了礼教的束缚,魏晋六朝人也就摆脱了僵化的生活模式的羁绊,思维也更加开放、更加活跃,人们的心灵更加善感,视野更加宽广,涵纳宇宙的程度大大加深。王弼的“以无为本”实现了对外在世界的超越,郭象提出的“神器独化于玄冥之境”实现了对内在精神世界的超越,万事万物块然自生,自己而然,摆脱了一切外在的依赖,这在理论上为脱离儒家“比德”的审美模式与道家“体道”的审美模式提供了可能,事物的本色之美由此得到了充分的肯定。晋人向内发现了自己,向外发现了山水自然之美。晋代诗人孙绰说庾亮“方寸湛然,固以玄对山水”④,这集中代表了魏晋六朝文人的山水审美意识。“方寸湛然”,心胸空明,此心既在“尘垢之外”,眼前一片“穆然之美”,超越了功名权力与世俗纷争,只有精神的愉悦与灵魂的升华。“以玄对山

① 〔南朝宋〕刘义庆:《世说新语》(上册),上海古籍出版社 1982 年版,第 382 页。

② 〔南朝宋〕刘义庆:《世说新语》(上册),上海古籍出版社 1982 年版,第 382 页。

③ 〔南朝宋〕刘义庆:《世说新语》(上册),上海古籍出版社 1982 年版,第 399 页。

④ 〔南朝宋〕刘义庆:《世说新语》(上册),上海古籍出版社 1982 年版,第 331 页。

水”蕴涵着与自然亲和的生态意味，此时山水以纯净之姿进入虚静之心，与人的生命融为一体，人与自然化而相忘。自然在魏晋六朝人眼里成为了独立的审美对象。游山玩水是魏晋六朝一种相当普遍的风尚，人们游历山水、欣赏自然，并从自然美景当中进入心旷神怡的精神状态，自身的心灵得到了净化，性情得到了陶冶，气质得到了提升，人格得到了完善。于是，自然美育就成为了魏晋六朝时期一种非常重要的美育手段。

魏晋六朝自然美育主要包括两个方面：一是返归自然山水，以山水之美陶冶性情获得心灵的提升；另一方面是对老子“道法自然”观的继承，主张至诚至性的美育。

其一，山水媚道，以山水之美陶冶玄远情性、铸就自由人格。“在魏晋以前，山水与人的情绪相融，不一定是出于以山水为美的对象，也不一定是为了满足美的要求。但到魏晋时代，则主要是以山水为美的对象，追寻山水，主要是为了满足追寻者的美的要求。”①魏晋六朝人认为人本身是自然的一部分，应当与自然混沌为一，取法自然，在自然中濡化人格。山水自然为魏晋六朝人提供了精神庇护之所，而他们也通过对山水的观照对自我有了更深刻的认识。魏晋六朝的知识分子流连山水，在山水中体悟无限的生机和无拘无束的美，在山水之中寻求超然的精神寄托。他们把自然当做体悟玄理和获得玄趣的桥梁。在他们看来，能领略山川自然之美，就能深悟宇宙造化大道，从而让精神自由往来于天地之间，达到玄远的精神境界。同时，大自然的山川草木、花鸟虫鱼等构成了一幅和谐的美丽图景，人在与自然同

① 徐复观：《中国艺术精神》，华东师范大学出版社 2001 年版，第 137～138 页。

化、与宇宙同流的过程中，将情性与生命融入这种和谐之美中，不仅使个人得到升华和提升，而且也能实现一种与自然相和谐的人格之美。

玄学对山水审美意识的觉醒和自然美育观念的形成起到了十分重要的作用。如《世说新语·言语》篇曰："顾长康从会稽还，人问山川之美，顾云：'千岩竞秀，万壑争流，草木蒙笼其上，若云兴霞蔚。'"①又如："简文入华林园，顾谓左右曰：'会心处，不必在远，翳然林水，便自有濠、濮间想也，觉鸟兽禽鱼自来亲人。'"②这里我们似乎找到了魏晋人自然人格和自然美学的精神来源，对大自然生动的体验和审美愉悦并不出于文学作品，而出于他们日常生活的感动。正因为有了一颗永远对自然感动的心灵，才有了如此卓然不群的审美目光，大自然才与人类"自相映发""鸟兽禽鱼自来亲人"。"晋人向外发现了自然，向内发现了自己的深情。"③山水自然不再是托物言志的比兴或陪衬，而是自我心灵的外在显现。山水从此变得虚灵生动而具有万千情趣。晋室南渡之后，秀雅纤丽的江南风光让看惯了北方粗犷质朴的景象的人们眼前一亮，心旷神怡，直接启发了人们对山水自然的审美意识，导致了文学史上一个重要诗歌形态——山水诗的产生。山水的美感冲淡了尘世的无奈与悲凉，诗人于山川乐音中听到了弥漫天地的悠悠天籁，人为的丝竹远不如山水的清

① 〔南朝宋〕刘义庆：《世说新语》（上册），上海古籍出版社 1982 年版，第 91 页。

② 〔南朝宋〕刘义庆：《世说新语》（上册），上海古籍出版社 1982 年版，第 80 页。

③ 宗白华：《美学散步》，上海人民出版社 1981 年版，第 215 页。

音,“何必丝与竹,山水有清音。何事待啸歌,灌木自悲吟”(左思《招隐诗》)。在这种境界里,诗人获得了隐逸山林、恬淡虚静的精神享受,现实的世界已完全可以置诸尘外了,自然已作为一种美的生活摆在人们面前了。“池塘生春草,园柳变鸣禽”(谢灵运《登池上楼》);“余霞散成绮,澄江静如练”(谢朓《晚登三山还望京邑》)……谢朓等人笔下的自然山水,已超出了一般的模山范水,而成为一个风韵独具的审美世界,以一种“圆美流转如弹丸”的艺术形式表现出来,开启了唐人山水诗的先声。另一方面,当时的士族广占山林田园,他们的庄园往往具有实用与审美双重价值,既“尽幽居之美”,又“备登临之美”。士族文人徜徉于江南秀丽的山水景色中,宅心玄远,鄙薄俗物,登临游览之风一时盛行。宗炳在《画山水序》中说:“山水以形媚道,而仁者乐”①,魏晋人把山水之美与宇宙造化之道联为一体,在“天朗气清,惠风和畅”中“仰观宇宙之大,俯察品类之盛”②,赞美自然万物中蕴含的宇宙精神的美。正如冯友兰《论风流》中说:“真正风流底人,有情而无我,他的情与万物的情有一种共鸣。他对于万物,都有一种深厚底同情。”③晋人的玄心,使他们具有了一种超越的宇宙情怀,晋人的自然是情化的自然,“此中有真意,欲辨已忘言”,陶渊明《饮酒二十首·其二》通过对自然之美的欣赏,魏晋六朝人的心灵得到了净化,灵魂得到了安慰,人格得到了完善。

① 俞剑华编著:《中国画论类编》,人民美术出版社1986年版,第583页。

② 〔清〕严可均辑,何宛屏等审订:《全晋文》,商务印书馆1999年版,第257~258页。

③ 冯友兰:《三松堂全集》,河南人民出版社2001年版,第315页。

其二,坚持“道法自然”,追求至诚至性之美。“道法自然”是道家哲学的核心,老子曰:“人法地,地法天,天法道,道法自然。”(《老子》第二十五章)魏晋六朝美育继承了道家的思想,将“自然”原则看做美育的基本原则。在这里“自然”的原则诚然不是山水自然的实体,而是指自然而然,不事人为,正如庄子所说:“故曰,纯粹而不杂,静一而不变。淡而无为,动而以天行,此养神之道也。”(《庄子·刻意》)也就是说,无为才是怡情养性之道,只有无为才能在自然而然的过程中实现美育的目的,即“无为而万物化”(《庄子·天地》)。因此,魏晋六朝美育尊重个性,追求至诚至性之美。诚,首先是一种诚心,即以自己真实的本性对待礼乐,不拘于礼乐的形式,追求自由灵动的人性。刘勰《文心雕龙·祝盟》曰:“修辞立诚,在于无愧”①;其次,诚也是一种人生境界,只有诚于自己的心性,才能获得澄明的人生境界和真诚的人格美。

魏晋六朝人对自然美的喜爱和深情,并不简单地局限于直接的欣赏和赞美,他们甚至把自然的这种美好化用到人这万物的灵长当中,一个突出的表现即是当时流行的人物品评上,用自然物的美来比拟人的美。如《世说新语·容止》中,王右军“飘如游云,矫若惊龙”②,王恭“濯濯如春月柳”③,会稽王“轩轩如朝

① 周振甫:《文心雕龙今译》,中华书局2013年版,第97页。

② 〔南朝宋〕刘义庆:《世说新语》(上册),上海古籍出版社1982年版,第332页。

③ 〔南朝宋〕刘义庆:《世说新语》(上册),上海古籍出版社1982年版,第334页。

霞举”①,《世说新语·赏誉》中“太尉神姿高彻,如瑶林琼树,自然是风尘外物”②等。这里的飘逸游云、矫健惊龙、轩轩朝霞、濯濯春柳、瑶林琼树等自然物象编织成了一幅幅壮丽景观,但它要表现的并不是大自然,而是一群俊逸出尘的魏晋士人。美的极致只能使用自然物象征,不是自然符合人的精神,而是人必须有自然的风韵才是美的。山水自然之美从原始宗教的顶礼膜拜,到比德说,再到品评人物,自然在人们心中的地位已经越来越高。山水自然能有这样高的独立地位,离不开人们自我认识的深化,离不开对自然的一往而情深。不难看出,在魏晋六朝人的眼中,自然的意象是光明鲜洁的,也是生动活泼的,花鸟鱼虫皆晶莹剔透,极富人情人性。他们与人一起同命运,共呼吸,情志相感,声气相通,这是妙赏与深情的完美统一。魏晋名士,谈玄论道,澄怀味象,寄意山水,神超理得,会心处不必在远,于尘嚣间生就出尘之意,自然山水便成为魏晋六朝人实施美育的重要载体。在反礼教的呐喊中,在向大自然的回归中,一种新的风骨清雅、性情率真、神韵飘逸的自然人格形成了。阮籍、嵇康等人不仅在美学理论上回应老庄,也以自己的率直任性去冲破礼教樊篱,完成了自然人格的塑造。面对当时社会动荡引发的精神危机,魏晋六朝美育思想家特别强调“怡志养神”。他们继承道家养生学说,反对贪图功利,反对心为物役,主张调养性灵,宣和情志,让自我进入超脱世俗的心智境界,保持精神生态的健康。

---

① 〔南朝宋〕刘义庆:《世说新语》(上册),上海古籍出版社 1982 年版,第 333 页。

② 〔南朝宋〕刘义庆:《世说新语》(上册),上海古籍出版社 1982 年版,第 234 页。

其代表观点是嵇康的“怡志养神”“游心太玄”之说。嵇康主张反求诸己，以琴诗自乐，含道自珍，怡悦情志，陶养精神。《晋书·嵇康传》评述他说：“康善谈理，又能属文，其高情远趣，率然玄远。”①嵇康追求的是闲适愉悦、悠闲自在、与自然相亲的理想生活——“淡淡流水，沦胥而逝，泛泛柏舟，载浮载滞，微啸清风，鼓楫容裔，放棹投竿，优游卒岁”（嵇康《酒会诗》七首之二）。而阮籍的人生理想也正是向着无限的自然飞去：“夫大人者，乃与造物同体，天地并生，逍遥浮世，与道俱成，变化散聚，不常其形。”②“今吾乃飘䬃于天地之外，与造化为友，朝飧汤谷，夕饮西海，将变化迁易，与道周始，此之于万物岂不厚哉？”③真正的大人是随着自然宇宙俯仰变化的。在宇宙造化的流转中，人类的一切文明礼义与永恒的自然相比都不足道也。因此，要超越有限达到无限，跨越短暂达到永恒，就必须走入自然。这样的思想被嵇康简括为“越名教而任自然”④的响亮口号，超越一切有形的名教，而进入与大自然融为一体的世界。魏晋六朝士人飘逸风范的背后有一种文化底蕴和精神操守，它形成了魏晋六朝士人的人格风骨。“越名教而任自然”“游心太玄”，高度概括了魏晋六朝文人试图建构新的精神生态境界的努力。魏晋以来的名士们在竹林归隐、兰亭雅集、山水田园中，完成了哲学从名教到玄学、人格从才情到神韵、诗歌创作从玄思到山水、艺术理论从摹形到神思的转变，更为重要的是完成了古代“中和论”美育目标由培育完

---

① 〔唐〕房玄龄等撰：《晋书》，中华书局1974年版，第1374页。

② 陈伯君：《阮籍集校注》，中华书局1987年版，第165页。

③ 陈伯君：《阮籍集校注》，中华书局1987年版，第170～171页。

④ 戴明扬：《嵇康集校注》，人民文学出版社1962年版，第234页。

善的道德人格为主向造就自由的自然人格为主的转变。

（二）更加注重艺术美育

早在商周时期，我国就出现了“六艺”教育：礼（仪式、行为）、乐（音乐、舞蹈）、射（弓术）、御（马术）、书（书法）、数（算术）。此时虽没有明确提出美术教育的内容，但“礼”“乐”“书”与美术教育密切相关，在一定程度上包含着美术教育的相关内容。西周是奴隶制社会的鼎盛时期，教育空前发达，西周学校设置“六艺”课程用以“明人伦”。到了孔子那里，“六艺”得到了更加充分的重视，他以“六艺”——礼乐书数射御教授弟子，而且尤为看重其中的礼乐教育，从此礼乐就成为儒家学校教学的最基本科目。孔子虽然在当时没有提出现代意义上的德、智、体、美、劳全面发展的教育思想，但“六艺”本身也已经基本上包括了这些内容。但是客观地讲，魏晋之前的儒家美育工作者虽然已经将艺术教育作为一种美育手段，但是所有的教育方式和手段中，他们最为重视的是“礼”。

魏晋南北朝是一个艺术自觉的时代，是艺术大繁荣的时代，由于摆脱了两汉经学的束缚，此时的文学、书法、绘画、园林、雕塑等各种艺术都获得了长足的发展。在这种浓重的艺术氛围之下，与先秦两汉时期的美育相比，魏晋六朝美育更加注重艺术对人格美的熏陶。

在魏晋南北朝时期，书画等艺术被看做是美育的一种重要手段和方式，因为在魏晋六朝人看来，艺术教育能够调节人的情趣，能怡情养性、澄心励志，最终提升他们的人生境界。一幅优雅的书画作品会使人神清气爽、心情愉悦，正如南朝宋书画家王微（公元 415 ~453 年）说：“望秋云神飞扬，临春风思浩荡。”①一

① 俞剑华编著：《中国画论类编》，人民美术出版社 1986 年版，第 585 页。

片山水就是一个心灵的境界，同样一幅优秀的书画作品展千姿、现百态，可以让人目注神驰、心怡神畅。书画创作过程本身更是一种美的享受和精神陶冶的过程。书画艺术还有利于高尚人格的培养。书画清高，首重人品。例如王羲之可以说是德艺双臻的典范。李白赞王羲之曰："右军本清真，潇洒出风尘。"（李白《王右军》。唐代张彦远在《叙画之源流》中记载了三国时曹植所说过的一段话，曹植说："观画者，见三皇五帝，莫不仰戴；见三季异主，莫不悲惋；见篡臣贼嗣，莫不切齿；见高节妙士，莫不忘食；见忠臣死难，莫不抗节；见放臣逐子，莫不叹息；见淫夫妒妇，莫不侧目；见令妃顺后，莫不嘉贵。是知存乎鉴戒者图画也。"①在曹植看来，书画艺术所表现的内容可以导引人生，激人自励，催人奋进，教人树正气。所以欣赏和学习书画的过程，也就是品味、体验理解、汲取其中思想营养的过程。从这个角度而言，书画艺术就成为了一种重要的美育方式。而且书画艺术本身就是通人志士的文雅之事，如王羲之《书论》云："夫书者，玄妙之伎也，若非通人志士，学无及之。"②

魏晋南北朝是中国文学发展的活跃期和创新期，诗、赋、散文、小说等各种题材都获得了长足的发展，涌现出了许多优秀的文学家，例如三曹（曹操、曹丕、曹植）、七子（孔融、陈琳、王粲、徐干、阮瑀、应玚、刘桢）、阮籍、嵇康、陶渊明等，这些文学大家为后

---

① 〔唐〕张彦远著，俞剑华注释：《历代名画记》，上海人民美术出版社1964年版，第5页。

② 上海书画出版社、华东师范大学古籍整理研究室选编、校点：《历代书法论文选》，上海书画出版社1979年版，第28页。

人留下了一大批不朽的文学作品。曹操是建安诗人的代表，他创作了《短歌行》《蒿里行》《观沧海》《龟虽寿》等不朽诗篇。阮籍为后世留下了在文学史上具有极高文学价值和艺术成就的82首《咏怀诗》，诗歌表达了诗人对于现实世界的体悟、对于生命存在的思考、对个体生命的把握、对未来人生的设计与追求。在中国古代的哲学家看来，人是宇宙的一个不可或缺的有机组成部分，就生活在宇宙与自然之中，甚至本身就是自然的一部分，因此人与宇宙不是对立的，而是亲密无间的。在魏晋六朝时期，人们对自然山水一往情深，他们发现了自然界充满生机而不带世俗功利的美，因而山水诗、山水画大盛。陶渊明是魏晋古朴诗歌的集大成者，而谢灵运却另辟蹊径，开创了南朝的一代新风。陶渊明就是一位写意的能手，田园诗和咏怀诗是其代表作，他开创了田园诗的先河，并将咏怀诗创作提升到一个新的水平。陶渊明的生活是诗化的，感情也是诗化的，写诗不过是自然地流露。因此他无意于模山范水，只是写与景物融合为一的心境。谢灵运则不同，山姿水态在他的诗中占据了主要的地位。在谢灵运大力创作山水诗的过程中，为了适应表现新的题材内容和新的审美情趣，出现了"情必极貌以写物，辞必穷力而追新"和"性情渐隐，声色大开"的新特征。这一新的特征乃是伴随着山水诗的发展而出现的创新现象，它深深地影响着南朝一代诗风，成为南朝文学的主流。而且这种诗风对后来盛唐诗风的形成，也有着十分重要的影响。魏晋南北朝文学，在内容上，袒露自己的内心世界，或崇尚自然，在自然山水中抒发闲适之情，或反映民间疾苦，感叹人生，抒发自己的抱负；在形式上，崇尚自然质朴之美，语言不事雕琢，形式自由。总起来说，魏晋南北朝文学显著的特点是摆脱了两汉经学的束缚，儒家强调的伦理教化的思想大大减弱，转而注重个人情感和体验的抒发。

魏晋南北朝是中国绘画史上的一个非常重要的变革与创新时期。由于佛学的兴起，导致美术的兴盛。同时，士族的产生推动了文化艺术的发展。这一时期人们挣脱了正统儒学的精神羁绊，个性得到张扬，绘画艺术得以蓬勃发展。壁画、漆画从技法到形式都趋于高超。卷轴画开始兴起，卫协、曹仲达、顾恺之、陆探微、张僧繇等一批优秀画家脱颖而出，成为划时代的艺术大师。此时，人物、山水、动物题材展现于画面，但尚未脱尽传经载道的窠臼，可见传统影响之深远。绘画理论的研究开始发端，谢赫的《画品》提出绘画的社会功能和品评标准，无疑这种专业评说使绘画开始成为一个专门的领域。绘画方面最杰出的代表是东晋的顾恺之，其绘画作品《女史箴图》《洛神赋图》名垂画史，他还在理论方面提出了“传神写照”“以形写神”等美学命题。所谓“传神写照”就是要表现出对象的内在神韵，所谓“以形写神”是说绘画创作描“形”是为了写“神”。由此可以看出魏晋六朝绘画追求的是神韵之美。在书法方面，以“二王”即王羲之、王献之为代表，他们的书法潇洒、俊逸、流利，不仅表现了魏晋六朝时期生命的灵动活跃，而且拓展了魏晋神骏、豪迈的精神气质的艺术表现形式，使书法真正成为一个独立的艺术门类。

魏晋六朝人注重通过各种艺术形式进行审美熏陶，涌现出了众多多才多艺的优秀人才，例如嵇康，他不仅是一位玄学家、美育理论家，还是一位伟大的音乐家、书法家、文学家。嵇康擅长弹琴作曲，音乐修养极高。他精于琴艺，演奏古琴如行云流水，临刑前的一曲《广陵散》更是被传为仙人所授的天籁。他创

作了“嵇氏四弄”①以及《孤馆遇神》《风入松》②等琴曲作品。其中，“嵇氏四弄”与蔡邕创作的“蔡氏五弄”合称“九弄”，是我国古代一组著名琴曲。隋炀帝杨广曾把弹奏“九弄”作为取士的条件之一，足见其影响之大、成就之高。嵇康在乐理上也有精妙独特的见解，著有《琴赋》《声无哀乐论》等，对后世影响很大；嵇康还擅长书法绘画，其草书狂放潇洒、不拘一格，被唐代书论家张怀瓘列为草书妙品。嵇康更长于咏诗著论，文辞壮丽，师心使气，玄妙灵秀，清峻拔俗，向来为世人所推崇。再如王羲之，不仅是卓越的书法大师，也是一位能诗善文的文学家，其代表作《兰亭集序》千百年来一直为人们所称颂。同时，他还长于绘画，《历代名画记》称赞他“丹青亦妙”③。魏晋六朝丰富多彩的艺术形式，不仅滋养哺育了魏晋六朝人多方面的艺术才能，而且各种艺术形式中所内蕴的对人格的肯定和价值的张扬，以及其中渗透的玄远、洒脱的精神，对魏晋六朝人的人格也产生了重要影响。同时，在艺术欣赏或艺术创作的过程中，只有去除各种主观欲望和杂念，才能真正欣赏到艺术作品的内涵或者进入创作的最佳状态，这也就是老子所说的“涤除玄鉴”，庄子所谓的“心斋”“坐忘”，以及宗炳的“澄怀味象”，也就是说只有“涤除”或者“澄怀”之后才能进入虚静的心境，而在艺术熏陶过程中出现的虚静的

---

① 嵇康创作的四部琴曲《长清》《短清》《长侧》《短侧》被后人称之为“嵇氏四弄”。

② 又作《风入松歌》。

③ 〔唐〕张彦远著，俞剑华注释：《历代名画记》，上海人民美术出版社1969年版，第96页。

心境对魏晋六朝人玄远、放达的人格的形成也具有重要的促进作用。

第二节 魏晋南北朝美育的内在理念

魏晋之前，以儒家思想为主的“中和论”美育实质上就是审美式教化，审美教化的直接目的是培养现存社会制度所需要的、符合封建伦理规范的理想人格，最终目标是维持社会和谐、实现政治理想。而随着魏晋六朝时期“人的觉醒”和“文的自觉”，“中和论”美育的内在理念也得到了进一步的深化，个性的发展、人格的完善和人生境界的提升是这个时期美育的最终旨归。

一、以“和”为核心

魏晋南北朝美育以“和”为核心理念，主张审美教育要顺应人的自然本性、自然性情，强调自由而和谐的人格的培育，追求至和至美的人生境界。这种核心理念不是凭空产生的，也不是一蹴而就的，它是在先秦两汉“中和论”美育基本思想基础上融入了新的思想和时代因子而形成的。

众所周知，无论儒家美育还是道家美育都追求和谐之美。如前文所述，传统儒家美育以“善”为美、以“仁”为美。《论语》曾记载：“子谓卫公子荆，‘善居室’。始有，曰：‘苟合矣。’少有，曰：‘苟完矣。’富有，曰：‘苟美矣。’”（《论语·子路》）此外《论语》有这样一段记载：“子张曰：‘何谓五美？’子曰：‘君子惠而不费，劳而不怨，欲而不贪，泰而不骄，威而不猛。”（《论语·尧曰》）荀子继承了孔子的“尽善尽美”的思想，提出了“美善相乐”

的命题,认为"美"与"善"是分不开的,从伦理道德的角度将"中和论"美育提高到了一个新的高度。同时,孔子还提出了"里仁为美"的观点,"仁"在孔子美育思想中也是一个重要的范畴。"仁"和"礼"是分不开,孔子主张由外及里,即由"礼"及"仁"进行美育,美行美德,修身养性,提高精神境界,从而达到"仁"的人格素养。道家主张"法自然",因而在美育方面追求的是"自然""无为"的人格品质。老子提出了"涤除玄鉴"的范畴,"涤除"是指去除主观杂念和欲望,"玄鉴"是指达到内心清明的一种境界。老子认为要造就出理想的人格,必须去除各种杂念和欲望,保持内心的虚静。庄子继承了老子的思想,提出了"心斋"和"坐忘"的美学范畴。心斋、坐忘在美育方面都是达到虚静的人格境界的重要途径。先秦儒家美育追求的是"美"与"善"的和谐、"礼"与"仁"的和谐;而道家美育追求的是自然、无为,不仅包括人与自然之和,也包括人内心的和谐。可见,和谐的观念在传统儒家、道家那里都是基本的美育理念。

"中和"是中国古代哲学、伦理学的重要概念,它的一个重要来源就是古代礼乐教化美育传统。"中和"的基本意思是"中正""和谐",中国元典虽然基本上是将"中"与"和"分开论述,但是在儒家美育中二者是密不可分的。"中"由于其与"中庸"的内在联系,因此也是中国伦理道德的一种象征。一方面,先秦儒家美育贵"和"。"礼之用,和为贵。先王之道,斯为美,小大由之。有所不行,知和而和,不以礼节之,亦不可行也。"(《论语·述而》)意思是说如果只知道"和"而不知道"中"也是不可以的,"中"是"和"的手段,要达到"和"就要与"中"联系在一起。梁漱

溟曾说:“中国文化是以意欲自为、调和、持中为其根本精神的。”①其实,美在“和”的思想孔儒之前就已产生,例如《左传》中就曾记载了晏婴的一段话:“先王之济五味,和五声也,以平其心,成其政也。声亦如味,一气,二体,三类,四物,五声,六律,七音,八风,九歌,以相成也。清浊,大小,短长,疾徐,哀乐,刚柔,迟速,高下,出入,周疏,以相济也。君子听之,以平其心。心平德和。”在这里,晏婴就比较细致地叙述了和谐之美,他认为“先王之济五味”“和五声”的目的,是为了其心平和,而心平也就可以“成其政”,这说的是和谐之美对人心和政治的作用。同时,君子听了和谐之声,不仅可以“平其心”,还可以提高其品德,这说的是和谐之美对人心和品德的促进作用。另一方面,儒家美育尚“中”。尚“中”的思想首先表现为对中庸之德的推崇,孔子把中庸作为一种崇高的德行,是理想的人格体现。孔子认为“中”是调和“过”与“不及”,以做到适中。他说:“不得中行而与之,必也狂狷乎!狂者进取,狷者有所不为也。”(《论语·子路》)即如果背离中意,就会走向极端,即“狂”“狷”。荀子继承了孔子求中道的思想,提出了“中声之止”的思想,他说:“《诗》者,中声之所止也。”(《荀子·劝学》)他认为《诗经》的优点在于收集了许多乐曲,而且做到了适可而止,即适中。就这样,先秦贵“和”的思想与儒家尚“中”的思想结合在一起,逐渐形成了贯穿整个中国古代美育思想史的“中和论”美育观。

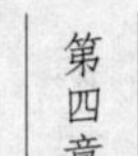

孔子是古代“中和论”美育的积极倡导者,他对“中”“和”做

① 梁漱溟著,黄克剑、王欣编:《梁漱溟集》,群言出版社 1993 年版,第 63 页。

了明确的界定，并将二者统一起来。同时，孔子还是“中和论”美育思想的践行者，他的美育体系便是古代“中和论”美育思想的集中体现。他把“善”看做是美育的主要内容，将诗教、礼教、乐教作为美育的重要方式和途径，把礼、乐、射、御、书、数作为弟子必须掌握的知识和技能予以教授。他在重视美育的同时，也极为重视体育和智育，注重教育的全面协调发展。另外，他把诗、乐作为美育的主要内容，也是其“中和”思想的又一体现。因为《诗经》思想纯正、情感和谐，即“思无邪”，完全符合“中和”的思想。他称赞《关雎》“乐而不淫，哀而不伤”更是对“中和”思想的进一步阐释，“淫”和“伤”都是情感的极端化的表现，“不淫”“不伤”就是协调有度，即“中和”。孔子美育主张以“礼”修外、“以礼制情”，也就是要协调“礼”和“情”的关系，促进“情”“礼”的协调统一。孔子美育的目标是培养完善的人格，培养“文质彬彬”的君子。所谓的“文质彬彬”即“文不胜质”“质不胜文”，“文”和“质”和谐地统一在一起，合格的人才既有礼乐修养，又有仁义之道。“中也者，天下之大本也；和也者，天下之达道也”（《中庸》），即是把“中和”作为实现政治理想的途径。孔子认为学《诗》的目的是“兴”“观”“群”“怨”，“迩之事父，远之事君”，这里主要是作为政治伦理目的展开论述的，也就是要培养人格完善的君子，使人们行事不乖戾、行为不走极端，最终是为了维护父子、君臣等等级伦理关系，有效治理国家，最终达到人与社会的“和谐统一”。

但是当历史发展到魏晋南北朝时期，随着经学的衰落以及玄学和佛教的兴起，美逐渐脱离了政治伦理的束缚，美不再与善结合而独立成为美育家观照的对象。魏晋六朝人注重内在神韵

之美，以“和”为核心理念建构起了具有时代特色的美育思想。

魏晋六朝人以“和”为美，美育的最终目的是实现至和的人生境界。阮籍《乐论》认为：“先王之为乐也，将以定万物之情，一天下之意也，故使其声平，其容和。”①即以“和”为美，认为“和”是先王之乐的标准，而以“和”为美的音乐在美育方面也有重要的作用，“律吕协则阴阳和，音声适而万物类。男女不易其所，君臣不犯其位……天地合其德则万物合其生，刑赏不用而民自安矣。”②（《乐论》）和谐的音乐不仅使万物归其类，有利于和谐的人与自然的关系的形成，同时，和乐有助于人格修养的提高，而人格的美育也有利于社会的和谐，使“男女不易其所，君臣不犯其位”“刑赏不用而民自安”。刘劭的乐论也是以“和”为美，他认为：“凡人之质量，中和最贵矣。中和之质，必平淡无味，故能调成五材，变化应节。”③（《人物志·九征》）嵇康的《声无哀乐论》也以“和”为美，他说：“声音和比，感人心之最深者也。”这也是强调和谐的音乐在美育方面的重要作用。“和”是魏晋南北朝美育的核心理念，在那个名教与自然严重冲突的时代，“和”的美育作用便凸显出来，其内涵不再是单纯的自然之和，而是人与自然、人与社会以及情与理、身与心、内与外的全面的和谐。

首先，自然美进入美育领域，人类寄情山水，深情地融入自然。早在先秦时期自然就进入了人们的视野，并逐渐被作为审

① 陈伯君：《阮籍集校注》，中华书局1987年版，第88页。

② 陈伯君：《阮籍集校注》，中华书局1987年版，第79页。

③ 〔魏〕刘劭著，梁满仓译注，《人物志》，中华书局2009年版，第252页。

美对象予以观照。《诗经》以优美的笔触展示了人与自然和谐的美好图景。道家思想家老子认为:“人法地,地法天,天法道,道法自然。”(《老子》)意思是说,人与天地万物是一个有机整体,人不能去破坏自然,要与自然和谐相处。庄子提出“逍遥游”思想,认为游心与自然相和谐方能与“道”为一。而真正将自然美引入到美育领域是在魏晋时期。魏晋六朝士人不仅发现了自然深情,开始将自然作为独立的审美对象,而且继承了先秦传统美育的“天人合一”的思想,主张在自然中畅情,实现人与自然的和谐统一,通过自然审美以完善人性、造就理想的人格。人与自然之“和”不仅表现为与自然和谐相处,更重要的是将自我情感融于和谐宁静的大自然中。山水自然之美不仅能够净化心灵,还能够陶冶情操、提高人的精神境界,最终达到天人合一的理想境界。这样,魏晋六朝士人将自然审美引入了美育领域,并将其作为重要的美育手段和途径。例如魏晋名士嵇康将庄子返归自然的人生理想变为现实,在自然中放浪形骸,可见自然在其高尚的玄学人格的形成过程所起的重要作用。

其次,在自然人性的基础上,实现情与理的和谐。魏晋六朝美育之“和”的一个重要表现就是情与礼的和谐。在百家争鸣的先秦时期,儒学在美育方面大放异彩,它主张“以礼制情”、以“理”克“情”,但是在僵化的伦理教化思想影响下,至魏晋六朝时期“情”与“礼”逐渐走向了对立。“晋人向外发现了自然,向内发现了自己的深情,山水虚灵化了,也情致化了。”①魏晋六朝文人士子钟情于自然,寄情于山水,著名的兰亭之游、金谷宴游

① 宗白华:《美学散步》,上海人民出版社 1981 年版,第 215 页。

风流千古；特别是山水、田园诗派均滥觞于此期。顾恺之、阮籍、嵇康、陶渊明、谢灵运、鲍照、孙绰、陶弘景、吴均、郦道元等人都是造化自然的高手，“对于自然有一股新鲜发现时身入化境浓酣忘我的趣味；他们随手写来，都成妙谛，境与神会，真气扑人”①，他们因对自然的追求和对自然的理解而走在了时代的前列。魏晋六朝文人由对大自然喜爱来体现出自己的情操、爱好及内在品格。人因喜爱山水自然而赋予其深情，自然因而变得更加生动美好。随着礼教统治地位的丧失和人们的个性解放，魏晋六朝士人不再为传统的礼义所束缚，而是纵情人性，张扬个人感情，并呼出了“终当为情死”的感叹。他们重情并不弃礼，而是主张情与礼的和谐，当时的名教自然之辨就是情理关系的现实体现，名教是礼的体现，而自然代表了人之情，“名教即自然”的提出正是魏晋情与理和谐关系的具体体现。魏晋六朝时期，一批新的概念范畴进入了美育领域，如“风骨”“神韵”“气韵”等，这些范畴从一个特定的角度体现了魏晋美育思想家对情理和谐的重视与追求。南朝美育思想家刘勰曾经对“风骨”范畴进行过深入的阐述，在当代著名学者叶朗先生看来，刘勰的突破在于把文章的教化力量分析为两方面，即“‘风’和‘骨’，或者说‘情’”和‘理’，或者说感染力和说服力。‘风’是一种情感的力量，而‘骨’则是一种逻辑的力量。所以可以说，‘风骨’这对范畴确实是讲情感和思想的关系”②。刘勰将“风”与“骨”合在一起作为

① 宗白华：《美学散步》，上海人民出版社 1981 年版，第 215 页。

② 叶朗：《中国美学史大纲》，上海人民出版社 1985 年版，第 234 页。

一个具有深刻美育意蕴的艺术范畴提出，就是要求“风骨相协”（亦即情感与理性相协调），一如“情与气偕”，足见魏晋人对情理和谐的推崇。魏晋六朝美育思想家虽然重视和强调情感，但是并未将情感孤立起来，他们“没有脱离‘理’（思想）而孤立地强调情感”“也没有脱离作家的精神世界的总体，没有脱离作家的整体生命力和创造力，而孤立地强调情感”①，他们所追求和倡导的始终是情与理的和谐与统一。

其三，“和”还表现为人自身内与外的和谐。魏晋六朝美育注重人物内在美与外在美的和谐统一。一方面，由于魏晋六朝士人将美从封建伦理道德中解放出来，于是美便是为美而存在。魏晋六朝人普遍尚美，尚美的一个重要表现是对容貌举止之美的欣赏和崇尚。他们赋予人的容止之美以独立的意义。许多魏晋六朝名士就是借助容貌仪表之美而慑服众人，受到社会的普遍尊重和推崇，以至平步青云的。魏晋六朝人重视外在容止之美，但并不忽视内在美，相反他们也特别重视内在美，对内在美的追求也是魏晋美育的重要方面。魏晋六朝人崇尚容止美是因为他们认为外在容止之美是内在精神之美的外化，也就是说其实他们更为看重的是人的内在精神、气质、风度、品格之美。总之，魏晋六朝美育对外在容止之美和内在精神之美并不是孤立的，而是和谐统一在一起的。

通过以上分析，我们很清晰地看到了“和”在魏晋六朝美育中的重要性，它既是魏晋六朝美育的核心内涵，也是其核心概念范畴。魏晋六朝人不仅以“和”为美，其美育观念也是在“和”的

---

① 叶朗：《中国美学史大纲》，上海人民出版社 1985 年版，第 235 页。

基础上建立起来的。“和”不仅是魏晋六朝美育的基本理念，也是其美育的理想与追求。

二、以个体人性为中心

魏晋之前，中国古代“中和论”美育的最终目的是为了实现理想政治，保障社会的和谐秩序，维护统治者的长久统治。不论是作为“中和论”美育思想主体的儒家美育，还是作为重要组成部分的道家美育，都是如此。

儒家美育以塑造道德完善的人为目标，虽然体现着一定的对人的尊重和关爱，但其最终目的却是服从服务于封建统治的需要。众所周知，“仁”是孔子美育的理论基础和重要内容，孔子说：“克己复礼为仁。”(《论语·颜渊》)“克己”就是对个体内在道德修养和思想品质的要求。孔子还说：“君子而不仁者有矣夫，未有小人而仁者也。”(《论语·宪问》)意思是说，君子中可能出现“不仁者”，而小人中则决不会出现“仁者”。这样来说，“仁”就是人的一种道德修养和品质。孔子又说：“为仁由己，而由人乎哉?”(《论语·颜渊》)“仁”或“不仁”，取决于自己而不是其他人，人们应该主动去追求而达到“仁”的境界，即“我欲仁，斯仁至矣”(《论语·述而》)。因此，孔子美育十分重视“仁”的教育。众所周知，孝悌是仁义之本，它要求人们“孝亲”而“忠君”，而中国的“孝”以“顺”最大，因而无论是“孝亲”还是“忠君”都是强调顺从。子从父、弟从兄、妻从夫、臣从君、家从国等，都体现了个人服从集体的价值导向，而这种价值导向的最终目的是为了维护社会的和谐秩序，维护国家的长久安定。西周末年礼崩乐坏，人们只重视礼的外在价值，而忽视了“礼”的内在价值,因而使“礼”逐渐失去了生命活力。孔子以恢复周礼为己任,因此,他将“仁”作为“礼”的内在本质,他说:“人而不仁,如礼何?人而不仁,如乐何?”(《论语·八佾》)“仁”和“礼”在孔子那里是不可分割的。从这里我们可以看出,孔子“仁”学美育思想的直接目的是复礼,而复礼的最终目的是维护统治者的统治,实现其政治理想。孔子之后,孟子继承和发展了孔子的“仁”学思想,进一步阐述了“仁”与“义”的关系。在孟子看来,无论对贵族子弟,还是对普通百姓,其审美教化的目的都是培育符合封建伦理规范、满足治理君主国家需要的理想人格,正如他所说的“仁言不如仁声之入人深也,善政不如善教之得民也。善政,民畏之;善教,民爱之。善政得民财,善教得民心”(《孟子·尽心上》)。荀子将“礼”作为最高行为准则,其美育思想以“礼”为主。荀子高度重视“礼”在人类社会生活中的作用,认为法也是制约人们行为的基本规范,但是必须以礼义为本,法治才能奏效。荀子说:“人无礼则不生,事无礼则不成,国无礼则不宁。”(《荀子·修身》)他还讲道:“礼乐则修,分义则明,举措则时,爱利则形,如是……故赏不用而民劝,罚不用而威行。”(《荀子·强国》)意思是说,人的生活、行为以及国家的安定都离不开礼,只要依礼而治,则百姓必会勤勉顺从。可见,荀子以“礼”为主的美育思想的最终目的依然是实现社会和谐有序、国家的长治久安。

作为中国古代“中和论”美育思想重要组成部分的道家美育对人也给予了高度重视,但其最终目的依然是为了国家和社会的安定和谐,为了政治理想的实现。老子将“无为”作为人的至善品德,他说:“为者败之,执者失之。是以圣人无为,故无败;无执,故无失。”(《老子》第六十四章)他称赞“无为”是圣人的美

德，圣人具有这样的美德就能“无败”“无失”了。在这里，“无为”既是成就圣人品格的重要手段，同时还是一种治国理想，即“无为而治”。老子认为“无为”、顺应民意是治理国家和社会之根本，只有“无为”才能“无所不为”，才能使百姓安居乐业。据此，老子构建了“小国寡民”的理想社会。他以“无为”为美德，认为“无为而无不为”（《老子》第四十八章），“民之难治，以其上之有为，是以难治”（《老子》第七十五章），主张“使民无知无欲……则无不治”（《老子》第三章）因此，为了使人回归这样的道德本性而开展的道德教育，就是以泯除知识和欲望为主要内容，他说：“古之善为道者，非以明民，将以愚之。”（《老子》第六十五章）老子试图通过“使人无知无欲”的办法以保持道德的淳朴，这其实与孔子、荀子等人的道德理想一样，无论是明民（培养理想的道德人格），还是愚民（使人民无知无欲），实际上都是为了社会、国家的安定，为了政治理想的实现。

通过以上分析，我们可以看出，魏晋之前的“中和论”美育实际上将美育作为实现统治者政治理想的工具，无论是儒家理想人格的培养、理想境界的形成，还是道家“无知无欲”人格的培养都是为了对百姓进行教化，使百姓安顺，使社会和国家安定。因此，在魏晋之前，“人”并未真正被发现，个体始终被束缚和局限在一定范围内，其价值始终被置于集体、国家和社会之下。统治者考虑的首先是国家，其次才是百姓，最后才是人的本性要求。因此，魏晋之前的“中和论”美育的最终目的是政治理想的实现，美育只是一种工具和手段。从这个意义上讲，魏晋之前的“中和论”美育思想本质上是一种工具论美育观。

汉末战火肆虐、社会动荡，人的生命受到严重威胁，人们对天道产生了怀疑。同时,哲学上随着两汉经学逐渐走向僵化,崇尚自然无为的老庄之学广为流行,玄学随即产生。在玄学的影响下,人挣脱了各种束缚,自我意识和个人意识觉醒,个体的存在受到了前所未有的重视。在此背景下,中国古代"中和论"美育在内在理念上也发生了重要变化,"人"逐渐成为审美教育的主体和中心,个体人性被提升到前所未有的高度,美育的最终目的转变为人格的完善、自然人性的复归和精神自由境界的实现。

对于魏晋六朝,宗白华先生曾经这样说过:"这时代以前——汉代——在艺术上过于质朴,在思想上定于一尊,统治于儒教;这时代以后——唐代——在艺术上过于成熟,在思想上又入于儒、佛、道三教的支配。只有这几百年间是精神上的大解放,人格上思想上的大自由。"①汉末,随着大一统的政治统治衰微,名教礼法受到了众多文人士子的强烈质疑与猛烈批判,作为汉代官方哲学的经学逐渐丧失了生命活力,但道家生命哲学的影响日盛,清议和品题人物之风日渐流行,个性解放的大潮风起云涌。魏晋六朝人开始重新思考人的价值,将充分体认人性、自由、个性的虚静、玄远作为理想人格来追求。这个时代的美育不再是政治统治的工具,不再是为了社会安定,不是为了维护封建等级制度,而完全是从人的个体的角度出发,为了构建自然之性的人格,为了在有限的生命中自由、充实地生活。

首先,魏晋六朝美育重"情"。在先秦时期,"情"与"性"是作为一对反映"人之所以为人者"的本质特性而提出来的,《中庸》说:"天命之谓性。"荀子说:"凡性者,天之就也,不可学,不

① 宗白华:《美学散步》,上海人民出版社1981年版,第208页。

可事。……不可学，不可事，而在人者，谓之性。”(《荀子·性恶》)意思都是说情、性是天赋予的，是一个人之所以为人的本质特征。人是情感的动物，情是人之本性。从社会学角度来说，如果没有情的连接，也就没有了人类社会。但是，情又是人内在心性的流露，善恶皆存，所以儒家主张“以礼制情”，即“礼义以为器，人情以田”，就是说以礼义为制约手段，人情才能得到合理的抒发和表达。如果没有礼的制约，社会就会陷入混乱。汤用彤先生曾指出：“神形分殊本玄学之立足点。”①由于魏晋玄学对玄远、虚静的精神境界的追求，魏晋六朝士人不拘礼法，放浪形骸，注重对深情和个性的追求。在玄学的影响下，魏晋六朝美育主张“任情”，如嵇康所言：“六经以抑引为主，人性以从欲为欢，抑引则违其愿，从欲则得自然；然则自然之得，不由抑引之六经，全性之本，不须犯情之礼律。”②两汉经学违背了人性，违背了自然，必须予以摒弃。他主张情从自然，也就是任情。这里不仅反映了魏晋六朝美育思想家对名教礼制的反叛，更重要的是反映了新的美育观对人情和人性的重视，对人的本质的重视，也就是对美育主体之中心地位的重视。

其次，魏晋六朝美育追求天人合一的玄远的自由精神境界。魏晋之前的中国古代“中和论”美育强调以礼修外，并以善为主要内容，理想的人格境界是“尽善尽美”“文质彬彬”“美善相乐”的充满伦理教化的境界，而这种高尚的人格境界实际就是封建伦理道德的外化，目的是将人培养为封建伦理驯化下的顺从的

① 汤用彤：《汤用彤学术论文集》(汤用彤论著集之三)，中华书局1983年版，第225页。

② 戴明扬：《嵇康集校注》，人民文学出版社1962年版，第261页。

子民，以维护社会的稳定，实现自己的统治理想。自东汉末年宦官专权到魏晋之际统治集团内部的残酷斗争，许多文人士大夫由于政治的牵连而遭受迫害。当时社会政治极度黑暗，人心惶惶，人人自危，朝不保夕，人们处于极度恐怖的政治社会氛围中。为了避免政治牵连，魏晋时期隐逸之风盛行。隐逸即是返归山水，避人避世，少与他人交往，也不参与政治，不计较贫富得失，怡情山水，放浪形骸，注重内心的修养。在此种情形下的魏晋六朝美育摆脱了政治、物质、礼教、功利的束缚，不再以伦理教化为主，它重在凸显人性，将个人作为美育的中心，追求的是虚静、空灵、玄远、人与自然合而为一的精神境界。因此我们认为，以“和”为核心的魏晋六朝美育思想实质上是一种人性论美育观。

第五章 相关艺术范畴的美育意蕴

范畴是认识事物的基础和前提,要深入了解某一思想学说或理论体系,必须首先厘清相关的概念范畴。从哲学角度讲,一定的思想观念总是通过特定的概念范畴体现出来。在这个意义上讲,范畴是认识和了解思想观念的关键。

相对于西方的哲学美学而言,中国古代美学本质上就是一种文艺美学,就是一种特殊的人生美学,因而具有浓厚的美育特性。而且,中国古代艺术范畴、美学范畴也往往蕴含着独特的美育意蕴,这一特点在魏晋南北朝艺术范畴上体现得特别明显。

从先秦至魏晋南北朝,中国古代"中和论"美育的总体趋势是从实用逐渐向审美转变,在美育概念范畴方面也基本遵循这一趋势。先秦两汉儒家美学注重伦理教化,把美育与现实伦理政治密切结合在一起,以"善""仁""乐""诗""礼"等为主要的概念范畴;道家美学坚持"法自然""自然无为"的美育原则,追求"自然""无为"之美,注重通过自然美来感染人而不是借助超验的美来深化人的思想，以“心斋”“坐忘”“玄鉴”和“虚静”等为其主要的美学范畴和艺术范畴。但是在魏晋之前，不论儒家美育还是道家美育，它们的核心理念都是“中和”，将“中和”看做是美的本质，其美学范畴、艺术范畴主要是对审美中的一般问题做笼统的描述。到了魏晋六朝时期，由于受玄学的影响，艺术和美学的主要范畴转向了对审美的具体讨论上。

魏晋南北朝时期产生了一系列意义深远、直抵心灵的艺术范畴，如虚、实、神、逸、空灵、韵、气韵、神韵、兴象、境界、风骨、知音、立象以尽意、观物取象、气韵生动、澄怀味象、游心太玄、遗情贞观等，这些概念范畴蕴含着浓厚的美育意蕴，体现了中国美育思想的不断深化和发展。从一定意义上讲，魏晋南北朝美育发展史就是这些艺术范畴的形成、发展和演变的历史，或者说就是这些艺术范畴日渐彰显美育意蕴的历史。

第一节 养 气

“养气”作为魏晋六朝时期最为重要的艺术和美学范畴之一，由刘勰在《文心雕龙》中提出。刘勰在《文心雕龙》中专门列了“养气”这一章节，用以突出它在审美教育中的重要作用和意义。

一、“养气”概念的渊源

“养气”是由“养”和“气”两字构成，其核心是“气”。许慎的《说文解字》云：“气，云气也。象形。凡气之属皆从气。”①气是

① 臧克和、王平校订：《说文解字新订》，中华书局2002年版，第23页。

与云相关的，很显然这里指的是一种自然气态物质，可以看作是“气”的本义。

（一）哲学之“气”

“气”是中国古代哲学最基本的范畴之一，也是一个具有丰富内涵、贯穿中国哲学发展进程始终的范畴。它是由中国传统哲学的自然观转化而来。在我国古代，气不仅被视作万物之本源，而且还被视作艺术的生命、美的基质。它与另外的美学名词所合成的美学概念极其丰富，构成一个庞大的美学范畴群体，除原有的某些含义外，往往还衍生出更为细致而深广的美学内涵。其在我国古代文学、艺术领域中的广泛运用，体现出中国文化、艺术独特的审美趣味。

在甲骨文中，气作“三”，表示作水平方向移动，后演变为既有水平移动，又有上下运动的“≡”。金文的“气”写作“三”“气”；在小篆中，“气”写作“氣”。古人常以生生不息的气或元气来阐释世界，因而“气”就成为中国古代哲学的重要范畴，它体现了中国古代“天人合一”的大宇宙生命意识，体现了中国古人对于宇宙和生命本体的基本认识。“气”的早期观念是“阴阳二气说”。气分阴、阳的思想普遍见于先秦典籍。《左传》曾记载春秋时期秦国的名医医和的言论，医和认为天有“阴、阳、风、雨、晦、明”六气；老子说：“万物负阴而抱阳，冲气以为和。”（《老子》第四十二章）庄子也认为：“阴、阳者，气之大者也。”（《庄子·则阳》）管子把“气”视为天地之本，世间万物之“精”，生命存在的条件，他说：“凡物之精，此则为生，下生五谷，上为列星；流于天地之间，谓之鬼神；藏于胸中，谓之圣人。是故名气。”（《管子·内业》）管子着重用“精气”说对人的精神现象作了解释，他认为人是由“气”产生的，人的精神也是由“气”产生的，人由“精”和“形”这两种“气”和合而产生，有了气，才有生命，才有思想和智慧，他说：“精也者，气之精者也。气，道乃生，生乃思，思乃知，知乃止矣。”(《管子·内业》)这就把”气”视为了具有思想或者精神的事物，在此意义上，精神又可以被视为精气或者神气了。《周易·系辞上》也有“精气为物，游魂为变”的说法。到汉代，《淮南子》和王充都继承了老庄和管子的“气”的学说，并加以发挥，构成了自己的元气自然论的哲学。《淮南子》把“气”作为世界构成的物质材料，《淮南子·天文训》曰：“宇宙生气，气有涯垠。清阳者薄靡而为天，重浊者凝滞而为地。”①汉代著名思想家王充提出的气一元论的唯物主义自然观认为，“元气”是天地万物的原始物质基础，《论衡·谈天篇》曰：“天地，含气之自然也。”②王充认为，天地万物都是由“元气”构成的，“元气”是原始的物质元素。认为世界万物所以有多种多样的形态，就是因为它们各自禀受的元气有厚薄精粗的不同。人和万物一样，也是禀受元气而生。人所禀受的元气有厚薄多少的不同，所以人性也就有善恶贤愚的不同。总之，“气”是宇宙的根本、万物的根本。人的根本，“气”是我国古代哲学最为基本的范畴，是我国古人认识宇宙、认识万物的核心概念。

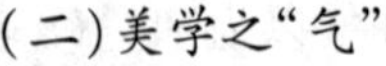
(二)美学之“气”

中国古人不仅以“气”为万物之本元，还将“气”引入了美学、文艺学领域，把“气”视作美的本质、文艺创作的原动力、艺术

---

① 何宁：《淮南子集释》，中华书局1998年版，第166页。

② 黄晖：《论衡校释》，中华书局1990年版，第473页。

生命与活力的根源。

先秦时期人们对“气”的认识已经达到一定的高度,《左传》把“气”作为五色、五音之本:“气为五味,发为五色,章为五音。”中国古代著名的音乐美学著作《乐记》在谈乐时也把气与音乐的产生紧密地联系在一起,认为音乐由阴阳二气和谐感应而生:“地气上齐,天气下降,阴阳相摩,天地相荡,鼓之以雷霆,奋之以风雨,动之以四时,暖之以日月,而百化兴焉。如此,则乐者天地之和也。”三国时期的曹丕认为气为文之本、乐之采,在《典论·论文》中他说:“文以气为主”①,此处的“气”是针对作品而言的,它指的是作品的一种整体的风格、气韵。梁武帝萧衍在《答陶弘景书》中把书法艺术分为生气、骨力、肌肤三层,因而特别强调生气,他说:“婉婉暧暧,视之不足,棱棱凛凛,常有生气,适眼合心,便为甲科。”②当“气”这一范畴进入审美领域后,它对中国古代文学艺术及审美活动产生了极为深远的影响。在中国古代艺术家和美学家看来,“气”是概括艺术本源的一个范畴。钟嵘《诗品序》曰:“气之动物,物之感人,故摇荡性情,形诸舞咏。”③宇宙元气构成万物的生命,推动万物的变化,从而感发人的精神,产生了艺术。所以艺术作品不仅要描写各种物象,而且要描写作为宇宙万物的本体和生命的“气”。刘勰在《文心雕龙·物色》中

① 郭绍虞主编:《中国历代文论选》(第一册),上海古籍出版社2001年版,第158页。

② 〔清〕严可均辑:《全梁文》,商务印书馆1999年版,第58页。

③ 郭绍虞主编:《中国历代文论选》(第一册),上海古籍出版社2001年版,第308页。

所说的“写气图貌”①，王微在《叙画》中所说的“以一管之笔，拟太虚之体”②，就表达了这种意思。“美”离不开“气”，“真”也离不开气。

在中国古典美学中，“气”是概括艺术家的生命力和创造力的一个范畴，艺术家的艺术创造活动，也就是“气”的运化，它既是生理的活动，也是心理的活动，是艺术家整个身心协调一致的活动。

（三）“养气”范畴的提出

在古代的哲学观念中，气涵养、生成了自然万物。风从气中而来，风和气都是宇宙存在的一种自然物质。《庄子·齐物论》云：“大块噫气，其名为风。”气生风，气就是风，风是气的流动。流动才是鲜活的，才是生命化的，因此，有气才会有活泼的生命现象。这一思想十分深刻，由此延伸，气被用来解释一切生命现象，也用于解释人的精神现象，包括人的思想、情感、气质，它是可以涵养的。管子强调精气，孟子强调养气，庄子强调听气，既要求顺应人的自然禀性，又要求人为地培养人的一种精神气质。

最早提出“养气”概念的是先秦时期的孟子，他说：“我善养吾浩然之气……其为气也，至大至刚，以直养而无害，则塞于天地之间。其为气也，配义与道；无是，馁也。是集义所生者，非义袭而取之也。行有不慊于心，则馁矣。……”（《孟子·公孙丑上》）这里的“气”实际上指的是人的道德精神。后来荀子提出了“知气养心”的理论，这里的“气”是指人的气质涵养。在孟子

---

① 周振甫：《文心雕龙今译》，中华书局1986年版，第415页。

② 俞剑华编著：《中国画论类编》，人民美术出版社1986年版，第585页。

和荀子那里,“气”已经具有了主体心性的内涵。他们清醒地意识到:对于人而言,人之“气”必须要“养”。两汉时期桓谭、王充等人进一步对“养气”概念作了阐述,并赋予这一范畴以一定的自然生命意识内涵。王充晚年“罢州家居”“仕路隔绝”,《论衡·自纪篇》讲道:“虽惧终徂,愚犹沛沛,乃作《养性》之书凡十六篇。养气自守,适食则酒,闭明塞聪,爱精自保,适辅服药引导,庶冀性命可延,斯须不老。”①魏文帝曹丕在《典论·论文》中说:“气之清浊有体,不可力强而致。譬诸音乐,曲度虽均,节奏同检,至于引气不齐,巧拙有素,虽在父兄,不能以移子弟。”②这句话中“气”出现了两次,第一个“气”指的则是作家的一种创作个性或者说作家的某种气质。在“引气不齐”中,“引气”指的是作家运用这种天然的创作个性和才气的能力。两处“气”的含义相近,但仍然有细微的差别。细细分析,我们不难发现曹丕的这段话中暗含着这样一种观点:诗人的个性和气质不同,因而作品风格各异。适宜的个性气质不能强求。为了创作出优秀的作品,诗人必须“养气”,即加强修养。

从此,“养气”就成为我国古代哲学乃至文学艺术创作领域的一个重要概念范畴,并极大影响了唐宋元明清各个时期的美育观念和艺术创作。自此六朝之后,我国古代文人雅士认为赋诗作画行乐的根本就在“养气”。例如,唐代韩愈要人们苦读经典以养气,成仁义之人之后自能挥洒自如;宋代苏辙要人们行万里路以得天地之气,他在《上枢密韩太尉书》中说:“以为文者,气

① 黄晖:《论衡校释》,中华书局1990年版,第1208~1209页。

② 郭绍虞主编:《中国历代文论选》(第一册),上海古籍出版社2001年版,第158~159页。

之所形。然文不可以学而能,气可以养而致。……气充乎其中,而溢乎其貌,动乎其言,而见乎其文,而不自知也”①;明代著名的浙派琴家徐上瀛在其有关古琴演奏美学专著《溪山琴况》中始终贯穿一个“气”字。他说:“古人以琴能涵养情性,为其有太和之气也。”②他还说:“神闲气静,蔼然醉心,太和鼓畅,心手自知……”③他认为弹琴人必须:“先养其琴度,而次养其手指,则形神并洁,逸气渐来,临缓则将舒缓而多韵,处急则犹运急而不乖,有一种安闲自如之景象,尽是潇洒不群之天趣。”④他要求演奏者必须成为“养气之士”,他说:“惟涵养之士,淡泊宁静,心无尘翳,指有余闲,与论希声之理,悠然可得矣。……其下指功夫,一在调气,一在练指,调气则神自静,练指则音自静。”⑤只有通过养气,才能使演奏充满生机、臻于至美,才能使气息平静、善于调节,使气势适度、无过无不及、安闲从容,使演奏挥洒自如、意趣盎然。

二、“养气”范畴的美育意蕴

其实,早在先秦时期,孟子等思想家就已经意识到后天的主

---

① 郭绍虞主编:《中国历代文论选》(第二册),上海古籍出版社2001年版,第311页。

② 文化部文学艺术研究院音乐研究所编:《中国古代乐论选辑》,人民音乐出版社1981年版,第313页。

③ 文化部文学艺术研究院音乐研究所编:《中国古代乐论选辑》,人民音乐出版社1981年版,第306页。

④ 文化部文学艺术研究院音乐研究所编:《中国古代乐论选辑》,人民音乐出版社1981年版,第308~309页。

⑤ 文化部文学艺术研究院音乐研究所编:《中国古代乐论选辑》,人民音乐出版社1981年版,第306页。

体意识修养对人崇高精神境界形成的重要性。但真正把“气”引入美育领域的是我国南朝时期的刘勰，他直接从文学艺术的意义上论文学创作中作家“蓄气”“守气”巧妙用气的重要性，并进而将自己的观点与孟子的观点合而兼论，认为作家能做到气得其养、又善巧用，创作中将会获益无穷。

刘勰在《文心雕龙》中专门列了“养气”篇，并提出了“养气得其和”的思想和关于艺术构思的“清心养气说”。刘勰说：

昔王充著述，制养气之篇，验己而作，岂虚造哉！夫耳目鼻口，生之役也；心虑言辞，神之用也。率志委和，则理融而情畅，钻砺过分，则神疲而气衰：此性情之数也。

…………

凡童少鉴浅而志盛，长艾识坚而气衰，志盛者思锐以胜劳，气衰者虑密以伤神，斯实中人之常资，岁时之大较也。若夫器分有限，智用无涯，或渐凫企鹤，沥辞镌思；于是精气内销，有似尾闾之波；神志外伤，同乎牛山之木。

…………

是以吐纳文艺，务在节宣，清和其心，调畅其气，烦而即舍，勿使壅滞，意得则舒怀以命笔，理伏则投笔以卷怀，逍遥以针劳，谈笑以药倦，常弄闲于才锋，贾馀于文勇，使刃发如新，凑理无滞，虽非胎息之万术，斯亦卫气之一方也。

赞曰：纷哉万象，劳矣千想。玄神宜宝，素气资养。①

玄妙的精神应该珍爱，平常的体气有赖保养，完美的人格气度需要精心培育。进行审美活动必须保持良好状态，重在调节

---

① 周振甫：《文心雕龙今译》，中华书局1986年版，第372～376页。

疏导,使内心清明和顺,体气调和舒畅。心气和畅就能虚静明朗,虚静明朗就能“神与物游”“理融情畅”,这就是养气。养气的实质是“清和其心,调畅其气”。在刘勰看来,人的才智、识力、文思都与日常的修养密切相关。不但人的体力、精力需要日常保养,完善的人格、美好的气质也需要长期的润育。可见,刘勰已经将养气看作完善人格、提升气质、促进人的发展的重要手段。经过刘勰的系统论述与大力拓展,“养气”开始成为中国古代一个具有深厚美育意蕴的艺术范畴。

作为魏晋南北朝时期的重要艺术范畴,“养气”的美育意蕴主要体现在两个方面:其一是主体修养,体现为人的知识结构、气质、气度、格调、情趣等;其二为创作过程中创造主体把内在的神、心、情等凝聚为“气”的形式,投射于艺术作品中,并达到主体与对象的统一。魏晋南北朝时期,众多文人雅士纷纷归隐竹林、流连山水、幽居田园、雅集兰亭、潜心艺术,其实都是养气的具体表现,目的是陶冶情操、净化心灵、抵达至和至美的精神境界。

“养气”在魏晋南北朝时期成为具有丰厚美育意蕴的重要的艺术范畴,体现出中国古代文学艺术以及审美教育以人为本、由内而外的民族特色。所谓“厚积而薄发”“气盛而化神”等都是对“养气”范畴的最好诠释和解读。

三、实践层面的“养气”

“养气”作为一个涵括着深刻美育意蕴的艺术范畴,为审美教育和创作实践的多样化找到了理论依据,其基本理念在魏晋南北朝美育实践中也得到了很好的诠释和落实。尤其是一些文人艺术家,把养气看作提高自身艺术水平、陶铸品性情感、提升人生境界的重要方式和手段。自此以后,“养气炼性”就成为中国古代审美教育和文人修养的重要环节。

魏晋文人热衷谈玄、操琴、吟啸、养气，无非以之为修炼身心、怡情养性、增年益寿的妙术。因性练才、颐情于典、游览熏陶、清和其心以及恬淡寡欲是魏晋文人注重养气的具体表现。①

刘勰认为，人的性格才能各有差异，学习也有深浅之分和内容之异，所以表现出来的文章也各式各样。“故宜摹体以定习，因性以练才，文之司南，用此道也。”②他又认为，文章固然依赖于学习，但是才性天资又是立文的重要条件，“才自内发，学以外成”③，有的人有才能但学养浅薄，有的人学习刻苦却才能平平，这样的人都是难以成功的。因此必须力争做到“属意立文，心与笔谋，才为盟主，学为辅佐，主佐合德，文采必霸”，如果“才学褊狭，虽美少功”。④

魏晋南北朝美育思想家们认为，创作需要以丰富的学养作基础，所以要颐情于典，在平时从典籍中汲取养料来丰富和扩展个体内在的气势力度。陆机《文赋》提出：“伫中区以玄览，颐情志于典坟”⑤，前者指广泛观察、深入分析天地间万事万物，后者指情真意切地学习典范作品。在学习过程中，自会达到“心懔懔以怀霜，志眇眇而临云。咏世德之骏烈，诵先人之清芬。游文章

---

① 参见张惠芬、金忠明编著：《中国教育简史（修订版）》，华东师范大学出版社 2001 年版，第 189～193 页。

② 周振甫：《文心雕龙今译》，中华书局 2013 年版，第 260 页。

③ 周振甫：《文心雕龙今译》，中华书局 2013 年版，第 341 页。

④ 周振甫：《文心雕龙今译》，中华书局 2013 年版，第 341 页。

⑤〔南朝梁〕萧统编，〔唐〕李善注：《文选》（第二册），上海古籍出版社 2013 年版，第 762 页。

之林府，嘉丽藻之彬彬”①的美妙境地。在做好“玄览”万物和“颐情于典”的养气蓄才的准备后，就能在用笔为文时文思如泉涌，“笼天地于形内，挫万物于笔端”②。但是具有较高的艺术修养，创作能够文辞达意的确不是易事，正如陆机《文赋》所说：“每自属文，尤见其情，恒患意不称物，文不逮意，盖非知之难，能之难也”③，所以要成为一个有才性有修养之人，要做到以文达情，就必须“颐情于典”。

通过自然山水、民俗风情对个体心灵产生积极影响，也是魏晋南北朝文人知识分子养气的常用方法。不同地区的文化存在很大差异，所以遍游名山大川，欣赏各地的风土人情，有助于养气练性和运思作文。所以刘勰《文心雕龙·物色》指出：“山林皋壤，实文思之奥府”，屈原的《离骚》之所以情真意切，也得自于“江山之助”④。

在魏晋六朝文人看来，清和其心、恬淡寡欲既有益于身心健康，且有助于从容涵养诗文，急功近利则不利于修身养气。曹丕《与吴质书》称徐干“独怀文抱质，恬惔寡欲”，有“彬彬君子”之风度⑤。关于如何做到清心寡欲，刘勰认为顺从意志，任其自

---

① 〔南朝梁〕萧统编，〔唐〕李善注：《文选》（第二册），上海古籍出版社 1986 年版，第 762 ~ 763 页。

② 〔南朝梁〕萧统编，〔唐〕李善注：《文选》（第二册），上海古籍出版社 1986 年版，第 764 页。

③ 〔南朝梁〕萧统编，〔唐〕李善注：《文选》（第二册），上海古籍出版社 1986 年版，第 762 页。

④ 周振甫：《文心雕龙今译》，中华书局 2013 年版，第 417 页。

⑤ 〔南朝梁〕萧统编，〔唐〕李善注：《文选》（第五册），上海古籍出版社 1986 年版，第 1897 页。

然,则“理融而情畅”①;钻研磨砺太过分,则“神疲而气衰”②。所以在修养的过程中,一定要调节思虑,“清和其心,调畅其气”③,使心情愉悦、思维畅达。他还提出:“秉心养术,无务苦虑;含章司契,不必劳情”④,即让心灵保持虚静清明、从容平和的状态。如果缺乏“清和其心”“恬淡寡欲”的养心之术,不仅不利于艺术创作,更不利于延年益寿、砥砺品性。

第二节 神 韵

魏晋南北朝时期由于名教的式微以及玄学、佛教的兴起,“中和论”美育逐渐将重心从伦理道德的培养转向对人的精神风貌的重视,刘劭的《人物志》提出了研究人精神风貌的方法,他说:“夫色见于貌所谓征神,征神见貌则情发于目”⑤,“物生有形,形有神精,能知精神,则穷理尽性”⑥。对人的形、神、情进行了论述,进而展开分析了神、情、筋、骨、气、色、仪、容、言等“九征”,突破了两汉经学以美、善为主要标准对人的简单划分,使美育转向对人的神韵的重视。于是“神韵”逐渐登上中国古代美学与艺术的历史舞台,成为魏晋南北朝时期的又一重要的艺术范

---

① 周振甫:《文心雕龙今译》,中华书局2013年版,第372页。

② 周振甫:《文心雕龙今译》,中华书局2013年版,第372页。

③ 周振甫:《文心雕龙今译》,中华书局2013年版,第375页。

④ 周振甫:《文心雕龙今译》,中华书局2013年版,第250页。

⑤ 〔魏〕刘劭著,梁满仓译注:《人物志》,中华书局2009年版,第17页。

⑥ 〔魏〕刘劭著,梁满仓译注:《人物志》,中华书局2009年版,第18页。

畴,并且包含着独特的美育意蕴。

一、"神"与"韵"

"神韵"一词由"神""韵"组合成的。"神""韵"二字最早的字形为上古篆书,代表了虞舜时代的整个中华精神图腾文化。

"神"的概念产生于远古祭祀中先民们对超自然的力量的崇拜。魏晋之前,老子、庄子、荀子、《淮南子》、王充等都做过相关论述。老子曾论述过"道"与"器"的关系,在老子那里"道"也就是"神",当然它还是停留在自然哲学领域。其后庄子把神与丑恶臭腐相对,将其发展成为美学范畴中的一员。《庄子·逍遥游》曰:"至人无己,神人无功,圣人无名。"道家认为能够"乘天地之正,御六气之辩,以游无穷者",才能做到"至人无己"。比"至人"更进一步的是"神人"。"神人无功"中的"神"指的是人的生命本体。庄子在论述形神关系时,将其与人相连,《庄子·德充符》记载了庄子的一段话:"今子外乎子之神,劳乎子之精,倚树而吟,据槁梧而瞑。天选子之形,子以坚白鸣!"这里的"神"具有了"善"的内涵,即人的内在人格精神。在此,我们不难看出庄子所说的"神"这一范畴对美育的启发意义,即要重视人的内在之美而不能局限于重视人的外在形迹。魏晋南北朝时期,阮籍等人多次在其著述中提到"神"这个概念。"神"的美学内涵得以进一步的拓展,有着精妙奇绝之含义。而且这一时期还出现了许多与"神"相关的新范畴,如"神姿""神貌""神清""风神"等。由于玄学对虚静玄远的精神境界的追求以及佛教对摆脱形骸束缚、顿悟成佛思想的影响,魏晋南北朝美育不仅发现了作为美育的主体的人,而且开始追求人的内在"神情","魏晋识鉴在神明”①这句话说的正是魏晋南北朝美育重“神”的特点。当然魏晋人“提出‘神’的概念，其本意并不是要探讨和把握宇宙万物运动变化的规律，也不是追求宇宙万物的本源或根据”，他们的“最终目标是要获得一种无差别的精神境界，追求自我的解脱和自由，概念‘神’即是对这一绝对自由的精神世界的表述”②。汉魏六朝以后，人的精神面貌、艺术作品的品位等均以“神”“神气”作为最高定性。“神气”逐渐成为了中国古典美学中一个高品位的范畴，其主要用于文学、艺术的创作，表示当主体的心志、思维能力达到极高的境界后的艺术表现，如司空图《诗品》写道：“行神如空，行气如虹”③，就是对具有“神气”的文学作品的高度评价与概括。

“韵”字的使用，比“神”要晚一些。“韵”最先是作为音乐术语而使用的。魏晋南北朝时期的“韵”不仅限于声韵、音乐方面，而且用于文学创作和音乐美学中。嵇康的《琴赋》曰：“改韵易调，奇弄乃发”④，南朝刘勰在《文心雕龙·声律》中也说：“异音相从谓之和，同声相应谓之韵”⑤，这都是从音乐美感和音乐和谐方面理解“韵”的；在文学创作方面，“韵”指文学作品主要是诗的意趣、意味，有“韵”的作品就是好作品。徐复观先生说：“所谓韵，则实指的是表现在作品中的阴柔之美。但特须注重的是，

① 汤用彤：《汤用彤学术论文集》（汤用彤论著集之三），中华书局1983年版，第226页。

② 高晨阳：《阮籍评传》，南京大学出版社1994年版，第166页。

③ 郭绍虞主编：《中国历代文论选》（第二册），上海古籍出版社2001年版，第204页。

④ 戴明扬：《嵇康集校注》，人民文学出版社1962年版，第97页。

⑤ 周振甫：《文心雕龙今译》，中华书局2013年版，第302页。

韵的阴柔之美,必以超俗的纯洁性为基柢,所以是以'清''远'等观念为其内容。"①今天看来,"韵"是一种含蓄蕴藉、冲淡清远的艺术风格和境界。它以抒写主体审美体验为主,追求生动自然、清奇冲淡、委曲含蓄、耐人寻味的境界,使人能从所写之物中冥观未写之物,从所道之事中默识未道之事,获得意味无穷的美感。

后来,人们将"神"与"韵"二字合起来使用,用于评价艺术作品的风格韵味和品评人的风度、韵致,于是便有了"神韵"这一概念范畴。南齐谢赫在《古画品录》中评顾骏之的画时说:"神韵气力,不逮前贤,精微谨细,有过往哲。"这里以"神韵"与"气力"并举,主要指绘画作品的风格韵味和理想的艺术境界。谢赫以"神韵"代替"传神",不是遗"形"得"神",而是要求对人物更全面的表现,强调人内外风貌气度的和谐之美。后来的《宋书·王敬弘传》中曾有这样一句话:"开府仪同三司敬弘,神韵冲简,识宇标峻,德敷象魏"②,此处的"神韵"则是用来赞美人的神采风度的。

二、"神韵"美育意蕴

"神韵"一词经过魏晋美育思想家的深化、丰富和发展,逐渐进入审美领域,具有了深厚的美育意蕴。"晋人之美,美在神韵"③,神韵之美就是人格之美、心灵之美、情感之美。

---

① 徐复观:《中国艺术精神》,华东师范大学出版社 2001 年版,第 107 页。

② 〔南朝梁〕沈约:《宋书》,中华书局 1974 年版,第 1731 页。

③ 宗白华:《美学散步》,上海人民出版社 1981 年版,第 217 页。

众所周知，名士是中国美育史上出现的独特的文化现象。在魏晋南北朝那个特殊的时代，出现了一大批名士，这些名士就是当时魏晋六朝美育的直接产物和结果。魏晋六朝美育思想家们更加注重对人的个体生命和内在精神的润育，更多的是从美的角度对人物进行鉴赏，而不再是从政治性或实用性角度来培养人才。顾恺之说："四体妍蚩本无关于妙处。传神写照，正在阿睹中"①，这是对晋人重神韵的最好阐述。宗白华先生在《论〈世说新语〉和晋人的美》中曾经说："神韵可说是'事外有远致'，不沾滞于物的自由精神（目送归鸿，手挥五弦）。这是一种心灵的美，或哲学的美。"②"神韵"这一艺术范畴的出现和成熟，表明魏晋美育对人的内在精神、气质、风范的重视，对潇洒飘逸之美的热烈追求。所以，从一定意义上讲，"神韵"范畴涵括了魏晋南北朝美育思想的精髓。

"神韵"作为魏晋南北朝时期的一个重要的艺术和美学范畴，其美育意蕴在于：其一，"神韵"范畴深刻体现了对个人存在、自我价值的肯定。个体、人性成为魏晋南北朝美育的中心内容，美育的最终目的不再是为国家政治服务，而是转变为对自我价值的肯定，这实际是一种对个人存在的自信与自我欣赏，是人的觉醒与人的发现的具体体现；其二，对"神韵"的强调表现了对人的内在精神、人的才情与气度等的欣赏与重视，正如李泽厚先生在《美的历程》中所说的："神韵"表明魏晋人注重的"不是人的

① 〔南朝宋〕刘义庆：《世说新语》（上册），上海古籍出版社 1982 年版，第 377 页。

② 宗白华：《美学散步》，上海人民出版社 1981 年版，第 217 页。

外在的行为节操，而是人的内在的精神性（亦即被看作是潜在的无限可能性），成了最高的标准和原则”①；其三，“神韵”表现了一种生命情调。由于魏晋士人远离政治，因而他们追求的是一种诗意的生命情调，希冀通过自由的审美教育来实现人的精神自由、心灵旷达之美和潇洒飘逸的人格之美。

三、“神韵”范畴在后代的深化

在“神韵”范畴的基础上，经过后代思想家的不断丰富，神韵说也逐渐形成，对中国古典美学、艺术乃至美育思想都产生了极为重要的影响。

唐代张彦远在《历代名画记·论画六法》中说：“至于鬼神人物，有生动之状，须神韵而后全”②，并未超出谢赫的见解。宋代文学家苏轼在其艺术理论中力主“传神论”，神即神韵。苏轼鄙薄专尚形似的创作倾向，其在《书鄢陵王主簿所画折枝二首·其一》一诗中写道：“论画以形似，见与儿童邻。赋诗必此诗，定非知诗人。诗画本一律，天工与清新。边鸾雀写生，赵昌花传神。……”至此，在魏晋六朝“神韵”范畴的影响下，中国古典文学艺术“重神略形”的审美趣味逐渐形成。

明清时期，“神韵”一词在各种意义上被普遍使用。胡应麟的《诗薮》有 20 处左右谈到“神韵”，如评北朝诗句“芙蓉露下

---

① 李泽厚：《美学三书》，安徽文艺出版社 1999 年版，第 95 ~ 96 页。

② 〔唐〕张彦远著，俞剑华注释：《历代名画记》，上海人民美术出版社 1964 年版，第 24 页。

落，杨柳月中疏”曰：“较谢‘池塘春草’，天然不及而神韵有余”①，评庾信诗曰：“制作虽多，神韵颇乏”②，评盛唐诗说：“盛唐气象混成，神韵轩举。”③王夫之也多次谈到“神韵”，如《明诗评选》评贝琼《秋怀》说：“一泓万顷，神韵奔赴”④，《古诗评选》评汉高帝《大风歌》说：“神韵所不待论”⑤，评谢朓《铜雀台同谢咨议赋》说：“凄清之在神韵者，合初终为一律，遂忘其累。”⑥

清初王士禛把神韵看做是诗歌创作的根本要求，积极倡导神韵说。他在《带经堂诗话》中明确指出：“余于古人论诗，最喜钟嵘《诗品》、严羽《诗话》、徐祯卿《谈艺录》。”⑦他早年曾编选《神韵集》，可见他对“神韵”的重视。王士禛将神韵视为逸品所独具，是诗中最高境界。王士祯的神韵说主张在诗歌的艺术表现上追求空寂超逸、镜花水月、不着形迹的境界。神韵说是中国古典美学的一种重要学说，在清代前期统治诗坛达百年之久。

从神韵说的要求出发，王士禛对严羽的“以禅喻诗”或借禅

---

① 〔明〕胡应麟：《诗薮》，上海古籍出版社1979年版，第155页。

② 〔明〕胡应麟：《诗薮》，上海古籍出版社1979年版，第156页。

③ 〔明〕胡应麟：《诗薮》，上海古籍出版社1979年版，第92页。

④ 〔清〕王夫之评选，陈新校点：《王夫之品诗三种：明诗评选》，文化艺术出版社1997年版，第114页。

⑤ 〔清〕王夫之评选，张国星校点：《王夫之品诗三种：古诗评选》，文化艺术出版社1997年版，第1页。

⑥ 〔清〕王夫之评选，张国星校点：《王夫之品诗三种：古诗评选》，文化艺术出版社1997年版，第53页。

⑦ 〔清〕王士禛著，张宗柟纂集，夏闳校点：《带经堂诗话》，人民文学出版社1963年版，第58页。

喻诗深表赞许,他在《带经堂诗话》中说:“唐人五言绝句,往往入禅,有得意忘言之妙……”①还说:“诗禅一致,等无差别。”②认为植根于现实的诗的“化境”就是以空为旨归的禅的“悟境”。而最好的诗歌,就是“色相俱空”“羚羊挂角,无迹可求”的“逸品”。王士禛还一再强调创作过程中“兴会神到”“神会超妙”的重要性,他说:“大抵古人诗画,只取兴会神到。”③又说:“古人诗只取兴会超妙,不似后人章句。”④认为创作是“一时伫兴之言”⑤。王士禛还特别推崇冲淡、超逸和含蓄、蕴藉的艺术风格,尤其喜爱以高启等为代表的“古澹一派”,评论诗人标举“逸气”“逸品”。其实各种风格的诗,都应有神韵,并非只有“逸品”才有神韵。正如翁方纲《神韵论》所言:“神韵者,彻上彻下,无所不该”⑥,王士禛仅以空寂、空灵言神韵,“徒自敝而已矣”⑦。

---

① 〔清〕王士祯著,张宗柟纂集,夏闳校点:《带经堂诗话》,人民文学出版社 1963 年版,第 69 页。

② 〔清〕王士祯著,张宗柟纂集,夏闳校点:《带经堂诗话》,人民文学出版社 1963 年版,第 83 页。

③ 〔清〕王士禛著,张宗柟纂集,夏闳校点:《带经堂诗话》,人民文学出版社 1963 年版,第 68 页。

④ 〔清〕王士禛著,张宗柟纂集,夏闳校点:《带经堂诗话》,人民文学出版社 1963 年版,第 83 页。

⑤ 〔清〕王士禛著,洪之点校:《香祖笔记》,上海古籍出版社 1982 年版,第 24 页。

⑥ 王运熙等主编,王镇远等编选:《清代文论选》,人民文学出版社 1999 年版,第 595 页。

⑦ 王运熙等主编,王镇远等编选:《清代文论选》,人民文学出版社 1999 年版,第 596 页。

第三节 气韵生动

魏晋时期文艺批评和美学理论获得了较大发展，美育思想不断深化完善，美育实践方面也出现了新气象、新变化，客观上要求有一个新的概念范畴对理论与现实做出高度概括和总结，在元气自然论的巨大影响下，"气韵生动"这个范畴很快就被美学家们找到了，他们不但将"气韵生动"这个范畴作为说明各种美学和艺术问题的最后依据和最高标准，还将其引入审美教育领域，赋予其一定的美育意蕴，将其作为衡量美育效果的重要标准和评判尺度。

一、"气韵"概念的渊源

魏晋六朝美育思想深受中国传统的阴阳、五行学说的影响，并且承袭了自东汉王充以来元气自然论的朴素唯物主义传统，将元气理论引入美育领域，创造性地运用"气韵"概念，开辟了中国古代美育思想的一片新天地。

从本质来看，作为中国古代哲学重要范畴之一的"气"本身就包含着生生不息的生命精神。古代哲学观念认为，天地万物皆生于"气"，万物包括人类因为禀受了天地之气，才会化育不息、富于生机。正如《周易·系辞》所说的："生生之谓易""天地之大德曰生"。王充《论衡·无形篇》曰："人禀元气于天。"①班固《白虎通·天地篇》云："变化始起，先有太初，然后有太始，形兆既成，名曰太素。混沌相连，视之不见，听之不闻，然后剖判。

① 黄晖：《论衡校释》，中华书局，1990年版，第59页。

清浊既分，精曜出布，庶物施生。精者为三光，号者为五行。五行生情性，情性生汁中，汁中生神明，神明生道德，道德生文章。故《乾凿度》曰：‘太初者，气之始也。太始者，形之始也；太素者，质之始也。阳唱阴和，男行妇随也。’”①由此可见，在汉人看来，“太素”（有人解释为“气”）是宇宙成形的基本元素。魏晋时期著名的美育思想家阮籍、嵇康、杨泉等人就深受元气自然论的影响。例如嵇康把太素看做是与元气一样，是一种混沌一体、阴阳未分的物质。嵇康认为，由太素这种元气分化为阴阳（天地合德亦为阴阳合气），再由阴阳错以五行，然后演化为人类万物。所以，自然万物，追根究底，都根源于这种气。他说：“乾坤有六子，支干有刚柔，统以阴阳，错以五行”②，“夫元气陶铄，众生禀焉”③，也就是说，世间万物都是禀受元气而产生的。而作为自然一部分的人也是如此，不仅每个人生来所秉的气有不同，而且人所吃的东西气有不同，也对人的秉性有不同影响。他还认为宇宙间万物的发生发展都是自然界运动和变化的结果，他说：“浩浩太素，阳曜阴凝，二仪陶化，人伦肇兴”④，“五才存体，各有所生。明以阳曜，胆以阴凝。岂可为有阳而生阴，可无阳耶？虽相须以合德，要自异气也。凡余杂说，于期陵母暴虎云云，万言致一，欲以何明耶？”⑤就是说浩荡无际的元气包含着阴阳两个

---

① 〔汉〕班固：《白虎通》（卷四上），中华书局1985年版，第234页。

② 戴明扬：《嵇康集校注》，人民文学出版社1962年版，第296页。

③ 戴明扬：《嵇康集校注》，人民文学出版社1962年版，第249页。

④ 戴明扬：《嵇康集校注》，人民文学出版社1962年版，第309页。

⑤ 戴明扬：《嵇康集校注》，人民文学出版社1962年版，第254～255页。

对立面,而阴阳的变化才推动万物的发生。阴阳的变化产生了金、木、水、火、土五种基本物质元素,因而构成天地万物。不仅各种动植物、所有的人类是由元气陶铄而成,就连各种颜色、各种声音乃至人的智慧(明)和勇气(胆)也都是由元气演变出来的。嵇康的说法相当朴素,不像汉儒那样谶纬迷信,为万物乃至文学艺术的来源找到了一个哲理上的根据。他认为人有"明""胆"这两种禀赋,都源于"元气""赋受有多少,故才性有昏明"①。嵇康用"气"来解释"明"和"胆",他说:"夫论理性情,折引异同,固寻所受之终始,推气分之所由。顺端极末,乃不悖耳。"②嵇康把他的元气论观点运用到人性的辩论中来,标志着魏晋时人们对人性以及生理学和心理学认识的深入。作为审美对象的艺术品,只有充满着生生不息的内在生命精神,亦即气,才能产生一种高妙的境界。故而,"气"作为中国古代的审美范畴,主要强调的是这种内在的生命精神,任何一种艺术形式,必须要以这种内在的生气贯注其中,才会使艺术品充满审美意蕴。

"韵"最早在先秦时期就已出现,但是真正成为艺术和审美范畴,并体现出一定的美育意蕴是始自魏晋时期。"韵",从构字法看是指声音和谐。"韵"由音生,这说明它的出现一开始就具有音调审美的内涵。在汉魏时期,"韵"这一极具美感的字开始用于对琴音的形容和描写并最终演变成为一个重要的审美范

① 戴明扬:《嵇康集校注》,人民文学出版社 1962 年版,第 249 页。

② 戴明扬:《嵇康集校注》,人民文学出版社 1962 年版,第 252 ~ 253 页。

畴。蔡邕在《琴赋》中说："繁弦既抑，雅韵复扬"①，曹植在《白鹤赋》中曰："得奋翅而远游。聆雅琴之清韵，记六翮之末流"②，这都是从音乐方面对"韵"所做的解释，主要是指音调中的和谐之美。魏晋时期，"韵"还被用于人物品藻，指一个人内在的个性、情调的显现，这离不开人的形象，但又超越人的形象，是人物的审美形象，因而其美育色彩日趋明显。魏晋时期甚至出现了"有韵即美，无韵不美"的审美观。无论是美育上、音乐上还是绘画上"韵"都具有"和"的内涵，是中国古代中和论美育观的一种体现。

从"气韵"的起源看，在魏晋时期的人物品藻中，当时的士人已开始使用"气韵"这一概念来品评人物的内在精神风貌。人们认为"韵"与"气"不可分，"韵"由"气"决定，"气"是"韵"的本体和生命。

二、"气韵生动"的美育意蕴

把"气""韵"二者糅合在一起并提出"气韵生动"概念的是南齐画家谢赫(公元479～502年)。谢赫在《古画品录》中提出了"六法"，这是我国古代绘画理论的系统总结。"六法"中涉及的各种概念，在汉、魏、晋以来的诗文、书画论著中，已陆续出现。到了南齐，由于绘画实践的进一步发展以及文艺思想的活跃，"六法"这样一种系统化形态的绘画理论终于形成。"六法"是

① 〔清〕严可均辑，许振生审订：《全后汉文》，商务印书馆1999年版，第712页。

② 〔清〕严可均辑，马志伟审订：《全三国文》（上册），商务印书馆1999年版，第138页。

一个互相联系的整体。谢赫《古画品录》曰：

夫画品者，盖众画之优劣也。图绘者，莫不明劝戒，著升沉，千载寂寥，披图可鉴。虽画有六法，罕能尽该，而自古及今，各善一节。六法者何？一气韵生动是也，二骨法用笔是也，三应物象形是也，四随类赋彩是也，五经营位置是也，六传移模写是也。唯陆探微、卫协备该之矣。然迹有巧拙，艺无古今，谨依远近，随其品第，裁成序引。故此所述，不广其源，但传出自神仙，莫之闻见也。①

谢赫的“六法”涉及从表现对象的内在精神、表达画家对客体的情感和评价，到用笔刻画对象的外形、结构和色彩，以及构图和摹写作品等各方面都概括进去了。谢赫认为绘画之六法中第一重要的是“气韵生动”。这是对主体精神特点和艺术生命之美的最为简明而准确地把握与揭示。“气韵生动”是对作品总的要求，是绘画中的最高境界。它要求以生动的形象充分表现人物的内在精神，包含着深刻的美学思想内涵，体现的是一种主观精神的能动与人格优雅结合的美，一种似张扬又含蓄的美。“六法”的其他几个方面则是达到“气韵生动”的必要条件。

“气韵生动”中的“气”是画面的元气，来自宇宙的元气和艺术家本身的元气，是宇宙元气和艺术家本身元气化合的产物，是艺术的生命。“气韵生动”意指在人物画创作中，最妙最美者应使人物的内在生命和精神（气），借笔墨线条的有韵律变化（韵），生动地表现在画面上。换言之，应使空间（画面）能表现出时间（生命）的属性。推而广之，艺术作品应以体现人的精神

① 俞剑华编著：《中国画论类编》，人民美术出版社 1986 年版，第 355 页。

气质、格调风度为上，艺术作品应超越有限的形象来表达艺术家的生命力和创造力的境界。谢赫将“气韵生动”作为中国画创作的总原则，置于“六法”之首，反映了魏晋六朝人鄙弃孤立表现审美对象，而力图使对象与生生不息的天地自然之道有机地联系起来，让绘面充分表现生生不息的宇宙生命的美学追求。

徐复观先生认为：神和气是辩证统一的，“神”即“气”，“气”即“神”，气统一于神中。所以，气韵也可以理解为“神气”和“神韵”。① “生动”二字，顾名思义就是意态灵活能感动人。钱锺书先生在《管锥编》说：“‘气’者‘生气’，‘韵’者‘远出’。赫草创为之先，图润色为之后，立说由粗而渐精也。曰‘气’曰‘神’，所以示别于形体，曰‘韵’，所以示别于声响。‘神’寓体中，非同形体之显实，‘韵’袅声外，非同声响之亮澈；然而神必托体方见，韵必随声得聆，非一亦非异，不即而不离。”②这段话对“气”“神”和“韵”的概念以及它们的关系，做了很好的说明。

自六法论提出后，众多书画家、音乐家在谈诗论画时均把“气韵生动”作为第一审美标准，表明中国古代绘画已经进入了理论自觉的时期。后代画家始终把六法作为衡量绘画成败高下的尺度，把气韵的有无作为衡量一件艺术品是否成功的标准。唐代张彦远就特别强调气韵的重要性，并把形似与气韵相对立，批评了当时画坛重形似而不讲气韵的做法，他在《论画六法》中说：“古之画或能移其形似而尚其骨气，以形似之外求其画，此难可与俗人道也。今之画纵得形似而气韵不生，以气韵求其画，则

① 参阅徐复观：《中国艺术精神》，华东师范大学出版社 2001 年版，第 96 ~ 114 页。

② 钱锺书：《管锥编》，中华书局 1979 年版，第 1365 页。

形似在其间矣”①,今之画“气韵不周,空陈形似,笔力未遒,空善赋彩”②。宋代郭若虚在《图画见闻志》中指出:“六法精论,万古不移”③。从南朝到现代,“气韵生动”不断被运用着、充实着、发展着,内涵不断拓展,从而成为中国古代美学理论尤其是美术理论中最具稳定性、最有涵括力的范畴之一。

总的来看,自谢赫以后,“气韵生动”主要是指充溢于艺术品中的生机和生气,无论是书画,还是诗文,或是景物描摹,或是感情抒写,都力求将主体的一种内在的生命感情倾注于作品,使艺术品呈现出勃勃生机,富于生命精神,进而富于表现力。

自谢赫提出“气韵生动”这一范畴后,它便进入到绘画与文学领域,要求人物画要表现一个人的风姿神貌。有了“气韵”,画面才自然“生动”,才具有了生命。“气韵生动”这一美学范畴是在元气自然论哲学的影响下产生的,它被当时的美育思想家引入到美育领域,进而具有了极为深刻的美育意蕴。在其后的人物品藻中,魏晋六朝士人开始创造性地使用“气韵生动”这一范畴来品评人物的内在精神风貌,将有无气韵看做是评判人物有无风神气质及内在的生命活力的标准。“气韵生动”也被当作人格修养的重要目标。从美育的角度看,“气韵生动”中“气韵”与“生动”的关系实质就是“性”与“情”的关系,即“性其情”“以性制情”,亦即以气韵制生动;当以生动为主,气韵为从。“气韵”作

① 〔唐〕张彦远著,俞剑华注释:《历代名画记》,上海人民美术出版社1964年版,第23页。

② 〔唐〕张彦远著,俞剑华注释:《历代名画记》,上海人民美术出版社1964年版,第24页。

③ 〔宋〕郭若虚著,俞剑华注释:《图画见闻志》,上海人民美术出版社1964年版,第17页。

“生动”的限定成分(或定语),“气韵”是“生动”所希望达到的最终目标或最高境界。众所周知,美育是一种按照美的标准培养人的形象化的情感教育,因此美育不同于一般教育,它有自己的特点,即具有生动的形象性、情感性、自由性,而魏晋六朝人将“气韵生动”用之于人物品评,将其与人格完善、心灵润育、情感陶冶联系起来,并希冀创造一种神情飞扬、气韵生动的心灵境界,恰恰说明他们已经抓住了美育的这一重要特性,从而将中国古代“中和论”美育思想提升到了一个新的高度。

第四节　风　骨

“风骨”是两晋审美领域中的一个特殊的审美规范,也是当时一个有着深刻美育意蕴的范畴。“风骨”注重的是人物的风采神韵。在魏晋人物品评中出现了许多与“风骨”有关的概念范畴,如“风姿”“风神”“骨气”等。自魏晋以来,“风骨”逐渐成为人们品评艺术作品和人物风范的一个重要的美学标准,用以标举艺术的气格之美和人物的清俊爽朗之美。

一、“风骨“概念的渊源

在古代,“风”和“骨”是两个概念,这两个概念合成一个概念并非一朝一夕之事,而有一个漫长的历程。“风骨”的概念可追溯到先秦的骨相法。作为中国古典文艺学美学的一个重要范畴,“风骨”肇始于先秦的诗三百研究。

“风”起源于“六义”,与诗三百有密切的关系。先秦时期,人们讨论诗三百,有“六诗”(即“六义”:风、赋、比、兴、雅、颂)之说，其中之一就是“风”。先秦之“风”，是指诗三百中的十五国风，具有歌咏、讽诵、教化之意。《国语·晋语》曰：“风德以广之，风山川以远之，风物以听之”，这就指明了“风”的抒情性。“风”用于人物品评最早见于《孟子·万章》：“故闻伯夷之风者，顽夫廉，懦夫有立志。”这里的“风”主要指伯夷的志气之风，即宁愿饿死也不食周粟。汉代《毛诗序》有这样一段经典的话：“风，风也，教也；风以动之，教以化之。”①礼乐教化是汉代文艺理论和美育思想的主导性观念，这种观念的形成不是空穴来风，乃是对先秦儒家思想的继承和发挥。汉代儒生认为《诗经》《楚辞》都是具有讽喻和教化作用的，由此他们推测，所有的文学艺术作品都有讽喻和教化作用。这样，经过两汉儒生的发挥，使得“风”成为一个意义丰富的概念，并逐渐成为讽喻、教化的代用语，为其进入美育领域准备了前提条件。“风”至魏晋，其意义发生了很大的变化。

“骨”源于“骨相”。“骨”的本义指骨骼，后来与相命之学关联在一起，成为相法术语。古人将骨相与人的命运相联系，认为人的骨相之中显现着人的贵贱、贫富、吉凶、祸福、夭寿，所以常常从骨相上来断定人一生的命运。东汉王充《论衡》有《骨相》篇，专门讨论人的骨法、性情和命运，在王充看来，骨法不仅与人的命运相关，还与人的性格关联。他说：“非徒富贵贫贱有骨体也，而操行清浊亦有法理。贵贱贫富，命也；操行清浊，性也。非徒命有骨法，性亦有骨法。惟知命有明相，莫知性有骨法，此见

① 郭绍虞主编：《中国历代文论选》（第一册），上海古籍出版社2001年版，第63页。

命之表证,不见性之符验也。"①王充的这种思想虽然弥漫着迷信荒诞的思想,但是对后来的人物品评仍有很大的启发。王充主张"案骨节之法,察皮肤之理,以审人之性命"②,促进了对人的外在形貌的重视。其实后来魏晋南北朝美育对人的容止美的追求即是对"骨"的重视。魏晋南北朝时期,人物品评之风盛行,不单纯是玄学化这一种因素,骨相之学也是一个源头。魏晋六朝人在进行人物品评时,大量引用相术的"骨相""骨法"概念,如《世说新语》有这样一些记载:"王右军道谢万石'在风林中,为自遒上',叹林公'器朗神俊',道祖士少'风领毛骨,恐没世不复见如此人'……"③"王右军目陈玄伯:'垒块有正骨。'"④"时人道阮思旷骨气不及右军,简秀不如真长,韶润不如仲祖,思致不如渊源,而兼有诸人之美。"⑤"蔡叔子云:'韩康伯虽无骨干,然亦肤立。'"⑥这里的"毛骨""正骨""骨气""骨干"都是指人的精神风度,也就是人的精神之中所透露出来的美的气质、美的风采。几乎与此同时,书法和绘画品评也大量借用相术概念。如

---

① 黄晖:《论衡校释》,中华书局1990年版,第120页。

② 黄晖:《论衡校释》,中华书局1990年版,第116页。

③ 〔南朝宋〕刘义庆:《世说新语》(上),上海古籍出版社1982年版,第258页。

④ 〔南朝宋〕刘义庆:《世说新语》(上),上海古籍出版社1982年版,第262页。

⑤ 〔南朝宋〕刘义庆:《世说新语》(上),上海古籍出版社1982年版,第282页。

⑥ 〔南朝宋〕刘义庆:《世说新语》(上),上海古籍出版社1982年版,第292页。

顾恺之《魏晋胜流画赞》常以“骨”这个词来品评绘画作品，他评《周本记》曰：“重叠弥纶有骨法，然人形不如《小烈女》也”①，评《伏羲神农》曰：“虽不似今世人，有奇骨而兼美好，神属冥芒，居然有得一之想。”②

“风”和“骨”是两个概念。在文学艺术领域，“风”是指作品的抒情性，“骨”是指刚健有力的语言和表现形式，这两者结合才具有美的意义。“风骨”是一种美学风范，风范不同于风格。从“风”“骨”的起源以及字面意思来看，“风骨”是人的精神气质、理想人格的表现。

二、“风骨”进入文艺批评领域

南齐谢赫极大拓展了“风骨”范畴的内涵。他在《古画品录》中将“骨法用笔”列为“六法”之一，而且用“风骨”来评价画家。他评曹不兴曰：“观其风骨，名岂虚成？”③评张墨、荀勖曰：“但取精灵，遗其骨法”④，评江僧宝曰：“用笔骨梗，甚有师法。”⑤这里的“风骨”是指绘画作品所具有的生命气力及情感的

① 俞剑华编著:《中国画论类编》，人民美术出版社 1986 年版，第 347 页。

② 俞剑华编著:《中国画论类编》，人民美术出版社 1986 年版，第 347 页。

③ 俞剑华编著:《中国画论类编》，人民美术出版社 1986 年版，第 356 页。

④ 俞剑华编著:《中国画论类编》，人民美术出版社 1986 年版，第 357 页。

⑤ 俞剑华编著:《中国画论类编》，人民美术出版社 1986 年版，第 362 页。

感染力。从此,“风骨”一词被广泛地运用于文学艺术品评之中。艺术批评家对有“风骨”的作品往往是赞赏有加。南朝的钟嵘在《诗品序》中曾说过这样一段话:“降及建安,曹公父子,笃好斯文;平原兄弟,郁为文栋;刘桢、王粲,为其羽翼。次有攀龙托凤,自致于属车者,盖将百计。彬彬之盛,大备于时也。”①他哀叹江表文风:“皆平典似《道德论》。建安风力尽矣。”②钟嵘在这里明确提出了“建安风力”的概念,“建安风力”其实就是建安风骨。可见,当时人们对“风骨”一词的重视。

从相命之术到人物品评,再到绘画品评,“风骨”范畴逐渐形成,内涵愈加清晰,从而完成了它由一个庸俗概念向美学概念的转化过程。

文艺批评意义上的“风骨”概念在南朝基本成熟,以后一直是艺术批评领域的重要概念。唐代陈子昂不满于齐梁文风的萎靡黯弱及其对初唐文风的负面影响,在《与东方左史虬修竹篇序》一文中他指责“汉、魏风骨,晋、宋莫传”③,认为这是“道”失落的表征。由此,他提出了“骨气端翔,音情顿挫,光英朗练,有金石声”④的审美理想,发扬光大了“风骨”范畴的积极内涵。唐代诗人李白诗曰:“蓬莱文章建安骨,中间小谢又清发。俱怀逸兴壮思飞,欲上青天揽明月”(《宣州谢朓楼饯别校书叔云》),表达的就是对建安风骨的叹服,那种“逸兴壮思”是从建安风骨而

① 曹旭集注:《诗品集注》,上海古籍出版社 1994 年版,第 17 页。

② 曹旭集注:《诗品集注》,上海古籍出版社 1994 年版,第 24 页。

③ 郭绍虞主编:《中国历代文论选》(第二册),上海古籍出版社 2001 年版,第 55 页。

④ 郭绍虞主编:《中国历代文论选》(第二册),上海古籍出版社 2001 年版,第 55 页。

来。由此看来,“风骨”一词在唐代已经成为刚健壮大的美感力量的代用语。从魏晋到唐代中期,是“风骨”范畴在文艺批评领域被高频度使用的时期。唐代中期以后,作为一个文艺批评范畴,“风骨”这一概念逐渐边缘化,取而代之的是“气象”等新的概念范畴。但“风骨”范畴并未从此退出文艺批评领域,从宋至清,它还不时出现在一些重要理论家如严羽、张炎、胡应麟、沈德潜、刘熙载等人的理论批评著述中,继续发挥它的美学风范作用。

三、“风骨”的美育意蕴

“风骨”是刘勰文艺理论体系中的一个重要范畴。在《文心雕龙·风骨》中刘勰将“风骨”用于评价文学作品的风貌,同时也用于描述作家的写作风格,他说:“结言端直,则文骨成焉;意气骏爽,则文风清焉。若丰藻克赡,风骨不飞,则振采失鲜,负声无力。”①他还说:“捶字坚而难移,结响凝而不滞,此风骨之力也……采乏风骨,则雉窜文囿,唯藻耀而高翔,固文笔之鸣凤也。”②美育意义上的“风骨”范畴在刘勰之前就已经常使用,例如《世说新语》和一些史书中随处可见,如《世说新语·赏誉》注引《晋安帝纪》称王羲之“风骨清举”,《北史·循吏·梁彦光传》称梁氏“少岐嶷,有至性,其父每谓所亲曰:‘此儿有风骨,当兴吾宗’”③,称赞的都是人的风采气度之美。

---

① 周振甫:《文心雕龙今译》,中华书局 2013 年版,第 264 页。

② 周振甫:《文心雕龙今译》,中华书局 2013 年版,第 265 ~ 266 页。

③ 〔唐〕李延寿:《北史》,中华书局 1974 年版,第 2880 页。

刘勰对“风”做了细致的解释，他说：“《诗》总六义，风冠其首，斯乃化感之本源，志气之符契也。是以怊怅述情，必始乎风。”①在刘勰看来，说“风”是化感的本源、志气的符契。他还说：“情之含风，犹形之包气……意气骏爽，则文风清焉”②，“深乎风者，述情必显”③。“风”不仅是讽喻教化，而且还有抒情性的意义。这里刘勰对“风”的解释一般理解为有充沛的感情所引起的艺术感染力，在美育方面可以理解为对人的教化，对人的精神气度的培养。

《文心雕龙·风骨》还解释了“骨”的含义：“沈吟铺辞，莫先于骨。故辞之待骨，如体之树骸。”④在文学创作方面，“骨”就是对语言文辞的规定性。叶朗先生认为“骨”是指“由坚实的依据、严密的逻辑（清晰的条理）、严谨凝练的言辞而产生的说服力”⑤，即相对于“风”的不可见的情感气度，“骨”是对外在风貌的要求，含义比较具体。

“风”和“骨”各有侧重，但是都体现了对风神、气度、风貌等的要求。在美育意义上讲，“风”和“骨”虽然有各自独立的意义，但是它们却不能单独存在。离开“风”，“骨”不足以为“骨”；同样，离开“骨”，“风”亦不足以为“风”。“风”是虚幻的，“骨”是实在的，两者一虚一实，虚实相生，产生了一种审美意蕴。“风”与“骨”只有结合在一起才能形成打动人心的力量。正如

---

① 周振甫：《文心雕龙今译》，中华书局 2013 年版，第 264 页。

② 周振甫：《文心雕龙今译》，中华书局 2013 年版，第 264 页。

③ 周振甫：《文心雕龙今译》，中华书局 2013 年版，第 265 页。

④ 周振甫：《文心雕龙今译》，中华书局 2013 年版，第 264 页。

⑤ 叶朗：《中国美学史大纲》，上海人民出版社 1985 年版，第 234 页。

罗宗强先生说：风与骨，“一虚一实，一为感情之力，一为事义之力。……风骨合而论之，乃是提倡一种内在力量的美……又美丽，又有力量，是一种充满内在力量的美”①。

在魏晋六朝人看来，“骨”离不开气，骨要想具有刚健的气势和强烈的感染力必须贯注气。风骨只有成为一个整体才具有美的力量，无论是风还是骨，都是气化的结果。它们要成为美的对象，必须经受气的化育，也就是说人若想具有“风骨”的气质，必须经过精心的化育和涵养。

“神韵”“风骨”作为魏晋南北朝时期重要的艺术范畴有相通之处，也有区别，他们都强调了对人的精神气质和人格美的培养。但是，二者内涵也有一定区别，即“神韵”强调的是人的内在气质及其内在韵味，“风骨”更强调刚正有力的品格，二者大致相当于西方美学中的优美和壮美。作为一个重要的艺术范畴，“‘风骨’的提出，是着眼于文章的教育、感化的作用，是对于文章（包括文学作品，但不限于文学作品）的教化作用的一种分析。文章的教化力量是从哪里来的？刘勰认为是由‘风骨’产生的”②。但是从刘勰写作《文心雕龙》的意图方面来看，我们可以发现“风骨”范畴与儒家思想具有一定的联系，儒家原典虽然没有使用“风骨”一词来评价文章的风格或者人的精神气质，但是处处可见儒家对大丈夫刚正不阿的品格的赞美，如孔子说的“君子坦荡荡，小人长戚戚”（《论语·述而》），“三军可夺帅也，匹夫

① 罗宗强：《魏晋南北朝文学思想史》，中华书局 1996 年版，第 338 ~ 339 页。

② 叶朗：《中国美学史大纲》，上海人民出版社 1985 年版，第 234 页。

不可夺志也”(《论语·子罕》)等,赞美的是君子的品行坦荡和刚正之气。孟子的“养浩然之气”以及“富贵不能淫,贫贱不能移,威武不能屈,此之谓大丈夫”(《孟子·滕文公下》),也是对刚健精神的赞美和推崇。刘勰写作《文心雕龙》的意图一是返本,二是纠失。返本是指对文章“质”的回归,纠失针对的是当时泛滥的“纤微”“萎弱”“纤秾”的文风,而对这种萎弱文风的纠正所需要的正是儒家刚健有力的文风。从美育的角度来看,刘勰提出“风骨”这一范畴,其实就是对儒家刚正的人格之美的重新认可。“风骨”这一艺术范畴所强调和崇尚的也是刚健有力的品格,是对人内在品质的要求。依理可知,它暗含这一种主张,即必须注重对人的雄浑刚健的内在品质和坚韧刚毅性格的培养与陶铸,“风骨”最主要的美育意蕴也正在于此。

第五节　澄怀味象

“澄怀味象”是魏晋南北朝时期一个极具特色的艺术范畴,它由南朝宋画家宗炳首先提出。

一、“澄怀味象”范畴的提出

在“澄怀味象”这一范畴中,我们必须先了解一下“味”这一概念。在中国美学史上,“味”是一个非常重要的概念。“味”进入文学审美领域,与生理直觉的“味”相混化之前,它已经存在了很长的时间。人的感官不仅是接受外界信息的中介,而且也是审美的起端。通过分析,我们不难发现:“味”这一概念形成、发展的历程呈现出从生理走逐渐向心理的特点。人的味觉感受能力不是天生的,它是在味觉活动长期实践中发展起来的。随着社会的进步,人类逐渐意识到饮食口味的重要性。人类不仅仅是为了维持生命而进行食物的选择,而且在饮食的感受中同时能够得到愉悦。文字的出现极大地促进了"味"范畴的发展,饮食文化通过语言文字的交流和传播而最终得到整个人类的认同和普及。随着社会物质生产的进一步发展,人们对饮食则要求味道鲜美,这本属人的自然之性,但它很快就变成一种有意识的活动。"味"是一种直觉的感受,李泽厚、刘纲纪在《中国美学史》中说:"首先,味觉的快感是直接或直觉的,而非理智的思考。其次,它已具有超出功利欲望满足的特点,不仅仅是要求吃饱肚子而已。最后,它同个体的爱好兴趣密切相关。"①这就为"味"从生理感觉之味进入文学艺术领域奠定了先天的基础。通感修辞很早就已被古人运用了。需要值得注意的是,生理感觉和文字语义都存在着模糊性,这就为"味"的感觉挪用提供了可能。"味"作为一种感觉、感受,它具有主观性,不可言传性。在文学艺术欣赏中,这种模糊性所产生的美感正是文学艺术独具魅力的所在,它为欣赏者提供了广阔的想象空间。正是这种模糊性的存在恰恰跨越了"味"的纯生理感觉到心理审美愉悦的阻隔。中国人独特的直觉感悟式的思维也为"味"成为美学范畴提供了主观方面的条件。当"味"跨越了具体生理感觉的界限进入到文化领域以后,它就被广泛地运用到文化领域的各个方面。《左传·昭公九年》曰:"味以行气,气以实志,志以定言,言以出令。"这就是说饮食之味可直接影响到人的志气、语言并最终影响到政

① 李泽厚、刘纲纪:《中国美学史》(先秦两汉编),安徽文艺出版社1999年版,第76~77页。

治,这样“味”与政治直接联系了。《左传·昭公二十年》载晏子论乐,提到“先王之济五味和五声”“声亦如味”,以“味”喻“声”,将“味”和音乐艺术联系来谈。《论语·述而》曰:“子在齐闻《韶》,三月不知肉味,曰:‘不图为乐之至于斯也。’”《礼记·乐记第十九》说:“大羹不和,有遗味者矣。”魏晋南北朝时期,“味”的内涵得到了进一步丰富和深化。“味”被用于品物论文,用来品评欣赏文艺作品,从只注重感官刺激转向强调产生深层审美心理愉悦,实现了“实味”向“虚味”的提升,并最终积淀成具有文学审美内涵的范畴。西晋陆机《文赋》曰:“虽一唱而三叹,固既雅而不艳。”①从“一味”到“多味”的趋向,说明“味”逐渐摆脱了生理直觉束缚而迈向美学和文艺领域。齐梁时期,刘勰(约公元465~约532年)以“情味”来评文学作品,使之取得独立的意义。钟嵘(约468~518年)在《诗品》中从“意味”角度出发把“味”提高到诗歌本体的高度,明确地提出了“滋味”理论,并指出“滋味”就是“指事造形,穷情写物,最为详切者耶!”②(《诗品序》)他还要求诗歌要有余意:“文已尽而意有余,兴也。”③可见,在魏晋南北朝时期,“味”已经演变为深层次的虚味,即人们在欣赏作品时所产生审美的心理愉悦。

东晋佛学美育大师慧远也曾对“味”“象”做过思考,他说:

---

① 郭绍虞主编:《中国国历代文论选》(第一册),上海古籍出版社2001年版,第174页。

② 郭绍虞主编:《中国国历代文论选》(第一册),上海古籍出版社2001年版,第309页。

③ 郭绍虞主编:《中国国历代文论选》(第一册),上海古籍出版社2001年版,第309页。

“夫神者何耶？精极而为灵者也。”①在慧远看来，自然山水体现佛理，人们通过对自然山水的审美观照，达到“味”道；自然山水因有佛之神明而显得美，因之可以“味”象。慧远在其《庐山记》中描绘了仙人得道成佛的各种传说，渲染庐山神灵缥缈的气氛。东晋隆安四年（公元400年）春，以“释法师”为首的三十余名佛教徒一起游览了庐山石门，其规模类似于王羲之等人的兰亭诗会和石崇等人的金谷之聚。《庐山诸道人游石门诗并序》②记载了这次游览盛况，并细致描述了这次登山的情状和对自然山水的审美感受：“乃其将登，则翔禽拂翮，鸣猿厉响。归云回驾，想羽人之来仪；哀声相和，若玄音之有寄。虽仿佛犹闻，而神之以畅；虽乐不期欢，而欣以永日。”③可见，慧远已经注意到了山水美的欣赏能够使人“神以之畅”，这也就意味着东晋美育思想家们已经从美学理论的高度去理解自然美育对于精神陶铸、心灵净化的重要意义。东晋诗人谢灵运与慧远的观点接近，他在诗中写道：“遗情舍尘物，贞观丘壑美”（《述祖德诗》之二）。在谢

---

① 石峻等编：《中国佛教思想资料选编》（第一卷），中华书局1981年版，第85页。

② 关于这首诗篇的作者，学术界大多认为是慧远，本书亦持此观点。庐山诸道人，是指慧远、张野等人。晋时并无多人写一首诗的习惯，所以，这首诗不可能是集体完成。至于题为庐山诸道人，应当是这次集体旅行写的作品的总题，也就是说它包括张野等人和诗。东晋隆安四年（公元400年）仲夏，慧远大师携众徒同趣三十余人，“因咏山水，杖锡而游”石门涧，写下了这首探究人间与佛境、生命与死亡的诗篇。此作共分序言和诗作两部分。

③ 逯钦立辑校：《先秦汉魏晋南北朝诗》，中华书局1983年版，第1086页。

灵运看来，抛开世情、舍弃尘物，避免外界因素蒙蔽诗人个体的纯净、正大的心灵，是“贞”观山水的前提，通过自然山水的审美可以使人进入纯净而无杂念的美好状态，显现天地之正。

南朝画论家宗炳（公元375～443年）在前人的基础上，提出了一个新的艺术范畴“澄怀味象”，在《画山水序》中他说：

圣人含道应物，贤者澄怀味像。至于山水质有而趣灵，是以轩辕、尧孔、广成、大隗、许由、孤竹之流，必有崆峒、具茨、藐姑、箕首、大蒙之游焉。又称仁智之乐焉。夫圣人以神法道，而贤者，通山水以形媚道而仁者乐。不亦几乎？余眷恋庐衡，契阔荆巫，不知老之将至。愧不能凝气怡身，伤跕石门之流，于是画象布色，构兹云岭。

夫理绝于中古之上者，可意求于千载之下，旨微于言象之外者，可心取于书策之内。况乎身所盘桓，目所绸缪，以形写形，以色貌色也。

…………

夫以应目会心为理者。类之成巧，则目亦同应，心亦俱会。应会感神，神超理得，虽复虚求幽岩，何以加焉？又神本亡端，栖形感类，理入影迹，诚能妙写，亦诚尽矣。①

在以上这段文字中，宗炳提出了“澄怀味象”这一范畴。“澄怀”是指虚淡空明的心境；“味”指品味、欣赏。“象”指自然山水的审美形象。宗炳“好山水，爱远游，西陟荆、巫，南登衡岳，因结宇衡山，欲怀尚平之志。有疾还江陵，叹曰：‘老疾俱至，名山恐难遍睹，唯澄怀观道，卧以游之。’凡所游履，皆图之于室，谓之

① 俞剑华编著：《中国画论类编》，人民美术出版社1986年版，第583页。

‘抚琴动操，欲令山水皆响’。”①“澄怀味象”由此而来。

二、“澄怀味象”美育意义

在宗炳提出“澄怀味象”这个新的艺术范畴后，“澄怀味象”就逐渐成为魏晋南北朝时期一个重要的美学范畴和艺术范畴，并且被赋予了一定的美育意蕴。魏晋六朝人将“澄怀味象”看做是滋养精神气质、培养理想人格的重要手段和途径，也就是说，只有“澄怀味象”才能使人得到真正的修养，成就君子人格。

从美育角度看，“澄怀味象”所指向的是美育的主客体及美育的途径问题。“澄怀”其实就是对美育主体审美心胸的要求，也就是要求美育主体澄清胸怀，涤除俗念，陶冶出纯净无瑕的审美心胸，只有进入这种状态才能更好地修养美好的人格和高尚的情怀。这明显受到了庄子“心斋”说的影响。“味象”之“味”，即体味、品味、玩味、体验；“象”指客体物象、审美对象。“味象”就是强调在美育时要注意充分运用体验的方式。宗白华先生在《中国艺术意境之诞生》中说：“中国哲学是就‘生命本身’体悟‘道’的节奏。‘道’具象于生活、礼乐制度。‘道’尤表象于‘艺’。灿烂的‘艺’赋予‘道’以形象和生命，‘道’给予‘艺’以深度和灵魂。”②宗白华先生意蕴深刻的阐述，给我们以极大的启示：在美育方面，“味象”不就是“观道”吗？“澄怀味象”不就同于“澄怀观道”吗？不就是通过“澄怀”“味象”（“观道”）以通达自由、感悟生命、美化人格吗？道是宇宙灵魂、生命源泉，是美的本质之所在，然而这个“道”不是孤悬无着的实体，也不是不可

---

① 〔唐〕李延寿：《南史》，中华书局1975年版，第1861页。

② 宗白华：《美学散步》，上海人民出版社1981年版，第80页。

感悟的虚体。它作为审美客体的本质所在,就存身于绚烂多彩的“象”中,就表现于那“于空寂处见流行,于流行处见空寂”①的审美时空中。因此,人们可以通过各种审美活动来“观道”,进而“体道”“悟道”。“观道”“悟道”,就是用审美的眼光、感受,深深领悟山水自然等客体具象中的灵魂与生命。流连山水,品味自然,体悟生命,超以象外,得其环中,这便是观道,就是一种最自由、最艺术的怡情养性、净化心灵之路。

在宗炳那个时代,山水(画)已经成为重要的审美对象,游览山水(画)可获得巨大的审美感受。所以宗炳在《画山水序》中又说:“夫圣人以神法道,而贤者通,山水以形媚道而仁者乐。”②山水(画)的美就在于其以“形”蕴涵着“道”,而“圣人”“贤者”“仁者”就是以主体之“神”即审美的主观心理与山水(画)中的“道”融通合一,就能“乐”,即获得审美快感,就能怡情养性、净化情操。这样,宗炳就为我们指出了一条修养身心的美育之路:澄怀味象。

澄怀方能味象(观道),味象(观道)适以澄怀,澄怀与味象(观道)目的是一致的,心怀澄彻、体悟自然,方能在一个美的世界里,在一种审美情味中悠然自足,实现主客体的升华,达到人生的至和绝美之境。因此,我们认为,所谓“澄怀味象”,就是要求美育主体以清澄纯净、无物无欲的情怀,进入非功利、超理智的审美心态中,通过品味、体验、感悟审美对象内部深层的情趣意蕴、生命精神以实现完善人格、润育心灵、陶冶情操的目的。

---

① 宗白华:《美学散步》,上海人民出版社 1981 年版,第 83 页。

② 俞剑华编著:《中国画论类编》,人民美术出版社 1986 年版,第 583 页。

“澄怀味象”范畴体现了宗炳的“畅神说”，宗炳在《画山水序》中就明确指出：“闲居理气，拂觞鸣琴，披图幽对，坐究四荒，不违天励之丛，独应无人之野。峰岫峣嶷，云林森渺，圣贤映于绝代，万趣融其神思……畅神而已。”①也就是说，观赏山水，引起无限的情思，目的只不过是让精神愉快罢了。宗炳的“畅神”说鲜明地突出了审美的愉悦功能，强调个体审美的自由，目的是彻底摆脱“致用”观念与“比德”学说的束缚。宗炳提出的“澄怀味象”，还显现出慧远禅智论及“幽人玄览”“冥神绝境”说的影子，但它又比慧远更深入到了审美与艺术之中。宗炳《画山水序》的意义不仅在于它一反儒家的政教观，从佛学角度阐述山水画欣赏及其心态，而且在于它提出了“澄怀味象”这一美育意蕴深厚的艺术范畴，阐明了欣赏山水画的虚静情怀和畅神功能，倡导一种超功利的审美愉悦、悠闲平和的虚静情怀，指明了一条具有时代色彩的美育之路，深化和发展了传统的“中和论”美育思想。

在宗炳等魏晋士人眼中，艺术和审美不是谋生的手段，而是体认“道”和观照生命的一种方式，通过心斋、坐忘，离形去智，澄怀味象，以虚静之心求得心与物冥的主客合一的“心与物由”“物我两忘”的自由境界，从而超越自然具象的束缚，求得心灵高处的精神本源。这就是中国艺术和审美的精神，也是中国古代“中和论”美育思想之所以不同于西方美育思想的生命本源。

第六节　游心太玄

魏晋南北朝时期出现了很多具有民族特色和时代特色的艺

① 〔清〕严可均辑：《全宋文》，商务印书馆 1999 年版，第 192 页。

术范畴，其中“游心太玄”这一范畴因其所具有的美育意蕴而格外引人注目，它出自魏晋美育思想家嵇康的著名诗篇《兄秀才公穆入军赠诗十九首》。

一、“游心太玄”范畴的孕育、形成历程

《周易》即《易经》，是中国古代一部重要的文献典籍，是古代汉族人民智慧与文化的结晶，被誉为“群经之首，大道之源”。

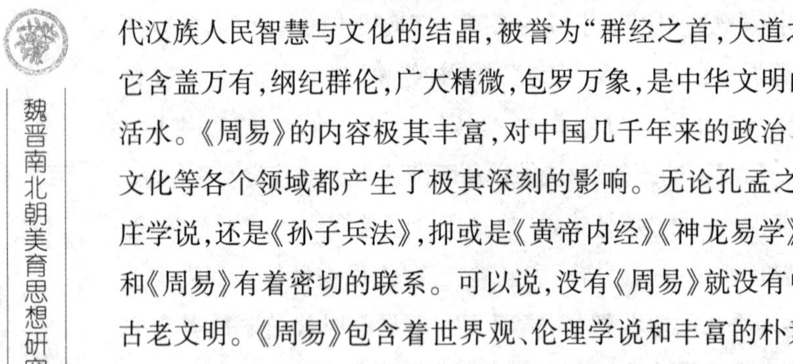

它含盖万有，纲纪群伦，广大精微，包罗万象，是中华文明的源头活水。《周易》的内容极其丰富，对中国几千年来的政治、经济、文化等各个领域都产生了极其深刻的影响。无论孔孟之道，老庄学说，还是《孙子兵法》，抑或是《黄帝内经》《神龙易学》，无不和《周易》有着密切的联系。可以说，没有《周易》就没有中国的古老文明。《周易》包含着世界观、伦理学说和丰富的朴素辩证法，从而在中国哲学史、美学史上占有非常重要的地位。“天人合一”是《易经》的核心理论。《周易》研究流派纷呈。各派之间互相争鸣，互相否定，也互相吸收，取长补短。春秋时期，筮法上出现过变卦说、取象说、取义说等，战国时期出现过阴阳变易说，汉代有象数之学，魏晋时期则糅合道家思想、儒家经义而发展成为玄学。

中国古代一直就有盖天说与浑天说两种宇宙观。古时，由于科技水平所限，先人只能在肉眼观察的基础上加以丰富的想象，来构想天体的构造。于是就形成了盖天说与浑天说两种主要的宇宙观。盖天说形成于周初，而到了《周髀算经》的写作年代，即公元前一世纪，已经形成一个完整的、定量化的体系。这一学说认为，天是圆形的，像一把张开的大伞覆盖在地上；地是方形的，像一个棋盘，日月星辰则像爬虫一样过往天空，因此这

一学说又被称为“天圆地方说”。浑天说大约始于战国时期，是我国古代的另一种宇宙学说。浑天说认为天是一个圆球，所有恒星都分布于一个“天球”上，地则位于这个圆球的中间。天在不停地旋转，日月星辰随天运转，转到地平线之下就看不见了。在汉代，许多知识分子都坚持浑天说，并且结合新的理论学说，发展和丰富了浑天说。西汉扬雄拟《周易》作《太玄》，对浑天说进行了发展。其实早在春秋时期老子就多次使用过“玄”这个词。扬雄“实好古而乐道，其意欲求文章成名于后世，以为经莫大于《易》，故作《太玄》”①。扬雄继承了老子有关“玄”的思想观念，并且将自己的著作命名为《太玄》用以阐述自己的宇宙观。在扬雄那里，“玄”有多重含义，“就其自然观或宇宙形成论的意义说，它是指世界的最高本源，天地万物的根本”②，“玄以元气为内容，渗透于一切事物之中”③。所以扬雄在《太玄》中，用“太玄”一词用来命名宇宙观的整体，他说：“玄者，幽攡万类而不见形者也”④，玄就是隐，就是不可见，它展开在世界一阖一辟的运动过程中，这种运动导致了世界一昼（明）一夜（暗）的分化，阴阳的概念才得以由此建立：“一昼一夜，阴阳分索。夜道极阴，昼

① 〔汉〕班固撰，〔唐〕颜师古注：《汉书》，中华书局1962年版，第3583页。

② 〔汉〕扬雄著，郑万耕校释：《太玄校释》，北京师范大学出版社1989年版，前言第12页。

③ 〔汉〕扬雄著，郑万耕校释：《太玄校释》，北京师范大学出版社1989年版，前言第13页。

④ 〔汉〕扬雄著，〔宋〕司马光集注，刘韶军点校：《太玄集注》，中华书局1998年版，第184页。

道极阳"①,"莹天功、明万物之谓阳也,幽无形、深不测之谓阴也"②。无疑,在这里,幽玄意识已经被明确提升到宇宙论的高度,它决非存在之可有可无的因素。事实上,扬雄把"隐冥"也即幽玄视为"道之素也"。换言之,不可见之幽玄就是存在(道)的本性的内在构成因素。扬雄还说:"知玄知默,守道之极。"③这种观念为把探究存在之为存在之道理的本体论命名为"玄学"提供了观念上的支持。在古代中国,玄与妙联系在一起,玄学是智慧的学问,它关涉的是存在本身,而不是一般性的知识。魏晋人把《老子》《庄子》与《周易》合称为"三玄",并把性与天道的学问命名为"玄学"。这些,都不是偶然的。郭象甚至把理想的自由之境与幽玄意识联系起来,并把前者命名为"玄冥之境"。扬雄的许多论述都以浑天说为基础,如"玄者,神之魁也。天以不见为玄,地以不形为玄,人以心腹为玄"④,"夫玄也者,天道也,地道也,人道也"⑤,地玄也、人玄也。天浑行无穹不可见也,地不可形也,人心不可玄,深广远大,大潭思浑天,参摹而四分之,极

① 〔汉〕扬雄著,郑万耕校释:《太玄校释》,北京师范大学出版社1989年版,第261页。

② 〔汉〕扬雄著,郑万耕校释:《太玄校释》,北京师范大学出版社1989年版,第262页。

③ 〔汉〕班固撰,〔唐〕颜师古注:《汉书》中华书局1962年版,第3571页。

④ 〔汉〕扬雄著,郑万耕校释:《太玄校释》,北京师范大学出版社1989年版,第376页。

⑤ 〔汉〕扬雄著,郑万耕校释:《太玄校释》,北京师范大学出版社1989年版,第358页。

于八十一”①(《汉书·扬雄传》)。扬雄的浑天说上接巴蜀学派的探索,下启张衡《灵宪》中对天地结构的进一步认识。扬雄《太玄》将源于老子之道的“玄”作为最高范畴,并在构筑宇宙生成图式、探索事物发展规律时,对道家思想多有融摄和发展,意义可谓重大。自此以后,“太玄”在哲学上主要是指老庄之道,而且在中国古代哲学领域出现的频率越来越高,至魏晋玄学勃兴之时,它已成为玄学的代名词。

二、“游心太玄”的美育意蕴

嵇康是魏晋时期的独树一帜的诗人和音乐家、玄学家的代表人物、“竹林七贤”的领袖人物。他精于笛,妙于琴,善音律,他的《声无哀乐论》《难自然好学论》《太师箴》《明胆论》《释私论》《养生论》等著述千秋相传。嵇康以其深刻的玄学思想为基础,对美育提出了许多独到的看法,还提出了一些既具时代特色又蕴含深厚美育意蕴的艺术范畴,对魏晋南北朝美育思想的发展作出了重大贡献。

嵇康的诗不适于逐字逐句的斟酌,诗中更多的是一种意气与风骨。嵇康为其兄嵇喜参军入伍而作的十九首四言古诗②便

---

① 〔汉〕班固撰,〔唐〕颜师古注:《汉书》,中华书局1962年版,第3575页。

② 关于嵇康为其兄嵇喜参军入伍而作的一组四言诗,学术界目前主要有两种观点:一种观点认为嵇康为此写了共19首诗,因而将这组四言诗命名为《兄秀才公穆人军赠诗十九首》,此种观点以戴明扬先生为代表;一种观点认为嵇康为此写了18首诗,因而一般将这组四言诗命名为《赠兄秀才入军十八首》,此种观点以殷翔、郭全芝等人为代表。

是如此。在此,魏晋人士的刚健人格都萃集于嵇康一人。读着这些无法复制的四言古诗,我们强烈感受到的是那铿锵节奏中的慷慨豪情,还有作者飞扬的神采意气以及中国古代文人骨子里所特有的一股血性。嵇康在其著名的《兄秀才公穆入军赠诗十九首》的第十五首中写道:

息徒兰圃,秣马华山。流磻平皋,垂纶长川。目送归鸿,手挥五弦。俯仰自得,游心太玄。嘉彼钓叟,得鱼忘筌。郢人逝矣,谁可尽言。①

"游心太玄",其字面意思就是醉心于太玄方面的研究。我们知道,太玄就是玄学所追求的理想的人生境界。而"游"是庄子哲学中的一个核心概念,"游"即自由,这种自由不存在于现实的实践活动中,只能存在于内心之体验。我们可以说,这是一种"游心"的自由。庄子说:"游心于淡,合气于漠,顺物自然而无容私焉,而天下治矣。"(《庄子·应帝王》)庄子还说:"游心于物之初。"(《庄子·田子方》)庄子认为,在俯仰自得之间,人的心思能够自由地思索天人问题而尽无拘束。"游心太玄"这一范畴显然受到了庄子思想的影响。"游"意味着对个体自由的追求,"心"意味着是"心"之自由。"太玄"就是"心"所"游"之"境"。根据嵇康的哲学思想进一步深思下去,我们可以看出:在嵇康的内心深处,一个人如果能够做到"手挥五弦。俯仰自得,游心太玄",那么理想完美的君子人格即可达成,人生也就可以达到"至和"的美好境界。"情感与生命,构成审美教育的核心命题。情

---

① 戴明杨:《嵇康集校注》,人民文学出版社1962年版,第15~16页。

感升华为境界，境界外化为生命，从而演绎为审美的人生”，“情感体验与生命情怀的元素与特征启迪和影响着审美教育的向度和维度”①，因此，从这个角度而言，“游心太玄”这个范畴已然具有了深刻的美育意蕴。

自嵇康写出这组著名的四言古诗之后，“游心太玄”就逐渐成为魏晋六朝美育领域中的一个重要范畴，它体现了独具一格的“魏晋”风采，是那个时期以嵇康为代表的魏晋士人所虔诚向往的理想人格精神和人生境界的凝练表述。众所周知，当代审美教育就是使“存在的意义”和“意义的存在”在“境界”中得以觉解与映照、升华与敞亮，换言之就是追求一种完美的人生境界，就是希冀人类可以诗意地栖居在大地。而“境界是生命在特定的‘情境’中所生成和到达的境域和境地。它是‘存在’与‘意义’在时空中的交会点。‘存在’在‘境界’中被赋予‘意义’；‘意义’在‘境界’中得以‘存在’和‘诞生’”②。游心太玄，心灵得以超越，生命无限自由，这不就是一种美好的人生境界吗？“‘心灵的超越’与‘生命的自由’构成审美教育在‘人生境界’层面上的生成与建构。”③“游心太玄”这一艺术范畴与西方美育范畴有很大不同，它充分体现了中国古代美育的民族特色。从认识论的角度讲，“游心太玄”这一范畴强调以一种神秘的感受性的原则

① 李勇：《情感与生命——大学审美教育的重要环节》，《陕西教育》（高教版）2012 年第 7 ~ 8 期。

② 李勇：《情感与生命——大学审美教育的重要环节》，《陕西教育》（高教版）2012 年第 7 ~ 8 期。

③ 李勇：《情感与生命——大学审美教育的重要环节》，《陕西教育》（高教版）2012 年第 7 ~ 8 期。

和方法来感知世界,而西方美育则更多的是运用形式逻辑推理和科学实验求证的方法对客体进行分析、归纳。而从心理学的角度讲,“游心太玄”这一范畴所强调的是主体的精神状态和境界,即通过主体的一种特殊的精神状态来感受、体验审美客体,达到一种理想的精神境界。“游心太玄”这一范畴对于当代美育的意义在于:它让我们更加深刻地意识到美育就是一个生命不断超越和提升的过程,就是一个“游心太玄”走出混浊躁动而达到内心的朗静澄澈的过程,就是一个不断从“必然”走向“自由”的过程。因此,在在当代审美教育中,我们必须很好地传承魏晋美育的优良传统,注重情感体验能力与生命情怀的培育。

第七节　博　观

“博观”是刘勰在《文心雕龙·知音》中提出的一个艺术范畴,内涵丰富,意义深远,对于魏晋美育思想的发展产生了重要影响。

一、“博观”的渊源

“博”字,《说文解字》的解释是:“大、通也,从十从尃。尃,布也”①;“观”字,《说文解字》的解释是:“观,谛视也。”②《庄子·人间世》曰:“观者如市。”《周易·系辞下》曰:“仰则观象于天,俯则观法于地。”

“博观”,顾名思义,就是广泛地观察或观览。说起“博观”

---

① 〔汉〕许慎:《说文解字》,中华书局1963年版,第50页。

② 〔汉〕许慎:《说文解字》,中华书局1963年版,第177页。

这个概念，人们一般想到的是宋代诗人苏轼的著名文章《稼说·送张琥》："博观而约取，厚积而薄发。"①苏东坡还在《与张嘉父七首·七(惠州)》中说："当且博观而约取，如富人之筑大第，储其材用，既足而后成之，然后为得也。"②其实作为一个概念范畴，"博观"具有比较悠久的历史，多次出现在诸多古代典籍中。《史记·平津侯主父列传》曰："臣闻明主不恶切谏以博观，忠臣不敢避重诛以直谏。"③

但是从文学艺术角度提出"博观"范畴，并使其涵括美育意义的是魏晋南北朝时期的刘勰。

二、"博观"的美育意蕴

魏晋南北朝是一个"人的发现"和"人的觉醒"的时代，魏晋文学及文论都对人的生命、生存予以了极大关注，显示出强烈的主体性色彩，因而具有了深刻的美育意义。我们知道，刘勰不但是中国文论史上一位伟大的文艺理论家，还是那个时期最伟大的美育思想家之一。他重视人的生命和价值，试图从有限的人生中解脱出来进行审美建构，他的文学观往往是从如何把人从物欲和各种功利目的的束缚中解放出来的角度来立论的，对文学本质的思考建立在对现实人生的深刻思考上，以实现自由和谐的人生完美境界为目标，自觉地将"和"的美学理念灌注到文

① 〔宋〕苏轼著，孔凡礼点校：《苏轼文集》，中华书局 1986 年版，第 340 页。

② 〔宋〕苏轼著，孔凡礼点校：《苏轼文集》，中华书局 1986 年版，第 1564 页。

③ 〔汉〕司马迁：《史记》(第九册)，中华书局 1959 年版，第 2954 页。

学理论建构中。《文心雕龙》从字面看，是在谈文学，但是其背后往往暗含一定的美育深意。刘勰在构建自己的文学观时，其实也是在阐述自己的美育观念，表达了对完美人格和自由境界的向往与追求。因此我们认为《文心雕龙》不但是中国历史上著名的文艺理论著作，也是一部重要的美育思想文献。

在《文心雕龙·知音》中，刘勰在分析知音难觅的原因后提出了自己的文学鉴赏观，他说："凡操千曲而后晓声，观千剑而后识器；故圆照之象，务先博观。"①其字面意思是说会演奏上千曲子后才懂得音乐，观察了上千把剑后才会识别宝剑。要想真正把握某一事物的本质，务必先博览万物。刘勰在此处提出了一个非常重要的范畴"博观"。博观不光是听音乐，还要演奏音乐；不光是欣赏作品，还要从事创作实践，要多看多作。

我们必须清楚地意识到，在刘勰的思想体系中，博观主要是指文学欣赏，但又不限于文学欣赏。"博观"范畴除了具有文学创作上的意义外，还具备审美教育上的意义，其涵义十分丰富。在刘勰看来，审美鉴赏者不仅要有高度的艺术修养，而且认为这种艺术修养是从审美实践中培养起来的。欲要"知音"，非"博观"不可。所谓"博观"就是博览群书，大量涉猎，丰富阅历，以便建构起自己相应的审美能力。深刻的艺术体验与丰富的生活阅历、复杂的生命感悟对于美育接受者综合素养、精神境界的提升都具有重大作用。从美育角度来看，"博观"就是要求多方面的培养和锤炼，要有丰厚深广的生活阅历，也就是说实施美育不能偏废任何一方面，对人要全面地培育和发展。

刘勰的"凡操千曲而后晓声，观千剑而后识器；故圆照之象，务

① 周振甫：《文心雕龙今译》，中华书局1986年版，第438页。

先博观”这句话告诉我们:在实践中开展美育,要求受教育者必须“博观”。只有“博观”方能“无私于轻重,不偏于憎爱,然后能平理若衡,照辞如镜矣”①,使自己均衡全面地发展,达到自由和谐的精神境界。马克思在《1844年经济学哲学手稿》中曾经说过:“对于没有音乐感的耳朵说来,最美的音乐也毫无意义。”②刘勰认为通过美育培养的人才必须是各方面都得到提高的优秀人才。因为“良书盈箧,妙鉴乃订”③,优良的作品充满书箱,但是只有经过高妙的鉴赏者才能评定。而这种高妙之才,必须经过长期的修养习得。他说:“习亦凝真,功沿渐靡。”④经过学习培养可以形成正确的才气,但要逐渐地受到熏陶感染才见功效。

其实,刘勰在这里也表达了一种他对于那个时代美育现实的担忧和期待:真正完美之人需要一定的艺术审美能力,艺术审美能力的锻炼需要一种博观的情怀与意识,教育者的使命在于发扬这种博观的情怀与意识,使得人的审美能力和精神境界都有一个更高的提升。但是在美育实践中,人们所缺乏的恰恰是“博观”的意识,因而社会所培养出来的往往是一些片面发展的畸形人才。刘勰所期待的是一个通过“博观”而使人内外兼修、得到全面发展并获得高度的精神自由的社会。刘勰在那个一味讲究风骨、气度的人物品评的时代提出“博观”这个范畴,无疑是具有极大现实意义的。

---

① 周振甫:《文心雕龙今译》,中华书局2013年版,第438页。

② [德]马克思、恩格斯:《马克思恩格斯全集》第四十二卷,人民出版社1979年版,第126页。

③ 周振甫:《文心雕龙今译》,中华书局2013年版,第440页。

④ 周振甫:《文心雕龙今译》,中华书局2013年版,第261页。

“博观”这一范畴在今天的美育实践中，仍然具有十分重要的现实意义。科学技术的片面发展，使现代社会出现越来越多的“单向度的人”，工具理性主宰了人们的思维，导致了“人的工具化”，人的心灵的内在需要不再重要，外在于人的现实活动成果成为理解和衡量自由的最终标准。与此同时，随着知识经济时代的到来，社会对人才的要求也发生了重大变化。为实现人的发展的持续性和全面性，构建学习化的社会和实施终身教育，已成当代美育发展的必然趋势。学习不可停顿，需要不断接受新知，涉猎新领域。人类文化知识是一个多层次、多结构、多序列的完整系统，科学技术的综合化将越来越明显，社会需要“专才”，更需要“通才”“博才”。社会需要的是博学多识、全面发展的和谐的人才，社会不需要那种片面发展的“偏才”“怪才”，更不需要那种心理灰暗、情感卑劣、心灵扭曲、人格畸形的人。文化修养、知识储备、思想道德、身体素质、心理人格、心灵情感、审美能力等各方面都不能偏废。有所偏爱、片面发展的人是畸形的人，实质上是发生异化了的人。一个人只有跳出自我的狭小圈子，才能以更开阔的视野开辟一片更大的新天地，发展的图景才更广阔、更美好。“博”不仅是必要的，更是时代的要求和呼唤。人唯有“博观”，才能“通乎万物之理”①，才能避免自身“单向度”的发展。当代社会对美育提出了更高的要求，美育所应承担的责任更加重大，所以当今美育应该更加注重突出其综合性、全面性、协调性、均衡性，这正是刘勰提出的“博观”这一艺术范畴最突出的美育意义之所在。

---

① 〔宋〕苏轼著，孔凡礼点校：《苏轼文集》，中华书局1986年版，第1379页。

第六章 陶铸心灵的美育思想家

魏晋时期的美育在我国古代美育史上占有非常重要的地位。玄学、佛教作为魏晋时期极为活跃的哲学思潮，对当时政治、经济、文化、艺术、教育乃至百姓日常生活都产生了深远的影响。玄学、佛教的理论学说开始向美育领域渗透，从而出现了一批以谈玄说佛为特色的美育思想家。他们淡泊名利、流连山水、饮酒抚琴、醉心审美、情深意浓、境界高远、论说独到，体现出对人的生存、生命和自由的极大关怀，将中国古代“中和论”美育推向了一个新的高度。本章主要从个案研究的角度，对以阮籍、嵇康、王羲之、慧远、陶渊明、刘勰、颜之推等为代表的魏晋南北朝美育思想家的思想学说进行深入探讨，以期以管窥豹，由微观到宏观，对魏晋南北朝美育有一个更加全面的理解和认识。

第一节 阮籍的美育思想

阮籍(公元210~263年)，字嗣宗，陈留尉氏(今河南开封)人，三国时期魏国著名的美育思想家、诗人,“竹林七贤”之一。阮籍是建安七子之一阮瑀的儿子,曾任步兵校尉,世称阮步兵。阮籍是魏晋玄学中的重要人物,与嵇康有很多相同之处,故二人被并称为“嵇阮”。

在哲学上,阮籍和嵇康一样,坚持汉代以来形成的元气论,他认为:“自然一体,则万物经其常,入谓之幽,出谓之章,一气盛衰,变化而不伤”①,“身者,阴阳之积气也”②。众所周知,魏晋之际,哲学的主流是本体论,元气论在王弼、郭象那儿均不被重视,但阮籍在其著述中多次言及“气”,可见其不同流俗的思想观点。在思想上,阮籍崇奉老庄之学,据《晋书·阮籍传》记载:阮籍“博览群籍,尤好庄老”③。在政治上,阮籍采取的是谨慎避祸的态度。这一方面是鉴于当时险恶的政治情势,他需要采取谦退冲虚的处世态度,道家思想正好可以做他的精神依托,另一方面也是受了当时盛行的玄学的影响。不过阮籍并非单纯信奉老庄之学,他对儒学也并不完全排斥。其实,阮籍思想有一个前后变化的过程,前期关注儒家经世致用的思想,创作了《乐论》《通易论》等;中期由儒入老,倾向于儒道(老)结合,著有《通老论》,反映了其玄学思想;后期则主要关注道家思想,尤其是庄子追求个体精神自由的思想,著有《达庄论》《大人先生传》等。汤用彤先生在论述魏晋玄学的发展时,将阮籍、嵇康纳入“贵无”之学的第二阶段。④ 嵇、阮对“无”的继承并不在理论建构上,而更多的

---

① 陈伯君:《阮籍集校注》,中华书局1987年版,第139页。

② 陈伯君:《阮籍集校注》,中华书局1987年版,第140页。

③ 〔唐〕房玄龄等撰:《晋书》,中华书局1974年版,第1359页。

④ 参阅汤用彤:《魏晋玄学论稿》,上海古籍出版社2001年版,第146~153页。

是用人生实践和文学作品将王弼理论形态上的"无"形象生动地体现出来。如果说王弼是形而上的本体之"无",那么阮籍、嵇康则主要是人生理想和美学境界之"无"。

作为魏晋时期重要的思想家、文学家,阮籍在美育方面提出了许多见解深刻、立意高远的观点,极大地丰富和发展了中国古代"中和论"美育观,对后世文人知识分子也产生了重要影响。当然,阮籍的美育思想主要不是体现在其理论著述中,而更多的是融注于他的诗文中,落实在他的具体行动中。

一、绝对自由的人生境界

本末有无是王弼、阮籍等玄学家关注的中心问题之一,他们以"无"为本,认为"无"是宇宙万物的本体。理想和境界之"无"的根本特征是自由。自由来自于自然,自然是阮籍美育思想的核心概念之一,他在《达庄论》中说:"天地生于自然,万物生于天地。自然者无外,故天地名焉;天地者有内,故万物生焉。"①天地是对"自然"的称呼,万物是天地的内容,因此,在"自然"之外,不能再有他物,任何事物都囊括其内。在此,阮籍把"自然"看作是包括万物在内的自然界本身,"自然"因此具有了本体论的意义。如果与阮籍的元气论思想联系起来看,那么我们可以说,作为"自然"内容的万物是以元气为质料构成的。反过来说,由元气构成的万物总体,就是"自然"的本身或内容。如果从美育的角度来看,阮籍的"自然"意味着对世间万物的超越,也就是对现实世界的超越,对功名利禄等欲望的超越,对自我的超越。超越意味着超尘绝俗、一往不复的精神自由。在此意义上,超

① 陈伯君:《阮籍集校注》,中华书局1987年版,第138页。

越-自然-自由成为阮籍人生理想的内在逻辑,但这种自由并非一般所讲的认识论的自由,即不是通过认识必然和改造客观世界而有的自由,而是一种诉诸一己心灵体验的自由,可以称之为人生境界的自由,这种自由之境是阮籍人生理想的最终归宿。正如宗白华先生在《论〈世说新语〉和晋人的美》中所说:"晋人的美的理想,很可以注意的,是显著的追慕着光明鲜洁,晶莹发亮的意象。"①

我们知道,任何一种思想观念来自社会现实,都与现实紧密相连,就玄学而言是如此,就玄学中的阮籍而言更是如此。阮籍在其诗文中描写了他的人生理想。阮籍在《大人先生传》中写道:

天地解兮六合开,星辰霄兮日月隤,我腾而上将何怀!衣弗袭而服美,佩弗饰而自章,上下徘徊兮谁识吾常。②

…………

遂去而遐浮,肆云舆,兴气盖,徜徉回翔兮漭漾之外。……弃世务之众为兮,何细事之足赖。虚形体而轻举兮,精微妙而神丰。③

…………

时不若岁,岁不若天,天不若道,道不若神。神者,自然之根也。彼勾勾者自以为贵夫世矣;而恶知夫世之贱乎兹哉!故与世争贵,贵不足争;与世争富,富不足先。必超世而绝群,遗俗而独往,登乎太始之前,览乎沕漠之初,虑周流

① 宗白华:《美学散步》,上海人民出版社1981年版,第212页。

② 陈伯君:《阮籍集校注》,中华书局1987年版,第177页。

③ 陈伯君:《阮籍集校注》,中华书局1987年版,第180~181页。

于无外，志浩荡而自舒，飘飖于四运，翻翱翔乎八隅。欲纵而彷彿，洸漾而靡拘、细行不足以为毁，圣贤不足以为誉，变化移易，与神明扶。①

阮籍所描述的这种人生理想境界不仅超越了现实的差别，超越了生死，而且超越了时间和空间的限制。"精微妙而神丰""志浩荡而自舒"，说明只有在这种"无"之中才能安顿"神"，"神"意味着绝对的精神自由。达到了这种人生境界，主体就能在精神上得到彻底解脱，可以在无限的空间自由遨游。这是一种虚幻的仙境，是非尘世的、非人间的，是超尘绝俗的，是现实中没有的，只能存在于一己之体悟中。相对于尘世之"有"，"心"所"游"之"境"是一种"无"。这个"无"不是王弼的本体之"无"，而是境界之"无"，是诗人灵魂栖息的地方，它只能存在于一己之"心"的体验中。阮籍只是借它来说明现实世界的不可"托身"，其实它也是一种"无"，是对现实之"有"的超越。这恰恰表明了阮籍对黑暗现实的忧虑和无奈，是一种隐晦委婉的反叛与抗争。这里的"无"实际来自于庄子。众所周知，庄子的理想是："藐姑射之山，有神人居焉，肌肤若冰雪，绰约若处子；不食五谷，吸风引露；乘云气，御飞龙，而游乎四海之外。"(《庄子·逍遥游》)而阮籍的绝对自由的人生境界恰与庄子的逍遥游境界不谋而合。结合阮籍的人生历程，我们不难看出，阮籍对人生问题的探讨始于对生存困境的焦虑，而终于对精神自由的追求。尤其是他的五言《咏怀》诗，其情感结构围绕他对人生的探索而展开，作者一方面运用道家的否定性思维，对主客观世界以及宇宙生命本身，作全面而深入的反观，另一方面则运用游仙等形式表

① 陈伯君：《阮籍集校注》，中华书局1987年版，第185～186页。

现逍遥游的理想境界，赋予其作品以宏大而深刻的思想内涵。《咏怀》诗全面表达了阮籍对绝对自由的人生境界的深情向往和不懈追求，例如其四十三：

鸿鹄相随飞，飞飞适荒裔。双翮凌长风，须臾万里逝。朝餐琅玕实，夕宿丹山际。抗身青云中，网罗孰能制？岂与乡曲士，携手共言誓。①

鸿鹄奋翅凌风，抗身青云，远离世间罗网，更不与乡曲之士同调。这个自由超拔的形象，正是阮籍挣脱世网而超凡脱俗的精神世界的象征，足见其人生境界之高蹈。阮籍有些作品以艺术的笔触直接展现了自由逍遥的理想境界，例如其五言《咏怀》诗其五十八曰："危冠切浮云，长剑出天外。细故何足虑，高度跨一世。非子为我御，逍遥游荒裔。"②这天外遨游的场面就是阮籍绝对精神自由境界的完美写照。《咏怀》诗中还有一些有关飞翔、遨游的意象，也都与阮籍超越困境而追求自由的精神境界有关。而且其中一以贯之的、最突出的特征是超越性，既有形而上学的本体超越，也有人生学的心灵超越，都是要从有限入无限，足见阮籍美育理想之高远。如果说王弼之"无"使玄远境界成为可能，而阮籍则进一步通过审美将此境界落实为一己心灵体验中的自由之境。

阮籍的人生理想境界是"万物一体"的和美境界，是摆脱现实名利、物欲的束缚，回归自然，任性而为，也就是要追求精神的高度自由。这种对心灵自由的追求，是一种精神境界。从这个意义上讲，阮籍一再推崇的自然是心中的自然，自由也是心之自由。心是

① 陈伯君：《阮籍集校注》，中华书局1987年版，第332页。

② 陈伯君：《阮籍集校注》，中华书局1987年版，第360页。

人之心，对心的重视意味着对自我的重视、对人之本性的重视、对个人存在的重视。在此意义上可以说，阮籍的美育理想对于魏晋时代人的觉醒具有重要意义。刘大杰先生说："魏晋人的人生观……反对人生伦理化的违反本性，而要求那种人生自然化的解放生活。生活伦理化的结果，只是用许多人为的制度法则，把人性人情压制得不能动弹，日趋于虚伪与束缚，一切阴谋诈力的罪恶，都由此而生。人类自然的本性，与这种伦理生活正是相反。我们要使人生有趣味，必得从这种虚伪束缚的生活，返到真实自由的生活方面去。这种人生观的特征，我们可以名为人性的觉醒。"①这段话对于阮籍而言，就是对其美育理想的最好概括。

二、超世绝尘的人格理想

汤用彤先生说：在魏晋时期，"思想中心不在社会而在个人，不在环境而在内心，不在形质而在精神。于是魏晋人生观之新型，其期望在超世之理想，其向往为精神之境界，其追求者为玄远之绝对，而遗资生之相对。从哲理上说，所在意欲探求玄远之世界，脱离尘世之苦海，探得生存之奥秘②。"因为心怀崇高的人生境界，阮籍对于现实中的种种丑恶现象格外反感，而这些丑恶现象都可以归结为名教，所以他对名教怀有强烈的不满。《咏怀诗》第六十七中他对所谓的"儒者"那种"外厉贞素谈，户内灭芬芳"③的假仁假义和"放口从衷出，复说道义方"④的虚伪面目也

① 刘大杰：《魏晋思想论》，上海古籍出版社 1998 年，第 103 页。

② 汤用彤：《魏晋玄学论稿》，上海古籍出版社 2001 年版，第 196 页。

③ 陈伯君：《阮籍集校注》，中华书局 1987 年版，第 377 页。

④ 陈伯君：《阮籍集校注》，中华书局 1987 年版，第 377 页。

作了非常辛辣的讽刺。他在《大人先生传》中非常形象而尖锐地批评名教道：

> 且汝独不见乎虱之处乎裈中，逃乎深缝、匿夫坏絮，自以为吉宅也。行不敢离缝际，动不敢出裈裆，自以为得绳墨也。饥则啮人，自以为无穷食也。然炎丘火流，焦邑灭都，群虱死于裈中而不能出。汝君子之处区内亦何异夫虱之处裈中乎？①

阮籍在《大人先生传》中还说："汝君子之礼法，诚天下残贼、乱危、死亡之术耳；而乃目以为美行不易之道，不亦过乎！"②统治者要求当时人们的行动都须合乎"礼"，不合礼者就很有可能被杀，形成了礼教尚峻的局面。他们每一次诛杀都以名教为依据，如镇压李丰、王凌，以及诛杀吕安，或称其不忠，或云其不孝。名教在当时基本上已沦为司马氏屠杀异己的工具。但是个人的力量毕竟是有限的，根本无法彻底改变这一切，于是阮籍就采取了不拘礼法、放浪形骸的态度，"由是不与世事，遂酣饮为常"③。据《世说新语·仁诞》记载："阮籍嫂尝还家，籍见与别。或讥之，籍曰：'礼岂为我辈设也！'"④《世说新语·仁诞》还记载了这样一个故事："阮籍当葬母，蒸一肥豚，饮酒二斗，然后临诀，直言'穷矣'都得一号，因吐血，废顿良久。"⑤汤用彤先生认为："嵇阮

---

① 陈伯君：《阮籍集校注》，中华书局1987年版，第165～166页。

② 陈伯君：《阮籍集校注》，中华书局1987年版，第170页。

③ 〔唐〕房玄龄等撰：《晋书》，中华书局1974年版，第1360页。

④ 〔南朝宋〕刘义庆：《世说新语》（上册），上海古籍出版社1982年版，第382页。

⑤ 〔南朝宋〕刘义庆：《世说新语》（上册），上海古籍出版社1982年版，第382页。

之放荡，皆有所为而为，或惧患祸，或为愤世嫉俗。”①《晋书·阮籍传》曰：阮籍“傲然独得，任性不羁，而喜怒不形于色。或闭户视书，累月不出；或登临山水，经日忘归”②。《晋书·阮籍传》还记载了这样一件事：“兖州刺史王昶请与（阮籍，引者注）相见，终日不开一言，自以不能测。”③因为以上这些放诞的举止，所以阮籍被世人认为是“当其得意，忽忘形骸”④。阮籍把自然与名教对立起来，高唱“礼岂为我辈设也”⑤，在这一点上，他与向秀不同，向秀强调儒道的统一，认为道家的“自然”与儒家的“名教”是一致的。当然，阮籍的这种不满和“放荡”也为他招来了很大的危险，以至于差点被杀头。他与其他众多魏晋文人一样，从社会转向自我，从现实转向内心，这种转向集中体现在他对自然与名教关系的思考以及他提出的“神者，自然之根”⑥的命题中。大体而言，名教指向群体秩序，自然指向自我内心。如前所述，阮籍的自然是心之自然，即一种内心体验中的自然。“神”是阮籍美育思想的核心。他在《达庄论》中讲到：“人生天地之中，体自然之形。身者，阴阳之精气也；性者，五行之正性也；情者，游魂之变欲也；神者，天地之所以驭者也。”⑦汤用彤先生说得好：“阮籍把汉人之思想与其浪漫之趣味混成一片，并无作形上学精

① 汤用彤：《魏晋玄学论稿》，上海古籍出版社2001年版，第147页。

② 〔唐〕房玄龄等撰：《晋书》，中华书局1974年版，第1359页。

③ 〔唐〕房玄龄等撰：《晋书》，中华书局1974年版，第1359页。

④ 〔唐〕房玄龄等撰：《晋书》，中华书局1974年版，第1359页。

⑤ 〔南朝宋〕刘义庆：《世说新语》（上册），上海古籍出版社1982年版，第382页。

⑥ 陈伯君：《阮籍集校注》，中华书局1987年版，第185页。

⑦ 陈伯君：《阮籍集校注》，中华书局1987年版，第140页。

密之思考，而只是把元气说给以浪漫之外装。”①此“浪漫之外装”似乎就是来自于“神”。从整体来看，阮籍的“神”更多的是与人的精神相联系而直接指向人格。阮籍心目中的理想人格不同于儒家所推崇的道德高尚、文质彬彬的君子人格，而是具有“神”的品性的“大人”（又称“真人”）。

阮籍在其诗文中，为我们描述了他心目中的理想人格，并通过对“士君子”“隐士”和“薪者”三者的批判逐步完善自己“大人先生”式的理想人格。《大人先生传》中，他反复描绘“真人”所具有的特点：

真人游，驾八龙，曜日月，载云旗，徘徊逌，乐所之。真人游，太阶夷，原□辟，天门开……登黄山，出栖迟，江河清，洛无埃。云气消，真人来。真人来，惟乐哉！②

显然，阮籍描述的并非如道教所说的飞羽升天的仙人形象，也不是儒家所提倡的文质彬彬的君子形象，而是“神”超越有限现实之后所获得的自由之境，真人之“乐”则是遨游于自由之境所获得的快乐。此“乐”在现实中无法实现，于是便竭力渲染于文艺作品中，因此，我们说阮籍所向往的理想人格是超世绝尘的，这种超世绝尘、抗志清云的人格理想深受庄子学说的影响，宗白华先生说：“庄子的理想人格‘藐姑射仙人，绰约若处子，肌肤若冰雪’，不是这晋人的美的意象的源泉么？”③

再如阮籍五言《咏怀》诗其五十八写道：

危冠切浮云，长剑出天外。细故何足虑，高度跨一世。

① 汤用彤：《魏晋玄学论稿》，上海古籍出版社2001年版，第147页。

② 陈伯君：《阮籍集校注》，中华书局1987年版，第191页。

③ 宗白华：《美学散步》，上海人民出版社1981年版，第212页。

非子为我御，逍遥游荒裔。顾谢西王母，吾将从此逝。岂与蓬户士，弹琴诵言誓。①

这首诗所描绘的形象就是阮籍所谓的“大人先生”的形象。诗中的主人公具有超凡脱俗的理想人格，他既不与“弹琴诵言誓”的隐士为伍，也不愿求仙学西王母。

阮籍并不只是一个专务玄言清谈的理论家，他更为著称于世的是那种旷达纵放的生活情趣或行为方式。通过具体的生活行动，阮籍体现了他心目中的超越尘俗的人格理想。《世说新语·任诞》注引《文士传》说：“籍放诞有傲世情，不乐仕宦。晋文帝亲爱籍，恒与谈戏，任其所欲，不迫以职事。”②又注引《魏氏春秋》说，阮籍为“文俗之士何曾等深所仇疾，大将军司马昭爱其通伟而不加害也”③。阮籍的思想深处，其实仍然有着不少他表面上所反对的内容。如他儿子阮浑“风气韵度似父，亦欲作达”，阮籍却说：“仲容已预之，卿不得复尔。”④这一点，刘孝标看得很清楚，他在《世说新语·任诞》注引《竹林七贤论》曰：“籍之抑浑，盖以浑未识己之所以为达也。”⑤阮籍是从另一个角度反抗司马氏的，他本来是维护礼教的，但因不满司马氏专权，所以故

① 陈伯君：《阮籍集校注》，中华书局1987年版，第360页。

② 〔南朝宋〕刘义庆：《世说新语》（上册），上海古籍出版社1982年版，第381页。

③ （南朝宋）刘义庆：《世说新语》（上册），上海古籍出版社1982年版，第380页。

④ 〔南朝宋〕刘义庆：《世说新语》（上册），上海古籍出版社1982年版，第383～384页。

⑤ 〔南朝宋〕刘义庆：《世说新语》（上册），上海古籍出版社1982年版，第384页。

意表现得放诞怪异,由此可见,阮籍是忍受着内心的极大痛楚来反抗司马氏的。阮籍始终依违于政局内外,在矛盾中度日,在苦闷中寻求解脱,在其看似独特的放荡不羁的生存方式下,掩盖着一颗痛苦的心灵,充斥着一种强烈的生命意识。阮籍的这种思想与行为两面性的表现,其实也正是现实社会中实实在在的"人"的表现。这与其超世绝尘的人格理想并不矛盾。

三、以礼乐相济为美育的重要手段

阮籍虽然是一个玄学家,以自然排斥名教,但是在艺术和美育领域,他则采取了比较客观、辩证的态度,对儒学的主张也并非一概排斥。其实,在很多方面阮籍甚至尊崇儒家的一些学说,比如儒家的伦理孝道。在美育的具体方式和手段方面,他以"孔子闻《韶》乐,三月不知肉味"的典故为例,阐述了艺术对于人的强烈的感染力,他说:"诗言志,歌咏言,操磬鸣琴,以声依律……乐有节适,九成而已,阴阳调达,和气均通,故远鸟来仪也;质而不文,四海合同,故系石拊石,百兽率舞也。言天下治平,万物得所,音声不哗,漠然未兆,故众官皆和也。故孔子在齐闻《韶》,三月不知肉好,言至乐使人无欲,心平气定,不以肉为滋味也。以此观之,知圣人之乐和而已矣。"①牟宗三先生对此分析道:"若持纯艺术之观点,则凡感人最深者皆乐也。即悲咽流涕,亦乐之至也。"②

阮籍批判地继承了儒家礼乐教化的传统,充分肯定孔子制

① 陈伯君:《阮籍集校注》,中华书局 1987 年版,第 95 页。

② 牟宗三:《才性与玄理》,广西师范大学出版社 2006 年版,第 273 ~ 274 页。

礼作乐对于“移风易俗”的重要作用，主张礼乐相济。如前所述，阮籍心目中的理想人格是“大人”“真人”，那么如何才能成就“大人”“真人”人格呢？阮籍认为可以通过礼乐等手段。在《乐论》中他充分肯定了音乐的重要作用：

夫乐者，天地之体，万物之性也。合其体，得其性，则和。离其体，失其性，则乖。昔者圣人之作乐也，将以顺天地之体，成万物之性也，故定天地八方之音，以迎阴阳八风之声，均黄钟中和之律，开群生万物之情，故律吕协则阴阳和，音声适而万物类，男女不易其所，君臣不犯其位，四海同其观，九州一其节，奏之圜丘而天神下，奏之方丘而地祇上，而天地合其德则万物合其生，刑赏不用而民自安矣。①

可见，阮籍同儒家一样，将音乐的作用提升到教化民心、移风易俗、维持社会和谐运转的高度。他主张“至于乐声，平和自若”②，还应该顺变而应时。而对于“郑卫之音”阮籍也一概斥之为“妖淫之曲”③“淫乱之声”④，这种思想认识当然与司马氏黑暗政治有明显联系。牟宗三先生认为：“阮籍所论者以雅乐为主，故其观点为形上学的，为古典主义。其论乐之和，为天地之和，为平和人心之和，而非和声本身之和。……故吾谓阮籍于其浪漫文人之生命外，复有一古典之礼乐生命也。”⑤

而且阮籍认为，作为美育的重要方式和手段，乐与礼必须紧

① 陈伯君:《阮籍集校注》，中华书局 1987 年版，第 78 ~ 79 页。

② 陈伯君:《阮籍集校注》，中华书局 1987 年版，第 93 页。

③ 陈伯君:《阮籍集校注》，中华书局 1987 年版，第 90 页。

④ 陈伯君:《阮籍集校注》，中华书局 1987 年版，第 93 页。

⑤ 牟宗三:《才性与玄理》，广西师范大学出版社 2006 年版，第 274 页。

密配合，不可偏废任何一方，他在《乐论》一文中说："礼定其象，乐平其心；礼治其外，乐化其内；礼乐正而天下平。"①

客观地讲，阮籍虽然以自然为本，将自然与名教对立，举止放诞，蔑视礼法，但总体上看，阮籍依然继承了古代"中和论"美育观的基本精神，以"和"作为美育的最终目的；将乐的审美价值归结于实现个体心灵的和谐，个人与社会、人与自然的和谐；坚持礼乐并济的美育方式，倡导通过美育实现各方面的和谐。而且他引老入儒，将自然的理念融入到艺术活动和审美教育中，以自然之道作为乐之和谐的终极依据，以庄学逍遥游的自由精神铸就其具魏晋风度的人格理想与人格范型，在一定程度上改造、丰富、深化和完善了先秦两汉儒家美育的礼乐教化思想。正如牟宗三先生所说："阮籍论乐之'和'直下指向天地之和而言之，此即为企慕原始之谐和。故其论乐为形而上学的，而非纯美的。然论乐，即不能不论礼。其以前以文人浪漫之生命冲破一切教法、礼法者，将在'音乐生命'中而重新肯定之。"②因此我们认为阮籍的美育思想依然属于古代"中和论"美育的范畴，而且是其发展链条中的重要一环。

四、对后世的影响

作为一个处于社会转折期（国家由大一统向分裂混乱局面转变）的知识分子，阮籍看到了日渐走向腐朽的道德礼法的危害，所以他态度坚决地以自然反名教；但与此同时，在美育方面，

---

① 陈伯君：《阮籍集校注》，中华书局 1987 年版，第 89 页。

② 牟宗三：《才性与玄理》，广西师范大学出版社 2006 年版，第 268 页。

他也看到了儒家乐教理论的可取之处，所以他继承了儒家的礼乐教化传统思想，并将自然的理念融入其中，促进了古代“中和论”美育的发展。

阮籍美育思想所包涵的人生理想以及内在超越精神反映了中国传统文化中伦理人格向审美人格的生成、生存智慧与诗性智慧相融通的特点。阮籍用自己独特的生命存在方式，谱写了一曲耐人寻味的人格魅力乐章。在阮籍之前，庄子思想对于中国文人的影响主要是任自然，任由情性自由发泄，到了阮籍那里，庄子思想才渐被用来作为解脱人生苦恼的精神力量。作为魏晋风骨的代表人物，阮籍继承和发展了庄子、何晏、王弼等人的思想精华。其发展在于，将这种“无”所蕴含的超越精神落实到具体行动和艺术创作中，并且融入其美育思想中。虽然从理论上讲，他明显逊色于庄子和王弼，但他所崇尚的理想人格是以美轮美奂的形态出现，因而对人们具有巨大的精神感召力。他所倡导和践行的人格是那样高尚、那样鲜明，他是用自己的生命来表现这种超越精神。因此，阮籍的放达形象常被视为魏晋风度的化身，险恶的现实迫使他不得不将灵与肉分开，形醉而神不醉。他对魏晋风度的影响明显大于何晏、王弼等玄学家，对魏晋之际人的觉醒和美的自觉的影响也更为直接。

阮籍是一个对后世影响极大的魏晋知识分子，其影响不止于诗文、哲学方面，还体现在其美育思想方面，尤其是其超世绝尘的人格理想以及对绝对自由的人生境界的追求。阮籍有感于现实社会的动荡残酷，故向往精神的宁静自由，换句话说，形体的拘束与限制使他追求精神的超越与自由，这是阮籍美育思想的主题，也是其人格及诗文动人心魄的力量所在。阮籍美育重在精神境界的培育，强调随“心”所欲，任心而为，就是要从各种欲望中摆脱出来，彰显本然、纯真的自我之“心”。它对后世影响至深，魏晋之后的中国文人知识分子极力追求的恰是这种超越于尘世之外的清新、高洁、自由的精神境界。阮籍从逍遥游中、从艺术审美中寻找解脱人生苦恼的方式，为后代文人知识分子所普遍运用；在艺术领域，北宋之后的中国艺术尚“韵”、重“意”都或多或少存在此倾向。阮籍是建安以来第一个全力创作五言诗的人，其《咏怀诗》把八十二首五言诗连在一起，编成一部庞大的组诗，并塑造了一个悲愤诗人的艺术形象，这本身就是一个极有意义的创举，开创了新的境界和风格，对后世作家产生了重大影响。如两晋时期的左思、张载、陶潜，南北朝时期的鲍照、庾信，唐代陈子昂、李白等人思想内容深厚的五言长诗无不是对阮籍《咏怀诗》的继承和发展，时时展示出一种任放、旷达的风格情趣。再如，读《红楼梦》，我们往往感觉书中的贾宝玉从行为到精神都似曾相识，在他身上我们影影绰绰地看到了阮籍的影子：他们二人都崇尚自然、追求个性自由，其言行都表现为不合流俗。但是在他们放诞怪异的举止背后，却隐藏着其远大恢宏的人生理想与精神韵致。①

第二节　嵇康的美育思想

嵇康（公元 224～263 年，一说公元 223 年～262 年），字叔夜，汉族，三国时期魏国谯郡铚县（今安徽省濉溪县西南）人，其先姓奚，会稽上虞人。嵇康年幼丧父，由母亲和兄长抚养成人。

---

①　参阅曹立波：《阮籍对〈红楼梦〉的影响举隅》，《红楼梦学刊》1998 年第 3 期。

幼年即十分聪颖,博览群书学习各种技艺。成年后喜读道家著作。嵇康正始末年与阮籍等竹林名士共倡玄学新风,被公认为"竹林七贤"的精神领袖。他是曹魏宗室的女婿,曾娶沛王曹林之女长乐亭主(曹操曾孙女)为妻,官曹魏中散大夫,世称嵇中散。后因得罪钟会而遭其诬陷,被司马昭处死,年仅39岁。

嵇康一生创作了许多文学作品,不仅反映出时代思想并且给后世思想界、文学界带来许多启发。嵇康的人格魅力令他在当时亦属名士,他的事迹与遭遇对于后世的时代风气与价值取向有着巨大影响。作为魏晋时期玄学家的代表人物,嵇康的思想学说对魏晋一代玄学思潮以及美育的演变和整个社会风尚的形成都产生了很大影响。他不仅是一位玄学家,同时也是一位美育思想家。

美育在嵇康整个美学体系中也占有非常重要的地位,嵇康的许多美学思想精髓在其美育建构中都得到了很好的体现。先秦时期,庄子曾提过"心斋""坐忘",孟子曾主张"养浩然之气",到了嵇康那里,则更进一步,他以促进个体的自由和谐发展、提高人的生命质量为宗旨,发挥道家思想并融合中国传统的导引之理以及道教的修炼得道、神仙长生之说,主张颐性养寿、形神兼养,崇尚天人合一的至真境界,对美育的功能、美育的本质、美育的原则、美育的途径、美育的规律等问题都做了深入的思考,从而建构起独具特色的美育思想体系。

一、人性的完善与和谐——美育的目的与功能

嵇康对美育的目的与功能做了认真的思考,提出了许多真知灼见。在嵇康那里,美育是有多重目的的,有直接目的和高层次的目的之分。嵇康认为美育的直接目的就是"修性以保神,安

心以全身”①,使人“美其益生,而不羡生之为贵。贵其乐知而不交”②;更高层次的目的是培育“以无措为主,以通物为美”③“特钟纯美,兼周外内,无不毕备”④的君子;但最高的目的在于使人达到“大道无为”的人生境界,实现精神的超越,与永恒的自然合为一体。

其一,美育可以“颐性养寿”⑤,使人“体气和平”⑥。在嵇康看来,美育不但可以让肉体也能像精神一样舍筏登岸,脱离生灭无度的苦海,而且可以“颐性养寿”,可以“修性以保神,安心以全身”⑦,可以使人“体逸心宽”⑧“体气和平”⑨“形神相亲,表里俱济”⑩。

嵇康出身寒门,但其风度仪表之美世人皆知。史载嵇康“风姿特秀”⑪“远迈不群”⑫“美词气,有风仪”⑬,别人形容他“龙章

---

① 戴明扬:《嵇康集校注》,人民文学出版社 1962 年版,第 146 页。

② 戴明扬:《嵇康集校注》,人民文学出版社 1962 年版,第 170 页。

③ 戴明扬:《嵇康集校注》,人民文学出版社 1962 年版,第 234 页。

④ 戴明扬:《嵇康集校注》,人民文学出版社 1962 年版,第 249 页。

⑤ 戴明扬:《嵇康集校注》,人民文学出版社 1962 年版,第 32 页。

⑥ 戴明扬:《嵇康集校注》,人民文学出版社 1962 年版,第 146 页。

⑦ 戴明扬:《嵇康集校注》,人民文学出版社 1962 年版,第 146 页。

⑧ 戴明扬:《嵇康集校注》,人民文学出版社 1962 年版,第 45 页。

⑨ 戴明扬:《嵇康集校注》,人民文学出版社 1962 年版,第 146 页。

⑩ 戴明扬:《嵇康集校注》,人民文学出版社 1962 年版,第 146 页。

⑪ 〔南朝宋〕刘义庆:《世说新语》(上册),上海古籍出版社 1982 年版,第 326 页。

⑫ 〔唐〕房玄龄等撰:《晋书》,中华书局 1974 年版,第 1369 页。

⑬ 〔唐〕房玄龄等撰:《晋书》,中华书局 1974 年版,第 1369 页。

风姿,天质自然。恬静寡欲,含垢匿瑕,宽简有大量”①。嵇康之所以具有令世人称羡的风度仪表之美,与他重视美育、注重修身养性不无关系。

其二,美育是实现生命超越、个性全面和谐发展的最佳手段。嵇康认为,在审美活动中,个体各方面的才能都能够得到全面的发展和发挥,人的价值能够得到充分的展现,进而实现生命的超越和个性全面和谐的发展。从这一意义上讲,美育就是要塑造理想的人格,落脚到一点,那就是要培养真正的君子。

先秦以来,“君子”逐渐成为传统文化中表征人格之美的一个重要概念。与先秦儒家将君子首先看做是完善德行的象征的观念不同,嵇康对理想人格进行了新的构建,重新阐释了“君子”的概念。“心无措乎是非”②“行不违乎道”③“矜尚不存乎心”④“情不系于所欲”⑤,这是嵇康心目中的理想人格——君子的主要内涵。在嵇康那里,理想的人格也就是自然的人格,他说:“君子之行贤也,不察于有度,而后行也。仁心无邪,不议于善而后正也。显情无措,不论于是而后为也。是故傲然忘贤,而贤与度会;忽然任心,而心与善遇;傥然无措,而事与是俱也。”⑥也就是说,具有自然人格的人的道德实践(“行贤”)不须以法度为标准,也不须借助概念以考虑行为是否正当合理,只是“忘贤”“任心”和“无措”,自然而然地凭良心行事。

---

① 〔唐〕房玄龄等撰:《晋书》,中华书局 1974 年版,第 1369 页。

② 戴明扬:《嵇康集校注》,人民文学出版社 1962 年版,第 234 页。

③ 戴明扬:《嵇康集校注》,人民文学出版社 1962 年版,第 234 页。

④ 戴明扬:《嵇康集校注》,人民文学出版社 1962 年版,第 234 页。

⑤ 戴明扬:《嵇康集校注》,人民文学出版社 1962 年版,第 234 页。

⑥ 戴明扬:《嵇康集校注》,人民文学出版社 1962 年版,第 235 页。

本来,道德人格如仁义、忠信等是要靠意志力来支持和培养的,但嵇康却把它的培养同艺术、审美结合起来。他在《声无哀乐论》中主张要掌握和声感人的规律,把礼(道德实践)和乐(艺术)配合起来,来规范人心,就能够"结忠信"①,塑造出美好的人格。嵇康在《琴赋》中也一再强调通过音乐来加强人格的培养,他说:琴曲"性洁静以端理,含至德之和平,诚可以感荡心志,而发泄幽情矣"②。类似的提法还有"导养神气,宣和情志"③"流楚窈窕,惩躁雪烦"④等。这样,嵇康主张通过美育,使人能够遁迹大化,游乎物外,心存玄远,在平淡中实现人生的超越,获得彻底的自由解放。可见,嵇康关于美育目的与功能的理解,已经触及到了人之生存的本质。

其三,美育可以实现人与自然、社会的和谐统一,通达"至和"之境。嵇康以为,通过审美教育,人们就能"以从欲为欢"⑤,任心无措地得志、守志、肆志,就可以保证人不致与外部世界发生这样那样的冲突,也就避免了伤害和痛苦,从而使人在一种主与客、内与外的和谐相得中体验到生命的自足和快乐。

嵇康在《声无哀乐论》中指出:只要"上"与"下"、"君"与"臣"、"君王"与"万国"能够"静顺""相忘""相接",则"太和"的美好社会就产生了。这个社会是一个"虽无钟鼓,乐已具矣"⑥

① 戴明扬:《嵇康集校注》,人民文学出版社 1962 年版,第 223 页。

② 戴明扬:《嵇康集校注》,人民文学出版社 1962 年版,第 106 页。

③ 戴明扬:《嵇康集校注》,人民文学出版社 1962 年版,第 83 页。

④ 戴明扬:《嵇康集校注》,人民文学出版社 1962 年版,第 103 页。

⑤ 戴明扬:《嵇康集校注》,人民文学出版社 1962 年版,第 261 页。

⑥ 戴明扬:《嵇康集校注》,人民文学出版社 1962 年版,第 191 页。

"物情顺通,故大道无违"①的理想社会。在这样一个社会中,天人一体,一切都处于自然和谐的状态,每个人都"心无措乎是非,而行不违乎道"②,人的个性得到承认,人的自我价值得以充分实现。这样的和谐社会就是嵇康理想中的至和之境。在嵇康的思想体系中,天和之境、至和之境是生命的最高境界,也是嵇康美育思想的终极目标。嵇康对至和之境曾做过多次描述,他说:

万国同风,芳荣济茂,馥如秋兰;不期而信,不谋而诚,穆然相爱;犹舒锦彩,而粲炳可观也。③

君无文于上,民无竞于下,物全理顺,莫不自得,饱则安寝,饥则求食,怡然鼓腹,不知为至德之世也。④

嵇康认为,处于至和之境中的人们所体验到的是人生的至乐,他说:"以大和为至乐,则荣华不足顾也。以恬澹为至味,则酒色不足钦也……"⑤"对至乐的追求,就是对审美的追求"⑥,人生的至乐境界,也就是审美的境界。对至乐与至和之境的追求,成就了嵇康壮丽的一生及其崇高的品格,也为审美活动开拓出了一片无限广阔、无比深邃的崭新天地。在嵇康那里,"至和"既为艺术境界,亦为人生境界,又为一种对理想人格精神的建构。所以说嵇康对人生境界和理想人格的追求,就是对艺术的

① 戴明扬:《嵇康集校注》,人民文学出版社 1962 年版,第 234 页。

② 戴明扬:《嵇康集校注》,人民文学出版社 1962 年版,第 234 页。

③ 戴明扬:《嵇康集校注》,人民文学出版社 1962 年版,第 222 ~ 223 页。

④ 戴明扬:《嵇康集校注》,人民文学出版社 1962 年版,第 259 页。

⑤ 戴明扬:《嵇康集校注》,人民文学出版社 1962 年版,第 190 页。

⑥ 钱雯:《嵇康的玄学与乐论》,《安徽大学学报》(哲学社会科学版)2003 年第 5 期。

追求,这也是他高度重视美育的原因所在。

二、自然人性教育——美育的本质

在嵇康看来,美育本质上是一种关于自然人性的教育。据史料记载,嵇康身长七尺八寸,容止出众,却不注重打扮,原因之一就是他主张人应该自自然然,通过自然的外在形象彰显自然本性。嵇康一反儒家传统的人性观念,认为“人之真性,无为正当”①,“人之真性”就是“人之自然之性”,真正自由的人性应该是自然的、坦荡的和宽容的。但是纲常名教的出现,则破坏了“自然”、毁灭了人性,他在《难自然好学论》中说:“故六经纷错,百家繁炽,开荣利之涂,故奔骛而不觉。是以贪生之禽,食园池之粱菽,求安之士,乃诡志以从俗,操笔执觚,足容苏息,积学明经,以代稼穑;是以困而后学,学以致荣,计而后习,好而习成,有似自然,故令吾子谓之自然耳。”②六经兴起之后,名利之徒以积学明经代替稼穑,由此社会出现了“诡志以从俗”的用“智”之人。这些人不仅损害了自己的自然人性,而且还通过名教去破坏他人的自然人性之善,破坏了人们的“全真”之性。这样,嵇康在理论模式上就突破了儒家尤其是汉儒把人性的内涵解释为纲常名教的传统,从自然论出发,否定了人性的天赋道德。因此,嵇康反对名教,强烈呼吁人之自然本性的回归与完善。

那么如何才能够发展和完善人的自然本性呢?嵇康认为应通过审美活动,而非礼法名教来回归和完善人的“真性”。要抛弃名教而顺循人性自然法则,在自然无为的生活与精神状态中

---

① 戴明扬:《嵇康集校注》,人民文学出版社 1962 年版,第 261 页。

② 戴明扬:《嵇康集校注》,人民文学出版社 1962 年版,第 260 页。

“穷理尽性”,在享受“至乐”的同时获得“性命之理”与“自然之理”。他在《答难养生论》中说:“智用则收之以恬,性动则纠之以和。使智上于恬,性足于和。然后神以默醇,体以和成,去累除害,与彼更生。”①嵇康认为,美育的实质就是通过音乐等审美活动,将人培养成为“显情”“心无措乎是非”②的君子。他说:“值心而言,则言无不是;触情而行,则事无不吉。于是乎同之所措者,乃非所措也。俗之所私者,乃非所私也。”③即通过审美教育,一个人就能够“越名任心”“值心而言”“触情而行”,超越世俗,做一个真正的君子。针对公与私、是与非这两对概念,嵇康提出了与众不同的见解:“私以不言为名,公以尽言为称,善以无名为体,非以有措为负。”④他认为公私的表现主要在于“显情”或“匿情”,这也是君子与小人的区别。“公”与“善”(是)是出于自然本心,而“私”是隐匿真情,“非”为行与心违。君子应“心无措乎是非”,“无措”即“动以自然”,他说:“然无措之所以有是,以志无所尚,心无所欲,达乎大道之情,动以自然,则无道以至非也。”⑤可见,嵇康的美育学说完全是以回归和完善自然人性为旨归的。

三、形神兼养,美善并举——美育的原则

嵇康美育思想的一个突出特征在于,它不是单纯的美学、文

---

① 戴明扬:《嵇康集校注》,人民文学出版社1962年版,第175页。

② 戴明扬:《嵇康集校注》,人民文学出版社1962年版,第234页。

③ 戴明扬:《嵇康集校注》,人民文学出版社1962年版,第237页。

④ 戴明扬:《嵇康集校注》,人民文学出版社1962年版,第242~243页。

⑤ 戴明扬:《嵇康集校注》,人民文学出版社1962年版,第243页。

艺思想在审美教育问题上的逻辑引申，而是其哲学观、道德观、艺术观、养生观、教育观等诸多价值观念的综合体现，典型地体现了中国古代美育思想融哲学、美学、伦理学、艺术学、教育学为一体的民族特色。嵇康淡化对功名利禄的追求，把主体内在的才性、气质、格调、智慧、精神等作为竭力追求的东西，但是嵇康并不偏于一端，从不忽略人的外在美的塑造，坚持形神兼养、美善并举的审美教育原则。

一方面，美育要形神兼养。在嵇康那里，身与心、形与神是辩证统一的关系，他在《养生论》中提到："形恃神以立，神须形以存。"①他一再强调两者和谐自然地发展，强调形神并举，"形神相亲，表里俱济"②。嵇康还说："修性以保神，安心以全身。"③他认为，养生必须要养形，也就是通过服食、吃药以求得长生不老。所以他热衷于呼吸吐纳、服食养身，像当时许多名士一样，服用五石散。但他认为养生只养形是不行的，还要养神。也就是说，一个全面发展的完美之人，既要注意饮食滋养和体育活动，也要注意精神调养，除去忧愁烦恼等不良情志，保持淡泊宁静的心态。养神最重要的是顺应人的自然本性，静心养性，也就是用内在和谐去顺导情感。这样才有利于养寿，使之归于自然之和，才能将个人的生命与宇宙大化之道为伍，认识和欣赏那种至高无上的"大美"。

另一方面，美育要美善并举。以和为美、追求至和之境是嵇康美学的本质特征，也是嵇康的名理文章乃至全部著述的精髓

① 戴明扬：《嵇康集校注》，人民文学出版社1962年版，第146页。

② 戴明扬：《嵇康集校注》，人民文学出版社1962年版，第146页。

③ 戴明扬：《嵇康集校注》，人民文学出版社1962年版，第146页。

所在。“和”是嵇康思想体系中的一个核心概念。嵇康把“和”作为自然规律的同时，也作为道德评价的标准。通过“和”的观念，嵇康把真和善内在地联系了起来，把自然规律、审美直观和道德评价统一起来。在嵇康看来，虽然“声无哀乐”，但音乐具有“和”的自然本性，它可以感发人的哀乐之情，使情感回归和谐，因此，和声对道德人格具有一种外在的促进关系。他在《琴赋》中说：

是故怀戚者闻之，莫不憯懔惨凄，愀怆伤心，含哀懊咿，不能自禁；其康乐者闻之，则欨愉欢释，抃舞踊溢，留连烂漫，嗢噱终日；若和平者听之，则怡养悦愉，淑穆玄真，恬虚乐古，弃事遗身。①

听了和谐的琴曲，哀者哀，乐者乐，和者和。而这些不同的情感是和道德人格联系在一起的：“是以伯夷以之廉，颜回以之仁，比干以之忠，尾生以之信，惠施以之辩给，万石以之讷慎。其余触类而长，所致非一，同归殊途，或文或质，总中和以统物，咸日用而不失，其感人动物，盖亦弘矣。”②也就是说，音乐对于伦理道德具有“触类而长”的作用。德性的强化并非单纯依靠道德的手段（比如礼的演习），还要通过审美的途径，采取间接的类比方法。音乐给人以和谐的快感，这是纯粹的、自由的。由此，人的哀乐之情自然地发泄，与之结合的道德人格也自由地强化。

同阮籍一样，嵇康还认为，要培养完美的人格，促进社会的

---

① 戴明扬：《嵇康集校注》，人民文学出版社 1962 年版，第 106 ~ 107 页。

② 戴明扬：《嵇康集校注》，人民文学出版社 1962 年版，第 107 ~ 108 页。

和谐,必须礼(善、道德)、乐(美、艺术)并重,“为可奉之礼,制可导之乐”①,将可奉之礼和可导之乐配合起来,通过长期的教育,习惯成自然,最终使道德人格建立在自然而自愿的基础上,也就可以实现移风易俗的目的。“这种教育,坚持了自然和自愿的原则,实质上是审美教育。”②

嵇康的美育学说不仅针砭了声有哀乐论之失,而且纠正了传统儒家片面强调道德人格以致走向虚矫之失。在嵇康那里,美育不单纯是道德教育。在审美教育活动中,美可以推进善,美善可以而且应该并济。只有美善结合的美育才是完全之美育。

四、养生与乐教——美育的途径

嵇康还对美育的具体途径和实施方式进行了深入思考。在嵇康看来,养生可以使人“体逸心宽”③“体气和平”④“形神相亲,表里俱济”⑤,通过聆听音乐则可以使人通达至和之境,获得心灵的高度自由。

其一,嵇康明确将养生作为实施美育的重要途径。嵇康美育理论的突出特色就是注重养生,并将养生作为实施美育的重要途径之一。嵇康竭力突破传统养生观的藩篱,将养生提高到了促进人的自由和谐发展与达到人生完美境界的哲学高度,注重从理想人格与人生哲学层面上诠释老庄养生怡神之道、安身

---

① 戴明扬:《嵇康集校注》,人民文学出版社 1962 年版,第 223 页。

② 张节末:《嵇康美学》,浙江人民出版社 1994 年版,第 71 页。

③ 戴明扬:《嵇康集校注》,人民文学出版社 1962 年版,第 45 页。

④ 戴明扬:《嵇康集校注》,人民文学出版社 1962 年版,第 146 页。

⑤ 戴明扬:《嵇康集校注》,人民文学出版社 1962 年版,第 146 页。

立命之术，从而昭示出一种纯洁超凡、不滞于物的个体生命情致与节情保性的审美生命追求。嵇康的《养生论》《答难养生论》其实就是通过对养生问题的探讨来阐述自己的美育思想的。尤其是其《养生论》，堪称我国古代著名的美育专作。该文通过对形与神的关系以及如何处理好此关系的思考，探讨了如何通过养生达到完美人生应至的生存状态的问题。此外，嵇康在其诗歌、书信及其他论辩性文章中，对摄生保健亦多有涉及。他在五言诗《答二郭》中写到："但愿养性命，终已靡有他"①，表达了他想通过摄生保养以求延寿、坐享天年及构建自由人格的思想。

嵇康在颐性养寿方面发表过不少精辟的论述，主要观点可概括如下：第一，养生的直接目的是延年益寿。嵇康在《养生论》中生动形象地说明了人们重视养生保健则可以推迟衰老、延长寿命、提高生存质量的道理，他说："至于导养得理，以尽性命，上获千余岁，下可数百年，可有之耳。"②第二，养生的终极目标是精神的超越，与永恒的自然合为一体。也正因为嵇康对于养生有着这样的理解和认识，他才将原本流于平淡甚至庸俗的养生理论提升到相当高的哲学境界。第三，形神兼养。只有形神兼养才能体验和进入庄子所追求的那种独与宇宙天地精神往来的"至和"境界。他主张以太和之音导养神气，使心神应和于音声之和，在心神与音乐的会通中，达到"至和"之境。第四，节欲以养生。在养生之道上，嵇康与向秀的观点有着明显的不同。向秀主张顺欲养生，必须节制以"礼"；嵇康主张节欲养生，但节欲并非禁欲，而是通过修身养性以达到自然调和的目的。第五，养

① 戴明扬：《嵇康集校注》，人民文学出版社1962年版，第63页。

② 戴明扬：《嵇康集校注》，人民文学出版社1962年版，第144页。

生之道贵在坚持。嵇康反对“中路复废”的养生态度,认为只有按自然规律办事,“守之以一,养之以和”①,才能使身心自然和谐地发展,“庶可与羡门比寿,王乔争年”②。

嵇康将养生作为美育的重要手段,有着特殊的意义。先秦时期,庄子曾提过“心斋”“坐忘”,孟子曾主张“养浩然之气”。到了嵇康那里,则更进一步,他以促进个体的自由和谐发展、提高人的生命质量为宗旨,发挥道家思想并融合中国传统的导引之理以及道教的修炼得道、神仙长生之说,主张颐性养寿、形神兼养,崇尚天人合一的至真境界,从而建构起独具特色的美育思想体系。魏晋时期追求养生的名士不少,而唯独嵇康将养生与美学建构结合起来,开辟了一片新的天地,更好地从美学角度阐释了自由和谐的人生理想境界,极大地促进了古代美育的理论发展和完善。

其二,嵇康将以音乐为代表的艺术教育作为实施美育的另一重要途径。礼乐教化是儒家思想的主要内容之一。嵇康虽然反对名教,提倡“越名教而任自然”③,但并不反对音乐教育,而是将乐教作为实施美育的重要途径和手段。肯定和强调音乐的娱乐功能是嵇康美育思想的主要特色之一。嵇康“少好音声,长而玩之,以为物有盛衰,而此无变,滋味有厌,而此不倦”④,因为在他看来,音乐可以调节人的情绪、塑造人的性格和陶冶人的意

① 戴明扬:《嵇康集校注》,人民文学出版社 1962 年版,第 156 页。
② 戴明扬:《嵇康集校注》,人民文学出版社 1962 年版,第 157 页。
③ 戴明扬:《嵇康集校注》,人民文学出版社 1962 年版,第 234 页。
④ 戴明扬:《嵇康集校注》,人民文学出版社 1962 年版,第 83 页。

志，可以使人得到美的享受，进入到与自然相亲、心与道冥的“至和”之境。他说：“可以导养神气，宣和情志，处穷独而不闷者，莫近于音声也。是故复之而不足，则吟咏以肆志，吟咏之不足，则寄言以广意。”①因此，嵇康把音乐作为顺应人性、发展人性、完善人性的重要教育手段。不仅如此，嵇康还把音乐对个体的美育作用推及到社会，把音乐活动视为使“万国同风”“穆然相爱”乃至“移风易俗”的良方，因此他极力提倡音乐的学习。他说：“播之以八音，感之以太和；导其神气，养而就之；迎其情性，致而明之；使心与理相顺，和与声相应。合乎会通，以济其美。……若以往则万国同风，芳荣济茂，馥如秋兰；不期而信，不谋而诚，穆然相爱；犹舒锦彩，而粲炳可观也。……故曰：‘移风易俗，莫善于乐。’”②

众所周知，先秦以来，在中国逐渐形成了所谓的“诗教”“乐教”的美育传统。由于嵇康以前的儒家学说着眼于“治国平天下”的社会政治需要，片面强调艺术的伦理教化功能，于是音乐就被单纯地当做政治统治的工具，从而阻碍了音乐美育功能的全面发挥，使美育实质上成为伦理政治教育。忽略音乐的娱乐功能，实际上也就是否认了音乐的美育功能。因此嵇康要提出一种全新的美育理念，将音乐作为实施美育的重要手段和途径。古希腊美学家、教育家亚里士多德认为，音乐具有多种功能，音乐的教化功能与娱乐功能是相辅相成的，他说：“人们把睡眠、酣

① 戴明扬：《嵇康集校注》，人民文学出版社 1962 年版，第 83 页。

② 戴明扬：《嵇康集校注》，人民文学出版社 1962 年版，第 222 ~ 223 页。

饮和音乐——舞蹈也尽可一并列入——看作都是可凭以消释劳累、解脱烦虑的事情。……音乐可以陶冶我们的性情，俾对于人生的欢愉能够有正确的感应，因此把音乐当做某种培养善德的功课。……音乐有益于心灵的操修并足以助长理智。"①所以说，嵇康肯定音乐的娱乐功能，其实就是肯定了音乐的美育功能。嵇康强调音乐的娱乐和审美功能，这一主张的学术价值就在于使向为人重的美育超越了特定社会的伦理政治格局而获得永恒的意义。它是继"诗教""乐教"美育观之后，我国美育思想的一大进步。

那么如何通过音乐实施审美教育呢？嵇康说："制可导之乐。……使远近同风，用而不竭，亦所以结忠信，著不迁也。故乡校庠塾亦随之变。丝竹与俎豆并存，羽毛与揖让俱用，正言与和声同发……言语之节，声音之度，揖让之仪，动止之数，进退相须，共为一体。君臣用之于朝，庶士用之于家。少而习之，长而不怠，心安志固，从善日迁，然后临之以敬，持之以久而不变，然后化成。"②嵇康的这段话中，隐含着这样的一层意思：将"情欲之所钟"③的和声，配上有强烈教化意义的"正言"一齐奏发，那么人们在欣赏音乐美的同时，也就相应受到一定的思想教育。不仅如此，嵇康还指出美育的实施是一项复杂的系统工程，需要全社会多方面的配合，才能得以顺利展开。按照嵇康的观点，音

---

① 〔希腊〕亚里士多德，吴寿彭译：《政治学》，商务印书馆 1965 年版，第 416 页。

② 戴明扬：《嵇康集校注》，人民文学出版社 1962 年版，第 223～224 页。

③ 戴明扬：《嵇康集校注》，人民文学出版社 1962 年版，第 197 页。

乐与礼仪、诗歌、舞蹈同为重要的教化和美育工具,依靠它们,才能够培养多才多能、德艺兼备的君子,恢复社会的和谐。因此要让音乐发挥美育的作用,不仅要让“正言与和声同发”,要以礼教(“礼”)与之相配合;不仅要从学校美育抓起,社会(“朝”)、家庭也要同时展开;不仅要从小抓起,而且要持之以恒。这样才能够使风俗化成,充分发挥音乐的审美教育作用。

对于美育的实施途径,嵇康不但做了认真的思考,而且还亲身践行之,从而将自己的美育理论建构于丰富的艺术审美体验之上。嵇康多才多艺,是一个哲学家、美学家,更是一个音乐家、书法家、文学家。他擅长弹琴作曲,《长清》《短清》《长侧》《短侧》等琴曲相传是他的作品,合称为“嵇氏四弄”;他善书法,尤工于草书,墨迹被唐代书论家张怀瓘列为“草书妙品”①;他更长于咏诗著论,师心使气,清峻拔俗。卓越出众的才华丰富了嵇康的生命和人格内涵,敏锐独特的艺术体验使得嵇康比一般人对艺术与美育的认识和理解更加深刻,从而构建了更具生命力的“至和”美育思想。

五、抑导结合——美育的规律

嵇康认为,实施美育不能靠外力强迫,不能以抽象说教和逻辑推理诉诸对象,必须遵循一定的规律。

嵇康肯定“食欲”与“性欲”等是人的自然本性,这个本性无

① 〔唐〕张怀瓘:《书断》,见上海书画出版社、华东师范大学古籍整理研究室选编、校点《历代书法论文选》,上海书画出版社 1979 年版,第 173 页。

法禁止,也无须禁止,只需正确引导,使之与生理需求一致,他在《答难养生论》中说:"难曰:'感而思室,饥而求食,自然之理也。'诚哉是言!今不使不室不食,但欲令室食得理耳。"①嵇康认为,即使属于自然本性的情与欲,也应做到"情不可恣,欲不可极"②,就是说要使形与神、身与心和谐地发展,而不要走向极端。"智用"之欲是需要去除的,但去掉"智用"之欲也不能靠强迫。当人们明白"智用"之欲的危害之后,就会自愿地去掉它。嵇康在《声无哀乐论》中还说:"夫音声和比,人情所不能已者也"③,使"丝竹与俎豆并存,羽毛与揖让俱用,正言与和声同发。使将听是声也,必闻此言;将观是容也,必崇此礼。……少而习之,长而不怠,心安志固,从善日迁,然后临之以敬,持之以久而不变,然后化成"④。嵇康的这一见解是相当高明的,他看见了美育实施的自由性、自愿性以及潜移默化的特点,认为音乐在实现其美育功能时要结合这些特点,采用适当的方式,才能有较理想的效果。所以,嵇康主张审美教育应该遵循"抑""导"结合的规律。"抑"就是限制人的情感欲望,避免它们向错误方向发展,主要是通过礼来实现;"导"就是引导人的感情欲望,使它们朝正确的方向发展,主要通过乐来实现。他在《声无哀乐论》中说:"宫商集化,声音克谐。此人心至愿,情欲之所钟。"⑤音乐是人

---

① 戴明扬:《嵇康集校注》,人民文学出版社 1962 年版,第 174 页。

② 戴明扬:《嵇康集校注》,人民文学出版社 1962 年版,第 197 页。

③ 戴明扬:《嵇康集校注》,人民文学出版社 1962 年版,第 223 页。

④ 戴明扬:《嵇康集校注》,人民文学出版社 1962 年版,第 223 ~ 224 页。

⑤ 戴明扬:《嵇康集校注》,人民文学出版社 1962 年版,第 197 页。

的精神的需要,是人的情感活动的需要,是人的审美的需要。这一需要是否合理?出于自己的基本立场,他在《声无哀乐论》中还说:"古人知情之不可放,故抑其所遁;知欲之不可绝,故因其所自。"①实际上他是认为人的情欲需求必须加以正确的导引。礼与乐配合起来,就形成了社会的行为标准和规范。无论何时何地,只要按照这样的准则行动,人与社会就能够达到和谐,整个社会也就可以变得和谐,就可以永远存在下去,最终达于"至和"的理想状态。

综上所述,嵇康执着于真、善、美的和谐统一,强调理想人格的塑造,坚持美善并济的美育原则,以健身养性、音乐教育为主要的美育方式,形成了独具特色的以"和"为核心观念和基本特征的美育理论体系,从而转化和提升了传统"中和论"美育观,使其在形态特征、内在理念、概念范畴、审美追求等方面都发生了巨大的转变。嵇康的美育观是一种建基于传统的"天人合一"文化理念基础上的"至和"美育思想。它是在对传统美育观的继承与反思的基础上形成的,它将儒家传统的"中和位育"的观念发挥得更为玄远与理想,并且糅合了道家学说的自然主义教育观,试图从促进生命的和谐发展进行审美建构。嵇康的"至和"美育观念往往是从如何把人的生命从物欲和各种功利目的的束缚中解放出来的角度来立论的,富于艺术热情和宇宙深情,但最终指向始终是人之生命的和谐与充盈。它注重修身养性,处处流露着对于个体生命存在的深切关爱、对个体价值的自觉捕捉和对诗化境界的不懈追求。因此,我们完全可以说,嵇康的"至和"美育思想代表了魏晋美育思想发展的最高水平,在中国美育发展

① 戴明扬:《嵇康集校注》,人民文学出版社1962年版,第223页。

史乃至中国美学史上都占有不容忽视的地位。

第三节　王羲之的美育思想

王羲之(公元 303 ~ 361 年,一作 307 ~ 365,又作 321 ~ 379),字逸少,号澹斋,原籍琅邪临沂(今属山东临沂),后迁居会稽山阴(今浙江绍兴),晚年隐居剡县金庭,历任秘书郎、宁远将军、江州刺史,后为会稽内史,领右将军,所以世人常称之为"王右军"。王羲之是东晋时期著名书法家,有"书圣"之称。其书法师承卫夫人、钟繇,兼善隶、草、楷、行各体,精研体势,心摹手追,广采众长,备精诸体,冶于一炉,摆脱了汉魏笔风,自成一家,影响深远。王羲之书法风格平和自然,笔势委婉含蓄,遒美健秀,世人常用曹植的《洛神赋》中的"翩若惊鸿,婉若游龙。荣曜秋菊,华茂春松。仿佛兮若轻云之蔽月,飘飖兮若流风之回雪"①这段话来赞美王羲之的书法之美,其代表作《兰亭序》被誉为"天下第一行书"。在中国书法史上,他与其子王献之合称为"二王"。

王羲之的哲学思想比较复杂,深受儒道佛各家影响。郭沫若先生认为王羲之的思想是"儒家与道家的混合物"②,既有儒家积极入世的一面,又有道家超脱玄远的一面。《世说新语·文学》中记载了王羲之在会稽与好谈玄理的佛家学者支遁交往的

---

① 〔清〕严可均辑,马志伟审订:《全三国文》(上册),商务印书馆 1999 年版,第 126 ~ 127 页。

② 郭沫若:《兰亭序与老庄思想》(历史编第三卷),人民出版社 1984 版,第 601 页。

故事。① 不仅如此，他还“与道士许迈共修服食，采药石不远千里，遍游东中请郡，穷诸名山”②。因此商承祚先生认为：“羲之的思想不仅儒、道混合，还或多或少受佛家支遁思想的影响。支遁是‘即色宗’的代表人物，羲之既然对他倾倒而与之交游，在思想感情上自有交融相通之处。因此，可以更确切地说，羲之的思想是儒、释、道三者的混合物。”③

王羲之不但是一个著名的书法家，还是一个独特的美育思想家。受当时社会思潮的影响，王羲之“雅好服食养性”④，潜心于书法艺术审美活动，并努力将书法修习与人格的陶铸、性情的培育相联系。王羲之虽然没有为我们留下专门的美育著作，但是他仍然不愧为一个美育思想家，因为王羲之的美育思想不是体现于“说”，而是更多地体现于“做”。他总是将其审美观念落实到具体行动中，灌注于子女的教育中。

大致而言，王羲之的美育思想可以概括为以下几个方面：

一、子女教育以美育为主

魏晋南北朝是中国古代家庭教育大发展的时代，其中王羲之的教育理念和教育实践尤为引人注目，其中一个重要原因就是他对艺术教育的重视，将审美教育提高到教育中心地位的高度。

---

① 参阅〔南朝宋〕刘义庆：《世说新语》（上册），上海古籍出版社1982年版，第130页。

② 〔唐〕房玄龄等撰：《晋书》，中华书局1974年版，第2101页。

③ 商承祚：《论东晋的书法风格并及〈兰亭序〉》，《中山大学学报》（哲学社会科学版）1966年第1期。

④ 〔唐〕房玄龄等撰：《晋书》，中华书局1974年版，第2098页。

据《晋书·王羲之传》记载:"羲之幼讷于言,人未之奇。"①王羲之幼时不善言辞,但他勤于书法,七岁学书,十二岁识笔法,每日临书不辍,临池学书,池水尽黑。通过长期的刻苦临摹研习,终于成为当时的书法大家。王羲之通过自己的切身实践,深刻意识到教育的重要性,所以他非常重视对后代子女的教育,历史上曾流传有多个关于他教育子女的趣闻轶事。审美教育在王羲之教育实践中居于十分重要的地位,他本人是书法大家,具有极高的艺术素养,因此他对子女的教育主要是以艺术教育为主展开的。王羲之有玄之、凝之、涣之、肃之、徽之、操之、献之七个儿子和一个女儿。王羲之主要通过教授子女书法艺术来提高其审美素养、涵养其情操。例如,当孩子在小时候对书法产生了浓厚的兴趣后,王羲之总是会有意识地对其进行基础的训练。在孩子七八岁时,王羲之就正式开始让他学书法了。他根据自己的经验,系统地传授各种经验。从怎样握笔入手,一点一滴地细细教。在书法教育中使孩子知荣辱、明事理、辨美丑、懂诗书、健身心。经过长期的书法审美教育,七个儿子都擅长书法,尤其是"玄之、凝之、徽之、操之并工草隶"②,七人个个气度超逸、品性雅致,被传为中国教育史上的佳话。《世说新语·任诞》记载了"王子猷雪夜访戴"的故事:

王子猷居山阴,夜大雪,眠觉,开室,命酌酒。四望皎然,因起彷徨,咏左思《招隐诗》。忽忆戴安道,时戴在剡,即

① 〔唐〕房玄龄等撰:《晋书》,中华书局1974年版,第2093页。

② 〔唐〕张怀瓘:《书断》,见上海书画出版社、华东师范大学古籍整理研究室选编、校点《历代书法论文选》,上海书画出版社1979年版,第180页。

便夜乘小船就之。经宿方至，造门不前而返。人问其故，王曰："吾本乘兴而行，兴尽而返，何必见戴？"①

这个故事充分体现了王子猷疏旷不羁、放诞率性的性情，被看做是魏晋风度的典型，为后人所称赞。王子猷是王羲之的第五子（王徽之），他这一潇洒放诞、自然率真的气度的形成，与其自幼受到王羲之对其实施的书法艺术教育不无关系。

前文所述，东汉末期，经学已经变得繁琐虚伪，人们对外在的正统道德、伦理纲常、长尊秩序即皇权威严产生了质疑；频繁的军阀混战与残酷的政治迫害，使神州萧条、生灵涂炭，士人朝不保夕、生死无常，因而开始把目光转向人自身，开始重新思索、寻求和把握自身的生命和价值，"向内发现了自己的深情"②，这实际上是一种个人自我的觉醒，表现为个体向自我、人性、真情的回归。魏晋人在审美活动中惊奇地发现了一个生命的寄寓之所：艺术可以延续生命、解放心灵、实现价值，即如曹丕《典论·论文》所言"盖文章，经国之大业，不朽之盛事。年寿有时而尽，荣乐止乎其身，二者必至之常期，未若文章之无穷……寄身于瀚墨，见意于篇籍，不假良史之辞，不托飞驰之势，而声名自传于后"③，他在《与王朗书》中还说："生有七尺之形，死唯一棺之土，唯立德扬名，可以不朽，其次莫如著篇籍"④。也就是说，文学艺

① 〔南朝宋〕刘义庆：《世说新语》（上册），上海古籍出版社 1982 年版，第 396 ~ 397 页。

② 宗白华：《美学散步》，上海人民出版社 1981 年版，第 215 页。

③ 郭绍虞主编《中国历代文论选》（第一册），上海古籍出版社 2001 年版，第 159 页。

④ 〔晋〕陈寿著，〔南朝宋〕裴松之注：《三国志》，中华书局 1982 年版，第 88 页。

术可以作为立德扬名、实现生命价值、表达思想情感、寄托理想愿望的手段。于是魏晋文人知识分子越来越多地投身于艺术审美活动,书法艺术及其理论也得到了较快发展。晋人不为礼法实用所束缚,直接把书法艺术当做任情恣性、自由抒发个人性情的理想形式。王廙在《平南论画》中提出了“画乃吾自画,书乃吾自书”①的命题。正如宗白华所说“晋人风神潇洒,不滞于物,这优美的自由的心灵找到了一种最适宜于表现他自己的艺术,这就是书法中的行草……”②王羲之《论书》曰:“须得书意转深,点画之间,皆有意,自有言所不尽,得其妙者,事事皆然。”③他认为书法应该尚意重韵,表现人的思想情感和个性风貌,这可以说是魏晋时“意以象尽”“言不尽意”的美学思想在书论中的表现。“意”即人的内心的悲喜哀乐和意绪情操,而且这“意”必须融入笔墨之中,他在《书论》中指出:“若作一纸之书,须字字意别,勿使相同。……凡书贵乎沉静,令意在笔前,字居心后,未作之始,结思成矣。”④他重视书法的意趣笔韵,讲求飞动之美、错落之美、中和之美,以使整幅作品“气韵生动”。

“东汉就开始有意识地追求一种书法的观赏性、艺术性,同

---

① 俞剑华编著:《中国画论类编》,人民美术出版社 1986 年版,第 14 页。

② 宗白华:《美学散步》,上海人民出版社 1981 年版,第 212 页。

③ 〔唐〕张彦远辑,洪丕谟点校:《法书要录》,上海书画出版社 1986 年版,第 4 页。

④ 〔唐〕张怀瓘:《书论》,见上海书画出版社、华东师范大学古籍整理研究室选编、校点《历代书法论文选》,上海书画出版社 1979 年版,第 28 ~ 29 页。

时产生了真正的书法美学思想,虽然它是初步的、简单的,但却是书法艺术趋于成熟的重要一步,也充分体现了东汉以来文人士大夫个体意识和审美意识走向自觉和独立的趋势。”①但汉末三国时代,书法艺术还并未成为审美教育的重要内容,此时的书法艺术上缺少独立的自觉。而经西晋至东晋时期,经过王羲之等人的不懈努力,书法艺术才逐渐进入了自觉的时代。我们可以毫不夸张地说,正是由于王羲之在理论和实践上的努力,书法艺术才真正进入了审美教育领域,成为中国古代美育的重要内容,这在一定程度上是对儒家诗教、乐教传统的有力补充,丰富和拓展了古代审美教育的手段,为以儒家礼乐教化思想为主体的中国古代“中和论”美育开辟了新的发展空间。

二、超然物外、卓尔不群的理想人格

王羲之的书法之所以被看做是千古绝伦的艺术精品,这当然与他的审美理想及其对人格美的追求是息息相关的。王羲之最后的官任是“右军将军、会稽内史”②,此三年后便辞职闲居,寄情于山水间了。王羲之心目中的理想人格是超然物外、虚静无为、卓尔不群。不随时俗、超然物外,对自然、个性和理想人格的追求使王羲之的书法意境臻于化境。

在魏晋时期,许多风流名士厌恶官场的腐败,为避免政治的险恶,他们崇尚老庄的“无为”思想,其中不少人消极避世、隐居

① 钟仕伦主编:《魏晋南北朝美育思想研究》,中国社会科学出版社 2006 年版,第 363 页。

② 〔唐〕房玄龄等撰:《晋书》,中华书局 1974 年版,第 2094 页。

山林，以达到远离世俗的目的，也有不少人虽然未曾隐居，但也沉溺于山水之中。《晋书·王羲之传》曾这样写道："会稽有佳山水，名士多居之，谢安未仕时亦居焉"①，南方山水之美在士人们游历和居住时被发现，并与他们的思想产生了交流，成为新的审美对象。王羲之"初渡浙江，便有终焉之志"②，这与他陶醉于大自然，发现山水之美不无联系。《晋书·谢安传》有这样一段记述：谢安"寓居会稽，与王羲之及高阳许询、桑门支遁游处，出则渔弋山水，入则言咏属文，无处世意"③。《晋书·王羲之传》还记载：王羲之辞官后，"与东土人士尽山水之游，弋钓为娱。……遍游东中诸郡，穷诸名山，泛沧海"，游目骋怀，并且感叹说："我卒当以乐死。"④自古文章多得江山助，王羲之辞官后在游历山水、畅怀弋钓中，进一步发现了自然美的真谛，陶冶了艺术心灵，使他的书法艺术达到韵高千古的境界。同时，由于魏晋玄学的兴起和老庄思想的盛行，超然物外、虚静无为的思想对人们产生深刻的影响。王羲之作为东晋士人的代表人物，他的美学思想也不例外。王羲之曾作过这样的表白："吾素自无廊庙志"⑤，在父母墓前自誓永不做官："进无忠孝之节，退违推贤之义，每仰咏老氏、周任之诫常恐死亡无日，忧及宗祀，岂在微身而已！"⑥所谓老

① 〔唐〕房玄龄等撰：《晋书》，中华书局1974年版，第2098～2099页。

② 〔唐〕房玄龄等撰：《晋书》，中华书局1974年版，第2098页。

③ 〔唐〕房玄龄等撰：《晋书》，中华书局1974年版，第2072页。

④ 〔唐〕房玄龄等撰：《晋书》，中华书局1974年版，第2101页。

⑤ 〔唐〕房玄龄等撰：《晋书》，中华书局1974年版，第2094页。

⑥ 〔唐〕房玄龄等撰：《晋书》，中华书局1974年版，第2101页。

氏周任之诫即知足不辱,安贫乐命。

魏晋人以卓荦不羁、任情放达为时尚,追求自由精神和个性的解放,显示出对独立人格的高度重视。王羲之是魏晋时期著名的风流人士,《颜氏家训·杂艺》曰:“王逸少风流才士,萧散名人,举世惟知其书,翻以能自蔽也。”①所谓风流才士、萧散名人是从其人格、气度角度而言的。冠以风流、萧散者一般是具有自由的精神、脱俗的言行、超逸的风范之人。近现代美学家常把“风流”“萧散”视为魏晋六朝名士“人格美”的一种表现。在晋人看来,自然界中的万物生机勃勃,灵趣动人,它们的美应当与人物的品格是一致的,所以我们现在所见到的魏晋人物品评,很多方面用自然美来形容。当时人们对王羲之的品评是“飘如游云,矫若惊龙”②。“游云”是说风貌飘逸、品格高洁,而“惊龙”则是说生气勃勃、卓尔不群。据《晋书·王羲之传》记载:“羲之既少有美誉,朝廷公卿皆爱其才器,频召为侍中、吏部尚书,皆不就。复授护军将军,又推迁不拜。”③侍中、吏部尚书、护军将军的官位都不低,朝廷频招而王羲之却“皆不就”,王羲之超尘绝俗、特立独行、狂傲高迈的性格由此可见一斑。后来王羲之做官时比较亲民,他曾不顾个人仕途得失与个人安危,对当时的政治统治给予了尖锐批评,他说:“自顷年割剥遗黎,刑徒竟路,殆同

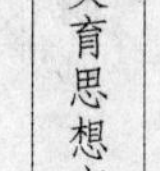

---

① 庄辉明、章义和:《颜氏家训译注》,上海古籍出版社 2012 年版,第 245 页。

② 〔南朝宋〕刘义庆:《世说新语》(上册),上海古籍出版社 1982 年版,第 332 页。

③ 〔唐〕房玄龄等撰:《晋书》,中华书局 1974 年版,第 2094 页。

秦政""遗黎歼尽,万不余一""虽秦政之弊,未至如此"。① 王羲之自有"鉴裁",坚持个人独立的见解,不人云亦云,不轻意改变自己的主张,《世说新语·品藻》曰:"时人道阮思旷骨气不及右军"②,故而有"骨鲠"③之称。唐代书法理论家张怀瓘评价王羲之曰"骨鲠高爽,不顾长流"④。王羲之是魏晋风流的典型代表,《世说新语》中记载了大量反映魏晋士族阶层的生活方式、精神面貌及其清谈放诞的风气的奇闻逸事和言谈举止,其中相当一部分是有关王羲之及其后人的,这是王羲之人格襟抱的表征,充分体现了他对超然物外、旷达豪迈人格的追求。《晋书·王羲之传》曾记载了王羲之"坦腹东床"的故事,他天性率真,反对矫揉造作,不愿饰容献媚以求妻,这些都表现出他对独立的人格美的追求。唐人房玄龄主编的《晋书》中《王羲之传》、南朝刘义庆的《世说新语》都记载了王羲之众多的逸闻趣事,清晰地勾勒出王羲之的人生轨迹,颇能显出王羲之的个性特征和高雅人格。在晋人看来,不被权势、世俗所左右,独立于天地,德被于天下的人格才是最美的。而人们用"游云""惊龙"来品评王羲之,恰恰说明了王羲之的卓尔不群、遗世独立的人格魅力。

"文如其人""字如其人",书法能够反映创作者的精神意志和个性风貌。王羲之是魏晋南北朝时期书法艺术的杰出代表,他对书法的审美追求是自由、洒脱,其书法以极富灵性和变幻的

① 〔唐〕房玄龄等撰:《晋书》,中华书局 1974 年版,第 2095~2096 页。

② 〔南朝宋〕刘义庆:《世说新语》(上册),上海古籍出版社 1982 年版,第 282 页。

③ 〔唐〕房玄龄等撰:《晋书》,中华书局 1974 年版,第 2093 页。

④ 〔唐〕张怀瓘:《书断》,见上海书画出版社、华东师范大学古籍整理研究室选编、校点:《历代书法论文选》,上海书画出版社,第 179 页。

韵致在中国书法历史上傲视群雄。他的书法美学著作《笔势论》之“启心”篇意在反对书法的人工雕琢，强调书法的自然天趣、生机盎然。把书法中的笔画与自然物象联系起来，以自然美来要求书法，充分体现了王羲之自然和美、超然旷达的品格。王羲之兼善隶、草、楷、行诸体，精研体势，自成一家，“尤善隶书，为古今之冠，论者称其笔势，以为飘若浮云，矫若惊龙”①。后世众多文人墨客对王羲之的书法风格都给予了极高评价，表达了钦佩仰慕之情。例如唐太宗作《王羲之传论》，称赞王羲之曰：

详察古今，研精篆素，尽善尽美，其惟王逸少乎！观其点曳之工，裁成之妙，烟霏露结，状若断而还连；凤翥龙蟠，势如斜而反直。玩之不觉为倦，览之莫识其端。心慕手追，此人而已；其余区区之类，何足论哉！②

唐代孙过庭《书谱》评价王羲之等人的书法曰：“同自然之妙有，非力运之能成；信可谓智巧兼优，心手双畅。”③唐代书法美学家张怀瓘则赞扬他“笔迹遒润，独擅一家之美，天质自然，丰神盖代”④。神由韵生，韵因气显，王羲之的书法在清旷悠闲和散淡自然中，将晋韵中既清高矜持又潇散放诞的心性情怀淋漓尽致地显示出来；王羲之的书法风格体现了他超然物外、卓尔不群

---

① 〔唐〕房玄龄等撰：《晋书》，中华书局 1974 年版，第 2093 页。

② 〔唐〕李世民：《王羲之传论》，见上海书画出版社、华东师范大学古籍整理研究室选编、校点：《历代书法论文选》，上海书画出版社 1979 年版，第 122 页。

③ 马国权：《书谱译注》，上海书画出版社 1980 年版，第 39 页。

④ 〔唐〕张怀瓘：《书议》，见上海书画出版社、华东师范大学古籍整理研究室选编、校点：《历代书法论文选》，上海书画出版社 1979 年版，第 145 页。

的独立人格以及心怀坦荡、追求个性解放的主体意识和美学理想。

三、激发兴趣、循循善诱的美育方法

在如何采取正确的方式方法提高审美教育的效果方面，王羲之有着自己独到的见解和做法。王羲之一生共育有七子，前六子他虽然竭尽全力、精心培养，但他们的书法并未达到当时的一流水平，离王羲之的期望尚有一定差距。于是王羲之总结教训，改变了教育方法，对第七子王献之（公元344～386年）来了个“欲擒故纵”，当他写字的时候，故意不让王献之进书房。王献之好奇，就在书房楼上的地板上挖了个洞，偷偷往下看，见父亲笔走龙蛇、出神入化，顿生羡慕。久而久之，王献之对书法产生了浓厚兴趣。王羲之见时机已到，便开始教他书法艺术。但教授时不再像对前六子那样面面俱到，而是采用激发兴趣、启发点拨的方式，很多道理和技巧让孩子自己去观察，自己去琢磨，自己去思考。① 王羲之在其《笔势论十二章（并序）》中明确告诉其子王献之（字子敬）：“吾察汝书性过人，仍未闲规矩。父不亲教，自古有之。今述《笔势论》一篇，开汝之悟。”②在父亲的循循善诱、精心点拨下，献之在书法上突飞猛进。后来，献之的字也终于到了力透纸背、炉火纯青的程度。也正因为此，后人往往将王献之与王羲之并列，称为“二王”。

结合我们目前的学校美育现状，感觉王羲之的美育思想的确

---

① 参阅花之兰：《王羲之和苏洵的“教子经”》，《云南教育》2011年第10期。

② 上海书画出版社、华东师范大学古籍整理研究室选编、校点：《历代书法论文选》，上海书画出版社1979年版，第29页。

具有重要的启发和借鉴意义。目前我国的审美教育,在教孩子学习时往往强硬灌输的多,开导启发的少;急于求成的多,注重培养兴趣的少。整个美育过程没有注意激发孩子的兴趣和好奇心,没有给孩子以自由发挥和想象的空间。在这样美育模式下,孩子的审美思维空间受到限制,孩子的审美思维也得不到创新发展,始终处在被动接受的状态中。王羲之注重激发兴趣、循循善诱的美育方式告诉我们:实施审美教育的具体过程中,培养兴趣是关键,循循善诱是法宝。众所周知,审美教育不同于一般的德育、智育、体育,其主要特点是生动性、体验性、愉悦性、自由性。因此兴趣在审美教育中的作用不容忽视。兴趣深受环境的影响,兴趣要靠长期的习惯养成。比如父母喜欢读书、看报、创作、听音乐,孩子在很小的时候就能感受到文学艺术知识的熏陶,会慢慢也对读书看报、艺术创作等审美活动产生兴趣的。但在培养孩子的学习兴趣和审美习惯的过程中,我们还必须牢记“强扭的瓜不甜”,切忌僵硬和强制,要多在启发、引导、鼓励上下工夫。目前一些教育工作者和家长把艺术特长培训等同于审美教育,强迫孩子参加各种艺术特长班,逼迫孩子“刻苦”练习以获得某种技巧。这些做法都是不正确的,常常使孩子对艺术和审美活动产生反感、厌恶甚至恐惧的心理,极大影响了美育的效果。其实美育从根本上说是一种生命教育,旨在净化心灵、完善人格、陶冶情感、怡情养性,进而促进人的全面发展。美育包括艺术美、自然美、社会美、科技美等多方面丰富多彩的内容,形式也是灵活多样。因此,决不能扼杀孩子独特的艺术兴趣和爱好,而要顺应孩子的天性来培养其审美情趣,在具体的艺术教育过程中注意因人施教、循循善诱。

四、王羲之美育思想的意义与启示

王羲之的书法理论和美育思想对后世产生了重要影响。在唐代及以后，在书法领域多次掀起了学王、尊王之风。这种行为应该是很值得提倡的，因为在学王、尊王的过程中，人们的人性修养、书法品位与艺术格调都会有着高的起点，都可能产生高质量的作品。即使在今天，王羲之的美育思想仍然有着极为重要的现实意义。王羲之以其深刻的书法理论与丰富的艺术实践给我们今天的美育建设以极大启示，这可以概括为四个主要方面：

其一，艺术教育是整个教育体系中必不可少的一部分。对于今天的人们而言，艺术教育是审美教育乃至整个教育体系的重要内容和手段，是素质教育的重要组成部分。必须予以高度重视。1986 年全国六届人大四次会议《关于第七个五年计划的报告》明确指出："各级各类学校都要认真贯彻执行德育、智育、体育、美育全面发展的方针。"①这应该说是一个重大的突破。1993 年 3 月中共中央国务院印发的《中国教育改革和发展纲要》又指出："美育对于培养学生健康的审美观念和审美能力，陶冶高尚的道德情操，培养全面发展的人才，具有重要作用。要提高认识，发挥美育在教育教学中的作用。根据各级各类学校的不同情况，开展形式多样的美育活动。"②近几年，随着我国教育由应试型向素质型的转变，美育越来越受到重视。1999 年 6 月《中共中央、国务院关于深化教育改革全面推进素质教育的决定》进一步明确指出："实施素质教育，必须把德育、智育、体育、美育等有机地统一在教育活动的各个环节中。学校教育不仅要抓好智育，更要重视德育，还要加强体育、美育、劳动技术教育和

① 《关于第七个五年计划的报告》，《中华人民共和国国务院公报》1986 年第 10 期。

② 《中国教育改革和发展纲要》，《中国高等教育》1993 年第 4 期。

社会实践……”要求“中小学要加强音乐美术课堂教学，高等学校应要求学生选修一定学时的包括艺术在内的人文学科课程。开展丰富多彩的课外文化艺术活动，增强学生的美感体验，培养学生欣赏美创造美的能力。……农村中小学也要充分利用当地文化资源，因地制宜地开展美育活动”①。这就不但指出了美育的重要性，而且对美育的任务、如何开展美育以及艺术教育的重要地位等问题都做了深刻阐述。这些政策和主张其实就是对王羲之等古人的美育思想在新的时代背景下的弘扬传承与具体利用。

其二，审美教育必须潜移默化。据说，王羲之成名之后，家里经常有客人来求教。每次有客人来，他与客人切磋书法艺术的时候，总是让孩子陪在身旁，从不约束。他甚至还示意孩子注意听他和客人谈话。客人的学识、气质、兴趣、爱好等，都给孩子留下了深刻的印象。天长日久，耳濡目染，孩子就萌发了学习书法的浓厚兴趣，审美水平大大提高。王羲之就是在潜移默化中对孩子实施了审美教育的，有如“润物细无声”，效果极佳。苏联著名教育家凯洛夫说：“在儿童美育中，起着重大作用的是他们对周围环境的无知无觉”②，这里所谓的“无知无觉”就是强调美育的潜移默化作用。其实，从一定意义上讲，审美教育就是一种潜移默化的教育。王羲之对子女进行美育的成功经验再次提醒我们：审美教育必须坚持潜移默化的原则。

其三，美育是一项素养教育。王羲之的美育思想还告诉我

① 《中共中央、国务院关于深化教育改革全面推进素质教育的决定》，1999 年 6 月 13 日《人民日报》。

② ［苏联］凯洛夫：《教育学》，人民教育出版社 1957 年版，第 128 页。

们：审美教育不是单纯艺术技法和技能的学习，不能停留于单纯的知识传播，更重要的是通过艺术教育来涵养人的品格、陶冶人的情操、净化人的情感、完善人的心理、提升人的境界。美育是一种全面的教育，要求我们培养全面发展的健康的人、和谐的人、朝气蓬勃的人，从而使整个社会成为一个和谐发展的社会。正如《中国教育改革和发展纲要》（1993 年 2 月 13 日）所指出的："美育对于培养学生健康的审美观念和审美能力，陶冶高尚的道德情操，培养全面发展的人才，具有重要作用"。①《中共中央、国务院关于深化教育改革全面推进素质教育的决定》也曾明确指出："美育不但能陶冶情操、提高素养，而且有助于开发智力，对于促进学生全面发展具有不可替代的作用。"②

其四，美育重在提升境界。王羲之的美育思想还启示我们，审美教育重在提升人们的生活理想和思想境界。魏晋时期，在两汉曾经独尊的经学日渐衰微，但是王羲之对儒家美育并未完全摒弃，对其思想精华采取了继承与弘扬的态度。他的两首《兰亭诗》中儒家思想色彩表现得很明显，他在第一首诗中咏道："咏彼舞雩，异世同流。"③他要与之同流的人显然是指孔子。"舞雩"出于《论语·先进》："（曾皙）曰：'莫春者，春服既成，冠者五六人，童子六七人，浴乎沂，风乎舞雩，咏而归。'夫子喟然叹曰：'吾与点也。'"这段充满诗意的对话蕴含着儒家美育的理想，即

---

① 《中国教育改革和发展纲要》，《中国高等教育》1993 年第 4 期。

② 《中共中央、国务院关于深化教育改革全面推进素质教育的决定》，《人民日报》1999 年 6 月 13 日。

③ 逯钦立辑校：《先秦汉魏晋南北朝诗》，中华书局 1983 年版，第 895 页。

通过审美活动,使人与自然友好相处,和谐地融为一体。王羲之认为参加兰亭修禊宴集的名士,虽然与孔子处于两个不同的时代,但都是理想远大、境界高远之人,应该怀有与孔子一样具有高尚的志趣、高远的境界及美好的人生理想。从王羲之身上我们强烈地意识到,在当今这个物欲横流、喧嚣嘈杂、信仰缺失、缺少崇高感的社会,审美教育的任务艰巨而伟大,而审美教育的重中之重则是提升人们的思想境界与人生理想,使人与人、人与社会、人与自然和谐相处,实现可持续发展。

第四节　慧远的美育思想

慧远(公元334~416年),俗姓贾,雁门郡楼烦县人(今山西宁武附近),后居庐山,与刘遗民等同修净土,为净土宗之始祖,东晋时期著名佛学家。据梁释慧皎《高僧传·慧远传》记载:

> 释慧远,本姓贾氏,雁门娄烦人也。弱而好书,珪璋秀发,年十三随舅令狐氏游学许洛。故少为诸生,博综六经,尤善《庄》《老》。性度弘博,风览朗拔,虽宿儒英达,莫不服其深致。年二十一,欲渡江东,就范宣子共契嘉遁。值石虎已死,中原寇乱,南路阻塞,志不获从。①

慧远出生于世代书香之家,自小资质聪颖,勤思敏学,十三岁时便随舅父令狐氏游学许昌、洛阳等地。精通儒学,旁通老庄。"尤善《庄》《老》"表明慧远也曾是玄学中人。他在《与隐士刘遗民等书》中曾谈到自己皈依佛教的思想演变历程:"每寻畴

① 〔梁〕释慧皎撰,汤用彤校注:《高僧传》,中华书局1992年版,第211页。

昔，游心世典，以为当年之华苑也。及见《老》《庄》，便悟名教是应变之虚谈耳。以今而观，则知沉冥之趣，岂得不以佛理为先？”①

慧远二十一岁时，偕同母弟慧持前往太行山聆听道安法师讲《般若经》，豁然开悟而皈依佛教，舍俗出家，随从道安法师修行。公元381年，慧远大师在庐山建造精舍龙泉寺，领众清修，弘法济生。后建立寺院东林寺，作为集众行道的场所，后遂成中国佛教净土宗著名的发源地之一。慧远自在庐山三十余年，志心于净土，影不出山，迹不入俗，用功办道，著书立说，弘传佛学，将全部身心都奉献于道场，奉献于佛祖。公元416年慧远安然示寂于东林寺，时年八十三岁。

慧远刻苦钻研佛学并投身佛教教育活动，不仅精通佛教的各家各派的学说，而且谙熟儒、道、玄，同时对艺术与审美亦颇有见地，对当时一些重要的思想问题作了极具理论深度的思考，是魏晋南北朝时期重要美育思想家。他著有《法性论》，但已佚失。就现存的慧远的著作来看，他对于审美教育的直接论述并不多，但从他的一些佛学论著中，还是可以发现许多独特的美育思想。慧远的美育思想主要体现在他的“至极以不变为性，得性以体极为综”②理论中。深入探讨慧远的美育思想，对于把握整个魏晋南北朝美育的特点以及“中和论”美育的发展变化，无疑是大有裨益的。

---

① 〔清〕严可均校辑：《全上古三代秦汉三国六朝文》（全四册），中华书局1958年版，第2390页。

② 〔梁〕释慧皎撰，汤用彤校注：《高僧传》，中华书局1992年版，第218页。

一、美育理想:涅槃与净土

慧远认为人的意识是使人痛苦的最终原因。人因为有意识,从而产生了烦恼、情欲,而这就是人无穷无尽的苦难的根源,即其《沙门不敬王者论·求宗不顺化三》所谓:“夫生以形为桎梏,而生由化有。化以情感,则神滞其本,而智昏其照,介然有封,则所存唯己,所涉唯动。于是灵辔失御,生涂日开,方随贪爱于长流,岂一受而已哉!”①他认为佛教的美育是明喻众生的烦恼。苦痛源于生命形体的存在。通过佛教美育才可超脱世俗的束缚,才能不受情欲的牵连。人要摆脱烦恼,立地成佛,就要诚心接受佛教的审美教育,即使罪孽深重的众生亦可成佛道,正如《无量寿经》曰:“诸佛世界诸菩萨闻我名字,寿终之后,常修梵行,至成佛道”②,也就是说美育的本质就是排除世俗意识、超越肉体情欲束缚,进而忘却形体、解脱自我,这也是佛教美育的目的。

慧远在《庐山出修行方便禅经统序》说:

> 照不离寂,寂不离照,感则俱游,应必同趣,功玄于在用,交养于万法。其妙物也,运群动以至壹而不有,廓大象于未形而不无。无思无为而无不为。是故洗心静乱者,以之研虑;悟彻入微者,以之穷神也。③

佛教修行是如此,审美教育亦是如此。如果从美育角度来

---

① 〔南朝梁〕僧祐编撰,刘立夫、胡勇译注:《弘明集》,中华书局2011年版,第323页。

② 董国柱:《佛教十三经今译(四):观无量寿经佛说无量寿佛经》,黑龙江人民出版社1998年版,第57页。

③ 石峻等编:《中国佛教思想资料选编》(第一卷),中华书局1981年版,第91页。

看,“穷神”,就是用智慧来观照文学艺术之道,它完全超越了一般的艺术技巧、艺术风格等“技”的问题,是通向人生理想境界之路,因而具有了超越现实的意义。刘勰在《文心雕龙·总术》中也曾说过:“凡精虑造文,务竞新丽,多欲练辞,莫肯研术”①,这一观点明显是受到了慧远的影响。

在慧远看来,无论对于修行者还是艺术家来说,“不以情累其生,则生可灭;不以生累其神,则神可冥。冥神绝境,故谓之泥洹”②(《沙门不敬王者论·求宗不顺化三》)。“冥神”即是“玄览”“冥应”,就是超脱生死,不为私欲烦恼所累,洒脱飘逸,禅趣智悦,达到与体现人与自然合一的精神的契合;“绝境”,则是不为外境所囿,绝知弃相,物我两忘,空灵澄澈,纯然如一。慧远认为,佛之“神明”虽通过色相而表现,但人们万万不可拘泥于色相,一定要超越一切物象。也就是说,既依赖于色相,又超乎色相。只有这样,才能摆脱世俗的烦恼,进入绝对自由的精神境界。

佛教美育就是要超越肉体束缚、摆脱世俗烦恼,但是另一方面,涅槃的境界是永恒不变的,而众生的苦难却是永久轮回的,因此只有把人们引向往生弥陀净土才是佛教美育的终极目标和最高理想。所谓净土,是指与世俗相对的地方,它被佛教构想为清净、安隐、快乐的地方,因而称为净土。成佛者可以进入西方极乐净土,在那里人间的苦难、丑恶会全部消失,取而代之的是幸福的美善的世界。

---

① 周振甫:《文心雕龙今译》,中华书局2013年版,第387页。

② 〔南朝梁〕僧祐编撰,刘立夫、胡勇译注:《弘明集》,中华书局2011年版,第323页。

二、美育的原则:循序渐进

客观地说,慧远的艺术创作并不多,但他参与的审美活动却不少,尽管这些审美活动的背景是宗教意义上的,但对丰富魏晋时期的美育思想起到了积极作用。

在美育原则上,慧远始终坚持循序渐进。慧远认为佛法深奥,为了让众生能够更多地领悟佛教教义,应当采用循序渐进的方法,只有这样才能收到事半功倍的效果。例如他在《庐山出修行方便禅经统序》中说:“佛大先以为澄源引流,固宜有渐。是以始自二道,开甘露门。释四义以反迷,启归途以领会。分别阴界,导以止(正,引者注)观,畅散缘起,使优劣自辨,然后令原始反终。妙寻其极,其极非尽,亦非所尽,乃曰无尽,入于如来无尽法门。”①在此,慧远详尽阐述了修行的步骤和原则。修禅应循序渐进、由浅入深,开始时讲方便、胜进二道,开不敬观、念息二甘露门,通达退、住、升进、决定四义,即可领会要旨,分别阴界,导以正观,终可达到究竟。

在慧远看来,学佛修行须循序渐进,审美教育也应该坚持循序渐进。慧远的这一见解是很有道理的。当代美育理论认为,循序渐进性是审美教育的重要特性。美育是一个循序渐进、逐步提高的过程,各阶段的美育内容,既要纳入统一序列,又要各有侧重,必须按照科学的逻辑系统和个体认识能力发展的顺序开展美育活动。不仅在一个人的不同成长阶段,而且在每一门课、每一个专题、每一项审美实践活动中,都应遵守循序渐进的

---

① 石峻等编:《中国佛教思想资料选编》(第一卷),中华书局1981年版,第93页。

原则，分层次有计划地开展审美教育，做到连贯、完整、系统。因此，在美育方法上倡导循序渐进，显示了慧远美育思想的前瞻性与科学性。

三、美育的方法：念佛三昧

在慧远那里，美育的方法不同于一般教育的方法，也不同于世俗美育的方法。

首先，念佛三昧。“三昧”是梵文 Samādhi 之音译，亦译“三摩地”，意译“定”或“等持”。念佛三昧就是通过精神高度集中，口念或观想特定对象而获得佛法悟解的方法。这是佛教禅定十念之一，即念佛之人抛开一切杂念，进入虚静的状态，把所观想之物作为镜子，通过镜子辉映、反射自身，这样观察镜中的真体，就能感到神灵与形体的统一，悟道佛法，这是慧远所主张的佛教美育的重要方法。《念佛三昧诗集序》曰：“夫称三昧者何？专思寂想之谓也。思专，则志一不分；想寂，则气虚神朗。气虚，则智恬其照；神朗，则无幽不彻。斯二者，是自然之玄符，会一而致用也。是故靖恭闲宇，而感物通灵，御心惟正，动必入微。此假修以凝神，积功以移性，犹或若夫尸居坐忘，冥怀至极，智落宇宙，而暗蹈大方者哉？”①“念佛三昧”其具体法门有三种：一是称名念佛，口念佛号多遍即可成佛；二是观想念佛，即静虑入定，观想佛陀种种美好形相和功德神威及佛土之庄严净妙；三是实相念佛，观佛的法身“非有非空，中道实相”之理。《庐山诸道人游石门诗并序》曰：“夫崖谷之间，会物无主。应不以情而开兴，引人

---

① 石峻等编：《中国佛教思想资料选编》（第一卷），中华书局 1981 年版，第 98 页。

致深若此，岂不以虚明朗其照，闲邃笃其情耶。并三复斯谈，犹昧然未尽。俄而太阳告夕，所存已往。乃悟幽人之玄览，达恒物之大情，其为神趣，岂山水而已哉？"①"玄览"一词源于先秦道家的"涤除玄览"，显示出慧远的佛学理论和审美思想的玄学化特征。此处的"玄览"鲜明地打上了佛教"念佛三昧"的烙印，即在禅智的审美心态中观照宇宙、社会、人生。在慧远看来，自然山水属于无情，之所以会如此"开兴引人"，不仅在于其本身的美，更在于它蕴含着佛之神明、至理。而一般人并非能体认到这种双重结合的意蕴，只有"虚明朗其照，闲邃笃其情"的"幽人"，才能与之契合，把握其"神趣"。如果普通人像"幽人"那样恭守静居，专注一境，志一不分，就会进入心气虚空、精神清朗的状态，智慧就能观照万物、洞彻宇宙。也就是说只要凭借这种静虑来凝聚精神，感应万物，并通过长期的积累与修养来改变性情，即可于冥冥之中通达神灵，抵达美妙的"至极"境界。慧远还细致描述了"念佛三昧"的具体状态：

入斯定者，昧然忘知，即所缘以成鉴。鉴明则内照交映而万像生焉，非耳目之所暨而闻见行焉。于是睹夫渊凝虚镜之体，则悟相湛一，清明自然；察夫玄音之叩心听，则尘累每消，滞情融朗。非天下之至妙，孰能与于此哉？以兹而观，一觌之感，乃发久习之流覆，豁昏俗之重迷。若以匹夫众定之所缘，固不得语其优劣，居可知也。②

---

① 逯钦立辑校：《先秦汉魏晋南北朝诗》，中华书局 1983 年版，第 1086 页。

② 石峻等编：《中国佛教思想资料选编》（第一卷），中华书局 1981 年版，第 98 页。

进入念佛三昧的人，昧然忘却一切。明镜洞照，交相辉映，万像俱生，不以耳目，却听闻见知。于是，看到了深奥凝沉的虚幻镜子之本体，悟到了心灵实相的湛然纯一。体察幽邃的声音，在内心里领受，就会使种种烦恼妄念消殆耗尽，淤滞沉浊的情欲亦随之消融，从而使心境明朗。如此美妙的境界，只有通过“念佛三昧”这种最为神妙的修持方法才能领略得到。慧远把人们在念佛三昧中所见的佛分为两种：一种是由心专想而产生的梦幻，一种是内心外神会而来的“圣人”，前者是虚假的，后者为实在的。总之，念佛三昧是慧远最为看重的审美教育方法，因为他认为通过它可以达于西方净土极乐世界。慧远强调“三昧”不仅是一种禅定功夫，它还时刻伴随着智慧观照、审美关照。慧远的念佛三昧与竺道生的顿悟的美育方法有着异曲同工之妙。竺道生（公元 355 ~434 年）也是东晋时期著名的佛学教育家，他的美育方法也是使人进入虚静的状态，通过冥想实现对佛法的突然顿悟。竺道生也认为只要修习佛法，接受佛教美育，人人皆可成佛，都可以进入极乐净土。

其次，禅智并用。禅（Dhyāna），音译为“禅那”，意译“静虑”，原是古代印度各宗教的一种共同具有的实践修行活动。其特点是通过集中精神、观想特定对象而获得悟解或功德的思维修习活动。《大智度论》卷十七云：“常乐涅槃从实智慧生，实智慧从一心禅定生。”①僧叡法师《关中出禅经序》亦曰：“心力既全，乃能转昏入明……明全在于忘照，照忘然后无明非明，无明非明，尔乃几乎息矣。几乎息矣，慧之功也。故经云：‘无禅不

---

① ［印度］龙树菩萨造、［后秦］鸠摩罗什译，王孺童点校：《大智度论》，宗教文化出版社 2014 年版，第 334 页。

智，无智不禅。'"①在印度佛教中，"智"一般是指通过智慧到达涅槃彼岸，故又称般若智。汉译佛典和论著往往把佛教所说的一切知识概括于"般若"之中。佛教认为，一切众生皆因愚昧无明，不知诸法的因果关系及其真性，身心受到苦恼逼迫。断除无明烦恼而得解脱达于涅槃彼岸，就是般若智慧。佛教虽极重禅定，但并非以禅定为至上，而是以智慧、正见置于一切修行道之首位。在佛教看来，禅定虽重要，但唯有智慧般若方可断除烦恼无明，方能救众生脱离世间苦海。可见，从一定意义上讲，佛界般若智慧的功能大体类似于世俗的教育教化。慧远在传统佛教的基础上对禅与智的关系及其性质提出了独到的见解。在慧远那里，禅主要指通过念佛三昧所进入到的凝神、禅静的境界，智主要指佛教智慧的培养，这也是慧远佛教美育的重要内容。慧远在《庐山出修行方便禅经统序》中指出：

> 禅非智无以穷其寂，智非禅无以深其照。然则禅智之要，照寂之谓。其相济也，照不离寂，寂不离照，感则俱游，应必同趣，功玄于在用，交养于万法。其妙物也，运群动以至壹而不有，廓大象于未形而不无，无思无为，而无不为。是故洗心静乱者以之研虑，悟彻入微者以之穷神也。②

即照不离寂，寂不离照。禅定失去智慧，无以穷寂；智慧失去禅定，无以照深。因此二者是相辅相成、相互促进的，定能发慧，智由禅起，只有二者结合才能达到悟道更深的佛法。在慧远

① 〔南朝梁〕释僧佑著，苏晋仁、萧錬子点校：《出三藏记集》，中华书局 1995 年版，第 342 ~ 343 页

② 〔南朝梁〕释僧祐著，苏晋仁、萧錬子点校：《出三藏记集》，中华书局 1995 年版，第 343 页。

看来，禅智并重则能使人统摄、运转各种事物，达到无思无虑无作为而又无所不为的境界。这样，心境清静、寂灭燥乱之人，便可用以研讨思虑；悟解透彻而入微之人，就能用以穷尽神妙。这是慧远用“玄学”思想来解释禅智，体现了魏晋美育的佛玄合流的新趋向。慧远的禅智并用思想是在佛教经论的“静虑”“止虑”“息虑”之说的基础上，创造性地融入了先秦老庄“涤除玄览”、荀子“虚壹而静”的理论，强调了观照中的周密与全面。

四、慧远佛学理论的美育意义

慧远的理论学说虽然着意于宣扬佛教教义，但其深意与旨趣却已远远超出了宗教范畴，蕴含着极为丰富的审美教育思想。慧远要求修习者控制意识、把全部注意力集中到专一的境界，止息人间的种种情欲和烦恼无明，把感觉、知觉、思维等心理功能完全调整到指向佛理的悟解，形成了一整套特殊的思维定式和心理状态。慧远要求以一定色相为输导，引入特定心境，并在特定的心境中凭借想象、联想、幻想等思维方式，产生丰富的内听、内视和内象世界，由此来感受种种美妙奇特的诸法实相。在这绚丽斑斓的内象世界中，思维活动虽是精骛八极、思游万仞，但并不是心猿意马、南辕北辙，而是与具体色相紧密伴随，进而证会契合本体之实相，这实际上包含着个性与共性、现象与本质的统一。艺术、审美和宗教是人类社会中存在的不同的精神现象，但彼此之间有着密切的联系。显然，慧远的理论学说虽然不是直接针对审美与艺术而言，但其思想实质和审美与艺术创造相通，是对审美教育心理特征的深刻说明，并且提到了宇宙观和人生哲学的高度，不同于一般肤浅的经验性的观察；他所倡导的佛教修持方法具有浓重的审美意味，与世俗的艺术审美方法在本质上是一致的，因而成为魏晋南北朝时期一种重要的美育方法，为审美教育开辟了更为广阔的发展空间。

慧远的佛教美育思想以其宗教哲学思想为基础，将佛教渗入美育理论中，并以其亲身实践，使佛教美育理论化、实践化。慧远的佛教美育不仅促进了佛教在中国传播，促进了知识分子对佛法的认识、理解和研究，同时也丰富了中国传统美育的内容和形式，使魏晋南北朝美育思想更加丰富多彩。

慧远的美育思想在当时及后代都产生了重要影响。魏晋著名绘画理论家宗炳就是慧远的世俗弟子。宗炳仰慕慧远博学而入庐山追随慧远，终生不离。慧远死后，宗炳为他立碑志铭。宗炳的绘画美育理论就是在继承慧远美育思想的基础上形成的。

第五节　陶渊明的美育思想

陶渊明（约公元365～427年），东晋末期南朝宋初期伟大的诗人、辞赋家、美育思想家，号“五柳先生”，私谥“靖节”（死后由朋友刘宋著名诗人颜延之所谥），浔阳柴桑（今江西九江西南）人。陶渊明出身于破落仕宦家庭，据《晋书·陶潜传》记载：“陶潜字元亮，大司马侃之曾孙也。祖茂，武昌太守。潜少怀高尚，博学善属文，颖脱不羁，任真自得，为乡邻之所贵。”①陶渊明的曾祖父陶侃是东晋开国元勋，官至大司马，都督八州军事，荆、江二州刺史，封长沙郡公。祖父陶茂、父亲陶逸都做过太守。父亲早死，母亲是东晋名士孟嘉的女儿。陶渊明曾任江州祭酒、建威

① 〔唐〕房玄龄等撰：《晋书》，中华书局1974年版，第2460页。

参军、镇军参军、彭泽县令等,后弃官归隐田园。陶渊明是我国第一位田园诗人,著有《陶渊明集》,被后人称为"千古隐逸之宗"。

陶渊明少年时受传统儒经的影响,怀有兼济天下大济苍生的壮志。但是,由于门阀制度的存在,庶族寒门出生的人不可能突破门阀士族对高官权位的垄断,在这样的情况下,陶渊明的理想是难以化为现实的,他理想的梦幻注定会破灭。他一生仅担任过祭酒、参军、县令之类的低级官职,不仅壮志无法施展,而且不得不在苟合取容中降志辱身和一些官场人物虚与委蛇。到他三十九岁时,多年来的经历使他的思想发生了本质的变化,他开始转向躬耕来自给自足,追求心灵的宁静与淡泊。正是由于这种出身和经历,面对险恶而困苦的现实,陶渊明对审美教育提出了新的呼唤。

陶渊明没有给后人留下专门的美育著作,但是美育却是其思想体系中的一个极为重要的组成部分。他的美育思想蕴含在其清新自然的诗文辞赋之中,更体现在其淡泊脱俗的诗意生存中。

一、美育理想:构建和谐的世外桃源

由仕到隐的人生转折,终生贫苦而不悔的人生意志,以及流传千秋的诗赋艺术,均表现出超逸群伦的生命情趣与人格境界。

陶渊明在其名篇《饮酒》第五首中写道:

结庐在人境,而无车马喧。

问君何能尔?心远地自偏。

采菊东篱下,悠然见南山。

山气日夕佳，飞鸟相与还。

此中有真意，欲辨已忘言。

他实践着一种审美意义上的人生，这种美是无法用言语表达的，是审美的至境，所以才会“欲辨已忘言”。在陶渊明看来，通过审美教育，可以使人摆脱物欲、名利、地位的束缚，人性回归自然，人格得到提升，精神获得高度的自由，促进人与自然、人与人、人与社会之间的和谐相处，构建和谐的人类社会。这就是他所追求的美育理想，亦是一种充满诗意的、极和谐极自由的境界、一种天人合一的宇宙境界。陶渊明在著名的《桃花源记》中为我们细致地勾勒了他的心目中的理想社会图景：

夹岸数百步，中无杂树，芳草鲜美，落英缤纷……

土地平旷，屋舍俨然，有良田美池桑竹之属。阡陌交通，鸡犬相闻。其中往来种作，男女衣着，悉如外人。黄发垂髫，并怡然自乐。

中国古代神话描绘的多是长生和财宝，而桃花源里既无长生，亦无财宝，只有一片农耕劳作的日常生活场景，欣欣向荣，美好和谐。桃花源就是陶渊明美育理想的形象化、具体化，体现了对人类的终极关怀。

陶渊明生活的年代，战乱不断，民不聊生，生灵涂炭，政权频繁更迭，社会动荡不安。通过对陶渊明人生经历的总结以及对其所有著述的解读，我们不难发现：面对黑暗的社会现实和苦难的人生，以陶渊明为代表的文人知识分子处于极度痛苦和矛盾中，他们关心百姓疾苦却又无力改变现实，于是他们就寻找到了一条特殊的途径——美育。在陶渊明那里，文学艺术审美活动已然成为拯救广大百姓、解决社会问题的主要途径，他把实现人的精神自由、社会的和谐发展定作他的审美理想，他要通过美育来救赎灵魂、挽救社会，这与刘伶等人通过纵酒放诞来蔑视传统礼法、应对黑暗现实的做法相比，无疑更显难得与可贵。

从社会层面来看，美育是人类美化世界和改良社会的重要手段。历史上许多美学家和教育家都十分重视美育的社会化理想。德国美学家席勒主张用审美教育来克服人的异化实现人的自由全面发展，他在《美育书简》中提出："我们为了在经验中解决政治问题，就必须通过审美教育的途径，因为正是通过美，人们才可以达到自由。"①通过上面的分析我们可以看出，公元四世纪前后的陶渊明的美育理想与十八世纪美育之父席勒的美育主张是基本一致的，这也证明了陶渊明美育思想的深刻性与合理性。

多年来，众多学者对陶渊明的人生境界、美育理想都给予了极大关注。冯友兰先生在《论风流》一文中说："在东晋名士中渊明的境界最高，但他并不狂肆。他并不'作达'。……并不放任，他已于名教中得到乐地了。"②朱光潜先生也认为："渊明的心中有许多理想的境界"，"渊明打破了现在的界限，也打破了切身利害相关的小天地界限，他的世界中人与物以及人与我的分别都已化除，只是一团和气，普运周流，人我物在一体同仁的状态中

① ［德］席勒著，徐恒醇译：《美育书简》，中国社会科学院哲学所美学室编，中国文联出版公司1984年版，第39页。

② 冯友兰著，张海焘主编：《论风流》，《中国哲学的精神——冯友兰文选》，国际文化出版公司1998年版，第636页。

徜徉自得”。① 李泽厚认为陶渊明是魏晋风度的“人格化的理想代表”②,并把他与阮籍一并视为“魏晋风度的最高优秀代表”③。魏晋士林推崇人的精神自由,正如宗白华先生所言“魏晋时代人的精神是最哲学的,因为是最解放的、最自由的……晋人酷爱自己精神的自由……这种精神上的真自由、真解放,才能把我们的胸襟像一朵花似地展开,接受宇宙和人生的全景,了解它的意义,体会它的深沉的境地”④,而陶渊明的美育理想则恰恰最完美地体现了这一时代特征。的确,无论就他追求的美育理想,还是他自身达到的人格境界来说,陶渊明都站到了魏晋时代的最高峰,尤其是其构建美丽和谐的“世外桃源”的美育理想达到了后人无法逾越的高度,为后代美育思想的发展树立了一个标尺。

二、美育的目的:陶铸自然拙朴的人格

陶渊明被钟嵘称为“隐逸诗人之宗”⑤,其诗文风格主要表现为自然、恬淡、质朴、率真。他的田园诗使中国古典诗歌达到

---

① 朱光潜:《诗论》,《朱光潜全集》(第三卷),安徽教育出版社1987年版,第259页。

② 李泽厚:《美的历程》,载《美学三书》,安徽文艺出版社1999年版,第106页。

③ 李泽厚:《美的历程》,载《美学三书》,安徽文艺出版社1999年版,第109页。

④ 宗白华:《美学散步》,上海人民出版社1981年版,第215~216页。

⑤ 〔南朝梁〕钟嵘著,曹旭集注:《诗品集注》,上海古籍出版社1994年版,第260页。

了一个新的境界。陶渊明的诗文辞赋是他留给后世读者的一份美育厚礼。俗话说:言为心声,文如其人。与其诗赋风格一致,陶渊明将培养纯朴自然、稚拙真诚的人格作为审美教育的目的。

陶渊明认为人应该具有精粹的本质和高尚的修养,但是在残酷黑暗的社会现实中,人的天性受到压抑、人的品格受到腐蚀,因此他强烈呼吁返璞归真,“傲然自足,抱朴含真”(《劝农》(其一)),渴望回归到人性的至真至淳的素朴境地。他崇尚“质性自然,非矫厉所得”(《归去来兮辞》)的人之天性,《辛丑岁七月赴假还江陵夜行涂口》曰:“养真衡茅下,庶以善自名。”《始作镇军参军经曲阿作》曰:“真想初在襟,谁谓形迹拘。”陶渊明一再强调人性的率真、拙朴及守真任真的气节情操,主张坚守自身的操守,任情遂性,使自己言行顺于天性,做到不随俗、不苟世,使自己心灵处于自然真朴的境界。但在黑暗的社会中,对于一个人来说,自然拙朴的人格并非生来就有的,完美人格的铸就也并非一蹴而就的,它需要通过读书写作等艺术审美活动的长期熏染与陶冶。只有在自由的审美活动中,方能体味到人生的真趣。正是基于以上认识,陶渊明在《责子》中强烈训斥了自己的儿子不读书不习作的错误做法。

陶渊明诗文辞赋凸现出来的追求个性发展和铸就完美人格的积极态度深深影响了后世知识分子,对于当今处于社会转型期的人们也具有极大的启发教育意义。在社会生活中人们往往为名利所诱惑而忽略了心志与良知的发展,难以清醒地认识自我,个性和潜能难以得到充分发展。而在陶渊明诗文中,人们可以感受到美的生活和人生的尊严,看到他个性和人格的自由发展。陶渊明不但为当时的人们,也为今天的我们指出了一条培养、构筑美好情操与完美人格的道路。

三、美育的途径:审美化地生存与生活

我们从审美化的角度解读陶渊明的生存与生活,有助于我们对其美育思想的理解与把握。在陶渊明看来,审美活动在使个体精神的安宁和超脱方面极为重要。作为魏晋时期特立独行的知识分子,陶渊明是生活在诗意里的。审美化地生活、生存,是实现审美理想、抵达精神至境的方式和途径。在陶渊明那里,审美化的生活既是美育的途径,也是美育的目的。

陶渊明是中国古代伟大的文学家,他活在读书和写作里,或者说读书、写诗等审美活动已然成为他的生存、生活常态,成为他的一种不可或缺的生存、生活方式。文学对陶渊明的人生而言,意义弥重。从陶渊明始,文学审美作为个体精神安宁和超脱的途径,对后代文人产生了深刻的影响。他在《五柳先生传》中自言:"闲靖少言,不慕荣利。好读书,不求甚解,每有会意,便欣然忘食。……常著文章自娱,颇示己志。忘怀得失,以此自终。……酣觞赋诗,以乐其志……"①陶渊明的生活是审美化的、充满诗意的,更重要的是他将这种审美化、诗意化的生存和生活方式,看作实施美育的必要方式与途径。陶渊明的观点深刻体现出了魏晋时期文学自觉的时代特征。对待子女后代的教育,陶渊明予以了极大关注。在这方面,他依然主张通过审美化的生活方式,将子女培养成性情高雅、人格完美的有用之人。他在《责子》诗中写道:

白发被两鬓,肌肤不复实。

---

① 〔晋〕陶潜著,龚斌校笺:《陶渊明集校笺》,上海古籍出版社1996年版,第420~421页。

虽有五男儿，总不好纸笔。
阿舒已二八，懒惰故无匹。
阿宣行志学，而不爱文术。
雍端年十三，不识六与七。
通子垂九龄，但觅梨与栗。
天运苟如此，且进杯中物。

在陶渊明那里，纯朴真拙并非老庄式的绝圣弃知，“真意”“守拙”已是经审美加工过了的。为何儿子不喜读书使陶渊明那么烦恼？因为读书写作在陶渊明那里已经成为一种生存方式，他已经把读书写作看做是对子女后代脱离愚拙、完善人格、提升境界的重要手段和方法。因此文学化、审美化的生存与生活是陶渊明为子女指出的一条美育之道。陶渊明的这种将审美化的生存与生活作为美育途径的观点，对后世的影响深远。李白、杜甫、白居易等大诗人身上都可寻到陶的影子。而苏轼则是陶渊明的崇拜者，也是以审美姿态生存的典型。苏轼甚至把自己作为审美对象，不断被贬谪的不幸遭遇，也成了笔下丰富的文学材料，而且乐于以此为题。

陶渊明秉持的是固守寒庐、寄意田园、超凡脱俗的人生哲学，他赋予乡村田园生活审美色彩，使日常生活审美化、诗意化，从而实现美育的目的。他在退出官场隐居农村生活时，写下了不少描写农业生产与农村生活的优美诗篇。在中国古代传统文化中，文人士大夫一般都鄙视力役，看不起农业劳动，更不消说去发现和挖掘生产劳动中的诗情画意、享受和体验劳动后的愉悦与快乐了。魏晋时代的清谈之风盛行，清谈家以不染事务为高雅，远离劳动为时髦。而陶渊明自言“质性自然”“性本爱丘山”，其诗文辞赋中的自然和山水，与谢灵运等人有所不同。陶渊明喜爱自然，贴近自然，生活在自然中，劳作于田园间。他的自然，不仅是脱世的名山秀水，也不仅是自然的生活方式，更主要的是审美的、文化的第二自然，在自然田园中愉快地劳作、与自然融为一体本身就是其生活的一部分。陶渊明眼中的田园不再是孔子门徒、游侠剑客、簪缨世家、清谈雅客眼里的农夫野老等下等人的生活圈子。他眼里的农村充满了诗情画意，是遮蔽了因战乱导致的荒芜破败、扶犁把锄的艰辛、粗茶淡饭的清苦、布衣褐服的寒酸的优美田园。他能于日常之中游目骋怀、神游物外，在自然的时空里进行生命的沉思，因而他的生活是审美化的、艺术化的。他在《归园田居·其一》这首诗中充满深情地写道：

开荒南野际，守拙归园田。
方宅十余亩，草屋八九间。
榆柳荫后檐，桃李罗堂前。
暧暧远人村，依依墟里烟。
狗吠深巷中，鸡鸣桑树颠。
户庭无尘杂，虚室有余闲。

投入乡野田园从事生产劳动，虽然艰辛但精神却感到无比愉悦，辛苦的乡间劳作在陶渊明那里却变成了简单质朴且可实践的诗意生活，他“含欢谷汲，行歌负薪”“冬曝其日，夏濯其泉。勤靡余劳，心有常闲。乐天委分，以至百年”（《自祭文》）①。在陶渊明看来，也只有这样的一种诗意的心理建构和审美化的生

① 〔晋〕陶潜著，龚斌校笺：《陶渊明集校笺》，上海古籍出版社1996年版，第462页。

活才能使人摆脱物质牢笼、精神枷锁，回归自然的人性，获得高度的精神自由。

按照当代现象学理论，“日常生活”的本质直观就是审美的，而审美状态就是“日常生活”的本真状态，“日常生活”与“审美”本来就是一体的。因此，千年前的陶渊明将审美融入日常生活，其实就是将审美教育落实于人伦日用之中、渗透在现实生活的方方面面，使得美育的功能得到了最大限度的发挥，这一点无疑是具有开创意义的。

四、陶渊明美育思想的当代意义

陶渊明的美育思想对后世影响很大，梁昭明太子萧统在《陶渊明集序》中表达了对陶渊明崇高的敬意，称赞陶渊明“文章不群，词采精拔，跌宕昭彰，独超众类，抑扬爽朗，莫之与京”，并说自己“爱嗜其文，不能释手，尚想其德，恨不同时”①，因而为之编集以使其流传后世。

在当今市场经济社会，人们往往把物质利益物质享受当做人生的主要目的，而忽略了精神生活的追求和高洁人格的培养。他们为金钱所累，为名利所困，生为物役，心为形役，庸庸碌碌，这样的人生很少有乐趣和美感可言。陶渊明在一千多年前就以独特的方式为当代社会的人们指出了一条解决现实困境的出路，即审美教育。陶渊明在千年之前的美育之思对于我们现代人如何走出生存困境、恢复圆润的人性，在思想境界、具体手段、

① 陶渊明著，逯钦立校注：《陶渊明集》，中华书局 1979 版，第 10 页。

思考路径等方面，都具有重要的启发与教育意义。

如前所述，陶渊明的美育思想主要蕴含在其大量的诗篇中，体现在其独特的行动中。尤其是其诗文辞赋的美育价值是不可估量的。诚如梁昭明太子萧统在《陶渊明集序》中所说："尝谓有能读渊明之文者，驰竞之情遣，鄙吝之意祛，贪夫可以廉，懦夫可以立，岂止仁义可蹈，抑乃爵禄可辞！不劳复傍游泰华，远求柱史，此亦有助于风教尔。"①这是对陶渊明美育思想及其诗文美育价值的高度总结与概括。陶渊明以自然明快的笔触和亲身实践启发人们应如何在荣辱得失、生死祸福面前保持人的尊严和情操，从超脱中领略人生之美，在平凡的人生中体会高尚的精神美感；向人们提供了生活在充满严重矛盾冲突和竞争的社会中，作为一个真正的人所必须具备的心理条件和精神境界。西方当代美学家桑塔耶纳说："美感教育就在于训练我们去观赏最大限度的美。"②而陶渊明的诗赋为我们创造了一大批审美意象：酒、青松、垂柳、琴弦、菊花、南山、田园、暮霭、夕阳、飞鸟、炊烟……这些寄寓着无限深意的意象是我们开展审美教育、提升欣赏水平和审美能力的极佳的素材。

第六节　刘勰的美育思想

刘勰（约公元465～约520年），字彦和，汉族，生于京口（今

① 陶渊明著，逯钦立校注：《陶渊明集》，中华书局1979版，第10页。

② ［美］乔治·桑塔耶纳：《美感》，中国社会科学出版社1982年版，第92页。

江苏镇江),祖籍山东莒县(今山东省莒县)东莞镇大沈庄(大沈刘庄)。生活于南北朝时期的南朝梁代,中国历史上的文学理论家、美学家及美育思想家。刘勰曾做过县令、步兵校尉、宫中通事舍人等官职,颇有清名。刘勰晚年在山东莒县浮来山创办(北)定林寺。刘勰虽任多种官职,但其名不以官显,却以文彰,一部《文心雕龙》奠定了他在中国文学史上、美学史、美育思想史上的地位。他的《文心雕龙》被称为"笼罩群言""体大而虑周"①的巨著。此外,他还著有《灭惑论》《剡县石城寺弥勒石像碑铭》等。刘勰的思想不仅对文学理论、美学,甚至对美育都产生了重要的影响。如前文所述,刘勰的许多有关文学的论述和观点背后往往包含着一定的美育意义。刘勰在构建自己的文学理论时,其实也是在阐述自己的美育观念,表达了对完美人格和自由境界的向往与追求。刘勰虽然没有留下美育理论专著,但是其美育思想却在《文心雕龙》诸多篇幅中都有所体现。

一、陶铸性情——美育的目的和功能

实事求是地说,刘勰并没有对美育的功能和目的做过直接阐述,但是他的确对这一问题做过认真的思考。在刘勰的观念里,美育的功能就是陶冶性情。

其一,刘勰充分认识到了审美教育的重要意义。众所周知,中国古代很早就有了"人贵论"思想,如《礼记·礼运》曰:"故人者,天地之心也,五行之端也。"东汉著名经学家、语言学家许慎

① 〔清〕章学诚著,叶瑛校注:《文史通义校注》,中华书局 1985 年版,第 559 页。

在《说文解字》中给"人"下的定义就是:"人,天地之性最贵者也。"①刘勰继承了先前的"人贵论"思想,他在《文心雕龙·原道》指出:"高卑定位,故两仪既生矣。惟人参之,性灵所钟,是谓三才。为五行之秀,实天地之心。"②他认为在宇宙万物中,只有人才能够与天地相配,孕育灵性。在天地人三才中,人是万物之灵,是天地之心。人是"性灵所钟""有心之器",即是说人有"性灵",人之"心""性""灵""圣"通过其人格显现于外。因而,人贵有"性灵",即人贵有人格。

刘勰在《文心雕龙·序志》中说:"盖《文心》之作也,本乎道……"③"本"就是"遵循""依据","本道"就是依据道、遵循道。《文心雕龙·原道》曰:

> 玄黄色杂,方圆体分;日月叠壁,以垂丽天之象;山川焕绮,以铺理地之形:此盖道之文也。……傍及万品,动植皆文。龙凤以藻绘呈瑞,虎豹以炳蔚凝姿;云霞雕色,有逾画工之妙;草木贲华,无待锦匠之奇。夫岂外饰,盖自然耳。④

在刘勰看来,"道"就是万物自然有文的法则,而"文"则是"道"的具体体现,"文"无所不在。结合《文心雕龙》其他篇章来看,在刘勰那里,"文"是广义之文,从一定意义上讲就是"美"。

刘勰认为"文"是宇宙法则(道)的体现,宇宙法则要求万物自然有文。"美"是"文"所由产生、得以存在的本原。所以,美

---

① 臧克和、王平校订:《说文解字新订》,中华书局 2002 年版,第 517 页。

② 周振甫:《文心雕龙今译》,中华书局 2013 年版,第 10 页。

③ 周振甫:《文心雕龙今译》,中华书局 2013 年版,第 456 页。

④ 周振甫:《文心雕龙今译》,中华书局 2013 年版,第 9 ~ 10 页。

是天经地义的，事物有美才是符合道的，万物皆需有美，而人更要有美。正因为万物自然有美是宇宙的客观法则，人有“文”亦即有“美”方为真正的人、合格的人，所以美和美育就是天经地义、势所必然的。刘勰把人的审美修养、对人的审美教育提到宇宙法则的高度来认识，不但使美育必然化，而且神圣化，也是对两汉时期儒家美育重德轻文（重仁德修养，轻华美文饰）观念的突破，在中国美育思想史上具有重要意义。

刘勰说：“《诗》主言志，诂训同《书》，摛风裁兴，藻辞谲喻，温柔在诵，故最附深衷矣”①，“诗者，持也，持人情性；三百之蔽，义归‘无邪’，持之为训，有符焉尔”②。他还说：“夫乐本心术，故响浃肌髓。”③可见刘勰是将对艺术教育看做陶冶人心、塑造人情的重要方式和手段的。

其二，刘勰十分重视人的性情的陶养，关于“性灵”或者“性”，他皆以“情”论之。先秦两汉时期儒家以道德善恶来讨论人的本质。荀子曾经说过：“说、故、喜、怒、哀、乐、爱、恶、欲，以心异”，“性者，天之就也；情者，性之质也”（《荀子·正名》），就是从人的先天道德性来讨论人的本质的。在刘勰内心深处虽然并没有完全抛弃儒家伦理观念，但是他关于人的本质的看法并不完全同于儒家先贤。他在《文心雕龙·明诗》中说：“人禀七情，应物斯感，感物吟志，莫非自然”④，就是从情这一角度来探讨人的本质问题的，可见玄学对其美育观念的重要影响，因为如

① 周振甫：《文心雕龙今译》，中华书局2013年版，第28页。

② 周振甫：《文心雕龙今译》，中华书局2013年版，第55～56页。

③ 周振甫：《文心雕龙今译》，中华书局2013年版，第67页。

④ 周振甫：《文心雕龙今译》，中华书局2013年版，第56页。

前文所述，魏晋玄学的一个重要特征就是“体无”“重情”，它企图追求和树立一种富有情感而独立自主、绝对自由而无限超越的人格本体。刘勰还在《文心雕龙·体性》中说过：“然才有庸俊，气有刚柔，学有浅深，习有雅郑，并情性所铄，陶染所凝。”①他又在《文心雕龙·徵圣》中说：“陶铸性情，功在上哲。”②意思是说，通过教育来陶冶人们的性情，是圣人们的功劳，圣人为后人树立了榜样。刘勰认为才能的平庸与优秀、气质的刚强与柔弱、学识的浅薄与渊博以及习惯的雅正与邪僻等，都是由于人的性情所受的教育的不同所致，也就是受到的文学艺术滋养的不同程度所致。因此，这里刘勰表达了这样一种观点：审美教育的主要目的和功能就是陶冶性情，而所谓才能、学识、习惯等都是人之性情的外在体现。同时，这也表明刘勰认为人的天性是可以改变的，美育便是陶冶、铸造人的性情的过程，正如他所说的“才由天资，学慎始习”，“故宜摹体以定习，因性以练才”③，才气由于天资，但后天的学习对才能同样重要，应该顺着性情和气质锻炼才能。

其三，刘勰还认真思考了美育理想问题。与重视人的性情相关，在刘勰看来，美育的理想与目标就是把人塑造成具有自然朴素的审美趣味，率性天真、自然任情的完美之人。

综观《文心雕龙》，我们不难发现向往自然之美、推崇自然人格是贯穿全书的一条红线。在《文心雕龙·物色》中，刘勰为我们描绘了一幅人与自然亲密交融、相与往还的美好画面：“山沓水匝，树杂云合。目既往还，心亦吐纳。春日迟迟，秋风飒飒。

① 周振甫：《文心雕龙今译》，中华书局2013年版，第256页。

② 周振甫：《文心雕龙今译》，中华书局2013年版，第19页。

③ 周振甫：《文心雕龙今译》，中华书局2013年版，第260页。

情往似赠，兴来如答。”①这是刘勰对自然激发创作灵感的形象化描述，也是对美好的人生境界的理想化呈现。自然美既是刘勰所推崇的文章的理想风格，也是他心目中的理想文人应具备的审美趣味。清人纪昀曾经这样评价刘勰：“齐梁文藻日竞雕华，标自然以为宗，是彦和吃紧为人处。”②

刘勰评文，处处以自然为标准。如论诗则曰：“人禀七情，应物斯感，感物吟志，莫非自然”③；诠赋则曰：“原夫登高之旨，盖睹物兴情。情以物兴，故义必明雅；物以情观，故词必巧丽”④；论颂则曰：“虽纤巧曲致，与情而变”⑤；论祝则曰：“修辞立诚，在于无愧”⑥；论盟则曰：“感激以立诚，切至以敷辞，此其所同也。”⑦。在谈各种写作技巧和修辞手法的时候，也贯穿了以自然为美的精神，如论声律则曰：“声合宫商，肇自血气……吐纳律吕，唇吻而已”⑧；论丽辞则曰：“高下相须，自然成对……岂营丽辞，率然对尔。”⑨

刘勰论人，时时以“自然为宗”，十分推崇具有自然淳朴、天真率性品格的人。他赞美屈原“气往轹古，辞来切今”⑩，“惊才

① 周振甫：《文心雕龙今译》，中华书局2013年版，第418页。

② 刘勰著，范文澜注：《文心雕龙注》，人民文学出版社1958年版，第4页。

③ 周振甫：《文心雕龙今译》，中华书局2013年版，第56页。

④ 周振甫：《文心雕龙今译》，中华书局2013年版，第80页。

⑤ 周振甫：《文心雕龙今译》，中华书局2013年版，第88页。

⑥ 周振甫：《文心雕龙今译》，中华书局2013年版，第97页。

⑦ 周振甫：《文心雕龙今译》，中华书局2013年版，第98~99页。

⑧ 周振甫：《文心雕龙今译》，中华书局2013年版，第301页。

⑨ 周振甫：《文心雕龙今译》，中华书局2013年版，第317页。

⑩ 周振甫：《文心雕龙今译》，中华书局2013年版，第45页。

风逸，壮志烟高”①；他称赞建安文人“慷慨以任气，磊落以使才；造怀指事，不求纤密之巧，驱辞逐貌，唯取昭晰之能”②。刘勰认为理想的文人即“君子”，应该能够感知和享受自然天成之美，应该“蓄素以弸中，散采以彪外，楩柟其质，豫章其干”③，“穷则独善以垂文，达则奉时以骋绩”④。其实刘勰也正是以具体行动践行自己的美育理想的人。刘勰的一生中虽然担任过多种官职，但他并未随波逐流，而是矢志不渝，始终坚定地恪守着自己的理想与信念，清正廉洁，刚正不阿，孑然独立，为后人树立了一个美好的人格典范。

刘勰以自然为美、以“自然为宗”的美育思想启示我们：实施美育要有助于人们树立健康的审美观，引导人们树立以自然纯朴为美的美学情趣。刘勰所说的“夫岂外饰，盖自然也”⑤，西方美学家康德提出的“美是道德的象征”⑥、黑格尔提出的“美就是理念的感性显现”⑦、车尔尼雪夫斯基提出的“美是生活”⑧等论断，都强调了美的自由自在性、非物质性、合目的性。但是在当

---

① 周振甫：《文心雕龙今译》，中华书局 2013 年版，第 47 页。

② 周振甫：《文心雕龙今译》，中华书局 2013 年版，第 60 页。

③ 周振甫：《文心雕龙今译》，中华书局 2013 年版，第 448 页。

④ 周振甫：《文心雕龙今译》，中华书局 2013 年版，第 448 页。

⑤ 周振甫：《文心雕龙今译》，中华书局 2013 年版，第 9 ~ 10 页。

⑥ [德]康德著，宗白华译：《判断力批判》（上卷），商务印书馆 1964 年版，第 201 页。

⑦ [德]黑格尔著，朱光潜译：《美学》（第一卷），商务印书馆 1979 年版，第 142 页。

⑧ [俄]车尔尼雪夫斯基著，辛未艾译：《艺术对现实的审美关系》，见《车尔尼雪夫斯基文学论文选》，上海译文出版社 1998 年版，第 9 页。

今的社会审美活动中却出现了以富丽奢华为美的错误倾向以及讲排场、比阔气、过度包装的奢靡做法，不仅造成了巨大的物质浪费，对人们的精神和审美理想也造成了严重的损害。中华民族很早就形成了以朴素自然为美的心理传统，以刘勰为代表的魏晋美育思想家提倡培养天真率性、任情而为的自然人格，这都是先人留给我们的宝贵的精神遗产，我们应该倍加珍惜，不能丢弃。总之，在今后的审美教育实践中必须重视对学生的健康的审美观的培养。

其四，刘勰认为美育还可以维持社会和谐，巩固统治者的统治。如东汉许慎《说文解字》曾说过："教，上所施下所效也。"①杨倞注曰："化，谓迁善也。"这里教育（包括审美教育）主要放在了政治层面来探讨，即以善恶来定义教化，这是儒教的教化思想。刘勰思考美育的目的与功能，虽然脱离了儒家传统的伦理善恶观念，但是并没有否定美育在社会政治中的作用，他在《文心雕龙·诏策》中说："教者，效也，出言而民效也。契敷五教，故王侯称教。"②黄书光先生对此解释说：在"下"者经过在"上"者的价值施予与导向，致使其内在的人格精神发生变化。③ 也就是说，美育首先使人的内在人格精神美化，形成和谐的人格，进一步可以促进整个社会的和谐，维护政治统治。

---

① 臧克和、王平校订：《说文解字新订》，中华书局 2002 年版，第 205 页。

② 周振甫：《文心雕龙今译》，中华书局 2013 年版，第 185 页。

③ 黄书光：《中国社会教化的传统与变革》，山东教育出版社 2005 年版，第 1 页。

二、才由天资与因性练才——美育的原则

在美育的原则问题上，刘勰坚持先天禀赋与后天培育的辩证统一，主张因材施教、博观约取、慎始积累，达到了较高的认识水平。

首先，刘勰的美育思想十分重视天才因素。《文心雕龙·序志》篇曰："夫宇宙绵邈，黎献纷杂，拔萃出类，智术而已。岁月飘忽，性灵不居，腾声飞实，制作而已。"①即人在天地人"三才"中出类拔萃。岁月流走而人的声名和事功永恒，这是因为人有智术以及凭借智术的制作。而在这些智术中，人与人先天又是不一样的，刘勰一再认为"才由天资""能在天资"，并发出了"才难，然乎"②的感叹。刘勰在《文心雕龙·神思》指出："人之禀才，迟速异分"③，即人的天资聪颖程度是不一样。他在《文心雕龙·才略》中对九十余位作家进行了不同的评论，其中对天才作家大加称赞，称他们是"才俊""奇才""实才""逸才"，如他称赞曹植"思捷而才俊，诗丽而表逸"④；称赞王粲"仲宣溢才，捷而能密，文多兼善，辞少瑕累"⑤；称赞左思"左思奇才，业深覃思，尽锐于《三都》，拔萃于《咏史》，无遗力矣"⑥。由此可见，对天资、天才的重视是刘勰美育观念的一个重要特点。

其次，刘勰的美育思想倡导因材施教。基于人天资程度有

① 周振甫：《文心雕龙今译》，中华书局 2013 年版，第 452 页。

② 周振甫：《文心雕龙今译》，中华书局 2013 年版，第 433 页。

③ 周振甫：《文心雕龙今译》，中华书局 2013 年版，第 251 页。

④ 周振甫：《文心雕龙今译》，中华书局 2013 年版，第 428 页。

⑤ 周振甫：《文心雕龙今译》，中华书局 2013 年版，第 428 页。

⑥ 周振甫：《文心雕龙今译》，中华书局 2013 年版，第 429 页。

所不同,刘勰认为在美育中应该因材施教、“性以练才”。《文心雕龙·程器》曰:“盖人禀五材,修短殊用,自非上哲,难以求备。”①刘勰从人的本质的角度指出了人先天的差异,既然这种先天差异客观存在,“难以求备”,那么在美育过程中就应该因材施教,即如刘勰所说:“故宜摹体以定习,因性以练才”②,这里虽然没有明确针对美育而言,而主要是谈作家在培养写作方面的途径,但刘勰提出了作家应该模仿适合自己的风格来确定自己的方向和方法。根据自己天资的不同,来培养不同的写作才能。刘勰“因性练才”的观点在美育中同样具有积极的作用,它告诉人们开展美育不能硬性强迫,不能用主观的既定目标来逼人就范;也不能过于机械僵化,不能搞整齐划一、千篇一律、千人一面的模式。美育必须坚持因材施教、因人而异的原则,要选择适合每个人情性的培养目标和学习对象,顺应其本性来进行陶冶和教育。

第三,美育实施要坚持博见约取。刘勰认为要培养完善的人格必须要开阔眼界,增广见识,只有这样才能积累丰富的经验和阅历,在人格培养中才能避免见寡识浅的弊病,为此他提出了一个新的且蕴含深刻美育意蕴的艺术范畴“博观”。刘勰《文心雕龙·事类》曰:“是以将赡才力,务在博见,狐腋非一皮能温,鸡跖必数千而饱矣。是以综学在博,取事贵约,校练务精……”③《文心雕龙·知音》曰:“凡操千曲而后晓声,观千剑而后识器;故

① 周振甫:《文心雕龙今译》,中华书局2013年版,第446页。。

② 周振甫:《文心雕龙今译》,中华书局2013年版,第260页。

③ 周振甫:《文心雕龙今译》,中华书局2013年版,第342页。

圆照之象，务先博观。”①在写作能力培养方面，要求指作家必须博见，广泛阅读，才能真正领会写作的真谛。刘勰批评当时有人写的东西经不起推敲的原因，就是没有做到博见，抄袭别人的只言片语，因而文章浅薄无味。但是，如果一味博见也是不可取的，因为容易养成不专一的恶习，这便要求“取约”，即《文心雕龙·神思》所说：“然而博见为馈贫之粮，贯一为拯乱之药，博而能一，亦有助乎心力矣。”②所谓“贯一”实际就是“取约”，在美育方面也是同样的道理，不仅要“博见”，同时要“取约”这样才能开阔眼界，不孤陋寡闻，又不致养成无法专一的恶习，有助于达到良好的美育效果。

第四，美育应坚持慎始积累的原则。就是说美育要慎重地选择良好的开端，并注意积累。刘勰认为：“夫才由天资，学慎始习。斫梓染丝，功在初化，器成采定，难可翻移。”③

修养学习在起始阶段尤为关键，务必慎重，就像制作车轮、制作木器、印染丝绸，功效都在开头显现，等到器物制成，色彩染就，就难以改变了。美育也是这样，用美好的事物陶冶人、教化人、熏陶人，应该贯穿人的一生，但实施美育的最佳时期应该是在人的幼年。人的天资不同，美育实施的方式也不应相同，在起始阶段务必慎重，选择良好的开端才是成功的关键。也就是说，美育最好从童年时代开始，一张白纸，没有负担，染于苍则苍，染于黄则黄。但正因为童年的心灵最易着色，而且一经着色，便难以改变，所以又要慎之又慎地对待儿童的美育。要让儿童从一

---

① 周振甫：《文心雕龙今译》，中华书局 2013 年版，第 438 页。

② 周振甫：《文心雕龙今译》，中华书局 2013 年版，第 252 页。

③ 周振甫：《文心雕龙今译》，中华书局 2013 年版，第 260 页。

开始就接触真善美的东西，远离假恶丑，包括不要让貌似华美而实质上属于假恶丑的伪艺术毒品玷污幼小的心灵。刘勰在这里实际上是继承了先秦儒家早期育人的理念，当年孔子与弟子们讨论《诗》三百篇中的诗句，在解释“素以为绚兮”句时，孔子说：“绘事后素”（《论语·八佾》），意思是说画绘之事后于素，也就是说先有素白的底子然后再画上花纹。人也同样，有良好的资质，才能更好地施行后天教育。

当然，在“慎始”的同时也要善于“积累”，《文心雕龙·体性》曰：“积学以储宝，酌理以富才。”①就是说，只有通过长期的修养习得和审美实践来积累审美经验，提高想象力和创造力，才能为人格的培养和精神境界的提升打下良好的基础。刘勰在《文心雕龙·神思》中说：“秉心养术，无务苦虑”②，这虽是就文思的培养启迪而言，但也适合审美修养的培育。我们知道，美育是一项复杂而长期的事业，不可能一蹴而就。对于个人来说，审美能力、审美素质的提高也需要日积月累的积累与锻炼，所以要把持住自己的心性，慢慢修养，慢慢积累，不能急于求成。即使在今天看来，刘勰的这些观点应该说仍然是具有很强的现实意义的，对当今的美育实践有着十分重要的借鉴和参考价值。

三、文学熏陶——美育的重要途径

早在先秦时期，儒家美育就形成了“诗教”“乐教”传统。儒家美育的创始人孔子非常重视诗的教育作用，他认为美育应该从三个方面展开，即“兴于诗，立于礼，成于乐”（《论语·泰

① 周振甫：《文心雕龙今译》，中华书局2013年版，第249页。

② 周振甫：《文心雕龙今译》，中华书局2013年版，第250页。

伯》)。因此,孔子的美育体系可以说是从“诗”开始,“子曰:‘小子何莫学夫《诗》?《诗》可以兴,可以观,可以群,可以怨,迩之事父,远之事君,多识于鸟兽草木之名。’”(《论语·为政》)孔子在此高度概括了诗的功能与作用,即诗具有审美、教育、认识和政治等多方面的功能与作用,诗对于个人乃至国家都具有重要的意义。刘勰正是继承了儒家的这种诗教传统,强调通过文学熏陶来开展美育。

刘勰在其著述中还论及了审美教育过程的主要特征:一是伴随着美好的物象,但此物象并非外在的实物景象,而是在美育过程中观想的审美意象,主体的精神与充盈宇宙万物之中的“至道”相冥合、感应,即所谓“神用象通”①,也正如刘勰《灭惑论》中所说的“神化变通”②“至道宗极,理归乎一;妙法真境,本固无二”③;二是伴随着愉悦的情感,主体情思感物所动而孕育审美意象,即所谓“情变所孕”④。众所周知,美育的主要特征是形象性、自由性、情感性、愉悦性,而刘勰所说的这两点正是美育的形象性特征。刘勰要求开展审美教育,在具体过程中不论是施教者还是受教者,都应该努力使自己处于一种审美虚静状态中,这样才能提高美育的效果。众所周知,“虚静”是中国传统美学中的一个重要的审美范畴,是指审美观照过程中的一种去欲、无为的审美心态。按照道家的观点,虚静是圣人观道时所达到的一种自由的超越世俗的与万物化为一体的内心境界,它是“隐士”

① 周振甫:《文心雕龙今译》,中华书局2013年版,第253页。
② 〔清〕严可均辑:《全梁文》,商务印书馆1999年版,第665页。
③ 〔清〕严可均辑:《全梁文》,商务印书馆1999年版,第665页。
④ 周振甫:《文心雕龙今译》,中华书局2013年版,第253页。

"真人""至人"等道家理想人格所应达到的心灵境界。刘勰肯定了虚静是"驭文之首术,谋篇之大端"①,把"虚静"摆到了审美和艺术教育活动最为突出的位置,揭示了审美虚静的特征是"神用象通""情变所孕",要求遵循文艺创作和鉴赏的规律去开展审美教育。更难能可贵的是,刘勰既吸收了佛教有关学说的合理"内核",又脱去了纯粹的佛教禅智论的外衣,把"神用象通""妙法真境""情变所孕""虚静"等宗教意味浓厚的哲学范畴引入文艺领域,并将其改造成为具有美育意蕴的艺术范畴。

刘勰认为人要有美,就必须要有文,文是天经地义的,文学是值得倾全部身心去终生从事的伟大事业,这就是《文心雕龙·原道》中所谓"文之为德也大矣"②,"心生而言立,言立而文明,自然之道也"③。此外,刘勰还说:"研阅以穷照,驯致以怿辞"④,这是对通过文学活动进行审美教育提出的具体要求,这一要求与审美认知、文学修养、艺术思维相关,既是对文学创作者提出的要求,也是对美育的接受者提出的要求。"研阅以穷照",就是要求通过对文学艺术规律的把握,以提升审美鉴赏能力。"驯致以怿辞",就是要求审美教育应该处于的一种从容、平和、朗畅的心境。

刘勰的《文心雕龙》系统地总结了从先秦到晋宋千余年的文学成就,对优秀的文学作品和作家大加赞赏,充分肯定了他们在个人人格培养乃至国家政治教育中重要作用。《文心雕龙·原

---

① 周振甫:《文心雕龙今译》,中华书局 2013 年版,第 249 页。

② 周振甫:《文心雕龙今译》,中华书局 2013 年版,第 9 页。

③ 周振甫:《文心雕龙今译》,中华书局 2013 年版,第 10 页。

④ 周振甫:《文心雕龙今译》,中华书局 2013 年版,第 249 页。

道》说：

> 玄圣创典，素王述训，莫不原道心以敷章，研神理而设教，取象乎《河》《洛》，问数乎蓍龟，观天文以极变，察人文以成化……故知道沿圣以垂文，圣因文而明道。①

这里刘勰充分肯定了文学典籍的重要作用。古代贤圣创作典制没有不根据自然之道来写文章、来展开教育的，因此我们也应该充分利用文学的熏陶功能而展开审美教育。对于文学的熏陶功能，不仅靠文学典制的熏陶，各种文学题材的作品都可以作为美育的素材。在刘勰看来，各种题材的作用都是在儒家典籍的基础上延展出来的，是以儒家典籍为根源的，因此广泛的文学阅读对于美育至关重要，所以应当充分发挥文学在美育中重要作用。

第七节　颜之推的美育思想

颜之推（公元531～约595年），字介，琅邪临沂（今山东临沂）人，生活年代在南北朝至隋朝期间。他出身于士族家庭，家传有《周官》《左氏》之学，早年受到良好的家庭教育。梁元帝萧绎时，官至散骑侍郎。梁亡后，投奔北齐，官至黄门侍郎。北齐灭亡后，他归附北周。隋文帝统一全国，诏为学士。颜之推是北齐时期著名的文学家，同时更是中国古代教育史上著名的教育学家，他的《颜氏家训》在中国美育思想史上占有极为重要的地位。

中国古代的“家训”是中华民族传统文化中独具特色的一部

① 周振甫：《文心雕龙今译》，中华书局2013年版，第14页。

分,在众多的家训著作中,《颜氏家训》无疑是我国古代流传下来的最系统最成熟的家庭教育著作。它始作于北齐,成书于隋朝。它体制宏大,内容广博,对后世产生了深远的影响。众所周知,颜之推作为魏晋南北朝时期的著名文学家,在文学、书法等艺术领域造诣颇深,故《颜氏家训》蕴含了丰富的美育思想。"全书的论述主要围绕两个层面展开:一是人类在生存活动中为什么需要审美教育;二是审美教育到底能给我们的人生带来什么。"①颜之推写这部书的目的是为了训诫子孙,故名家训。他在教诲后代时,非常重视美育的作用,许多独到的见解至今仍有宝贵的价值。因此,本节笔者主要以颜之推的家训理论来探讨它的美育思想。

一、培养应世经务的人才——美育的目的

在颜之推的思想体系中,教育的目的、美育的目的是通过学习把自己变成社会的有用之才。他希望子孙后代学以致用,不徒高谈虚论。他在《颜氏家训·涉务》中严厉批评了当时的文学之士,认为他们多"难可以应世经务也",他具体分析了其中的缘由,那就是"品藻古今,若指诸掌,及有试用,多无所堪。居承平之世,不知有丧乱之祸;处庙堂之下,不知有战阵之急;保俸禄之资,不知有耕稼之苦;肆吏民之上,不知有劳役之勤","多迂诞浮华,不涉世务;纤微过失,又惜行捶楚,所以处于清高,盖护其短也"。② 他还批评了梁朝的丑恶风气:"梁世士大夫,皆尚褒衣博带,大冠高履,

① 杨云萍:《〈颜氏家训〉的美育思想及其哲学基础》,《船山学刊》2010 年第 2 期。

② 庄辉明、章义和:《颜氏家训译注》,上海古籍出版社 2012 年版,第 145 页。

出则车舆，入则扶侍，郊郭之内，无乘马者……及侯景之乱，肤脆骨柔，不堪行步，体羸气弱，不耐寒暑，坐死仓猝者，往往而然。建康令王复性既儒雅，未尝乘骑，见马嘶喷陆梁。莫不震慑。”①在他看来，周弘王、建康令王复等梁朝士大夫性情萎靡、体质羸弱，都不是合格而完美的人才。梁朝社会当时流行的风气并不是建康美好的，而是病态的、丑陋的。基于以上看法，所以在颜之推那里，教育的目的就是培养有用的人才，就是培养“士君子”，“士君子”立身处世能够“有益于物耳，不徒高谈虚论，左琴右书，以费人禄位也”②。

在颜之推看来，应世经务的人才应该能够顺应时尚潮流，拥有儒雅的风度、美好的形象，而这需要通过诗书琴画等艺术的熏染方能实现。他在《颜氏家训·杂艺》中说：“画绘之工，亦为妙矣；自古名士，多或能之”③，“《礼》曰：‘君子无故不彻琴瑟。’古来名士，多所爱好”④。魏晋南北朝时期，人们爱美尚美的风气日浓，文人雅士大多诗书琴画样样皆能。在互相的影响下，整体艺术教育水平较高。“晋、宋以来，多能书者。故其时俗，递相染尚，所有部帙，楷正可观”⑤，这说明随着书法水平的整体提升，

---

① 庄辉明、章义和：《颜氏家训译注》，上海古籍出版社 2012 年版，第 146 ~ 147 页。

② 庄辉明、章义和：《颜氏家训译注》，上海古籍出版社 2012 年版，第 144 页。

③ 庄辉明、章义和：《颜氏家训译注》，上海古籍出版社 2012 年版，第 248 页。

④ 庄辉明、章义和：《颜氏家训译注》，上海古籍出版社 2012 年版，第 253 页。

⑤ 庄辉明、章义和：《颜氏家训译注》，上海古籍出版社 2012 年版，第 246 页。

书法艺术已经成为日常生活不可或缺的一部分,因此作为一个学以致用、不高谈虚论的实才必须具有一定的书法艺术素养。而在音乐方面,“洎于梁初,衣冠子孙,不知琴者,号有所阙”①,如果家世良好的子弟不能掌握一两门音乐技艺,就会被认为是有缺点的。

颜之推还在《颜氏家训·涉务》中具体提出了他想要培养的有用的六种人才:“国之用材,大较不过六事:一则朝廷之臣,取其鉴达治体,经纶博雅;二则文史之臣,取其著述宪章,不忘前古;三则军旅之臣,取其断决有谋,强干习事;四则藩屏之臣,取其明练风俗,清白爱民;五则使命之臣,取其识变从宜,不辱君命;六则兴造之臣,取其程功节费,开略有术。”②当然,颜之推对人才的要求还是比较客观的,他并不苛求培养出来的人才是十全十美的,他说:“人性有长短,岂责具美于六涂哉?但当皆晓指趣,能守一职,便无愧耳。”他的观点还是比较客观公允的。

为国家培养有用的人才,使人才学以致用,成为国家的栋梁,这便是颜之推所提倡的教育的目的,也是其美育的目的。

二、行为美与艺术美——美育的内容

颜之推把行为美的培养列为家庭教育的首位,把它看做是美育的重点和重要内容。《颜氏家训》设《风操》专章,集中论述士大夫的风操问题,即个人修养问题。所谓风操,指的是合乎规

---

① 庄辉明、章义和:《颜氏家训译注》,上海古籍出版社 2012 年版,第 253 页。

② 庄辉明、章义和:《颜氏家训译注》,上海古籍出版社 2012 年版,第 144 页。

范、可资效法的美的操行，亦即美的风范、节操。具体而言，风操篇论及了言谈举止有礼有致、嬉笑言谈不当招恶、待客之礼贵在真诚、长幼内外宜法属辞严、宗族礼节不可废、成长礼俗富饶趣味、接待宾客恭谦有礼等内容。如果以今天的眼光来看，颜之推所崇尚的风操其实指就是行为之美、礼仪之美，是在服饰、言语、动作、表情等各方面的规范和要求。《颜氏家训·风操》开篇就明确指出："汝曹生于戎马之间，视听之所不晓，故聊记录以传示子孙。"①在颜之推看来，儿孙们生于兵荒马乱的年代，对前人留下的礼仪规范自然看不到也听不到，因此他就将礼仪规范记录下来，用以传示子孙后代，使其成为行为得体、举止优雅的人。在《风操》篇中，颜之推向儿孙们讲解了诸多具体的礼仪规范，并发表了自己的看法。例如，他说："南人宾至不迎，相见捧手而不揖，送客下席而已；北人迎送并至门，相见则揖，皆古之道也，吾善其迎揖。"②颜之推十分赞赏北方人迎客彬彬有礼的做法，而认为南方人"宾至不迎，相见捧手而不揖"的行为则是不美的，不应提倡。再如，颜之推很赞赏黄门侍郎裴之礼管教仆人有方、礼貌待客的行为，他说："其门生僮仆，接于他人，折旋俯仰，辞色应对，莫不肃敬，与主无别也。"③《颜氏家训》中其余有关篇章，对行为美的培养问题也有许多具体论述。在颜之推看来，行为美是人人必须具备的，任何人不能例外。他把风操视为内在美德

① 庄辉明、章义和：《颜氏家训译注》，上海古籍出版社 2012 年版，第 32 页。

② 庄辉明、章义和：《颜氏家训译注》，上海古籍出版社 2012 年版，第 41 页。

③ 庄辉明、章义和：《颜氏家训译注》，上海古籍出版社 2012 年版，第 62 页。

的外现,是不可缺少的外观形式。

颜之推还将文学兴趣的培养、创作才能的训练列为美育的主要内容。他对文学的看法具有两重性。一方面,他承认文学作品可以表现善行美德,能够陶冶人的性情,有益于治国牧民。对于那些文学类的作品,他坚持儒家的"诗教"立场,"凡诗人之作,刺箴美颂"①;另一方面他又认为文学艺术有其弊端,"自古文人,多陷轻薄"②。在美育方面,颜之推把文学素养的培养列为美育的一项重要内容,但又持比较谨慎态度,一再强调要防止它出现弊端。在颜之推那里,美育的范围还包括艺术和游戏,他在《颜氏家训》中统称为杂艺,其中属于艺术的有书法、绘画、音乐,属于游艺的有射箭、投壶和棋术等。他把这些杂艺列为美育内容的一部分,但又不要求子孙能够门门精通,对于有的杂艺甚至不希望子孙们去学习。他说:"真草书迹,微须留意",字要写得工整,因为"尺牍书疏,千里面目也",它是人的外在形象的表征,但"此艺不须过精",不一定要成为书法大家,因为"夫巧者劳而智者忧,常为人所役使,更觉为累"③。虽然名士多能绘画,但如果没有成为丹青高手也未必是什么欠缺,因为"若官未通显,每被公私使令,亦为猥役"④。颜之推赞同《礼记》"君子无故不

① 庄辉明、章义和:《颜氏家训译注》,上海古籍出版社 2012 年版,第 130 页。

② 庄辉明、章义和:《颜氏家训译注》,上海古籍出版社 2012 年版,第 111 页。

③ 庄辉明、章义和:《颜氏家训译注》,上海古籍出版社 2012 年版,第 244 页。

④ 庄辉明、章义和:《颜氏家训译注》,上海古籍出版社 2012 年版,第 248 页。

彻琴瑟”的说法，主张儿孙们要好好学习音乐，因为琴瑟“愔愔雅致，有深味哉！今世曲解，虽变于古，犹足以畅神情也”①，颜之推看到了音乐的强烈的感染力，音乐雅致有深味，可以畅神娱情，所以他将其作为审美教育的重要内容。然而，他并不要求子孙擅长鼓琴而出名。他劝诫儿孙们棋、术、投壶固然是雅戏，却只能偶尔为之，不可为常业。至于射箭，儒家历来有“射以观德”之说，“孤矢之利，以威天下，先王所以观德择贤，亦济身之急务也……不愿汝辈为之”②。虽然骑射具有使身体健美的功能，但他阻止子孙向这方面发展。总之，对于艺术和游戏，颜之推虽然看到了其重要作用及强烈的感染力，但是他并不主张儿孙们精通文学、书法、音乐以及棋、术、投壶等杂艺，说明他是把文学、书法、音乐等当做修身养性、提升气质的手段，而不是将其作为取得功名利禄、金钱地位的途径，这恰恰体现了颜之推的美育立场。当然，颜之推虽然意识到艺术在触发人的性灵、培养独立人格、熏陶人的情感方面的巨大作用，提倡子孙们进行书法、绘画方面的学习和培养，但是却做出了许多限制性的规定，也不把它们作为后辈美育的重点，主要原因是他意识到艺术容易使人见役于物，从而失去做人的尊严和独立的人格，他担心儿孙们因为擅长某种技艺而吃亏受苦，这也说明他思想的历史局限性和保守性。

通过上面的分析我们不难发现，在美育内容的安排设置上，颜之推积极倡导行为美，并将其列为美育的重点内容，而对文

① 庄辉明、章义和：《颜氏家训译注》，上海古籍出版社 2012 年版，第 253 页。

② 庄辉明、章义和：《颜氏家训译注》，上海古籍出版社 2012 年版，第 249 ~ 250 页。

学、艺术、游戏方面的训练，有的要求在一定限度内进行，有的项目则采取宁可舍弃的态度。颜之推对美育内容设置的态度和立场，说明他重视的是人的内在素质的培养，而不是具体技能的训练。由于书法、绘画、音乐一方面要靠天才，同时又必须具备相应的技能和技巧。颜之推把书法、绘画、音乐以及棋、术等方面的教育摆在美育的非首要的地位，就是要防止子孙沉溺于具体技能的训练中而忽略内在气度和品格的提升。在他看来，风操行为美是人的内在美质的外现，而不属于具体技能，所以它既高于文学，也高于艺术，是美育的最高层次。《颜氏家训·教子》有这样一段话：

> 齐朝有一士大夫，尝谓吾曰："我有一儿，年已十七，颇晓书疏，教其鲜卑语及弹琵琶，稍欲通解，以此伏事公卿，无不宠爱，亦要事也。"吾时俛而不答。异哉，此人之教子也！若由此业，自致卿相，亦不愿汝曹为之。①

颜之推对于这个北齐士大夫让自己的儿子学鲜卑语、弹琵琶，以此伏事公卿的做法很不赞成，并且坚决不让自己的子孙去走这条路。《颜氏家训·省事》中记述了六朝时期的两位多才多艺的人物，他们涉猎经史，浅通书法，同时对卜筮、射箭、医术、天文、围棋、绘画、鲜卑语等也一知半解，并且还会煎胡桃油、炼锡为银。颜之推认为这种人并不值得效仿，相反，而是把他们的许多技艺称为"异端"②。这种看法固然是受到了"君子不器"的传

---

① 庄辉明、章义和：《颜氏家训译注》，上海古籍出版社 2012 年版，第 11 页。

② 庄辉明、章义和：《颜氏家训译注》，上海古籍出版社 2012 年版，第 149 页。

统观念的影响,包含着对于劳动的偏见,同时也表明颜之推把美育从本质上看作是精神方面的熏陶而非技能或技艺的培训。也正是因为此,他对老庄“全真养性,不肯以物累己”①赞赏有加。

三、家庭美育与儿童早期美育——美育的途径

首先,颜之推十分重视家庭美育。当代美育理论认为,相对于学校美育和社会美育而言,家庭美育有着许多优势和其他美育方式所达不到的效果。同时,如果家庭美育做得不好,对孩子的教育产生的负面影响也是十分严重的。其实早在一千多年前,颜之推就曾经阐述过类似的看法,他在《颜氏家训·教子》说:

> 王大司马母魏夫人,性甚严正;王在湓城时,为三千人将,年逾四十,少不如意,犹捶挞之,故能成其勋业。梁元帝时,有一学士,聪敏有才,为父所宠,失于教义:一言之是,遍于行路,终年誉之;一行之非,掩藏文饰,冀其自改。年登婚宦,暴慢日滋,竟以言语不择,为周逖抽肠衅鼓云。②

这里,颜之推以两个事例说明良好的家庭教育在教育中的重要作用以及失败的家庭教育所造成的严重的负面作用。颜之推对家庭美育的重视还体现在《颜氏家训》这本著作本身,他正是看到了家庭美育的特殊性作用,所以专门撰写了《颜氏家训》

---

① 庄辉明、章义和:《颜氏家训译注》,上海古籍出版社 2012 年版,第 88 页。

② 庄辉明、章义和:《颜氏家训译注》,上海古籍出版社 2012 年版,第 7 页。

并开宗明义教育其子女:“吾望此书为汝曹之所信,犹贤于傅婢寡妻耳”①,即希望通过家庭美育来培养后代人贤良的人格。

其次,颜之推还十分重视儿童早期美育。《颜氏家训·勉学》曰:“自古明王圣帝,犹须勤学,况凡庶乎!此事遍于经史,吾亦不能郑重,聊举近世切要,以启寤汝耳。士大夫子弟,数岁已上,莫不被教,多者或至《礼》《传》,少者不失《诗》《论》”②,“吾七岁时,诵《灵光殿赋》,至于今日,十年一理,犹不遗忘;二十之外,所诵经书,一月废置,便至荒芜矣。然人有坎壈,失于盛年,犹当晚学,不可自弃”③。从中可以看出,颜之推主张士大夫子弟自数岁起就要接受美育,学习《诗经》《论语》等经典,并以自己为例说明学习贵在持之以恒。中国古代传统教育分为小学和大学两级。周礼规定:贵族子弟八岁入小学,十五岁入大学。春秋以后兴起的私学也是八岁开始,但八岁之前的教育并没有得到充分的重视。颜之推看到了儿童早期教育的重要性,他认为八岁开始教育已经晚了,美育应该在孩子八岁之前就开始进行,他在《颜氏家训·勉学》中指出:“人生小幼,精神专利,长成已后,思虑散逸,固须早教,勿失机也。”④《颜氏

① 庄辉明、章义和:《颜氏家训译注》,上海古籍出版社 2012 年版,第 1 页。

② 庄辉明、章义和:《颜氏家训译注》,上海古籍出版社 2012 年版,第 71 页。

③ 庄辉明、章义和:《颜氏家训译注》,上海古籍出版社 2012 年版,第 82 页。

④ 庄辉明、章义和:《颜氏家训译注》,上海古籍出版社 2012 年版,第 82 页。

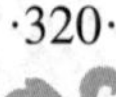

家训·教子第二》曰：太子出生，“生子咳嚏，师保固明孝仁礼义，导习之矣，凡庶纵不能尔，当及婴稚，识人颜色，知人喜怒，便加教诲”①，现代早期教育理论把孩子性格的培养放在首位，认为早期教育对儿童的成长有重要的意义。哈佛大学儿童早期教育理论家怀特基于自己30多年的观察和研究，在1975年出版了《从出生到三岁：婴幼儿能力发展与早期教育权威指南》一书，他认为以前教育家们研究和关注的对象主要集中在六岁至十岁的孩子身上，现在已经证明这种做法是不科学的。早期教育对一个孩子的成长至关重要，教育工作从婴儿诞生之后就应该开始。② 日本学者井深大在谈到儿童早期教育时指出：要培养能够满足社会需要的人才，零岁教育是必不可少的。同时他还强调：“早期教育应该从心性和人品的培养开始”③，“幼儿教育应从开发右脑开始”④。可见，颜之推的儿童早期美育思想与当代的这些儿童早期教育理论不谋而合，充分体现了其美育的先见性以及合理性。更难能可贵的是颜之推甚至还主张“胎教”，他认为胎儿在母体中能够受孕妇言行的感化，所以孕妇必须谨守礼仪、欣赏美好的事物、聆听美妙的音乐。他

① 庄辉明、章义和：《颜氏家训译注》，上海古籍出版社2012年版，第6页。

② 参阅[美]伯顿·L. 怀特著，宋苗译：《从出生到3岁：婴幼儿能力发展与早期教育权威指南》，京华出版社2007年版。

③ [日]井深大著，欧文东译：《零岁教育》，商务印书馆国际有限公司2000年版，第9页。

④ [日]井深大著，欧文东译：《零岁教育》，商务印书馆国际有限公司2000年版，第97页。

在《颜氏家训·教子》中详细介绍了胎教之法:“怀子三月,出居别宫,目不邪视,耳不妄听,音声滋味,以礼节之。”①颜之推还借用孔子“少成若天性,习贯如自然”这句话以及古代谚语“教妇初来,教儿婴孩”来佐证其观点。当代美育理论认为,一个人的生命的诞生,应该从躁动于母胎之中的胎儿算起。对于胎儿,我们是难以对其实施德育、智育和体育的,可是美育却可以先行。因此所谓“胎教”其实便主要指的是美育。儿童早期美育并不是颜之推的独创,早在春秋战国时期,早期教育的萌芽就已经出现,孔子提出了“少成若天性,习贯(惯,引者注)之为常”②的主张,就是看到了儿童早期教育对个人成长、成才的重要影响。我们熟悉的孟母三迁的故事正是早期美育实践的例子,这也体现了环境对美育的重要影响作用。西汉刘向的《列女传》也曾讲道:“妇人妊子,寝不侧,坐不边,立不跸,不食邪味,割不正不食,席不正不坐,目不视于邪色,耳不听于淫声……如此,则生子形容端正,才德必过人矣。”③颜之推的贡献在于他将古代儿童早期教育的思想做了进一步的阐发并将其置于家庭美育的重要位置。

颜之推不仅看到了儿童早期美育的重要性,而且提出了儿童美育的几个途径:第一,注重儿童良好个性习惯的养成。颜之推对儿童良好个性习惯的培养非常重视,他在《颜氏家训·

① 庄辉明、章义和:《颜氏家训译注》,上海古籍出版社2012年版,第5页。

② 孟庆祥、孟繁红:《孔子集语译注》,黑龙江人民出版社2003年版,第47页。

③ 张涛:《列女传》,山东大学出版社1990年版,第14页。

慕贤》中指出:“人在少年时,神情未定,所与款狎,熏渍陶染,言笑举动,无心于学,潜移暗化,自然似之。”①在儿童早期,通过言行和艺术熏陶可以促进良好个性习惯的形成,对于一个人的成长具有重要作用。在此,颜之推强调了熏陶和陶冶的手段,并且已经注意到了美育的潜移暗化的特点。在颜之推看来,如果儿童早期的美育“重于呵怒”②即希冀棍棒出孝子,或者“无教而有爱”③即溺爱,都收不到良好的效果,而潜移默化的陶冶和熏陶才能收到良好的美育效果,有利于孩子良好的个性习惯的形成。第二,注重环境的影响。环境主要指家庭环境和社会环境,颜之推认为周围环境对儿童有着潜移默化的影响,即良好的家庭氛围、和谐的家庭角色关系以及和睦友好的周围邻里关系等都对儿童的成长具有重要影响,因此,在儿童美育过程中要注重营造良好的家庭环境和社会环境。他说:“与善人居,如入芝兰之室,久而自芳也;与恶人居,如入鲍鱼之肆,久而自臭也。墨翟悲于染丝,是之谓矣。”④颜之推用“与善人居,如入芝兰之室,久而自芳;与恶人居,如入鲍鱼之肆,久

① 庄辉明、章义和:《颜氏家训译注》,上海古籍出版社 2012 年版,第 64 页。

② 庄辉明、章义和:《颜氏家训译注》,上海古籍出版社 2012 年版,第 6 页。

③ 庄辉明、章义和:《颜氏家训译注》,上海古籍出版社 2012 年版,第 5 页。

④ 庄辉明、章义和:《颜氏家训译注》,上海古籍出版社 2012 年版,第 64 页。“墨翟悲于染丝”句:《墨子 · 所染》:“子墨子见染丝者而叹曰:‘染于苍则苍,染于黄则黄,所入者变,其色亦变,五入而已则为五色矣:故染不可不慎也。’”

而自臭”等强调环境对美育的影响作用,用墨翟的话“染于苍则苍,染于黄则黄,所入变者,其色亦变”《墨子·所染》来形容环境对人的影响,说明他已深刻意识到环境对美育效果的巨大影响。第三,对待子女要“均爱”,即一视同仁,不能偏爱。颜之推在《颜氏家训·教子》中说:“贤俊者自可赏爱,顽鲁者亦当矜怜,有偏宠者,虽欲以厚之,更所以祸之。”①意思是说由于先天后天的各种因素,对子女多的家庭来说难免有聪愚之分、丑俊之分,或者有乖巧顽劣之分,家长在对待所有子女的时候都要一视同仁,如果不能做到均爱,不仅不利于孩子德性和人格的培养,而且可能埋下祸根,戕害了孩子。

四、颜之推美育思想在中国美育史上的价值与意义

“重视家庭教育,是我国自古一以贯之的优良传统。而家训便是家庭教育的重要形式之一。见诸文字的家训,较早而集中地出现在社会动荡的魏晋南北朝时期。”②目前我们可以见到的家训类文字,主要有三国时期曹操的《诫子植》和《诸儿令》、三国时期蜀诸葛亮的《诫子书》和《诫外甥》、魏晋之际嵇康的《家诫》、魏晋之际王祥的《训子孙遗令》、魏晋之际羊祜的《诫子书》、西晋杜预的《家诫》、东晋陶渊明的《责子》、南朝宋齐之际王僧虔的《诫子书》、南朝梁徐勉的《诫子崧》、西凉李暠的《手令诫诸子》和《勖诸子》、北魏杨椿的《临行诫子书》等,

---

① 庄辉明、章义和:《颜氏家训译注》,上海古籍出版社 2012 年版,第 10 页。

② 庄辉明、章义和:《颜氏家训译注》,上海古籍出版社 2012 年版,前言第 1 页。

可谓浩如烟海、蔚然成风。但是这些文献材料，或者流传不广，“或者篇幅短小、内容简略，因而对后世的影响，均无法与北齐黄门侍郎颜之推所撰的《颜氏家训》相提并论”①。《颜氏家训》之所以在中国历史上产生重要影响，除了内容详备、立论平实外，很重要的一个原因就在于其中包含着丰富的美育思想。魏晋南北朝时期，玄学兴起，儒学衰微，审美为尚，形成了追求艺术人生的社会竞进风气。《颜氏家训》一方面受到这种社会风气的影响，认识到审美教育在完善人格、陶冶情操和增加人生趣味等方面的积极作用，重视培养后代的审美素养；另一方面以复兴儒学为己任，对南朝特别是梁代以来追求感官享乐、放弃审美自觉的文风和社会风气给予严厉的批判，坚持美育的经世致用。

颜之推在中国美育思想史的一个重要贡献就在于他将家训作为一种重要的美育形式和载体引入了美育领域，开创了美育思想发展的新天地。颜之推继承家学，“还习《礼》《传》，博览群书，无不该洽，词情典丽”②，他的美育思想是以坚实广博的知识为基础，具有很强的科学性。颜之推的《颜氏家训》在阐述美育思想时，不是用抽象的道理进行枯燥的说教，而是以自己的经历现身说法，渗透了深切的人身体验，因而具有很强的说服力。正如他自己所说，这些人生体验“铭肌镂骨，非徒古书之诫，经目过耳”③。

① 庄辉明、章义和:《颜氏家训译注》，上海古籍出版社 2012 年版，前言第 1 页。

② 〔唐〕李百药:《北齐书》(第二册)，中华书局 1972 年版，第 617 页。

③ 庄辉明、章义和:《颜氏家训译注》，上海古籍出版社 2012 年版，第 2 ~ 3 页。

颜之推将佛教理念融入其美育思想，体现了六朝末期的新的时代特征，凸显了中国古代以儒家礼乐教化思想为主体的“中和论”美育的新变化，即佛教思想日益与儒道玄合流成为六朝美育的哲学根基。颜之推是世代儒学的传人，并且他深以自己的家族为荣，据他在《颜氏家训·诫兵》中自述“颜氏之先，本乎邹、鲁，或分入齐，世以儒雅为业，遍在书记。仲尼门徒，升堂者七十有二，颜氏居八人焉”①。总体上看，颜之推的美育观与先秦两汉以儒家礼乐教化思想为主体的“中和论”美育所提倡的保持人格精神的独立、提升人的精神境界的基本观点是一致的。他注重保全生命，但绝不苟且偷生，正如在《颜氏家训·养生》中所表明的那样：“夫生不可不惜，不可苟惜。”②他在《颜氏家训·文章》中说：“文章之体，标举兴会，发引性灵，使人矜伐，故忽于持操，果于进取。”③他洞见了艺术强烈的感染力，认为艺术能触发人的性灵，同时也意识到艺术作品有可能刺激人们性格中非理性主义的滋长。许多文人下场悲惨，既有生不逢时遭人陷害等客观原因，也有自己恃才傲物、狂放不羁、率性而为的个人主观因素。颜之推写家训的目的是要告诫子孙修炼性情、内敛锋芒，避免在乱世中作无谓的牺牲。受自身家庭教育的影响，他强调以儒家传统思想为立身治家之道，坚持传统的儒家美育观念。

① 庄辉明、章义和：《颜氏家训译注》，上海古籍出版社 2012 年版，第 162 页。

② 庄辉明、章义和：《颜氏家训译注》，上海古籍出版社 2012 年版，第 169 页。

③ 庄辉明、章义和：《颜氏家训译注》，上海古籍出版社 2012 年版，第 112 页

在《颜氏家训·养生》中他告诫子孙不可推脱社会责任而归隐山林;不可耗费资财炼丹求仙。他说:“行诚孝而见贼,履行义而得罪,丧身以全家,泯躯而济国,君子不咎也”①,这与先秦儒家美育所追求的君子人格并无二致。可见,颜之推的家训内容蕴涵着浓厚的人本主义的价值取向,即它始终立足于个体的生命、生存、生活,以保全生命和提升生存品质为出发点和归宿,充满了对人的精神世界的终极关怀。用现代的教育哲学眼光来看,是属于一种生存论的美育观。颜之推并不十分重视认识论意义上的艺术技艺掌握,他所关注的是生存论意义层面的艺术对人的精神的双重价值。这对我们今天的审美教育无疑具有深刻的启迪意义。

自东晋开始至南北朝时期,佛教在我国得到了空前发展。颜之推是一代名儒兼佛教信徒,《颜氏家训》关于佛教教义的理解、佛教功用的评价等较为全面地反映了儒士佛教观,带有较为明显的佛教儒学化的特点。他认为佛家五禁和儒家五常是一致的,佛儒互补不可或缺。重儒轻佛是一种糊涂的思想,他说:“归周、孔而背释宗,何其迷也!”②颜之推对一些人对于佛教、僧侣的指责进行了驳斥,批评了“僧尼行业多不精纯为奸慝”③的观点。他还把僧侣与儒士相比,为僧侣辩护:“以《诗》《礼》之教,

---

① 庄辉明、章义和:《颜氏家训译注》,上海古籍出版社 2012 年版,第 169 页。

② 庄辉明、章义和:《颜氏家训译注》,上海古籍出版社 2012 年版,第 172 页。

③ 庄辉明、章义和:《颜氏家训译注》,上海古籍出版社 2012 年版,第 173 页。

格朝廷之人，略无全行者；以经律之禁，格出家之辈，而独责无犯哉？且阙行之臣，犹求禄位；毁禁之侣，何惭供养乎？”①颜之推一生经历了两次被俘和梁、北齐、北周、隋等朝代的更替，坎坷的人生际遇使他痛苦于人生的苦短，而当时快速发展的佛教则为其提供了一剂摆脱思想痛苦的良药，因而佛家思想成了他精神世界的重要内容。在颜之推的美育思想中，儒佛互补的时代特征十分明显，反映了中国古代“中和论”美育在魏晋南北朝后期的新变化。

① 庄辉明、章义和：《颜氏家训译注》，上海古籍出版社 2012 年版，第 179 页。

第七章　美育的实践途径

学校美育、家庭美育（家族美育）和社会美育作为审美教育的重要形式和实施途径，虽然在魏晋之前就早已存在，但是在很长一段历史时期内，由于经济、政治、文化、思想等方面的种种原因，三者发展并不平衡，家庭美育始终未得到足够的重视，未能真正发展起来，它的作用还未得到完全的发挥。

随着士族门阀制度的确立与发展，在特殊的政治、文化背景以及儒、道、佛三教合流的哲学思潮的影响下，魏晋南北朝时期美育在实施途径上出现了新的变化，形式日益灵活多样，形成了多渠道办学和多学科并举的多元化美育格局。有关家庭美育（家族美育）的理论学说也得到了极大丰富和进一步深化，家庭美育思想在具体实践中也得以很好地落实并取得了巨大成就，家庭美育（家族美育）的地位日益上升，从此成为中国古代美育的一条重要实施途径。

家庭美育（家族美育）正式登上中国古代美育历史舞台，成为一条不可或缺的美育实施途径，这是魏晋南北朝美育在具体实践中的最大特色和最大亮点。家庭美育（家族美育）与学校美

育作为审美教育的两翼,互相补充,互相促进,极大促进了中国古代审美教育的发展。魏晋南北朝美育因此在整个中国美育史上闪烁着独特的光芒。

第一节　魏晋南北朝的家庭美育

家族教育是中国传统文化的重要组成部分。古代中国是以小农经济为基础的、以宗法血缘为纽带的封建社会,在这个宗法社会中家庭是基本也是最重要的单位,因而,家庭教育自然成为一种非常重要的教育方式和途径。尤其是在魏晋南北朝时期,世族大家族是整个社会的支柱,加之学校教育不够发达、普及性低,家庭教育承担起为国家培养人才、传承文化、维护统治秩序的重要责任,具有前所未有的重要意义。而且魏晋时期士族的子女教育是和世家大族的声名联系在一起的,班昭在《女诫》中说:"不渐训诲,不闻妇礼,惧失容它门,取耻宗族。"①在形成姻亲关系的家族之间,女子的品行、容止代表着其家族的文化及德行,所以当时的家庭教育是不排斥女子的,这与魏晋之前的中国古代教育有很大的不同。在家庭教育中,以诗文艺术教育为主的审美教育受到了极大重视,体现了那个特殊时代的文化的自觉和人文价值关怀。

一、魏晋之前的家庭美育

中国古代的家庭教育是随着家庭、家族的产生而开始的。

① 〔南朝宋〕范晔撰,〔唐〕李贤等注:《后汉书》,中华书局1965年版,第2786页。

魏晋之前,美育已经成为家庭教育的重要内容。

早在西周时期,家庭美育(家族美育)的萌芽就已经出现。中国古代早起的教育形式是私塾,私塾分三个种类:一是"家塾";二是"村塾",也称"族塾";三是"坐馆",也称"教馆"。据《礼记·学记》记载:"古之教者,家有塾,党有庠,术有序,国有学。"相传周代以二十五家一闾,闾有巷,巷首门边设家塾,用以教授居民子弟。家塾就是塾师在自己家里或借用祠堂庙宇开馆设学,学生交纳一定"束脩"入学就读,这种教育教学方式也称"门馆"。随着生产力的提高以及家族制度的形成,一些具备一定经济实力和权势的名门贵族开始聘请教师来家教授自己的子弟,有的兼收亲友子弟。这种教育形式具有学校教育和家庭教育的双重性质。在家塾教育中以伦理教化为主,主要通过对学生的道德教育和审美教育而展开,此时美育具有和道德教育同等的地位。这就是早期家庭美育(家族美育)的雏形。在家庭美育中,除了家塾老师,家长也是重要参与者,如《礼记·内则》曰:"异为孺子室于宫中,择于诸母与可者,必求其宽裕、慈惠、温良、恭敬、慎而寡言者,使为子师",说明了母亲在孩子教育中所起的重要作用。除了母亲之外,父亲在家庭美育中也有着十分重要的作用。中国传统的学校教育分为大学和小学两个学制,在小学入学之前,孩子主要是跟随父亲学习,即"子入官府,各从父学,称为畴人子弟"①,说明了子从父学的家庭美育现象。

春秋战国时期,随着私人学校的开办,家庭美育也获得了一定的发展。孔子是中国古代伟大的思想家、教育家,他的思想和

---

① 孙培青:《中国教育史》(修订版),华东师范大学出版社2000年版,第18页。

实践对家庭美育的发展产生了巨大的促进作用。春秋时期,教育与学术还基本由官府垄断,为此孔子提出了“有教无类”的思想,开始以私人身份招徒讲学,创办了我国历史上第一所真正的私人学校。孔子广收门徒,不问出身贵贱、家庭贫富,不分地域、种族。孔子所收的学生复杂而多元,并非来自同一家族或同一乡里,而是来自多个诸侯国,既有贵族子弟也有寒门青年。由于孔子等人的努力,私人教育获得了较快发展,在一定程度上促进了家庭教育的发展。在孔子那个时代,由于人们在家庭教育方面尚缺乏经验,难以克服父母子女之间的感情关,所以往往出现“易子而教”的现象,正如王羲之在其《笔势论十二章(并序)》所说:“父不亲教,自古有之。”①后来,儒家为了克服家教这一难题,努力从父母的性格调节和施教方法上进行探讨,提出“严父慈母”的刚柔互补的家教原则,发展了中国古代的家教方法。在《论语》中,大量记载了关于孔子教导学生凡疑难不决之事要请教父母的言论。孔子认为,父母的经验足以指导子辈的行为,父母应当替子女的行为结果负责。父母应当以身作则,当好子女的表率。如果其身不正,就必然把孩子带坏。孔子还十分注重家庭教育的环境。他说:“里仁为美。”(《论语·里仁》)认为子女的成长与周围的文化道德环境有关系,所以父母应当注意“居必择邻”。他认为只有注意良好环境的影响,则“少成若天性,习贯(惯,引者注)之为常”②(《大戴礼记·保傅》)。总之,孔子的

① 上海书画出版社、华东师范大学古籍整理研究室选编、校点:《历代书法论文选》,上海书画出版社1979年版,第29页。

② 孟庆祥、孟繁红:《孔子集语译注》,黑龙江人民出版社2003年版,第47页。

家教理论普遍适用于不同阶层的家庭。他强调的家教,核心内容是以"孝""仁"为本的伦理情感的培养,其目的在于通过家庭教育手段,来巩固家庭及家庭成员的伦理关系,完善家庭等级,由家而国,将家庭伦理关系转化为社会人际关系,由家庭血缘情感领域延伸到政治道德领域,使国在家的基础上建立统治秩序。孔子对审美教育十分重视,他所教授出来的学生多以文学、言语见长。孔子认为家庭美育的目标是培养"文质彬彬"的君子,而美育的途径是"兴于诗、立于礼、成于乐"(《论语·泰伯》),由此可见诗、礼、乐在孔子家庭美育中的重要作用。《论语·季氏》曾记载了孔子对其子孔鲤进行家庭美育的具体情景:"鲤趋而过庭,曰:'学《诗》乎?'对曰:'未也。''不学《诗》,无以言。'鲤退而学《诗》。"那个时期家庭教育的内容以"六艺"为主,即诗、书、礼、乐、易、春秋,其中诗、书、礼、乐则属于审美教育的范畴,这说明美育在家庭教育中的地位得到了较大提升。总之,在孔子等人的努力下,春秋战国时期的家庭美育获得了一定发展。

秦代由于其对于知识分子的高压政策,并且实行"以法为教""以吏为师"的教育政策,使得整个秦代的教育处于相对沉寂的状态,包括家庭美育在内的美育发展也没有多大起色。

汉代是中国古代历史上教育政策相对成熟的时期,稳定的社会环境和大一统的文化背景,使这个时期的家庭美育也得到了相应的发展。独尊儒术的国家政策,使汉代的家庭美育仍以儒家诗教、乐教为主,注重培养子女的伦理道德素质。汉代的家庭美育除了日常生活中的道德、审美培养之外,还开始关注胎教和女子美育。汉代十分重视家庭早期美育,主张儿童早期美育应该从胎教开始,例如刘向在《列女传》中曾指出胎教的重要作用,他认为胎教对于孩子出生后的身体、品德、才能、性情等各方面的发展都有重要的作用，因此孕妇要保持良好的心态、稳定的情绪，要注意自己的言行举止，所见所闻要符合礼义，才能生出容貌端正、才德过人的孩子。汉代还十分重视女子的美育，由于儒家伦理纲常的统治地位，家庭对女子的审美教育主要以诗、书为主，即通过诗书学习，培养女子的伦理意识和艺术涵养。这个阶段还出现了专门的女子美育教材，其中以刘向的《列女传》为代表，主要讲述古代贤德女子的事迹，为培养女子贤淑的言行举止和美好的品性情操提供学习的典范。

中国传统家庭美育（家族美育）源远流长，从家庭的诞生开始，家庭教育、家庭美育便随之萌芽。随着儒家礼乐文化的发展，诗教、乐教成为家庭美育的主要内容，提高了家庭美育的质量和水平，为社会培养了大批有修养、遵礼仪的“文质彬彬”的君子。但是以儒家诗教为主的家庭美育带有鲜明的政治功利性，美育是为政治服务的，所谓完善的人格其实是以能否满足维持社会正常运转、维护封建统治需要为标准的，极大地压抑了鲜活的个性。

二、魏晋南北朝时期家庭美育的兴起

魏晋南北朝时期是中国传统家庭美育（家族美育）的快速发展时期。受社会动荡分裂政局的影响，魏晋南北朝时期的官学教育也长期处于时兴时废的状态，而家庭美育（家族美育）却一枝独秀，呈现出勃勃生机。

随着中央集权的大一统封建统治的削弱，特别是诸侯纷争，军阀混战，造成了南北长时间的分裂和动荡，门阀制度便在这个时期逐渐发展起来，到南朝达到了鼎盛阶段。门阀士族垄断了经济、政治、军事和文化，控制着国家人才的选拔，社会各个领域都打上了门阀制度的烙印。门阀制度使世族大家登上历史舞台,成为国家政治、经济的一支主导力量。世家大族处于统治阶级中的特殊阶层,他们对于改朝换代,国家民族漠不关心,关心的只是家族利益,争夺的是个人权势。为了维护家族利益及个人权势,保持家族的长盛不衰,门阀士族集团十分重视对自己子弟的培养,竭力向子孙灌输门第观念。而在学校教育不是很令人满意的情况下,世族大家对家庭教育给予了高度重视,一方面是通过文化教育树立门风、保持家风,以维护其不衰之门第;另一方面是为了向朝廷输送自己的人才,以巩固家族在国家政治、经济生活中的地位。据《南史·王筠传》载:"史传称安平崔氏及汝南应氏,并累叶有文才,所以范蔚宗云崔氏雕龙。然不过父子两三世耳,非有七叶之中,名德重光,爵位相继,人人有集,如吾门者也。沈少傅约常语人云:'吾少好百家之言,身为四代之史。自开辟以来,未有爵位蝉联、文才相继如王氏之盛也。'汝等仰观堂构,思各努力。"①显然王筠自夸家庭文化修养和政治地位,以此来激励其子不负家门众望,其中沈约将爵位与人才相提并论,说明文才对于维持门第的重要。因此,门第观念的强化构成了魏晋南北朝时期家族教育兴盛的社会基础和内在动力之一。另外,魏晋南北朝时期家族教育的兴盛与当时的选官制度有很大关系。曹魏时期的九品中正制推行以后,门阀地主并没有放弃他们的品德才学,秀才、孝廉虽从门阀中推荐,但往往也要经过考试,秀才考对策兼及儒经,孝廉则全试经文,尽管它在后来演变为门阀士族操纵选官的工具。但客观地说,魏晋南北朝特殊的人才选拔和选官制度对家族教育的发展有一定的促进作用。

① 〔唐〕李延寿:《南史》,中华书局1975年版,第611页。

魏晋南北朝时期家族、家庭教育的内容多样，包括儒学、玄学、道教、佛教、文学、艺术、科技、史学、天文、历算等。凡是一技之长都可以成为家学而世代相授，远比官学的内容广泛而实际。

审美教育是门阀士族家庭教育的重要内容，担负着培养理想人格、颐养情性的重要任务。家庭美育（家族美育）在魏晋南北朝时期取得了显著的成就，不仅表现在门阀士族大力实施美育上，同时表现在形成了丰富、深刻的家庭美育思想。魏晋南北朝时期家庭美育（家族美育）的形式主要有三种：世代相授的家学、家馆、家训（家诫）。其中家馆是由延师发展而来的，《北史·景穆十二王传上》有这样的记载：北魏“乃置学馆于私第，集群从子弟，昼夜讲读。并给衣食，与诸子同”①。北魏宗室多设家馆请大学者、博士教授子弟。如北齐杨愔一门“昆季就学者三十余人”②，当时家馆的规模可见一斑。西魏、北周的于谨、李弼等人也曾设馆教育子孙。家庭美育思想的繁荣主要体现在这个时期涌现了一大批极具特色的家训。常言道：“人必有家，家必有训。”家训，又称家诫、家范、庭训等，是中国传统文化的重要组成部分，指家庭或家族内部父祖辈对子孙后代的垂诫、训示，它在中国历史上对个人的修身、齐家发挥着重要的作用。我国古代的家训，最初萌芽于西周，到隋唐时期开始逐渐成熟，并于明清时期走向完善。其中魏晋六朝可以说是家训的兴盛期，这个时期的家训形式多样而灵活，或鸿篇巨制，或片纸短章，或口传心授，或临终遗嘱……代表性家训类文字有魏晋之际嵇康的《诫子书》、西晋杜预的《家诫》、南朝宋光禄大夫颜延之的《庭

① 〔唐〕李延寿：《北史》，中华书局1974年版，第631页。

② 〔唐〕李百药：《北奇书》，中华书局1972年版，第453页。

诰》、北朝北齐颜之推的《颜氏家训》、南朝梁徐勉的《诫子崧》等，这些家训著作既是优美的文艺作品，又是宝贵的家教教材，在魏晋南北朝时期的家教和美育实施中扮演了重要的角色。它们或授以伦理美育，塑造理想人格，或诱以艺术美、自然美的熏染，帮助世族子弟建构理想的生存方式。它们凭借文艺作品的审美功能，起到了日常口头训诫教育和一般的审美活动所不能实现的作用，鞭策和诱导着世家子弟成为符合当时社会要求的人才。在魏晋南北朝众多家训中，美育思想最为丰富、影响最为深远的莫过于以历经南北朝入隋的颜之推所写的《颜氏家训》。

晚年的颜之推为了教育子孙，鼓励子孙继承家业，扬名于世，他将自己的人生经验、处世哲学、审美观念和治家心得进行总结，写成了《颜氏家训》一书。在古代家训的发展史上，《颜氏家训》成书较早，内容丰富，思想成熟，因其深远影响，不但是中国教育史上一部里程碑式的杰作，也是中国古代美育史上具有开创意义的扛鼎之作。《颜氏家训》全书共有七卷二十篇，计四万余字。首篇《序致》交代了家训的写作目的："吾今所以复为此者，非敢轨物范世也，业以整齐门内，提撕子孙。"①意思是我如今之所以要再写这部《家训》，并非是要给世人在为人处世方面制定什么规范，而只是用来整顿家风，教育子孙后代。其中的《风操》《文章》《杂艺》《养生》《归心》《音辞》等篇，蕴含着较为丰富的美育思想。《颜氏家训》在当时影响很大，代表了魏晋南北朝家庭美育思想的最高水平，是研究中国古代美育思想发展

① 庄辉明、章义和：《颜氏家训译注》，上海古籍出版社 2012 年版，第 1 页。

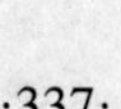

史的珍贵材料，对当代家庭美育甚至是学校美育也具有重要的启发和借鉴意义。家训成为美育重要手段的事实说明，与先秦两汉美育相比，魏晋南北朝美育在形式上更为丰富更为多样。魏晋南北朝之后，我国历史上又陆续出现了一批内容丰富、自成体系、独具特色的家训著作，如唐太宗李世民的《帝范》、北宋司马光的《温公家范》、南宋陆游的《放翁家训》、南宋袁采的《袁氏世范》、元代郑太和的《郑氏规范》、明代袁衷等人的《庭帏杂录》、清康熙皇帝的《庭训格言》、清代朱柏庐的《朱子家训》、清代郑燮的《郑板桥家书》、晚清曾国藩的《曾国藩家训》等，极大地丰富了我国古代家庭教育思想。

三、魏晋南北朝时期家庭美育的特点

美育、德育、智育、体育各具特性又相互关联，魏晋六朝时期的美育思想家们已经注意到了这一点，他们认为在开展家庭美育（家族美育）时，应该将美育与德育、智育相融合，彼此促进，共同发展。因此，这个时期的家庭美育（家族美育）的一个重要特点就是艺术教育、自然美育、道德规范教育、玄学教育之间相互结合、彼此渗透，以美辅德，以美启真，也就是说道德教育、玄学教育都染上了审美的色彩。

（一）将道德规范教育作为家庭美育的重要内容

道德教育是中国传统教育的一个重要组成部分，儒家主要通过诗教和礼教展开。诗教即主要是学习儒家经典。自汉武帝“独尊儒术”以来，又经过两汉四百年的发展、传播，儒学已凝聚为中国传统文化的核心，在魏晋南北朝家庭美育（家族美育）中仍然占有十分重要的地位，东吴范平就很注重运用儒家伦理来加强子女的性情修养，其三子奭、咸、泉及泉子蔚，“并以儒学至大官"①。琅邪王氏王褒曾著《幼训》说:"吾始乎幼学,及于知命,既崇周、礼之教……江左以来,斯业不坠,汝能修之,吾之志也。"②说明儒家礼学在王褒家族美育占据十分重要的位置。颜之推就曾在《颜氏家训·勉学》中说:"士大夫子弟,数岁已上,莫不被教,多者或至《礼》《传》,少者不失《诗》《论》。"③《三国志·钟会传》记载了钟会的母亲进行家庭教育的详细过程:"年四岁授《孝经》,七岁诵《论语》,八岁诵《诗》,十岁诵《尚书》,十一诵《易》,十二诵《春秋左氏传》《国语》,十三诵《周礼》《礼记》,十四诵成侯《易记》……"④可见《诗》是魏晋南北朝家庭教育中不可缺少的课程。诗教之所以仍然受到重视,主要是由于其巨大的政治教化功能,刘勰在《文心雕龙·风骨》中就曾指出:"《诗》总六义,风冠其首,斯乃化感之本源,志气之符契也。是以怊怅述情,必始乎风,沉吟铺辞,莫先于骨。"⑤伦理道德教育除了诗教的传统方式之外,魏晋南北朝家庭还十分重视子女对"三礼"的学习,例如西晋太常贺循(公元 260 ~ 319 年),就承袭家学,"尤精礼传",有"当世儒宗"之美誉。据《晋书》卷六十八列传第三十八《贺循传》记载:"时尚书仆射刁协与循异议,循答义深备,辞多不载,竟从循议焉。朝廷疑滞皆谘之于循,循辄依经礼而

① 〔唐〕房玄龄等撰:《晋书》,中华书局 1974 年版,第 2347 页。

② 〔唐〕姚思廉:《梁书》,中华书局 1973 年版,第 584 页。

③ 庄辉明、章义和:《颜氏家训译注》,上海古籍出版社 2012 年版,第 71 页。

④ 〔晋〕陈寿撰,〔南朝宋〕裴松之注:《三国志》,中华书局 1982 年版,第 785 页。

⑤ 周振甫:《文心雕龙今译》,中华书局 2013 年版,第 264 页。

对，为当世儒宗”①，贺循非常重视道德规范的教育，堪称学礼的典范。此外，门阀士族还十分重视对子女的行为举止的教育引导，注意将礼仪规范学习融于子女的日常生活中，注重良好习惯的养成。

魏晋南北朝是一个崇尚风范的时期。陈寅恪先生在《唐代政治史述论稿》中说：“士族特点既在门风优美，不同于凡庶，优美的门风则基于学业的因袭，故士族家世相传的学业，便与当时政治社会有极重要影响。”②所以，世族大家将家庭美育（家族美育）视为提高子女修养的一个重要方式。颜之推受到当时社会风气的影响，也很重视子孙风度的培养。但是生活于南北朝时期的颜之推所推崇的风度，“不同于以任放为达的魏晋风度，而是以合乎规范为前提的”③。颜之推自称著述家训的动机是：“非敢轨物范世，业以整齐门内，提撕子孙。”④可以说，他守道崇德的家庭美育思想以巩固父子血缘宗法制度为目的，以维护封建的家庭伦理与社会秩序的和谐与繁荣为最终归宿。坚持“礼为教本”“人伦为重”，强调“守道崇德”以立身处世，是《颜氏家训》治家思想的主旨。颜之推说：“君子当守道

① 〔唐〕房玄龄等撰：《晋书》，中华书局1974年版，第1830页。

② 陈寅恪：《唐代政治史述论稿》，上海古籍出版社1997年版，第13页。

③ 庄辉明、章义和：《颜氏家训译注》，上海古籍出版社2012年版，第32页。

④ 庄辉明、章义和：《颜氏家训译注》，上海古籍出版社2012年版，第1页。

崇德，蓄价待时……"①他把道德教育作为家庭美育的主要任务和内容。颜之推在《颜氏家训》中一再强调要重视对子女道德品质方面的教育，他以自己的亲身实践经历要求子孙们加强自身修养，遵循礼仪规范。他在《颜氏家训·序致》中现身说法称："吾家风教，素为整密。昔在龆龀，便蒙诱诲；每从两兄，晓夕温清，规行矩步，安辞定色，锵锵翼翼，若朝严君焉。"②在颜之推那里，道德品质教育主要指儒家传统道德中所崇尚的仁义和孝悌的教育。他对"士大夫子弟，数岁已上，莫不被教，多者或至《礼》《传》，少者不失《诗》《论》"③的做法和现象是比较认可的，主张通过诗和礼来对子女进行道德规范教育，即通过阅读《礼经》《春秋三传》《诗经》《论语》等儒家经典以强化子女的道德意识，培养子女良好的道德品质。根据这一思想，颜之推对子女的道德规范教育，也是以孝悌等人伦家庭教育为基础，以树立仁义的信念为主要任务和目标。一个人品德素质的形成不是一朝一夕的，所以在儿童早期教育阶段就需进行道德启蒙，教给孩子做人的道理，"生子咳[口是]"即需"明孝仁礼义，导习之矣"④。早期的良好品德与行为习惯的养成，可使一生受益，因为"人生小幼，精神

① 庄辉明、章义和：《颜氏家训译注》，上海古籍出版社2012年版，第152页。

② 庄辉明、章义和：《颜氏家训译注》，上海古籍出版社2012年版，第2页。

③ 庄辉明、章义和：《颜氏家训译注》，上海古籍出版社2012年版，第71页。

④ 庄辉明、章义和：《颜氏家训译注》，上海古籍出版社2012年版，第5页。

专利,长成已后,思虑散逸,固须早教,勿失机也”①。否则,错过道德教育在早期的实施,恶习一旦养成,“习若自然,卒难洗荡”②,难能有效矫正。在家庭中对幼儿进行思想品德教育,主要是使儿童形成初步的道德观念,养成良好的行为习惯。这种家庭教育有利于儿童人格的培养,促进良好道德品质的形成。这里颜之推将儒家经典细化为可操作的教育理念来教育子孙后代,并看到了儿童道德品质培养的重要性,这与宋代大教育家朱熹的“自小便教之以德,教之以尚德不尚力之事”③的主张基本是一致的。这些观点和看法对后来中国传统家庭美育以及当代的家庭美育都有重要的启示意义。

重视孩子道德品质的培养,而且必须从小培养,这是魏晋南北朝家庭美育给我们的一个重要启示。我们知道,一个人品德素质的发展是贯其一生的持续累积的过程,而早期的道德启蒙对于形成儿童良好品质和行为习惯,乃至健全的人格都会打下坚实的基础,使人终身受益。当然,从幼儿期就重视道德教育,也是社会现实与发展的必然要求。然而,在当今的早期审美教育中,较为普遍地存在着一种重智重美而轻德的片面化倾向。忽视儿童早期道德生活的体验及其道德素养的启蒙,势必导致儿童教育的狭隘化与片面化,不利于儿童健全品格的形成,并因此影响到个体终生的可持续发展。由此看来,魏晋南北朝家庭

① 庄辉明、章义和:《颜氏家训译注》,上海古籍出版社 2012 年版,第 82 页。

② 庄辉明、章义和:《颜氏家训译注》,上海古籍出版社 2012 年版,第 2 页。

③ 〔宋〕黎靖德编,王星贤点校:《朱子语类》(卷七),中华书局 1986 年版,第 128 页。

美育强调子女道德素质的早期培养，即使在今天仍然具有强烈的实践意义。

（二）在家庭美育中引入玄学教育

玄学作为魏晋南北朝时期极为活跃的哲学思潮，对当时政治、文化、经济乃至百姓日常生活等各个领域都产生了深远的影响。随着玄学影响力的日渐增强，它也逐渐向美育领域渗透，当时士族人物以玄立名也是弘扬家风的一种有效手段，因此，以玄入儒、儒玄互渗成为这一时期士族家庭美育（家族美育）的重要特色。

据《世说新语》记载，谈玄论道的风气在魏晋时期的士族地主当中相当普遍，贵族儿童参与其中也是很正常的事情，像王弼未弱冠之时便只身去见当时的吏部尚书何晏，何晏听到王弼来找他，"晏闻弼名，因条向者胜理语弼曰：'此理仆以为极，可得复难不？'弼便作难，一坐人便以为屈。于是弼自为客主数番，皆一坐所不及。"①王弼这种超常的智慧和风度在年少时期就已经表现得淋漓尽致。王弼独具魅力的才性风貌与其家庭祖风以及自小接受的家庭美育不无关系。王弼出生于世代儒业之家，祖父王凯为著名文学家王粲的族兄，父亲王业为刘表的外孙，官至谒者仆射。据《三国志·魏书》卷二十八记载："弼幼而察慧，年十余，好《老氏》，通辩能言"②，对老庄之学自小便有家学教育或耳濡目染。《世说新语》所载有关孩童谈玄、好玄的轶事不少，这些

① 〔南朝宋〕刘义庆：《世说新语》（上），上海古籍出版社 1982 年版，第 116 页。

② 〔晋〕陈寿撰，〔南朝宋〕裴松之注：《三国志》，中华书局 1982 年第 2 版，第 795 页。

贵族子弟自小便因玄谈说理而树立了声名，例如“诸葛宏年少不肯学问，始与王夷甫谈，便已超诣”①。魏晋南北朝时期显赫的大家族琅琊王氏，虽以儒学传家，但同时也非常注重将吸收玄学的思想。西晋时期王戎、王衍兄弟就是以玄谈为务的玄学名士。正是在这种引玄入儒的家庭美育（家族美育）模式作用下，使得琅琊王氏家族涌现了一大批热爱艺术、精于书法、超尘拔俗的才俊子弟，较为著名的有王羲之及其子王献之，此外还有王导的儿子王恬、王洽、王劭、王荟，王廙的儿子王胡之，王彬的儿子王彪之，王舒的儿子王允之以及王敦的儿子王应，等等。世族大家子弟自小就在注重儒玄相渗的浓厚家庭美育氛围里长大，从他们的才性与风范、情操与德行可以窥见魏晋时期的家庭美育（家族美育）成功的一面。

玄学进入美育领域的集中表现是书法美学在魏晋南北朝时期的快速发展。玄学潜心于有无之辨，主张“崇本息末”“以无统有”，从根本上上说，就是主张以“无”将自然、宇宙、社会、人格等统一起来，因此从一定角度而言，“无”是魏晋南北朝时期士人理想人格的抽象化。同时，由于玄学对思想的启蒙、对精神的解放，使文人士子们逐渐突破了儒家伦理道德的束缚，张扬个体和自我意识。由于玄学的影响，在书法艺术方面出现了崇“意”尚“韵”的审美风尚。正如宗白华先生说：“魏晋的玄学使晋人得到空前绝后的精神解放，晋人的书法是这自由的精神人格最具体最适当的艺术表现。这抽象的音乐似的艺术才能表达出晋人的

---

① 〔南朝宋〕刘义庆：《世说新语》（上），上海古籍出版社 1982 年版，第 119 页。

空灵的玄学精神和个性主义的自我价值。”①他还说：“晋人风神潇洒，不滞于物，这优美的自由的心灵找到一种最适宜于表现他自己的艺术，这就是书法中的行草。行草艺术纯系一片神机，无法而有法，全在于下笔时的点画自如，一点一拂皆有情趣，从头至尾，一气呵成，如天马行空，游行自在。又如庖丁之中肯綮，神行于虚。这种超妙的艺术，只有晋人萧散超脱的心灵，才能心手相应，登峰造极。”②这正是玄学对魏晋南北朝士人心灵的影响，呈现出独特的个性之美，而这种个性之美在书法艺术上则表现为对书法之飘逸神韵的追求。正如王羲之的书法，传达的是精神上的飘逸自由之美，他的书法揖让顾盼，掩映情飞，气韵生动，风流极致，明显受到了玄学思想的浸润。如前文所述，王氏家族的教育是以家庭美育（家族美育）为主。王羲之学习书法曾受到卫夫人的教育，卫夫人是王羲之的表姑，她出身于草书世家，曾经师从钟繇。在丈夫去世之后，她曾长期住在王羲之家中，担当了王羲之的家庭美育老师的角色，王羲之的手法大部分受益于卫夫人的教授。除了卫夫人的对其进行的家庭式书法教育，王羲之的父亲王旷、叔父王廙等都曾在书法艺术上给予他指导。我们完全有理由说，王羲之及其子王献之的书法之所以能够名震神州、千古流芳，很大程度上得益于良好的家庭美育。

（三）积极开展家庭艺术教育

先秦两汉时期的“中和论”美育思想把诗乐艺术视为陶冶情操、怡养心性的手段，认为艺术内可以乐志、外可以养身。这一思想精华在魏晋南北朝家庭美育（家族美育）中得到了进一步

① 宗白华：《美学散步》，上海人民出版1981年版，第213页。

② 宗白华：《美学散步》，上海人民出版1981年版，第212页。

深化。

在魏晋南北朝时期的家庭美育(家族美育)中,艺术教育占有重要的地位。门阀士族在教育子女时,十分重视艺术教育,而在众多艺术门类中他们尤为看重文学、书法和绘画。例如,建安文学,曹氏父子独领风骚;刘孝绰兄弟子侄属文者达70人之多,均是家学所传。再如,东晋南朝的大家族陈郡谢氏就是以文学作为子女审美教育的主要内容。谢氏是著名的文学世家,人才辈出,谢尚、谢奕、谢安、谢玄、谢道韫、谢琰、谢灵运、谢朓等都是当时远近闻名的诗人。其中最著名的是"大谢"和"小谢",即谢灵运和谢朓。《宋书》列传第二十七《谢灵运传》称赞谢灵运曰:"灵运少好学,博览群书,文章之美,江左莫逮"①,《南齐书·谢朓传》称赞谢朓曰:"朓少好学,有美名,文章清丽。"②以文学著称的陈郡谢氏与以书法著称的琅琊王氏比肩并称,例如唐代羊士谔的《忆江南旧游二首》写道:"山阴道上桂花初,王谢风流满晋书",刘禹锡的《乌衣巷》也写道:"旧时王谢堂前燕,飞入寻常百姓家",可见谢氏家族的鼎盛以及谢氏文学在中国历史上的巨大贡献。谢氏家庭诗人辈出,主要是由于以文学传家的家学传统的影响。谢氏子弟的"乌衣之游"即是从事家庭美育(家族美育)的一个典型事件,《南史·谢弘微传》对此的记载是:"混风格高峻,少所交纳,唯与族子灵运、瞻、晦、曜、弘微以文义赏会,常共宴处,居在乌衣巷,故谓之乌衣之游。混诗所言'昔为乌衣游,戚戚皆亲姓'者也。"③可见,谢氏子弟生活在文学气息浓厚

① 〔南朝梁〕沈约:《宋书》,中华书局1974年版,第1743页。

② 〔南朝梁〕萧子显:《南齐书》,中华书局1972年版,第825页。

③ 〔唐〕李延寿:《南史》,中华书局1975年版,第550页。

的家族氛围中，从小深受文学熏陶。在谢氏的家庭审美教育中，以谢安和谢混为主要施教者，例如作为东晋著名政治家、官居宰相的谢安，就十分重视对子侄的教育，经常带领他们畅游山水、品赏诗文，在纵情山水和艺术鉴赏中展开对子侄们的审美教育。因此，我们认为，谢氏家族屡出文学大家，开创了中国古代山水诗发展的新风气，与其良好的家庭美育传统不无关系。

家庭书法美育以琅琊王氏为代表。琅琊王氏是著名的书法世家，王导是王氏家族鼎盛时期的重要人物，他是三朝丞相，在东晋政权中有着举足轻重的地位。王导闲时临摹钟繇书法，练出漂亮的行书和草书，在王导的言传身教影响下，王氏子弟人人练得一手好字。王导的子侄辈，出现了许多艺术造诣极高的书法家，如王羲之、王洽、王劭、王允之、王应等，他们的书法都是受到良好的家庭美育的影响，如前文我们说到的王羲之，他的书法技艺主要受教于他的父亲，他还得到了其姑姑卫夫人的亲自教授及王导等的指导。王羲之的子侄辈中也涌现了大批艺术极高的书法家，其中以其子王献之成就最高。王献之的艺术成就不仅得益于家族的熏陶，同时也受益于父亲的指导。王羲之注意激发孩子的兴趣，因势利导，循循善诱，传授给王献之以独特的艺术技巧。由此可见，家学传统、父子传承是魏晋南北朝时期家庭美育兴盛的重要影响因素。

魏晋南北朝家庭美育（家族美育）在绘画教育方面也很引人瞩目。谢赫在《古画品录》中将南朝大画家陆探微列为第一品第一人，视为最得“六法”精妙的画家。他的两个儿子陆绥、陆弘肃都被他培养成为南朝有名的画家，尤其是陆绥最负盛名。谢赫《古画品录》陆绥将列为第二品第二人，称其“体运遒举，风采顿

挫。一点一拂，动笔新奇”①。南朝梁武帝时期创造“张家样”画风的大画家张僧繇将技艺传授给两个儿子善果、儒童，且两个儿子的佳作达到了“乱真于父”的程度。唐代张彦远在《历代名画记》中也记载了一些家庭绘画教育：“戴逵师于范宣。逵子教，教弟颙师于父。……探微子绥、弘肃并师于父……倩子质师于父……刘胤祖师于晋明帝，胤祖弟绍祖、子璞，并师于胤祖。……张僧繇子善果、儒童并师于父……”②王廙也曾讲述过他向侄子王羲之传授画艺的事情，他说：“余兄子羲之幼而歧嶷，必将隆余堂构，今始年十六，学艺之外，书画过目便能，就余请书画法，余画《孔子十弟子图》以励之……”③以绘画施教化的美育观有着比较长久的历史，早在东汉时期王延寿《鲁灵光殿赋（并序）》就明确提出“恶以诫世，善以示后”④的观点，后来“曹植有言曰：‘……是知存乎鉴戒者图画也’”⑤，进一步肯定了绘画的教化和育人功能。可见，在东汉至魏初，将绘画视为美育的手段之一是许多文人知识分子的一致看法。但是自魏晋正始年间玄学兴起，文人的精神生活纷纷转向对自然和自我的内在体认，在

① 俞剑华编著：《中国画论类编》，人民美术出版社 1986 年版，第 359 页。

② 〔唐〕张彦远撰，俞剑华注释：《历代名画记》，上海人民美术出版社 1964 年版，第 29 页。

③ 〔唐〕张彦远撰，俞剑华注释：《历代名画记》，上海人民美术出版社 1964 年版，第 96 页。

④ 〔南朝梁〕萧统编，〔唐〕李善注：《文选》（第二册），上海古籍出版社 1986 年版，第 516 页。

⑤ 〔唐〕张彦远：《叙画之源流》，见俞剑华注释《历代名画记》，上海人民美术出版社 1964 年版，第 5 页。

画家群体中也逐渐形成一种内向化的审美新潮。谢赫生活的齐梁时代,正是六朝思想文化多元发展的时期,出现了各种思潮相互融合的趋向。例如梁武帝萧衍虽笃信佛教,却也不忘弘扬儒学,重修礼乐,恢复太学和州郡官学。谢赫强调绘画的劝善戒恶、披图可鉴的道德教化和品性修养功能,因此其六法着眼于"意在切似"的理论重心。在南朝画家们看来,画之意气、气韵事实上就是画家人格、思想、才情的灌注和表现,进一步讲,作画及赏画的过程就是陶养人的性情、浸润人的心灵、提升人的境界的过程,因此通过绘画可以提升人的精神气质、才性风貌。南朝画家所持有的绘画具有美育功能的观点,得到了后世画家、美育思想家的普遍接受,他们大多从用笔或笔墨来论说画品、人格、形神、气韵之间的关系,把绘画当做娱情养性、修养心智的一种手段和方式。宋朝郭若虚在《图画见闻志》中将绘画的美育功能发挥到了极致,在南朝谢赫等人理论的基础上提出了"气韵非师"的观点,认为天生的资质固然重要,但是后天通过学习积淀培养的人格修养也很重要。在郭若虚看来,因为"凡画,气韵本乎游心,神采生于用笔"①,所以"人品既已高矣,气韵不得不高;气韵既已高矣,生动不得不至"②。也就是说人品、人格即画家特定的精神风貌,与用笔紧密关联。

(四)自然美育受到前所未有的重视

魏晋南北朝时期家庭美育的又一突出特点是自然美育成为

① 〔宋〕郭若虚:《论用笔得失》,见《图画见闻志》上海人民美术出版社1963年版,第19页。

② 〔宋〕郭若虚:《图画见闻志叙论》,见俞剑华编著《中国画论类编》,人民美术出版社1986年版,第59页。

子女教育重要的内容。由于魏晋玄学的影响，自然山水成为独立的审美对象，自然美育也进入门阀大族的视野，成为家庭美育的重要途径。魏晋门阀士族试图通过让家族子弟游赏自然山水以娱心怡性，培养他们的自然审美趣味，让他们自觉接受自然之美的濡化，获得精神上的自由，构建理想的人格，达到人与自然和谐相处、融为一体的美好境界。例如王羲之就十分重视对儿子进行自然美育，他组织的兰亭集会，就是带领儿子玄之、凝之、肃之、徽之，在景色优美的自然山水中与当时的名流雅士畅诗饮酒、切磋书法、游目骋怀、熏染情性。谢安也十分重视对谢氏子弟的自然审美教育，他经常带领子侄游历山水，培养子弟的自然审美情趣，《晋书·谢安传》记载：谢安"又于土山营墅，楼馆林竹甚盛，每携中外子侄往来游集"①，可见自然美育在谢氏家庭教育中的重要地位。自然山水审美进入美育领域，极大地丰富了家庭美育（家族美育）的内容。

（五）女性在家庭美育中发挥着重要作用

在魏晋南北朝时期，女性也积极参加到家族、家庭美育活动中，并且作出了重要贡献。随着腐朽的名教枷锁被逐渐打破，魏晋南北朝时妇女的地位有所提高，一些学术渊源的大家族，将家学传授给女子。在她们之中，有不少人因有才识而彪炳史册。如蔡文姬（文学家蔡邕的女儿）、谢道韫（谢安的侄女）、东晋卫夫人，自幼受家学的熏陶，展现出杰出的文学艺术才华。而受过一定文化教育的妇女，往往承担了教育子女的责任。钟繇之子钟会的成才离不开母亲张氏的审美启蒙教育，史载："夫人性矜严，明于教训，会虽童稚，勤见规诲。年四岁授《孝经》，七岁诵

① 〔唐〕房玄龄等撰：《晋书》，中华书局1974年版，第2075页。

《论语》，八岁诵《诗》……雅好书籍，涉历众书……每使会反覆读之……”①陈朝招远将军谢贞受学于母，《陈书·孝行传》曰：“贞幼聪敏……母王氏，授贞《论语》《孝经》，读讫便诵。八岁，尝为《春日闲居》五言诗。……年十三，略通《五经》大旨，尤善《左氏传》，工草隶虫篆。”②南齐王融的母亲是“临川太守谢惠宣女”，她“敦敏妇人也。教融书学”③。在母亲的教育下，王融“少而神明警惠，博涉有文才”④。其他如晋人夏侯湛、刘宋名士宗炳等人的审美启蒙教师均为其母。北朝不少妇女同样承担起家族、家庭内的审美教育任务。《魏书》第九十二卷记载：“清河房爱亲妻崔氏者，同郡崔元孙之女。性严明高尚，历览书传，多所闻知。子景伯、景先，崔氏亲授经义，学行修明，并为当时名士。”⑤此外，南朝时，还有女性被任命为博士，如吴郡韩蔺英“有文辞，宋孝武时，献《中兴赋》，被赏入宫。（宋）明帝世，用为宫中职僚。世祖以为博士，教六宫书学”，被称为“韩公”⑥；陈朝宫人袁大舍因有文学才能，被称为女学士，常与诸贵人及狎客“共赋新诗”。⑦ 当时妇女参与家族内的美育活动的事例还有很多，她们为文化和学术的传播、美育事业的发展付出了辛勤的劳动，在培养子孙后人的艺术才能和审美素养方面功不可没，这是魏

① 〔晋〕陈寿撰，〔南朝宋〕裴松之注：《三国志》，中华书局 1982 年第 2 版，第 785～786 页。

② 〔唐〕姚思廉：《陈书》，中华书局 1972 年版，第 426 页。

③ 〔南朝梁〕萧子显：《南齐书》，中华书局 1972 年版，第 817 页。

④ 〔南朝梁〕萧子显：《南齐书》，中华书局 1972 年版，第 817 页。

⑤ 〔北齐〕魏收：《魏书》，中华书局 1974 年版，第 1980 页。

⑥ 〔南朝梁〕萧子显：《南齐书》，中华书局 1972 年版，第 392 页。

⑦ 参阅〔唐〕李延寿：《南史》，中华书局 1975 年版，第 348 页。

晋南北朝美育的一大特点。

总之,魏晋南北朝的家庭美育(家族美育)以儒家道德教育、玄学教育、艺术教育和自然美育为主要组成部分。多种美育内容和教育思想相互融合,极大促进了家庭美育(家族美育)的发展。魏晋南北朝时期的家庭美育(家族美育)既尊奉礼法,又怡情山水,谈玄说理,注重各种艺术形式学习和熏陶,呈现出多姿多彩的风貌。

五、魏晋南北朝家庭美育的意义

魏晋南北朝是中国古代家族美育(家族美育)获得巨大发展的时期。这个时期家庭美育的发展具有十分重要的意义。

(一)促进了文学艺术的多元发展和思想学术的百家争鸣

在官学中,儒家美育思想仍然占据主流地位,但总的看来,官学美育处于发展的衰落期。相对于官学美育而言,魏晋南北朝时期的家庭美育(家族美育)乃至私学美育相对兴盛活跃。

一枝独放不是春,百花齐放春满园。各种美学理念、各派教育思想同生共存是艺术繁荣、文化昌盛的前提,一家独尊是不会形成百家争鸣、百花齐放的局面的。在魏晋南北朝时期的家庭美育中,儒家美育思想不再一家独尊。美育内容也不再局限于传统的经学教育,而且私学及家学的美育内容要比官学广泛得多,除儒学之外,道学、佛学、文学、音乐、天文、数学、医学、书法、棋艺等都成为魏晋南北朝家庭美育(家族美育)的重要内容。在美育形式方面,自然审美、艺术教育受到了前所未有的重视。

由于众多名流大家的加入,家族美育(家族美育)的师资力量日益壮大,教育水平不断提高,使得家庭美育在当时整个美育结构中占有重要地位。这种状况使家庭美育(家族美育)所包含的各门各派教育内容与儒学共生共存，从而为文学艺术的繁荣和学术思想争鸣提供了良好条件。

（二）为社会培养了一大批名士逸才

英国17世纪的教育家、哲学家约翰·洛克提出了著名的“白板说”，他认为：人的知识并不是天赋的。人刚出生时心灵就像一张白纸或白板，上面没有任何记号，没有任何观念，父母涂上什么色彩，他们就会成为什么色彩的人。① 所以说在一个人的成长过程中，早期的家庭美育对其审美观、审美能力的形成与发展至关重要，它可以帮助一个人较早地明辨善恶美丑。因为家长的言传身教要比在各类学校中接受美育的影响深远得多、持久得多。

魏晋南北朝时期，在官学美育相对衰微的历史背景下，家庭美育（家族美育）无疑对这个时期的人才培养作出了巨大贡献。

魏晋六朝家庭美育（家族美育）的发展与兴盛为社会培育出大批博学多才、境界高远、气度不凡的人才，其中包括政治家、思想家、文学家、艺术家、科学家、医学家、教育家等。

士族门阀特别重视家庭美育（家族美育），其门第家风主要靠家庭教育、家庭美育来维系和传承，家族子弟的艺术修养、审美情趣也主要靠家庭美育来练就和培养。家庭美育（家族美育）培养了一大批名人雅士，如号称“三曹”的曹操、曹丕、曹植，谢安，北魏前期的崔浩，东晋谢氏家族的谢安、谢弘微、谢混、谢灵运、谢瞻、谢庄、谢览、谢道韫等都是当时有名的诗人；东晋琅琊王氏家族的王导、王羲之、王献之等，卫氏家族的卫瓘、卫恒等都

① 参阅［英］洛克著，关文运译：《人类理解论》，商务印书馆1983年版，第68～83页。

是书法大家。这些人往往既是著名的文学家、艺术家,也是当时远近闻名的社会名流或国家栋梁。由此我们可以看出家庭美育(家族美育)在整个魏晋南北朝教育和美育中的重要地位。

(三)促进了中国古代女性的解放

在中国古代社会中,各种腐朽封建的清规戒律,严重束缚着妇女个性的解放和个人才能的发展。但在魏晋南北朝时期,由于家庭美育(家族美育)的发展,使得越来越多的女性享有了学习的机会,接受家族内的艺术教育,参与到审美活动中来,从而使女性发现了自我、提升了自我,也更使人们领悟到要争取妇女解放首先要争取教育权。

众所周知,美育是人类社会不可或缺的教育活动,它使一个民族的美学传统和艺术理想得以传承,使一个时代的文化艺术、思想学术得以快速发展,使社会所需要的各类人才得以大量涌现。通过上述分析,我们不难发现,魏晋南北朝时期的家庭美育(家族美育)作为一种特殊而重要的美育形式,在官学美育不振的历史背景下,对于推动文化艺术的繁荣、提升人们的审美境界、促进人的人文修养等方面作出了重大贡献。

第二节　魏晋南北朝的学校美育

学校美育是一条非常重要的美育途径。学校美育与家庭教育、社会美育相比,有其自身独具有特点,即系统性、计划性、集中性。它是国家为培养人才而实施的重要举措,对国家、社会和个人都有十分重要的意义。

中华民族历来重视教育。早在五千多年前,我们的祖先就开始了有组织的教育活动。传说中的伏羲、神农、黄帝时期就有了“教民熟食”“教民畋猎”“教民巢居”以及“教民耕种”之说，如《周易·系辞下》记载：“包羲氏没，神农氏作，斫木为耜，揉木为耒，耒褥之利，以教天下……”随着教育活动的开展，美育的萌芽也就出现了。到了尧舜时期，产生了美育的最初形式——“典乐”教育。据《尚书·尧典》记载：舜帝时我国就已设立官学，管理教育事务。舜帝曾命伯夷典礼，命夔典乐，就是命令伯夷负责礼仪规范教育，夔负责音乐和诗歌教育。“帝曰：‘夔，命汝典乐，教胄子。……诗言志，歌永言，声依永，律和声。八音克谐，无相夺伦，神人以和。’”这是有关学校美育最早的记载之一，也表明学校美育日渐引起重视。

魏晋南北朝时期，学校美育打破了汉代儒学独尊的教育体制，管理也逐渐呈现多元化趋势。

一、早期的学校美育状况

舜帝时，我国产生了学官。虽然那时的官学只是管理生产和生活知识传授的，但这却是学校美育产生的最初场所。早在夏朝时期我国就出现了“庠”“校”“序”三种教育形式，“庠者，养也；校者，教也；序者，射也。”（《孟子·滕文公上》）可以说，“庠”“校”“序”是早期学校的雏形。商代，甲骨文的出现，极大促进了学校教育的发展，为我国学校美育的发展奠定了基础。商代除了“庠”“校”和“序”外，又增设了“瞽宗”和“学”①。所谓的“学”是对教育阶段的划分，分为“右学”和“左学”，即“大学”和

① 参阅《礼记·明堂位》，见〔战国〕孟子等：《四书五经》，中华书局2009年版，第369页。

"小学"。《礼记·王制》曰:"殷人养国老于右学,养庶老于左学。"①汉代郑玄注曰:"皆学名也。……上庠、右学,大学也,在西郊;下庠、左学,小学也,在国中王宫之东。"②商代不仅产生了正式的学校教育,同时也出现了学校美育,这是因为商代的学校教育中,美育也是重要的一个方面。商代的学校教育内容分为三个方面:道德教育、军事教育和礼乐书数教育,道德教育即以"孝"为主的教育思想,军事教育以"射御"为主的内容,而礼乐教育就是美育的重要内容,因而我们认为商代就出现了我国最早的学校美育。

西周时期,学校教育更加完善,美育也被确立为学校教育的重要内容。西周的学校教育延续了商代的官为教者、学在官府的体制。西周朝廷指派官员负责教育,官府垄断了学校教育和一切学术文化,只有贵族子弟才有机会接受教育,平民百姓不能进入校门。这种官学合一的现象,被称为"学在官府"。西周的官学分为两个系统,分别是国学和乡学,即中央官学和地方官学。中央官学有大学和小学之分,大学是天子设立的成均(南学)、上瞽(北学)、辟雍(太学)、东序(东学)、瞽宗(西学)以及诸侯设立的泮宫。小学是贵族子弟在入大学教育之前的教育,关于入学的年龄虽然各书的记载稍有出入,但是一般小学入学年龄是八岁至十岁左右,主要学习书记、音乐。之后进入大学,年龄大致为十五至二十岁,主要是音乐、射御等。乡学分为塾、

① 〔汉〕郑玄注,〔唐〕孔颖达疏,龚抗元整理,王文锦审定:《礼记正义》(十三经注疏标点本),北京大学出版社1999版,第425页。

② 〔汉〕郑玄注,〔唐〕孔颖达疏,龚抗元整理,王文锦审定:《礼记正义》(十三经注疏标点本),北京大学出版社1999版,第425~426页。

庠、序、校,分别设于闾、党、州、乡等地方,属地方官学。乡学的教育内容和官学大致是一致的,乡学实行定期考察和推荐,优秀者送至国学,大学也采取考核制度,合格者毕业,优秀者进入仕途。如《周礼·乡大夫》曰:“三年则大比,考其德行、道艺,而兴贤者、能者。……此谓使民兴贤,出使长之;使民兴能,入使治之。”这说明西周的学校教育制度已经比较完善。从西周学校的教育内容来看,我们不难发现:美育是西周学校教育的重要组成部分,主要表现在音乐教育。比较完备的音乐教育始于周公“制礼作乐”。武王曾命周公作《大武》,并将其列为国学的必修课程。西周乐教的内容主要有六代乐舞、小舞、宗教性乐舞、散乐、四夷之乐等,其中六代乐舞和小舞是学校乐教即学校美育的主要内容,也是统治阶级较为重视的教育内容。统治者试图通过音乐来教化百姓以巩固自己的统治,例如六代乐舞的《大武》是描写武王伐纣的故事的,内容既符合当时统治者的政治意图,也包含了符合统治者需要的伦理道德,因而受到统治者的重视,成为官学教化百姓的工具。总之,以音乐教育来进行道德教育和人格培养,这是西周学校美育的重要特点。

春秋战国时期,学校美育出现了一种新的形式——私学。私学从国家政权机构中独立出来,使学在官府转变为学在四夷。孔子是创办私学的第一人,也是一位伟大的教育家,他提出了“有教无类”的教育原则,即不论贫富、贵贱、老幼都可以得到受教育的机会,例如他的学生中,贵者有南宫适、司马牛,富者有子贡,贫者有子路、颜渊等。孔子门下招收的弟子品类芜杂,有来自各国不同地方的学生,齐、鲁、卫、吴、秦、楚国等都有孔子的学生,这些都反映了孔子“有教无类”的教育原则。继孔子之后,墨

子、孟子、荀子都是著名的私学大师。墨子私学的学生主要是出身寒门的子弟，教育对象主要是“农与工肆之人”（《墨子·尚贤上》）。《孟子·尽心下》曰：“夫子之设科也，往者不追，来者不拒，苟以是心至，斯受之而已矣。”孟子私学招收学生也采取开放的态度，他开设课程，对学生的态度是离去的不追回，来的不拒绝。他们只要是抱着学习之心而来，那就一律收留下来。在这种“有教无类”的、开放的教育大背景下，学校美育得到了快速发展。春秋时期的私学美育仍是以礼乐教化为主要形式，教学科目是礼、乐、射、御、书、数，在这六艺中，礼、乐占有十分重要的地位，是美育的重要内容。儒家思想的根本目的是救弊治国、经世济民，因而其学校美育的目标就是通过礼乐教化来培养克己复礼的君子；道家倡导自然无为，主张通过美育培养顺任自然、道法合一的圣人人格；墨家提倡兼爱原则，主张通过审美教育培养“为彼犹为己”（《墨子·兼爱下》）的兼士。通过分析，我们可以看出春秋战国时期私学美育的主要特点：一是打破了身份的限制，把美育从贵族扩展到了社会各个阶层，这对提高整个社会的美育水平、促进完美人格的培养具有十分重要的意义；二是美育的内容相对自由，儒家美育以礼乐教化为主，墨家、道家的美育内容则是根据自家学派的学说自行规定的。这种相对自由的私学教育，打破了国家对美育内容的强制性规定。不同的学派思想、自由的私学气氛，对于美育的发展无疑起到了积极的推动作用；三是美育形式灵活多样，注重情景化教育。私学的办学形式十分自由，并无固定的场所，完全由私学大师自行决定，例如孔子带学生周游列国，他的教育并不固定在讲堂上，而是敞开式的、面向所有人的，并且是随时随地进行传授的，这种教育形式不仅使学生在真切的情景中随时受到教育,同时也将美育的内容带到了各地,促进了美育思想的传播。

秦汉时期,大一统的中央集权的建立,政治的初步稳定,为教育事业尤其是美育的发展提供了良好的条件。秦始皇行法家思想而统一中国,因法家制度而定大一统帝制。短暂的秦王朝实行"以吏为师"的政策,就如韩非子所说的"无书简之文,以法为教;无先王之语,以吏为师"(《韩非子·五蠹》),这使得教育完全成为政治统治的工具,美育更是无立身之地。之后宰相李斯明确提出了废私学,他说:"古者天下散乱,莫之能一,是以诸侯并作,语皆道古以害今,饰虚言以乱实,人善其所私学,以非上之所建立。今皇帝并有天下,别黑白而定一尊。私学而相与非法教,人闻令下,则各以其学议之,入则心非,出则巷议,夸主以为名,异取以为高,率群下以造谤。如此弗禁,则主势降乎上,党与成乎下。禁之便。"①私学的废止,加上之后的焚书坑儒一事,知识分子被残酷杀戮迫害,使学校美育受到了严重的打击。

到了汉代,汉文帝、景帝及武帝时期实行休养生息的政策,经济恢复,社会相对稳定,为学校教育的发展提供了良好的宽松的大环境,不论是官学还是私学都重新得以兴盛繁荣。汉代的官学制度奠定了后来中国官学发展的基本格局。汉代实行"罢黜百家,独尊儒术"的文教政策,从此确立了儒家思想在政治、文化、教育等方面的正统地位。而儒家思想以伦理教化为主,因而汉代的伦理教化、人才培养就被提到了治国的绝对高度,正如《汉书》所说:"是故南面而治天下,莫不以教化为大务。立大学

① 〔汉〕司马迁:《史记》,中华书局1959年版,第255页。

以教于国,设庠序以化于邑,渐民以仁,摩民以谊……教化行而习俗美也"①,这种国家意志使得汉代的文化艺术和学校美育都取得了长足的发展。汉代学校设置方面,中央官学有太学、宫邸学和鸿都学门,地方官学有郡国学校。太学是汉武帝根据董仲舒"兴太学,置明师"②的建议于元朔五年(公元前124年)建立的。太学征聘年龄五十岁以上的学者为博士,以博士为教官,因而太学的学生也称为博士弟子,太学的课程以儒家经典为主,主要包括《诗》《书》《礼》《易》《春秋》即五经,同时也学习《论语》和《孝经》。宫邸学是专门为贵族和宫廷子女设立的,教授的内容也是儒家经典。郡国学校是汉代的地方官学,是平帝时期设立,《汉书·平帝纪》载:"郡国曰学,县、道、邑、侯国曰校。校、学置经师一人。乡曰庠,聚曰序。序、庠置《孝经》师一人。"③鸿都门学是东汉时期设立的美育学校,这是我国教育史上第一所专门以文学艺术为主修课程的学校,当时它在审美教育方面发挥着巨大的作用。鸿都门学建立于东汉灵帝时期,因学校设立在洛阳鸿都门而得名,史料称招收学生一度曾达到千人。教授的内容主要以尺牍、辞赋、小说、书画为主,讲求的是文艺之道而非五经大义,打破了先前的以伦理教化为主的教育模式,将文学艺术作为教育的主要内容,不仅促进了文学艺术的发展,更重要的是促进了人才培养理念的革新,即更加重视人的审美个性和艺

① 〔汉〕班固撰,〔唐〕颜师古注:《汉书》,中华书局1962年版,第2503~2504页。

② 〔汉〕班固撰,〔唐〕颜师古注:《汉书》,中华书局1962年版,第2512页。

③ 〔汉〕班固撰,〔唐〕颜师古注:《汉书》,中华书局1962年版,第355页。

术才华的培养,使得中国古代的审美教育获得突破性发展,其价值和影响在中国美育史上是不可估量的。

汉代除了相对成熟的官学教育,私学也十分昌盛,规模甚至大于官学,这是汉代学校教育的一大特点。西汉时期,官学体制完整,但是直至平帝时才建立地方官学,因此私学仍是西汉地方教育的重要方式。东汉时期,私学更为昌盛,据《史记》和《后汉书》等文献记载,东汉的私学达到四十余家之多,规模较小的教授子弟也可以达到数百人,多者可达上万人。汉代的私学,在启蒙教育阶段以书馆为主,书馆的教育主要以识字习字为主。学习者在书馆学成之后是进入乡塾,乡塾主要是经书学习,诵读经书是书馆的主要学习内容。书馆之后进入更高级的"精庐"或"精舍"学习,主要是跟随经学大师、学者进行经学的研读,这时期的董仲舒、郑玄、蔡邕、马融等都是著名的经学大师。汉代的私学教育无论是启蒙阶段还是研读阶段都是以儒家经典为主要内容,即主要是通过伦理教化来培养人才的。

总起来看,在魏晋之前漫长的历史进程中,中国古代学校美育在实践上有一定的发展,但发展比较缓慢,思想理论上取得的成果也并不突出。

二、魏晋南北朝时期的学校美育

在中国古代美育发展史上,魏晋南北朝时期的学校美育独具特色,它是中国学校美育向多元化、细致化发展的时期。这个时期,产生了各种类型的学校,学校美育的内容也更加丰富、更加多元化,美育的内容囊括了儒、释、玄、史学、艺术等各个方面,这种多元化的美育形式,不仅瓦解了汉代独尊儒术的美育体制,也为中国古代"中和论"美育的发展注入了新的活力,促进了古代美育的长足发展。

当然,作为整个学校教育体系的一个重要组成部分,魏晋南北朝时期学校美育的发展深受学校教育发展总体状况的影响,随着整个学校教育的繁荣与衰微而起落变化。

下面我们分别从官学美育和私学美育两个方面来一窥魏晋南北朝学校美育的发展状况。

(一)官学美育

魏晋南北朝时期由于战乱频繁、社会秩序混乱,加上旧礼教的崩溃,思想和信仰的自由,使得这个时期的学校美育无法像两汉时期一样稳定发展,而是出现了时废时兴的状况。统治者组织的学校美育分为中央官学和地方官学两个层次。

第一,中央官学美育虽有发展,但几经兴废,并无多少建树。魏晋时期的中央官学仍是太学。汉末由于社会动荡,太学基本处于停滞状态。但是至曹魏时期,由于魏文帝曹丕对文学和教育的重视,统治者不仅重新恢复了太学,还使太学在混乱的社会条件下得以延续。曹魏时期,太学也开始招收平民子弟,学生入太学以年龄大小排序,无关乎家世背景。一方面延续了汉代的传统,另一方面是曹操"唯才是举"思想的具体落实与体现。太学学官成为博士,即选拔五十岁以上的德行、学识优秀的学者为博士。博士的选拔是十分严格的,除了德行、学识方面的要求外,对其师承关系和教学经历也有要求,因此博士的标准是非常高的,这就为学校美育的开展提供了良好的师资条件。这时的太学对于升学和学制有了较为严格的规定,进入太学学习的平民称为门人,门人学满两年并通一经者,通过考试成为弟子,没有通过考试的需要留级。成为弟子后正式进行太学的学习,学制是十年,学满后随才叙用。这种学制一方面使平民百姓也得

到受教育的机会,客观上促进了学校美育范围的拓展,但是也产生了一些负面后果,那就是由于当时选官权利控制在士族门阀手中,所以经过漫长的太学学习之后,太学弟子们依然不能进入朝堂,成为国家有用之才,因此,学生积极性差,留级学生越来越多。针对这种弊端,正始年间刘靖提出太学改革的主张,实行贵族教育,为太学学生指出明确的出路,即可以参与朝堂政治,他说:“宜高选博士,取行为人表,经任人师者,掌教国子。依遵古法,使二千石以上子孙,年从十五,皆入太学。”①但是刘靖这一主张在当时并未得到贯彻。太学的学习内容仍然以儒家经典为主,虽然取得了一定成效,但是并没有真正发挥太学在美育方面的作用。

晋朝建立后,基本延续了曹魏的政权机制,太学也得以继续保留。由于太学留滞学生数量过多,曾一度达到七千余人,因此晋武帝时期对太学的冗员现象进行了整顿,学生人数从七千人减至三千人,但是规模仍旧不小。由于太学以平民学生为主,而且太学学生学满之后依然无法顺利进入朝堂任职,加上冗长的学制,大部分贵族子弟不愿意进入太学学习,因此西晋在太学之外,还设立了国子学,这是一所专门为贵族子弟设立的学校,即官位在五品以上的官员子弟才能进入国子学。国子学的设立,一方面是中央官学形式多样化的表现,另一方面是官学教育等级化的象征。国子学学生学习的内容仍是儒家经典,以王肃和郑玄的解说为主来讲授儒家经典。由于政局动荡不安,东晋的学校教育兴废无常,起起

① 〔晋〕陈寿撰,〔南朝宋〕裴松之注:《三国志》,中华书局 1982 年版,第 464 页。

落落，没有得到什么发展，国子学曾一度被废止。成帝咸康三年（公元337年），国子学才得以恢复。穆帝永和八年（公元352年），由于战乱，学生都被遣送回家。东晋孝武帝时期，太学并入国子学，不复存在。两晋时期的国子学就如同曹魏时期的太学，徒有虚名，杂乱无章。由于政治动乱，晋代官学教育相当衰微，严重束缚了官学美育的发展，这个阶段的官学美育几无建树。

南朝在近一百七十年的历史中，官学教育也是时废时兴，官学美育发展也没多大起色。宋武帝刘裕下诏拟建国学，但是由于他不久后病逝，所以并未付诸实施。太祖刘义隆时期，国子学正式恢复，教授内容仍是儒家学说。几年以后，由于北魏太武帝南侵，国子学停办。南齐萧道成于建元四年（公元482年）建立国子学，同年萧道成病逝，国子学成立不到一年时间又遭遇停办的命运。齐武帝永明三年（公元485年），恢复国学，这时期国学得到了相对的发展，但是数年后由于太子之死而废止。明帝建武四年（公元497年），下令设立国学，一年之后停办。整个南齐，国学多次兴废，根本无法得到本质上的发展，所以在官学美育建设方面也没有明显的起色。南朝时期虽然国子学没有得到发展，但是却出现了各类专科学校。儒学专科学校在宋文帝刘义隆元嘉十五年（公元438年）设立，据《宋书·隐逸传》记载："元嘉十五年，征次宗至京师，开馆于鸡笼山，聚徒教授，置生百余人。会稽朱膺之、颍川庾蔚之并以儒学，监总诸生。"①又设立玄学、史学、文学等专科学校，"时国子学未立，上留心艺术，使丹阳尹何尚之立玄学，太子率更令何承天立史学，司徒参军谢元立

---

① 〔南朝梁〕沈约：《宋书》，中华书局1974年版，第2293页。

文学，凡四学并建”①。各类专科学校的设立打破了汉代以来经学独占官学的教育格局，不仅扩充了学校美育的内容，而且更符合时代发展。魏晋南北朝时期，儒家已经无法保持其正统地位，但是学校美育的内容还是以儒家经典为主，不仅学生不感兴趣，学校美育难以实施，而且也无法适应政治统治的需要。而学馆专科学校在实施美育方面，相对于国子学有着明显的优势，一方面它不重学生出身，平民子弟可以接受教育，审美教育内容丰富，不强制接受某一学派的思想观念，可以自主选择学习的内容；另一方面，学馆专科自主性、灵活性强，形式多样，能够紧跟社会审美风尚，较好地适应社会环境的变化，具有较强的生命力。学馆专科的这些特点，与审美教育的基本特性和基本要求相适应，因而对推动学校美育和社会的发展都有积极意义。

北朝时期的中央官学，除了继承了之前的太学、国子学之外，还设立了皇宗学和四门小学。北朝时期不断有皇帝下诏立太学、国子学，教育内容以儒家经典为主，表明北朝虽然作为少数民族当权的政权，但是它们积极做出汉化的努力。北魏时期，太学和国子学人数都有所增加，表明当时中央官学取得了一定的成绩。北魏还专门为皇家子弟建立皇宗学，这也表明了统治者希望子孙从小接受汉文化的熏陶，从而维持政治统治的愿望。四门小学是北魏时期创立的新型学校，四门小学属于小学教育，教育内容也是以儒家经典为主。东魏、西魏立国时间不长，且战乱频繁，政局动荡，所以学校美育方面建树不多。

第二，地方官学美育取得了一些进展，并呈现出南弱北强的

① 〔南朝梁〕沈约：《宋书》，中华书局 1974 年版，第 2293 ~ 2294 页。

特点。魏晋南北朝时期的官学美育除了中央官学这个层面之外,还有地方官学美育。尽管在当时动乱的社会局面下建立地方学校是有相当难度的,但曹操建立政权之后,他以一个诗人政治家的独特眼光和雄伟气魄,高瞻远瞩,发布了建立地方官学的命令:“丧乱以来,十有五年,后生者不见仁义礼让之风,吾甚伤之。其令郡国各修文学,县满五百户置校官,选其乡之俊造而教学之,庶几先王之道不废,而有以益于天下。”①曹操这一举措表明当时的地方官学比较重视对学生的审美教育,美育以文学为主要内容。曹丕继位后也大力发展地方学校,虽然关于当时地方学校的记载有限,但是曹氏父子积极发展地方学校教育、并以文学为主要教育内容的举措在中国古代美育史上是有重大意义的,它体现了一定的国家意志,意味着官方对美育的重视。

两晋时期各地普遍设立了地方学校。据《晋书》记载:“户千以上,置校官掾一人。”②西晋朝廷颁布法令要求各地建立地方学校,表明统治者对地方学校美育的重视。另外,地方官员的重视也为地方学校的建立提供了良好条件,如《晋书·王恂传》记载:王恂“迁河南尹,建立二学,崇明五经”③。虞溥人鄱阳内史时大修学校,广收门徒,学校规模曾经达到七百余人。东晋时期地方学校建设始于孝武帝时期,地方官学美育取得了一定发展。比较著名的是范汪之子范宁在担任余杭县令时期积极开展学校美育,取得了良好的效果,学生数量不断增加,而且社会风气好

① 〔晋〕陈寿撰,〔南朝宋〕裴松注:《三国志》,中华书局1982年版,第24页。

② 〔唐〕房玄龄等撰:《晋书》,中华书局1974年版,第747页。

③ 〔唐〕房玄龄等撰:《晋书》,中华书局1974年版,第2411页。

转，充分显示了学校美育的作用，据《晋书·范宁传》记载："在县兴学校，养生徒，洁己修礼，志行之士莫不宗之。期年之后，风化大行。自中兴已来，崇学敦教，未有如宁者也。"①地方学校美育建设由于没有固定的经费来源，也没有统一的规划，并且在当时动荡的政局中，中央官学都难以保全，地方官学更是举步维艰，因此此时的地方官学美育也并没有实质性的发展。

在中央官学艰难维持、兴废无常的情况下，南朝中央政府对地方学校教育更是放任自流，加之南朝四个王朝都较短，地方官学建设也不可能有持续稳定的发展。在地方官学美育方面，梁武帝萧衍还是作过一些贡献的。萧衍主张以兴教办学以加强政治统治，大力开展了地方学校美育建设。除了在中央兴建国学和馆宇之外，萧衍还提倡到各州郡立学，美育形式仍以儒家礼乐教化为主。

相对于南朝地方官学美育停滞不前的状况而言，北魏的地方官学美育则获得了一定发展，这主要是由于北魏的地方官学教育发展相对较好，且形成了一定的体系。北魏献文帝时期建立地方学制，"秋九月己酉，初立乡学，郡置博士二人，助教二人，学生六十人"②。后来北魏大臣高允也制定了发展地方官学的具体计划："大郡立博士二人，助教四人，学生一百人，次郡立博士二人、助教二人、学生八十人，中郡立博士一人、助教二人、学生六十人，下郡立博士一人、助教一人、学生四十人。"③北魏的学制建设直接影响了唐代的地方官学建设，对当时的学校美育建设也起到了巨大的推动作用。

---

① 〔唐〕房玄龄等撰：《晋书》，中华书局 1974 年版，第 1985 页。

② 〔唐〕李延寿：《北史》，中华书局 1974 年版，第 75 页。

③ 〔唐〕李延寿：《北史》，中华书局 1974 年版，第 1126 页。。

总体上看,南北朝时期由于政权更迭频繁、战争连年不断、社会动荡不安的大背景下,统治阶级较少有精力去关心学校建设和教育问题,官方学校实施美育的基本条件无法保障,这在很大程度上影响了美育实践,使得这一时期的官学美育基本处于举步不前的状态。

（二）私学美育

魏晋南北朝是中国历史上政治极为动荡、思想极为自由的特殊时代,儒、道、玄、佛各种哲学思潮并存,但是其官学美育不论是中央官学还是地方官学,美育内容都以儒家经典为主要内容、以讲授经学为主要途径,这不仅不符合当时的审美主潮,而且极大地束缚了学校美育建设的发展。与官学美育发展状况不同,在各种学术思想百家争鸣的形势下,魏晋南北朝的私学美育却得到了长足的发展,出现了繁荣的局面。魏晋南北朝时期私学美育繁荣的原因主要有三个方面:首先,政局动乱,官学发展困难,但是私学却获得了良好的发展契机。在政权交替频繁的历史时期,纵使统治者意识到官府有组织地开展艺术教育的重要性,有心想发展学校美育,但是面对战乱和政局的动荡,他们无暇去关注教育和审美,不得不把美育放在极其次要位置。同时,由于人才的推荐权、选拔权控制在士族门阀的手中,许多出身低微的知识分子往往得不到任用,因而郁郁不得志。众多文人士子受到政治事件的无辜牵连或残酷的政治迫害,尤其出于党祸的恐惧,他们隐退山林乡间,或潜心研究学问,热衷于各种审美活动,或创办私学,传授知识,传播个人思想,开展艺术教育。这些知识分子的教育行为,不仅使各种美育思想得到传播,同时培养了一大批神情散朗、人格高逸、意趣玄远、善美兼具的优秀人才,充分发挥了私学的美育功能。

其次，由于官学教育形式僵化，教育内容陈旧，不但庶族百姓而且贵族子弟也对官学逐渐失去了信心，这就为私学提供了充足的生源。前文我们已经提到，根据曹操“唯才是举”的政策，许多庶族子弟也可以进入太学学习，但是由于太学学制冗长，且学满之后学生并没有满意而顺畅的出路，造成了太学学生的滞留，在学人数不断增加，这只是一种虚假的繁荣，使庶族子弟对太学失去了信心。同时，由于等级身份的差别，贵族子弟不屑于进入太学与庶族百姓一起学习，因而官学无法得到真正的发展。对于想要成才的庶族子弟来说，在受到门阀士族歧视、官学无法满足其要求的情况下，进入私学学习也不失为一个正确的选择。另外，能够承办私学的大都是品行兼备、知识渊博的教育大师，跟随他们学习不仅使庶族子弟得到了良好教育的机会，同时许多庶族子弟学成之后，能够进入朝堂，成为国家有用之才，这也是私学的另一个优势。

再次，汉代私学传统的影响。汉代是中国封建教育蓬勃发展的时期，不仅官学繁荣，私学发展也十分活跃。大一统的国家制度为汉代官学和私学的发展提供了良好的政治、经济、文化环境。据《汉书》和《后汉书》中的记载，在汉代出现了很多私学教师，而且数量不断增长，这为私学提供了良好的师资队伍。在这种情况下，汉代的私学风气兴盛。魏晋南北朝正是继承和发展了汉代私学美育的传统，在官学美育令人失望的情况下，私学美育却得到了蓬勃发展，成为魏晋南北朝美育的一面旗帜。

三国时期的私学发展非常兴盛，出现了许多著名的私学大师，他们不仅品行照耀一代，而且学识极为渊博，具有较高的文学素养。这些私学大师潜心教学，培养了一大批品性脱俗、学养丰富、志向高远的有学之士，其中很多都进入朝堂任职，成为国家的栋梁。当时著名的私学大师有国渊、邴原、管宁、王烈、董遇、贾洪等，他们当中许多人既是热衷私学、创办私学的教育家，也是审美教育方面的大师。随着私学的兴盛繁荣，私学美育也得到了较快发展。三国时期私学美育的内容没有固定的规定，大部分以经学、以儒家经典的学习为主，如《诗》《书》《礼》《乐》等。私学美育的开展不仅可以促进学生学识水平的提高，还有利于学生内在气韵和高洁人格的培养，使学生得到较全面的发展。尤其是传统的礼乐教化，可以极大改善学生的言语美、容止美。同时，人格培养又有利于社会风气的优化，促进了当时社会的和谐发展。所以，儒家传统的美育内容和美育形式受到了私学的普遍重视。但是私学美育的内容又不局限于经学，还包括道学、玄学、佛学等各家学说，例如《三国志》卷二十九注引《管辂别传》曰：郭恩“字义博，有才学，善《周易》《春秋》，又能仰观”①，管辂“就义博读《易》，数十日中，意便开发，言难逾师”②，私学各家的美育形式各有不同，有的注重美育内容的讲解，有的注重让学生自己领悟美育内容……例如魏国著名儒宗董遇对学生进行美育时，便是注重引导学生自己领悟，据《三国志·董遇

---

① 〔晋〕陈寿撰，〔南朝宋〕裴松之注：《三国志》，中华书局 1982 年第 2 版，第 812 页。

② 〔晋〕陈寿撰，〔南朝宋〕裴松之注：《三国志》，中华书局 1982 年版，第 812～813 页。

管辂（公元 209～256 年），字公明，平原（今山东德州平原县）人，三国时期曹魏术士。年八九岁，便喜仰观星辰。成人后，精通《周易》，善于卜筮、相术，习鸟语，相传每言辄中，出神入化。体性宽大，常以德报怨。正元初，为少府丞。根据文献记载，管辂容貌丑，没有威仪，爱喝酒，被后世的命相家奉为管先师。

传》注引《魏略》曰："人有从学者，遇不肯教，而云：'必当先读百遍。'言：'读书百遍而义自见，从学者云：'苦渴无日'。遇言：'当以三余'。或问三余之意，遇言：'冬者岁之余，夜者日之余，阴雨者时之余也'。"①蜀国和吴国也出现了许多著名的私学美育老师，如蜀国的向朗（约公元167～247年），他"潜心典籍，孜孜不倦。年逾八十，犹手自校书，刊定谬误，积聚篇卷，于时最多。开门接宾，诱纳后进，但讲论古义，不干时事，以是见称。上自执政，下及童冠，皆敬重焉。"②向朗退出朝堂之后，潜心研究学问，年逾八十仍亲自校对书中错误，因此吸引来了大批的学徒，受到了各个阶层的敬重，成为名极一时的私学美育大师。吴国的私学也出现了很多著名的美育教师，如唐固、虞翻等，尤其是虞翻，他虽然被流放交州，但是仍然"讲学不倦，门徒常数百人。又为《老子》《论语》《国语》训注……"③三国时期私学的一个重要特点就是自由度极高。首先是私学创立的自由，不论什么思想流派，也不论什么阶层的人，只要有能力有条件都可以自由创立私学，讲授思想，传授知识。三国时期儒家、道家、玄学、佛教等各派都曾建立自己的私学。其次是学生选择的自由，可以择善而学、择优而学。学生可以自由选择不同学派的私学和老师，对这位学者不满就可以选择另一位学者；跟随一位学者学精之后可以再选择其他学者，或者其他学派继续学习，没有门户

① ［晋］陈寿撰，［南朝宋］裴松之注：《三国志》，中华书局1982年版，第420页。

② ［晋］陈寿撰，［南朝宋］裴松之注：《三国志》，中华书局1982年版，第1010页。

③ ［晋］陈寿撰，［南朝宋］裴松之注：《三国志》，中华书局1982年版，第1321～1322页。

之见。私学的这种自由性、灵活性，充分适应了当时百家争鸣的学术氛围，促进了各种私学美育的发展。

两晋和十六国时期由于社会动乱，官学美育时断时续，但是私学却始终没有中断过，而且仍然充满生机，持续发展，极大地弥补了两晋和十六国时期官学美育的不足。两晋时期的李密、范平、郭琦、霍原、刘兆、汜毓、徐苗、续咸、杜夷、孔衍、范宣等都是著名的私学家，同时在美育实践方面也颇多建树。例如，西晋李密（公元224～287年）"有暇则讲学忘疲，而师事谯周，周门人方之游夏"①；西晋学者、藏书家范平"研览坟素，遍该百氏，姚信、贺邵之徒皆从受业"②；范平的孙子范蔚"家世好学，有书七千余卷。远近来读者恒有百余人，蔚为办衣食"③。范蔚的私学不仅向学生传授知识，还为他们提供衣食，私学可以做到这样，显示了其巨大的优越性，因此，也吸引更多的好学之士投入私学学习。这时的私学规模较大，学生上千人，甚至几千人。例如根据《晋书·刘兆传》的记载，刘兆"博学洽闻，温笃善诱，从受业者数千人"④。十六国时期由于战乱频繁，许多私学大师流寓一方，隐居山林，但是在这种条件之下他们仍然坚持讲学，例如郭瑀"少有超俗之操，东游张掖，师事郭荷，尽传其业。精通经义，雅辩谈论，多才艺，善属文。……隐于临松薤谷，凿石窟而居，服柏实以轻身，作《春秋墨说》《孝经错纬》，弟子著录千余人"⑤。

---

① 〔唐〕房玄龄等撰：《晋书》，中华书局1974年版，第2274页。

② 〔唐〕房玄龄等撰：《晋书》，中华书局1974年版，第2346页。

③ 〔唐〕房玄龄等撰：《晋书》，中华书局1974年版，第2347页。

④ 〔唐〕房玄龄等撰：《晋书》，中华书局1974年版，第2349～2350页。

⑤ 〔唐〕房玄龄等撰：《晋书》，中华书局1974年版，第2454页。

十六国时期,少数民族统治者为了接受汉族的文化,鼓励私学以儒家经典作为主要讲授内容。但是十六国时期的私学并没有局限于儒家,也出现了不少道家私学,例如私学大师家王嘉(? ~约 390 年)、张忠(生卒年不详)等人就信奉道家思想,以清虚守志,修道养生为宗旨。《晋书·张忠》曰:

张忠字巨和,中山人也。……恬静寡欲,清虚服气,餐芝饵石,修导养之法。冬则缊袍,夏则带索,端拱若尸。无琴书之适,不修经典,劝教但以至道虚无为宗。其居依崇岩幽谷,凿地为窟室。弟子亦以窟居,去忠六十余步,五日一朝。其教以形不以言,弟子受业,观形而退。立道坛于窟上,每旦朝拜之。食用瓦器,凿石为釜。左右居人馈之衣食,一无所受。好事少年颇或问以水旱之祥,忠曰:"天不言而四时行焉,万物生焉,阴阳之事非穷山野叟所能知之。"①

张忠以道家思想创立私学,说明北朝十六国时期的私学内容和形式丰富而多样。在这样一个大的私学教育背景下,北朝十六国时期的私学美育一方面保持了儒家传统,为保存汉族和少数民族传统文化、艺术作出了贡献,另一方面私学美育适应了当时多变的社会形势,美育内容与形式日趋多样。

南朝的私学美育,出现了各家兼容的新变化。南朝私学以儒家经学为主,同时佛、道、玄各家也纷纷设立私学,甚至出现了各家兼容的私学。儒家私学出现了许多著名的美育大师,例如宋、齐时濮阳的吴苞,据《南齐书·吴苞传》记载:

(吴苞)儒学,善《三礼》及《老》《庄》。宋泰始中,过江

---

① 〔唐〕房玄龄等撰:《晋书》,中华书局 1974 年版,第 2451 ~ 2452 页。

聚徒教学。冠黄葛巾,竹麈尾,蔬食二十余年。隆昌元年,诏曰:“处士濮阳吴苞,栖志穷谷,秉操贞固,沈情味古,白首弥厉。征太学博士。”不就。始安王遥光、右卫江祏于蒋山南为立馆,自刘瓛卒后,学者咸归之。以寿终。①

魏晋南北朝时期的太学博士是要经过非常严格的选拔的,德才兼备年龄在五十岁以上的大学者才能选为博士,吴苞被选为博士,可见其学问精深。但是吴苞放弃了博士一职而是选择私学,可见其对私学的重视,更可见当时私学比官学更有生命力和吸引力。除了儒家私学美育,南朝时期的道家私学美育也得到了极大的发展,道家私学以梁朝张讥为代表,张饥“性恬静,不求荣利,常慕闲逸,所居宅营山池,植花果,讲《周易》《老》《庄》而教授焉”②。道家私学继承和发扬了老庄的美育思想,以成就自然人格为目的,把修养情性的手段主要寄托在自然审美上。教育学生不慕功名利禄,寄情山水,主张处处以审美的眼光审视大自然,感受大自然的勃勃生机,洞察自然山水的机趣,以实现心灵与万化冥合、人与自然的融合统一,抵达绝对自由的精神至境。南朝佛教的盛行,使得佛教美育思想在私学中得到了迅速传播与践行。南朝出现了许多信奉佛教思想的私学美育大师,如何胤、赵僧岩、邓郁等。据《南史·何尚之传》记载:何胤“至吴,居武丘山西寺讲经论,学僧复随之。东境守宰经途者,莫不毕至”③。由于统治者对佛教的重视,大兴庙宇,佛教在南朝迅速发展起来。但是佛教作为一种外来宗教,其繁复精深的教义

---

① 〔南朝梁〕萧子显:《南齐书》,中华书局1972年版,第945页。

② 〔唐〕姚思廉:《陈书》,中华书局1972年版,第444页。

③ 〔唐〕李延寿:《南史》,中华书局1975年版,第792页。

和独具特色的美育思想需要经过佛学大师讲授才能为大众所接受，而私学则成为佛教美育思想传播和践行的重要途径。佛家私学的建立以及知识分子对佛教经典的研读探讨，促进了佛教文化与中国本土传统文化的融合，也极大地推动了南朝美育的发展。佛教美育通过私学得到快速发展，并逐渐成为南朝美育的一大亮点。南朝了除了儒、道、佛等各家私学之外，还出现了综合性的兼容各家思想的私学，这种私学既信守儒家思想，也主动接纳佛学、玄学、道学等各家思想。在这种私学中，各种思想自由争论，相互交流融合，美育的内容更加丰富、视野更加开阔、观念更加活跃，不仅促进了南朝思想学术的发展，也为中国古代美育的自由发展开辟了更为广阔的道路。

北朝的私学美育也有一定程度的发展。北魏时期统治者为了钳制人们的思想，加强政权统治，兴官学而禁私学，但是私学散布于民间，分布广、灵活性强，具有很强的生命力，所以屡禁不止，甚至取得了一定程度的发展。北魏私学美育以儒家的诗教礼教为主，《北史·杜台卿传》曰：杜台卿“及周武平齐，归乡里。以《礼记》《春秋》讲授子弟”①。北魏名儒刘献之曾说：“人之立身，虽百行殊涂，准之四科，要以德行为首。子若能入孝出悌，忠信仁让，不待出户，天下自知。”②四面八方的学者都来拜他为师，接受儒家的礼乐教化。北朝时期的私学美育虽然以儒家诗教乐教为主，但是在学术思想极度自由的大背景下，也出现了佛、道、玄等其他学派的私学美育。据《北史·儒林下》列传第七十记载：北周私学大师沈重“专心儒学，从师不远千里。遂博览

① 〔唐〕李延寿：《北史》，中华书局1974年版，第1991页。

② 〔唐〕李延寿：《北史》，中华书局1974年版，第2713～2714页。

群书，尤明《诗》及《左氏春秋》……天和中，复于紫极殿讲三教义，朝士、儒生、桑门、道士至者二千余人。”①我们可以推测出沈重的美育观念兼容儒、道、佛三家教义，这说明北朝的私学美育内容还是比较丰富的。

魏晋南北朝是中国历史政治极度动荡的时期，在其四百年间的历史中，统一的时间不足十分之一，政权交替十分频繁，而这种长期的动乱和分裂局面对中国传统美育影响极大。总体而言，在官学美育不振的情况下，私学美育繁荣发展，弥补了官学美育的不足。尤其是各种不同学派的私学美育兼容并存、共同发展，不仅促进了学术思想的交流融合，而且促进了中国美育由过去的儒家独尊的单一格局向以儒家礼乐教化思想为主体、多家并存、多路发展的格局转变，具有了更强的包容性、开放性。

（三）魏晋南北朝学校美育的主要内容

在中国美育发展史上，魏晋南北朝时期的美育不仅特色鲜明，而且具有十分重要的意义。这个时期的学校美育独具特色，主要表现为美育内容的多元化。魏晋南北朝的学校美育突破了汉代独尊儒术的限制，玄学、佛学以及文学、艺术、自然山水之美等都成为审美教育的内容，实现了全面发展。

随着汉末经学的衰微，魏晋南北朝时期的哲学观念进入了一个新的时代，各种思潮大放光彩，玄学、佛学等哲学观念影响了社会政治生活的各个方面，在美育方面的影响主要表现在玄学美育与佛学美育的兴起。

颜之推在《颜氏家训·勉学》中指出：

洎于梁世，兹风复阐，《庄》《老》《周易》，总谓《三玄》。

① 〔唐〕李延寿：《北史》，中华书局1974年版，第2741～2742页。

> 武皇、简文，躬自讲论。周弘正赞奉大猷，化行都邑，学徒千余，实为盛美。元帝在江、荆间，复所爱习，召置学生，亲为教授，废寝忘食，以夜继朝……①

可见当时玄学美育的繁荣盛况。玄学美育的特点主要有两个方面：一是注重自然审美。玄学崇尚自然，反对名教，玄学教育也主张自然而然的教育，提倡从自然人性出发，顺应儿童发展的自然规律进行审美教育。魏晋著名玄学家王弼认为人的喜怒哀乐是人性的自然表现，嵇康也认为人性禀受自然之元气，所以应该抛弃那些束缚人性发展的东西。因此，玄学美育既主张亲近自然，把自然审美作为美育的重要途径，同时又强调美育要顺应人性发展的自然规律，循序渐进，因材施教；二是以自由人性的培育为中心。玄学美育把人放在了美育的中心地位，认为美育的目的不是为了国家政治人才的培养，也不是为了追求外在的功名利禄，而是为了陶铸自然超逸的人格、求得玄远虚灵的人生境界以促进人性的自由发展。玄学美育以"真性""无为"为理想人格，把人性自由提高了前所未有的高度，着重于人的才性、气质、精神风貌等的滋养，摆脱了僵化的名教伦理道德的束缚，对于通过美育促进完美人格的培养和品性修养方面具有重要引导意义。

魏晋南北朝时期随着佛教的兴起，佛教美育也逐渐发展起来，例如当时著名的佛学大师慧远聚徒讲学、传播教义，既促进了佛学的传播，又净化了门徒的心灵情操、提升众生的精神境界。南朝的梁武帝将佛教立为国教，使佛学的美育功能得到了

---

① 庄辉明、章义和：《颜氏家训译注》，上海古籍出版社 2012 年版，第 89 页。

更充分的发挥。魏晋六朝时期佛教美育思想主要与神不灭理论和因果报应理论有关。慧远在《沙门不敬王者论》中说：

> 夫神者何耶？精极而为灵者也。精极则非卦象之所图，故圣人以妙物而为言，虽有上智，犹不能定其体状，穷其幽致，而谈者以常识生疑，多同自乱，其为诬也，亦已深矣。将欲言之，是乃言夫不可言。今于不可言之中，复相与而依稀。神也者，圆应无生，妙尽无名，感物而动，假数而行。感物而非物，故物化而不灭；假数而非数，故数尽而不穷。①

意思是说"神"无具体形象，是不可描述的东西，但是它却是不生不灭、运变无穷的。而现世的人，即使是罪孽深重，只要诚心念佛，寿终之后，其"神"便可进入西方极乐世界，那里是安静、幸福、快乐的净土。抵达宁静、祥和、美好、安康、快乐的净土，这是佛学所追求的终极目的，也是佛教美育的目标。佛教美育的另一个理论是因果报应说，就是说人在现实生活中，只要"作业"就会形成一种"业力"，而这种"业力"都会在不同程度上表现为善或者恶，根据善或者恶的不同会形成"果报"。而这种"果报"根据"业因"的不同，会在不同的时间受报，可以是今生也可以是来世，正如慧远的《三报论》所说："经说业有三报：一曰现报，二曰生报，三曰后报。现报者，善恶始于此身，即此身受。生报者，来生便受。后报者，或经二生三生，百生千生，然后乃受。受之无主，必由于心；心无定司，感事而应；应有迟速，故报有先后；先后虽异，咸随所遇而为对；对有强弱，故轻重不同，斯乃自然之赏

① 石峻等编：《中国佛教思想资料选编》（第一卷），中华书局1981年版，第85页。

罚，三报之大略也。”①佛教的因果报应教育，也就是善恶教育，这与儒家美育重伦理道德的特点是一致的。

文学教育全面展开并获得了巨大发展，这是魏晋南北朝学校美育的一大亮点。上文我们提到了汉代以文学为主修课程的鸿都门学，它是我国美育史上乃至世界美育上第一所文学艺术类专科学校。魏晋南北朝是文学自觉的时代，文学意识、美学意识空前觉醒，此时文学不再是政治的附庸，而是作为独立的学科跻身于学术和教育之林。众所周知，文学和艺术教育能够全面展开的重要基础就是当时文学的蓬勃发展。魏晋南北朝时期不仅涌现了一大批影响深远的作家和作品，也出现了许多著名的文学理论家、文学批评家及文学理论著作，曹丕的《典论·论文》、陆机的《文赋》、挚虞的《文章流别论》、李充的《翰林论》、刘勰的《文心雕龙》、钟嵘的《诗品》、沈约的《四声谱》、萧统《文选序》等都是中国古代文学理论史上的名篇。此外，各类文体都得到了长足的发展。这个时期出现了志怪小说，为唐宋传奇小说的发展奠定了基础。在诗歌方面，五言诗蓬勃发展，出现了“三曹”“七子”、陶渊明、谢灵运、鲍照等著名的诗人。还出现了山水诗、田园诗等新的诗歌形式以及七言律诗的雏形——“永明体”。在辞赋方面，汉代的大赋到了魏晋南北朝时期则演化为抒情小赋，作家开始通过小赋书写个人心志，或托物言志，或咏物抒情，或针砭现实，语言清丽自然，情感激切真挚，曹植的《洛神赋》、王粲的《登楼赋》、江淹的《别赋》、向秀的《思旧赋》等是抒情小赋

① 石峻等编：《中国佛教思想资料选编》（第一卷），中华书局1981年版，第87页。

的代表作。在魏晋文学中,儒家的“发乎情,止乎礼”的观念日渐淡化。魏晋南北朝还是一个骈体文发达的时期,语言华丽、声韵和谐是骈体文的主要特色,比较优秀的作品如鲍照的《登大雷岸与妹书》、丘迟的《与陈伯之书》、吴均的《与朱元思书》、庾信的《哀江南赋》等。散文最著名的有诸葛亮的《出师表》、阮籍的《大人先生传》、嵇康的《与山巨源绝交书》、陶渊明《桃花源记》、潘岳的《哀永逝文》等。民歌方面,南朝民歌和北朝民歌各有特色,《西洲曲》《孔雀东南飞》《木兰诗》《敕勒歌》等都是千古传诵的名篇。文学教育离不开统治者的支持。曹丕非常看重文学的价值,在《典论·论文》中提出了文章是“经国之大业,不朽之盛事”①的观点。曹丕上台后,恢复了太学,设立春秋谷梁博士,大力提倡文学教育。魏明帝曹叡也很重视文学教育,命人把曹丕的《典论》刻于太学门外。统治者这些措施都极大促进了美育的发展,提高了文学艺术教育在学校美育中的地位。南朝宋文帝开设“四馆”,其中就有文学馆,文学馆专门从事文学研究与教学。宋明帝刘彧开办的总明观内设儒、玄、文、史,其中文学科是非常重要的一科。专门的文学教育机构的设立,表明人们对文学审美教育功能认识的深化以及对文学在美育中的价值和作用的肯定。除了统治者的推动,文人集团也为文学教育的发展起到了极大的推动作用。邺下文人集团的确立是魏晋南北朝文学蓬勃发展的重要条件。邺下文人集团是以三曹为核心、以“建安七子”为骨干的文人集团,它是在曹操的扶持下形成的,对于文

① 郭绍虞主编:《中国历代文论选》(第一册),上海古籍出版社2001年版,第159页。

学教育的发展起到了极大的促进作用。

艺术教育受到了高度重视,成为学校审美教育的重要内容。在魏晋南北朝学校艺术教育中,绘画、书法艺术教育居于十分重要的地位。魏晋南北朝是中国绘画史上的第一个绘画理论高峰,出现了一大批在中国历史上有明确记载且流芳千古的画家,如曹不兴、卫协、顾恺之、陆探微、张僧繇等。与此同时,绘画教育也取得了一些进展,通过绘画教育来培养学生高洁的品性情操、提高其审美素养,成为众多文人士大夫的共识。西晋时期的国子学旨在培养高级贵族子弟,国子学所教授的内容由以往太学的《五经》发展为以"礼""乐"为中心的文武兼备的"六艺"教育,即礼、乐、射、御、书、数。虽然这其中并没有明确说明"六艺"中包括绘画,但正如郭沫若先生所说:"中国旧时的所谓'乐'(岳)它的内容包含得很广。音乐、诗歌、舞蹈,本是三位一体可不用说,绘画、雕镂、建筑等造型美术也被包含着,甚至于连仪仗、田猎、肴馔等都可以涵盖。"①所以,我们可以推测出:尽管美术教育在当时的学校教育中所占据的规模并不大,但是受"百家争鸣"文化气候的影响,它已初见端倪。如前文所述,魏晋南北朝时期出现了一种新的官学机构"麟趾学",据《北史·于翼传》记载:"明帝雅爱文史,立麟趾学,在朝有艺业者,不限贵贱,皆听预焉。乃至萧撝、王褒等与卑鄙之徒同为学士。"②麟趾学的设立对后世的美术和美术教育的发展起到了积极的作用。麟趾学

① 郭沫若:《郭沫若全集》(历史编第一卷),人民出版社1982年版,第492页。

② 〔唐〕李延寿:《北史》,中华书局1974年版,第856~857页。

培养了一大批麟趾学士。据史料记载,麟趾学设立后,一时学者向风,当时擅长诗文书画的名士颜之仪、梁简文帝子萧大圜及著名画家姚最等都曾做过麟趾学士①,由此我们可以推断,麟趾学在绘画教育方面所取得了比较突出的实绩。书法在魏晋以前基本属于自发阶段,魏晋以后,则进入自觉阶段。由隶书衍生出来的楷书、行书、草书,在魏晋时代即已基本成熟。从此,中国书法兼具审美功能与实用功能,成为能够体现中华民族文化特色的一种艺术形式。书法艺术的大发展带来了书法教育的繁荣。魏晋南北朝时期是中国书法发展的黄金期,以"二王"(王羲之、王献之)为代表的魏晋书法艺术是中国书法史上不可逾越的高峰。这个时期不仅出现了大量的书法家,如仅王氏一门就涌现出了十余个历史上著名的书法家。在南朝时期,还出现了专门品评书法艺术的著述,如宋虞和的《论书表》、梁庾肩吾的《书品》、梁萧衍的《古今书人优劣评》、袁昂的《古今书评》等。书法体例也出现了草书、行书、楷书等,书法艺术逐渐成为魏晋南北朝的代表性艺术。书法教育有官学、私学和家学多种形式,除了比较普

---

① 据《北史》列传第七十一记载:"江陵平,之仪随例迁长安,周明帝以为麟趾学士。"(见〔唐〕李延寿撰:《北史》,中华书局 1974 年版,第 2796 页)

《北史·萧大圜传》记载:"魏恭帝二年,大圜至长安,周文帝以客礼待之。……寻加大圜车骑大将军,仪同三司。俄而开麟趾殿,招集学士,大圜预焉。"(见〔唐〕李延寿撰:《北史》,中华书局 1974 年版,第 1064 页)

《周书》四十七卷记载:姚僧垣"次子最,字士会,幼而聪敏,及长,博通经史,尤好著述。年十九。随僧垣入关。世宗盛聚学徒,校书于麟趾殿,最亦预为学士。"(见〔唐〕令狐德棻等撰:《周书》,中华书局 1971 年,第 844 页)

遍的家学之外,书法教育在官学和私学中都有长足的发展。西晋时期设立了书法教官,专门从事书法教育。还设置了书学博士,教学书法,培养专门的书法人才,并规定以钟繇、胡昭的书法为范本。两晋时期的官学书法教育主要局限在朝廷机构,到了南北朝时期则出现了正规的书法教育学校。擅长书法的文人受到统治者的重视,并得到重用,这也是魏晋南北朝发展书法教育的重要举措。

总之,魏晋南北朝时期由于专制主义中央集权的削弱,各种学术思想、美育观念之间相互竞争、相互交流、相互融合,学校美育内容日趋丰富多样,包罗万象,儒、道、玄、佛、文学、艺术都成为美育的内容,打破了两汉时期美育上的独尊儒术的局面,促进了中国古代以儒家礼乐教化思想为主体的"中和论"美育向更深层次发展,并且日趋完善。

第八章 魏晋南北朝美育的历史影响与当代意义

曾繁仁先生指出,中国古代美育思想是一种“中和论”美育观,“中和论”美育观即是“通过和谐协调的艺术,培养和谐协调的情感,塑造和谐协调的人格,进而实现人与对象(自然与社会)的和谐协调”①。因而,总的来说,整个中国古代美育思想都既向内观照了和谐人格的培养,也向外观照了人与自然、社会的关系,即具有促进完美人格构建、促进人与自然、社会关系和谐的双重作用。魏晋南北朝时期,由于玄学、佛教等新思潮的影响,形成了以“和”为核心的美育思想。作为中国古代“中和论”美育发展史上的一个重要链条,它既继承了“中和论”美育的和谐的思想精髓以及儒家诗教乐教传统,又融合吸收了玄学、佛教等

① 曾繁仁:《作为中西方当代学术和社会热点的审美教育》,载《东岳论丛》2002 年第 4 期。

新的思想，以人的个性自由为本，注重人的内在风度的培养及外在容止的修养，追求玄远灵虚的精神境界，呈现出新的时代特色。

在21世纪，我们回视魏晋南北朝美育，不难发现它在中国美育发展史上所产生的重要影响，也不难发现它所蕴含的巨大的当代价值和意义。

第一节　魏晋南北朝美育与中国古代文人人格之建构

由于儒家坚持“克己复礼”的出发点，因此其美育思想深深染上了浓重的伦理教化的色彩。例如孔子的“里仁为美”“尽善尽美”以及培育“文质彬彬”的君子人格的美育思想，孟子的“充实之谓美”的美育观点，荀子的“美善相乐”观等，都是典型的以伦理人格的构建为重心的美育观念。但与此同时，我们也应看到，儒家美育思想实质上是一种“中和论”美育观，其核心理念是“致中和”。“中和”既是儒家美育的手段，也是儒家美育的内容，更是儒家美育的目标，对于儒家美善合一与和谐的人格美的培养具有指导性作用。再加之儒家美学在中国古典美学占据主导地位，所以，宗白华先生曾指出：“中国美学竟是出发于‘人物品藻’之美学。美的概念、范畴、形容词，发源于人格美的评赏。‘君子比德于玉’，中国人对于人格美的爱赏渊源极早，而品藻人物的空气，已盛行于汉末。到‘世说新语时代’则登峰造极了……”①

---

① 宗白华：《美学散步》，上海人民出版社1981年版，第209～210页。

道家美育注重个体的自由和精神超越,道家最高的人格理想是“至人”“神人”“圣人”人格,即“至人无己,神人无功,圣人无名”(《庄子·逍遥游》)。他们的共同点是能够以虚静的心态对待功名利禄,对待杂乱的社会,对待祸福生死和冷暖人情,因而可以超越生死,超越社会,超越自我,获得精神上最大的自由,达到天地并生、物我为一的境界。

汉末佛教传入中国,最初被视为方术,只能在道教的附庸下而流传于民间。至魏晋时,佛教由于与玄学契合而被士人接受,广为流传。佛教以“成佛”为最高人格理想,但中国化的佛教如禅宗,讲的是心性,心即佛,例如慧能就将“佛法”等同于“心法”,即摆脱身体的束缚,也就是神存体灭、神不灭的思想。佛教宣扬的心性实际上是一种心境两忘、自在无碍的空灵境界。

中国传统文化中儒、释、道所追求的上述诸种人生境界,实际上都是一种美的人格或人格美境界。而魏晋玄学正是在以上各家的人格美思想的影响下形成了自己的人格美育思想。

由于魏晋时代独特的政治、社会和哲学背景,魏晋美育具有明显的时代特色,即强烈的“自然主义”和“个性主义”的特点,崇尚飘逸、自然的个性之美,重视超拔高逸之人格的培养。而魏晋美育的理想人格具体体现为至诚至真的心灵,清虚、玄远的精神境界,物我、形神、主客、情理和谐统一的人生理想以及天地万物同一的人格美境界。魏晋美育体现着一代士人对人的关注,对人的生命以及精神的深情关注。因此,袁济喜先生赞扬六朝美学“以高迈超逸的风神卓然标峙于中国美学史。它结束了先秦两汉时期美学依附于政教道德的狭隘境界,将审美和艺术创作与动荡岁月中士人的生命意识与个性追求融为一体”①。魏晋南北朝美育不仅继承了先秦两汉“中和论”美育的思想精华，而且又融入了玄、佛等新的时代思潮，在中国古代人格构建方面立意高蹈、见解精微、影响深远。

首先，魏晋南北朝美育极大地促进了中国古代知识分子对个性美的追求，促进了自由、飘逸的人格的构建。晋人之美，美在神韵；魏晋美育，重在人格。个性自由、人格之美是魏晋美育的重要内容，这对我国古代文人士子个性人格的塑造产生了重要的影响。正如钱穆先生所言：“魏晋南朝三百年学术思想，亦可以一言蔽之，曰‘个人自我之觉醒’是已。”②余时英先生认为魏晋时期个性的觉醒与玄学的关系密切，他说：“魏晋思想之演变，实环绕士大夫之群体自觉与个体自觉而进行”③，“论汉晋之际士大夫与其思想之变迁者，固不可不注意士之群体自觉，而其尤重要者则为个体之自觉，以其与新思潮之兴起最直接相关故也。”④魏晋美育思想认为个性差异是天然的，不能求同而毁个性，如阮籍在《答伏义书》中所说：“鸾凤凌云汉以舞翼，鸠鹚悦蓬林以翱翔；螭浮八滨以濯鳞，鳖娱行潦而群逝；斯用情各从其好以取乐焉。据此非彼，胡可齐乎？”⑤鸾凤和鸠鸟不同，螭龙和乌龟不同，都是以个自不同的喜好以取乐。人各自有不同的才能

① 袁济喜：《六朝美学》，北京大学出版社1999年版，第1页。

② 钱穆：《国学概论》（上册），商务印书馆1931年版，第150页。

③ 余英时：《士与中国文化》，上海人民出版社2003年版，第323页。

④ 余英时：《士与中国文化》，上海人民出版社2003年版，第269页。

⑤ 陈伯君：《阮籍集校注》，中华书局1987年版，第70页。

和兴趣,所以以自己之所好而非难他人之所好,怎么可以呢?阮籍主张存异不求,充分尊重人的个性,允许个性的自由发展。

人物独特的个性既表现于外在形貌,更体现于人的内在风度神韵、精神气质,因此魏晋美育主张“越名任心”。在儒学数百年的思想统治下,中国古代知识分子的人格越来越走向虚伪,正如阮籍《大人先生传》所说:“假廉而成贪,内险而外仁,罪至不悔过,幸遇则自矜。”①在这种情势之下,魏晋美育思想家主张摆脱礼教的束缚,发展人的自然个性。在形貌上,他们主张不要被名教束缚,而要随性而为。例如在南京市西善桥南朝墓中发现的《竹林七贤图》生动地展现了嵇康、阮籍、山涛、向秀、刘伶、王戎、阮咸七人的放诞的个性,他们个个形貌随性,或着广袖长衫,或衣领敞开,或赤膊袒胸,甚至有的席地而坐,于林中饮酒清谈,扶琴吟诗。在神韵气质上,他们志趣玄远,不滞于物。魏晋时期的美育思想家嵇康《兄秀才公穆入军赠诗十九首》写道:“泽雉虽饥,不愿园林,安能服御,劳形苦心。身贵名贱,荣辱何在,贵得肆志,纵心无悔。”②野鸡虽然挨饿,但不愿被困在园林中,即实现愿望最可贵,“纵心”才能“无悔”,这也表现了魏晋士人不为世俗牵绊的自由玄远的志向。另外《世说新语》中《豪爽》《任诞》《简傲》《排调》《忿捐》等篇,记载的各种趣人趣事或怪人怪事也是魏晋时期对人物个性张扬的肯定。总之,魏晋美育主张张扬自由个性的思想对当时及魏晋以后的众多文人知识分子都产生了重要影响。例如,唐代诗人李白就是魏晋风度的推崇者和崇拜者。李白旷达的思想、狂放的性格和飘逸的风度都明显

① 陈伯君:《阮籍集校注》,中华书局1987年版,第170页。

② 戴明扬:《嵇康集校注》,人民文学出版社1962年版,第20页。

受到魏晋风度的影响。魏晋风度这一士人的生活风范和审美情趣在他的身上得以充分彰显。李白对谢安等魏晋士人的隐逸之举及其独立意识和自由人格叹服不已，在《江夏送倩公归汉东序》中常称赞道："昔谢安四十，卧白云于东山。桓公累征，为苍生而一起"①，"蜀主思孔明，晋家望安石。时人列五鼎，谈笑期一掷。"（《赠友人三首》其三）他曾自称说，"攀嵇是当年"（《赠饶阳张司户燧》）。他对陶渊明"不为五斗米折腰"的精神也钦佩不已，他说："华发长折腰，将贻陶公诮。"（《经乱后将避地剡中留赠崔宣城》）李白《感遇》曰："可叹东篱菊，茎疏叶且微。虽言异兰蕙，亦自有芳菲。未泛盈樽酒，徒沾清露辉。当荣君不采，飘落欲何依。"李白蔑视富贵、桀骜不驯、高傲豪放、独立不羁的人格精神充分体现了对魏晋名士放诞、任性、超脱的人格节操的继承与超越。袁行霈先生说："李白人格的最突出的特点，便是独立不羁，不受任何约束。这是魏晋开始的人的觉醒发展至巅峰的产物……"②总之，魏晋美育思想所体现的人的觉醒和对独特个性的重视，对于魏晋士人及以后中国古代知识分子个性人格的构建无疑产生了极其重要的影响，其意义是历史里程碑性的，从此以后，人格不再依附伦理道德而存在，并且成为中国古代审美教育的主要指向。

其次，魏晋南北朝美育促进了中国古代充满性情美的至诚人格的构建。中国哲学的人格理想向来重"诚"，钟仕伦先生说：

---

① 〔清〕董诰等编：《全唐文》（第四册），中华书局 1983 年版，第 3542 页。

② 袁行霈主编：《中国文学史》（第二卷），高等教育出版社 1999 年版，第 265 页。

“儒学思想中的‘诚’既是起点,又是至高点,还是方法与过程,可说是儒学精神的核心。”①“诚”字最早见于《尚书·太甲下》:“鬼神无常享,享于克诚。”这里的“诚”是虔诚的意思,即对鬼神的虔诚。后来“诚”从宗教祭祀中走了出来,更多的是强调“正心”“诚意”。孔子说:“人而无信,不知其可也。”(《论语·为政》)孟子也说过:“是故诚者,天之道也;思诚者,人之道也。”(《孟子·离娄上》)荀子说:“君子养心莫善于诚,致诚则无他事矣,唯仁之为守,唯义之为行。诚心守仁则形,形则神,神则能化矣。诚心行义则理,理则明,明则能变矣。”(《荀子·不苟》)《中庸》认为:“诚者,天之道也;诚之者,人之道也。诚者,不勉而中,不思而得,从容中道,圣人也。诚之者,择善而固执之者也。”“诚”不仅上升为本体论的高度,成为“天之道”,还成了一种人格修养、道德状态。

魏晋之前,“诚”主要与伦理道德相关,与“善”“仁”结合。魏晋时期由于玄学的影响,“诚”有了更广阔的含义。玄学以“真性”“无为”为理想人格。在魏晋美育中,“诚”主要是指人诚于自己的心性,诚于自己的感情,不为道德规范所束缚。例如我们熟悉的阮籍葬母的典故,当时统治者以孝治天下,但阮籍母丧期间依然饮酒食肉,神色自若,但他又“都得一号,因吐血,废顿良久”②。这是魏晋人最真诚的表现,他们举止不拘礼法,完全依本性而为,但真诚至深。另外,魏晋士人纵情山水、饮酒谈玄、放

---

① 钟仕伦:《魏晋南北朝美育思想研究》,中国社会科学出版社2006年版,第117页。

② 〔南朝宋〕刘义庆:《世说新语》(上),上海古籍出版社1982年版,第382页。

浪形骸也是诚于自己心性的表现。“诚”于自己的感情的例子有很多,例如阮籍经常驾着马车任其狂奔,到了走不通的地方,便失声痛哭。《晋书·阮籍传》记载:阮籍“时率意独驾,不由径路,车迹所穷,辄恸哭而反”①;桓温“自江陵北伐,行经金城,见少为琅邪时所种柳皆已十围,慨然曰:‘木犹如此,人何以堪!’攀枝执条,泫然流涕”②。桓温看见自己先前种的树已经长粗到十围,眼泪便夺眶而出,感慨人生短暂……这些都是魏晋美育所推崇的至真至诚的人格之美。魏晋时期的“诚”不再限于善,而拓展为“真”。“诚”体现了魏晋士人澄明的人生境界。自此以后,“诚”就成为中国古代美育的一个重要内容,对后世文人人格的构建产生了巨大的影响作用。例如作为明初诗文三大家之一的刘基,明洪武三年封诚意伯,固人们又称他“刘诚意”。总之,魏晋美育继承和发展了儒家“诚”的基本内涵,又有了新的拓展,极大地影响了古代文人至诚至性人格的构建。

再次,魏晋美育促进了中国古代文人天道合一的和谐的人格境界的形成。我们知道“中和”是儒家美育思想的核心,目的是培养具有和谐人格美的“文质彬彬”的君子。道家美育主张“天地与我并生,而万物与我为一”(《庄子·齐物论》),就是说人与天地万物是不可分开的,人与自然都应该统一于“道”,以达到天人合一的境界。魏晋美育既继承了儒道两家美育思想的精髓,又汲取了玄学思想的营养,提出了名教自然观,这实际是在探寻一条新的内圣外王之道,内顺从自然,外又不废除礼教,主

① 〔唐〕房玄龄等撰:《晋书》,中华书局1974年版,第1361页。

② 〔唐〕房玄龄等撰:《晋书》,中华书局1974年版,第2572页。

张构建冥于内又游于外的和谐的理想人格，从而将中国古代人格美育提升到了天道合一的至高境界。嵇康《养生论》曰："是以君子知形恃神以立，神须形以存"，"故修性以保神，安心以全身……使形神相亲，表里俱济也"。① 就是主张达到形神统一的和谐的人格境界。由于两汉经学和谶纬神学的影响，汉末文人人格构建只注重外在礼制，而忽视内在精神，因而逐渐走向虚伪。魏晋美育所追求的和谐的人格境界对纠正古代人格修养走向，构建和谐人格起到了极为重要的作用。

总之，魏晋南北朝美育对于中国古代文人人格构建的影响是深远的，它不仅促进了古代自由、飘逸的具有个性美的人格之形成，也促进了古代充满性情美的至诚人格的构建，引导后世文人士大夫最终达于天道合一的和谐的人格境界。

第二节　魏晋南北朝美育与当代美育建设

以"和"为核心的魏晋六朝美育思想不仅对中国古代文人完美人格的构建起了重要的促进作用，而且对我国当代美育建设也具有巨大的启迪和借鉴意义。

中国现代美育是在中国社会由传统走向现代的转型中发展起来的，中国最早以哲学话语探讨美育问题的是蔡元培先生。蔡元培先生撰写的《哲学总论》于光绪二十七年(1901 年)十月和十二月连续发表。在《哲学总论》中，他指出人类生存其间的宇宙由物、心、神三者成立，而其研究之学问，则分别是理学、哲

① 戴明扬:《嵇康集校注》，人民文学出版社 1962 年版，第 146 页。

学、神学。哲学是“心性之学”,“论究无形之心性”。心理学是哲学的一部分,“心理学为心象之学”。“心性之现象……谓之心象”,心象又有情感、智力、意志之三种,相应又有审美、论理、伦理三学。①“伦理学说心象之意志之应用;论理学示智力之应用;审美学论情感之应用。故此三学者,为适合心理学之理论于实地,而称应用学也。其他有教育学之一科,则亦心理之应用,即教育学中,智育者教智力之应用,德育者教意志之应用,美育者教情感之应用是也。”②在此处,蔡元培从哲学的角度,提出了“美育”的概念,并且将美育列为教育学中一个独立的学科,与德育、智育并列。同时蔡元培先生还依据康德哲学和美学的基本理论,将美育的本质界定为情感教育,从而使美育的学科建构一开始就置于现代教育的总体框架之中。此后,王国维 1903 ~ 1907 年期间的美育研究、蔡元培自己在民国元年之后的美育研究以及其他学者随后的相关研究,都基本沿袭了《哲学总论》中对美育的基本定位。1918 年蔡元培先生又提出了“以美育代宗教”的著名主张,他在 1917 年《以美育代宗教说——在北京神州学会演说词》一文中说:“鉴激刺感情之弊,而专尚陶养感情之术,则莫如舍宗教而易以纯粹之美育。纯粹之美育,所以陶养吾人之感情,使有高尚纯洁之习惯,而使人我之见、利己损人之思念,以渐消沮者也。盖以美为普遍性,决无人我差别之见能参入

① 参阅《蔡元培全集》(第一卷),浙江教育出版社 1997 年版,第 355 ~ 357 页。

② 蔡元培:《蔡元培全集》(第一卷),浙江教育出版社 1997 年版,第 357 页。

其中。食物之入我口者,不能兼果他人之腹;衣服之在我身者,不能兼供他人之温,以其非普遍性也。美则不然。”①在蔡元培先生看来,美育在中国可以起到像宗教在西方所起到的那种支撑民族精神、建构民族心理和民族性格的作用,所以他一再强调通过美育来塑造人的精神和灵魂。在现代思想史上系统阐释美育问题的思想家是王国维,1903 年 8 月王国维在《教育世界》56 号上发表的《论教育之宗旨》系统阐释了美育的价值与功用。王国维深受西方叔本华与尼采学说的影响,其美育思想对人性的思考更加深刻,他力图将美学与艺术作为消解人生痛苦、超越人生污秽的精神家园。他在《论教育之宗旨》中提出了“完全之人物不可不备真善美之三德”的美育命题,他说:“‘真’者知力之理想,‘美’者感情之理想,‘善’者意志之理想也。完全之人物不可不备真美善之三德,欲达此理想,于是教育之事起。教育之事亦分三部:德育、智育(即意育)、美育(即情育)是也。……完全之教育,不可不备此三者……”②王国维明确将美育作为净化情感、完善人格的重要手段,将美育视为教育事业不可或缺的重要组成部分。继蔡元培、王国维之后,梁启超提出了自己的美育主张,在他那里,美育就是情感教育。他提出的情感教育思想,不仅有很强的现实针对性,而且可以用以改造人们的世界观、人生观,使人们积极进取又能享受一种趣味化、艺术化的生活。

20 世纪 70 年代末开始的改革开放是中国历史上又一次巨

① 蔡元培:《蔡元培全集》(第三卷),中华书局 1984 年版,第 33 页。

② 王国维著,姚淦铭、王燕编:《王国维文集》(第三卷),中国文史出版社 2007 年版,第 57 页。

大的社会变革。随着学校事业的恢复和发展，学校美育也逐渐恢复和发展起来，中共中央、国务院相继颁布的教育政策中一步步确立了艺术教育在学校教育中的地位，美育被纳入了党和国家的教育方针。由于政策上的支持，中国美育现代性建设快速发展，成为中国现代性建设工程的一个重要内容。20 世纪的美育现代性建设取得了令人欣慰的成果，素质教育的全面展开使得美育在学校教育中的重要性日趋凸显，如今，美育已经成为实施素质教育的一项重要内容。随着审美教育的开展，中小学生的审美能力和审美水平普遍得到提高。此外，美育在提高国民素质、构建和谐社会、建设先进文化中所起的积极作用也引起了人们的极大关注，切实加强当代美育建设已经成为当今社会各界的共识。目前我国美育建设呈现出以下主要特点：第一，美育的地位得到了极大提高。近年来，为适应创新型、信息化社会发展的需要，我国政府大力推行素质教育，将美育视为素质教育的重要组成部分，美育被纳入国家教育方针，一系列美育建设政策相继出台，这就从国家意志层面确立了美育在教育体系中的地位，切实提高了各级各部门的认识水平，为美育事业的发展创造了有利条件，推动了美育各项工作的全面展开；第二，美育逐渐向感性维度转化。中国以儒家为主的传统美育伦理色彩浓重，过分注重对人进行伦理教化，美育往往被纳入道德和伦理教化的范畴，成为道德教育的附庸。早在 1984 年李泽厚先生就提出了“建立新感性”①的美学思想。近年来，不少美育学者强调个性情感的创造性表现，主张要充分发挥美育在开发个体的感性

---

① 参阅李泽厚：《美学四讲》，见《美学三书》，安徽文艺出版社 1999 年版，第 508 ~ 518 页。

能力、激发生命活力、提升情感境界、培养创新能力等方面的积极作用。杜卫先生在《感性教育:美育的现代性命题》中也提出:美育的现代性意义是感性教育①;第三,美育对当代人类生存状态和未来发展日益重视。在人类面临日益严重的环境污染生存危机的今天,除了从感性维度关注人的感性生命外,当代美育工作者还对人类的生命生存状况给予了极大的关注,认真思考如何在物欲膨胀、信仰缺失、道德滑坡、文化失范的人文危机中充分发挥美育的心灵疗治和精神救赎的作用,深入探讨解决人类精神危机和生存危机的可行之路,以期提升人类的生活质量,促进可持续发展。近年来,我国学者提出了建设生态美学及建设生态美育的观点,倡导以挽救人类生态危机、塑造完美的生态人作为当前美育建设的目标,这是当代具有强烈社会责任感的一批美育工作者对中国美育事业所做的新的理论探索,充分体现了当代美育对人类生存问题的切实关注。

回顾中国现代美育的发生、建立、发展过程我们可以发现,中国现代美育观念的滥觞是西学东渐的产物,主要是对西方相关思想的移植和汲取,“美育”一词也直接承之于德国美学家席勒的《美育书简》。进入新时期以后,中国学校美育建设的模式也基本是在西方的影响下建立的。因此,在肯定成绩的同时,我们应该清醒地意识到20世纪中国美育现代性建设和研究方面存在的诸多问题和不足。随着后工业时代的到来,经济迅速发展,科技日新月异,中国当代美育建设面临着巨大的挑战,遇到了诸多复杂问题。

---

① 参阅杜卫:《感性教育:美育的现代性命题》,《浙江学刊》1999年第6期。

中国当代美育建设遇到的问题主要表现在以下几个方面：其一，现代人信仰缺失、道德滑坡严重，社会异化程度加重，社会美育责任面临严峻挑战。随着经济的迅速发展，人们的生活水平有了显著提高，但是工作和生活的压力却日渐加大，幸福指数不断下滑；人们越来越注重自身物质需求的满足和对功利欲望的无止境的追求，吃、喝、玩、乐，争权夺利、玩弄权势几乎成了人们所追求的全部生活内容，人日益沦为资本、金钱的奴隶和工具，思想被物欲支配，不仅生活变得干枯、乏味、平庸、空虚，也导致当今社会道德滑坡、文化失范、各种社会问题滋生。同时，随着市场经济的发展和社会转型，大众文化正在以猛烈的势头消解神圣、颠覆崇高。大众文化代表的是普通市民的世俗生活，因此它关注的是如何缓解人们的精神压力，如何使人们在感官享受中获得短暂的解脱。温柔甜蜜的爱情小说，诡秘离奇的武侠剧，矫揉造作的流行歌曲，光彩炫目的广告形象以及虚拟的网络空间等，一切看似丰富多彩却在不断消解人们的审美能力，降低人们的审美趣味。大众文化在借助先进技术的基础上，通过大量的机械复制，将通俗、平庸进行最大限度的宣传和传播，这是当前美育建设遇到的一大难题。其二，学校美育建设也困难重重。虽然美育已经列为我国当前教育的主要方针之一，但美育并没有得到真正的重视。陈旧的教育观、人才观、质量观仍旧控制着人们的思想观念。在应试教育惯性的影响下，一些学校只重知识的传授和升学率的提高，而忽视了育人的大目标。在学校的课程安排中，美育课程始终被置于边缘化的位置，甚至完全让步给数理化课程。学生只能在层出不穷的测验、考试中浴血奋战，致使学生心理素质低下、情感结构不健全。知识在增长但道德素养却在滑坡，学生片面发展甚至畸形发展。人的全面发

展和个性自由基本只是停留在口头上。其三，我国国民的艺术素养、审美水平普遍不高，这是社会美育、学校美育、家庭美育面临的共同难题。由于低俗的消费观念的刺激，当代人竞相追逐感官刺激和感官愉悦，过分注重物质功利，因而距离理性、高雅越来越远。古今中外优秀的经典名曲几乎无人问津，学生们大都沉醉于日韩偶像剧、颓废自恋的通俗歌曲、眼花缭乱的手机游戏、玄幻虚拟的网络世界中，审美理想日益退化。在实用主义和功利主义的影响下，学生对于学习的目的也越来越功利和实际，学习的目的不是自身的发展与完善而是考上名牌大学或者找到待遇优厚的工作。总之，中国美育现代性建设仍是一项未竟的事业，当代审美教育任重而道远。

中国当代美育建设中遇到的问题，说明了当今的美育自身存在不足，美育没有能充分发挥其应有的作用。其客观原因主要有二：一是市场经济迅速发展、社会进入转型期、消费机制膨胀、大众文化异军突起等所带来的负面影响，二是理论研究方面深受美育工具论和功利主义的消极影响。但是，从根本上说，是因为中国现代美育隔断了与传统美育的联系，完全照搬西方模式所致。问题的关键在于我们忽略了传统美育资源的传承和利用。中国有着非常悠久的美育传统，以儒家思想为主体的中国古代"中和论"美育观不仅是审美、艺术教育，而且是一种审美的人生观、世界观的教育，博大精深，见解深刻。尤其是魏晋南北朝美育，进一步发展完善了儒家礼乐教化思想为主体的中国古代"中和论"美育观，并且融入了新的时代内涵，重个性自由的培养，重自然情感的陶铸，重人格气质的构建，重精神境界的提升，极具民族特色，也蕴含着一定的美育现代性。因此，应该将我国古代优秀的美育思想作为中国美育现代性建设的土壤和基石，充分汲取其优秀成分。借鉴中国古代美育的经验，弘扬诗乐教化的传统，坚持以“和”为中心的美育理念，重塑现代民族的文化根基，是发展与重建中国美育现代性的必由之路。

建基于“天人合一”文化理念基础之上的、以“和”为核心的魏晋南北朝美育思想是中国古代“中和论”美育观发展的重要一环。魏晋六朝美育是中国古代丰厚文化的积淀，蕴含着美与善的统一、完美人格的培养等丰富的理论精华，不仅是挽救当下人文危机的一剂良药，也是构建社会主义和谐社会的重要思想资源。中国当代美育建设必须坚持继承和发扬中西方优秀的传统美育思想资源这一基本原则，系统总结中西方传统美育思想，挖掘其现代价值。因此，注重继承和发扬魏晋六朝重个性自由、重自然情感、重人格气质、重精神境界的美育思想，将是未来我们美育工作者的一项重要工作。

一、注重高洁人格、内在气质和自由个性的培养

我们应该充分借鉴魏晋南北朝美育努力超越世俗生活，摆脱功名利禄的束缚，将才性、气质、风貌、格调、精神等的培育作为美育重点的思想理念。无论是人文精神的危机、审美理想的危机，还是自然生态的危机，其最终原因都是高尚人格的缺失和美好人性的“异化”。

早在一百多年前，马克思就对“异化”现象做过深入的研究，在其著述中他将资本主义早期阶段的“异化”归结为四个方面：劳动者和劳动产品的异化、劳动活动本身的异化、人同自己类本质的异化以及人与人之间关系的异化。在这几种异化中，产品的异化是一切异化的基础和根源，其他几种形式的异化都是由于物对人的支配和奴役而产生的。人成了被物欲支配的工具，人也就完全被分裂、物化了,也就没有了真正意义上的人和生活了。他说:“劳动所生产的对象,即劳动的产品,作为一种异己的存在物,作为不依赖于生产者的力量,同劳动相对立。”①他还说:“异化劳动把自主活动、自由生活贬低为手段,也就把人的类生活变成维持人的肉体生存的手段。……人类的本质——无论是自然界,还是人的精神的类能力——变成对人来说是异己的本质,变成维持他的个人生存的手段。异化劳动使人自己的身体,同样使在他之外的自然界,使他的精神本质,他的人的本质同人相异化。”②因此,只有摆脱物的支配才能成为真正的人,而魏晋南北朝以“和”为核心的美育观对于如何回归人的自然本性,对于如何塑造自由的人、真正的人、完善的人进行了有益的探索,完全可以为我们今天的美育建设提供有益的借鉴。魏晋人士以更加真诚的态度展示人的本性,他们人格独立、任情而发、追求自由,展示了丰富多彩的多元的人格。魏晋南北朝美育淡化对功名利禄的追求,而把主体内在的才性、气质、风貌、格调、智慧、精神等作为竭力追求的东西,把个体生命存在的价值和意志凸显出来,主体意识被强化了。魏晋六朝人坚持真善美统一的美育原则,除了采用儒家传统的诗教、乐教,还采用了家庭熏陶、书法传授、自然审美等多种新的美育形式来培养完美人格。例如魏晋著名的美育思想家嵇康认为,美育目的是培育“以

① [德]马克思著,中共中央马克思、恩格斯、列宁、斯大林著作编译局译:《1844 年经济学哲学手稿》,人民出版社 2000 年版,第 52 页。

② [德]马克思著,中共中央马克思、恩格斯、列宁、斯大林著作编译局译:《1844 年经济学哲学手稿》,人民出版社 2000 年版,第 58 页。

无措为主，以通物为美”①“特钟纯美，兼周外内，无不毕备”②的君子人格，实现人与人、人与社会、人与自然的和谐统一，实现精神的超越，最终抵达“至和”的完美境界。所以，我们认为，当代审美教育应该而且可以从魏晋六朝美育中汲取有益成分，充分发挥美育对于当代人类所面临的物向世界的沉沦和人与自然关系的紧张等现代社会弊病所具有的救治作用，以摆脱物对人的支配，卫护人类精神的自由，塑造完善的人格，促进人的全面发展，并为现代人心灵的安顿觅得一片美丽的精神家园。

与此同时，我们也应该尽量避免将美育等同于艺术技能培育的狭隘认识和做法。如前所述，嵇康、陶渊明、刘勰、颜之推等魏晋南北朝美育思想家普遍将美育的目的定位于提升人生境界、培育纯真情感、陶铸高洁人格，而非单纯掌握艺术技能、审美技艺。今天，随着人们生活水平的提高，物质极大丰富，大力开展审美教育已经成为社会大众普遍接受和认同的观念。越来越多的家长、教育工作者舍得为孩子接受美育投入大量的时间、金钱和精力。各类艺术特长班、培训班遍地开花、异常火爆，很多学校也纷纷设置艺考班、艺术辅导班。就美育为广大教育工作者和老百姓普遍接受和承认这一点来说，应该说是一件好事。但目前在审美教育方面存在的最大问题，就是很多人把美育等同于艺术教育或专业技能培训，把艺术学习当作高考或升学的捷径，而忽略了美育陶冶高尚情感、塑造健全人格、培育审美修养这一真正目标。事实上，这是一种舍本逐末的观念。即便就

① 戴明扬：《嵇康集校注》，人民文学出版社1962年版，第234页。

② 戴明扬：《嵇康集校注》，人民文学出版社1962年版，第249页。

专业艺术教育而言,学生在艺术特长班、培训班乃至音、体、美课堂学习专业技能,如果不同时伴有对美的感受力、鉴赏力、创造力的培养,没有情感的升华、心灵的净化,那么就完全背离了美育的宗旨。把美育对象狭隘化、功利化,必将导致全社会人文精神的缺失,是与当代素质教育的基本理念背道而驰的。

二、采取灵活多样的美育形式,实现审美教育的日常化

魏晋南北朝美育的价值观念与操作方式也为当代美育建设提供了有益借鉴。西汉董仲舒曾说:“成均,五帝之学”①,就是说远在五帝时代就已有“成钧之学”,即当时专职的学校教育。《周礼 · 春官宗伯下》曰:“大司乐掌成均之法,以治建国之学政,而合国之子弟焉。”“成钧之学”的施教者为专门的乐师,受教者为贵族子弟。“成钧之学”的教育内容以乐教为主,主要是通过口耳相传,故重声教。春秋时期,以“六艺之教”来对学生进行教育,“孔子以诗书礼乐教,弟子盖三千焉,身通六艺者七十有二人”②。汉末以后,儒教衰微。随着人性的觉醒,魏晋人逐渐摆脱了儒教的束缚,审美日渐紧密地与人生结合在一起,通过文学艺术“吟咏性情”“吟咏肆志”得到了文人士子们的普遍认同。因此,魏晋六朝以“和”为核心的美育观注重艺术教育、情感教育及自然审美教育,将人生意义与审美境界相融合,将道德规范、智力教育与个性化、形象化的教育有机地结合起来,强调在启发

---

① 〔汉〕郑玄注,〔唐〕贾公彦疏,赵伯雄整理,王文锦审定:《周礼注疏》(十三经注疏标点版),北京大学出版社 1999 版,第 573 页。

② 〔汉〕司马迁:《史记》(第六册),中华书局 1959 年版,第 1938 页。

引导中注入知识与道德，这个时期的家庭美育(家族美育)、个人美育得到了较快发展，这些观念和做法对于纠正今天应试教育的弊端、促进情感教育、人生教育与智力教育的全面开展，无疑都具有十分重要的借鉴和启示意义。所以，当代教育工作者首先应该对美育有足够的重视，充分借鉴魏晋六朝美育的合理成分，切实将学校美育作为素质教育的重要内容，注重对学生情感教育和人格培养；其次，美育的具体操作方式也应该充分借鉴魏晋美育的合理之处，合理设置美育学科，积极建设美育课程体系，切实提高学生们的审美水平和艺术涵养。美育不仅是一门学科，更是一个全面而复杂的育人工程。魏晋南北朝除了官学美育，私学美育也获得了较快发展；不但通过艺术教育，还通过自然审美等方式对子孙进行美育；不但进行专门的审美教育，还注重在日常生活中对子女进行审美教育，将美育生活化、日常化；再次，就是魏晋佛教美育的非逻辑的、“体认悟道”的思维方式以及潜移默化、润物无声的修养方式等，都启示我们要注意将美育渗透于各个学科的教学中以及教学的各个环节中，努力创造“大美育”的教育氛围，促使审美教育常态化。

魏晋南北朝美育在实践上主要通过社会、学校与家庭三个途径来展开。在社会领域，主要依赖于统治者的礼乐教化以及人才选拔制度；在学校教育方面，则通过诗、书、礼、乐与专门的艺术教育来进行；家庭教育方面，主要通过诗文书画的熏陶。尤其是魏晋南北朝的家庭美育和私学美育，在许多发面都做了深入的探索，体现了强烈的时代特色和民族特色，取得了令人瞩目的成就。实事求是地讲，在当代美育建设中，人们对于家庭美育重视不够，研究得不透，探索得不多，还有很大的拓展空间。家庭美育与社会美育、学校美育相比，有多个方面的优越之处，具有便利性、经常性和亲密性等特点。家庭美育是美育的第一步，是学校美育和社会美育的前奏和补充，在美育实施中占据着重要地位。家长的生活方式、美育修养、文化水平对孩子的审美观的形成和审美能力的发展，具有巨大的影响作用。从一定角度讲，在家庭中家长与子女的关系是一种基于血缘亲情之上的教育者与被教育者的关系，他们之间的感情远胜过学校中的师生之情，因而家庭美育的实施显得更为自然一些，也更有利于孩子们主动地去接受。因此，我们认为家庭教育对孩子的影响有时比学校教育和社会教育更为深远。因此，家庭美育是中国美育现代性建设中不可忽视的重要内容，我们应该充分借鉴魏晋南北朝社会美育、学校美育、家庭美育的经验，将社会美育、学校美育和家庭美育有机结合起来，充分发挥各自的独特功能与优势，全面提高人们的审美水平和人格情操。

三、以人生境界与审美境界的融合作为美育的目标

众所周知，按照马克思主义经典作家的观点，哲学研究应该"从现实的、有生命的个人本身出发"①，人不仅仅是手段，人同时是目的。应该"把人而不是买卖利益当作原则"②，就是一切为了人，一切社会活动都要把人当作目的，而不仅仅是把人当作工具。也就是说，包括哲学研究在内的一切学术研究和思想建

① ［德］马克思、恩格斯：《马克思恩格斯选集》（第一卷），人民出版社1972年版，第31页。

② ［德］马克思、恩格斯：《马克思恩格斯全集》（第四十二卷），人民出版社1979年版，第258页。

构都应以人为研究中心，人的问题应该是一切哲学最基本、最本质、最深层的内容。马克思还曾经说过：“人们的存在就是他们的实际生活过程。”①因此，从这个意义上讲，审美就是一种主体返归本真自我的活动，美育研究关注人的主体性的回归。

魏晋六朝美育典型地体现了中国古代美育思想融哲学、社会学、伦理学、文艺学、教育学为一体的民族特色。魏晋美育中的许多重要观点都是针对人的现实生存问题有感而发，因而具有强烈的现实指向性。魏晋思想家试图从促进人的和谐发展进行审美建构，其美育观点往往是从如何把人的生命从物欲和各种功利目的的束缚中解放出来的角度来立论的，在现实中寻求超越，在有限中求得无限，表现出对人类的终极关怀，蕴涵着素朴的人文主义精神。

魏晋六朝美育的一些重要范畴，如“和”“游”“神韵”“风骨”“博观”“通物”“游心太玄”等，都是在素朴的存在论意义上加以使用的。在具体的学说形态上，既有抽象的玄思，也有具体的感悟，达到了感性与理性的有机统一，但最终指向都是人之生命的充盈与和谐。魏晋人物品藻所论的“美”，多指人的气质、风骨、人格的美，而人物的“绝美”是与“道”合一。

魏晋南北朝美育总是立足人的现实生存问题，从人的审美感受谈起，从人的需要立论。魏晋美育思想家们毕生所关注的基本问题，始终是人的生命、人的生存、人的生活、人的命运。为此，他们既探讨人自身的现状及其历史运作机制，又思索实现人

① ［德］马克思、恩格斯：《马克思恩格斯选集》（第一卷），人民出版社1972年版，第30页。

的自由生活、审美生存的出路和方式。在魏晋士人看来，现实生活中的个体只有在自然山水以及音乐、书法、诗文辞赋等艺术审美活动中，才能实现人所追求的最高自由，达到“至和”的境界；也只有在审美自由中，才同时地实现创造、逾越、满足个人审美愉悦以及更新自身生命的过程。而人自身的生存审美过程，既是审美的训练、陶冶、锤炼和教育，更是具体的和复杂的生活实践本身。它要求在自身的生存历程中，扎扎实实而又自觉自强地进行。必须在生存的每时每刻，努力使自身的生活变成为审美的过程，成为充满活力的美的欣赏、创造、提炼和不断更新的流程。显然，在魏晋士人那里，美是在艺术般的生活实践中造就和体现出来的具有实践智慧的人自身，又是在关怀自身的延绵不断的历程中一再更新的自由生活。

从一定意义上说，魏晋南北朝美育标志着中国古代美育思想发展的一个重要转向，即开始由对社会的关注转向对现实的人的生命的关注，对人之存在的关注。马克思认为：“任何人类历史上的第一个前提无疑是有生命的个人的存在。”①而传统的儒家“礼乐”传统缺乏一种悲天悯人的悲剧意识和个体生存的在世关怀，不利于美的完善和塑造。如前所述，魏晋美育以和为美、以自然为美，渴望回归自然，但“自然”绝非一般意义上的自然，实质上更多的是指人的生命与本性。从这个意义上讲，魏晋美育思想是关于人的生命、关于人的存在的学说。

魏晋南北朝以“和”为核心的美育观继承了孔子尽善尽美的

---

① ［德］马克思、恩格斯：《马克思恩格斯选集》（第一卷），人民出版社 1972 年版，第 24 页。

审美理想以及道家的神与物游、物我两忘的审美态度，把人性的自然素朴状态及由这种人性所组成的社会作为人类生活的理想境域，将人生境界与审美境界融为一体，主张通过审美境界来升华人们的精神世界。在魏晋人那里，自然对于人类的意义并不仅仅在于它为我们提供生活资料，更在于它是人们心灵栖息的家园。在被工具支配的现代社会，魏晋南北朝美育观所倡导的修身养性、陶冶情操、协调性情、玄远灵虚的思想不仅有利于人与自然的和谐相处，更主要的是可以引导人们通过各种审美活动缓解人们的精神压力，帮助人们采取积极健康的生活方式，合理调节压力情绪，达到心理平衡，进而进入一种澄明的心境，为现代人的生命、生活找回诗意。

新中国成立后相当长的一段时期内，中国美育研究现状并不令人满意。审美教育似乎还没有找到自身的存在价值，始终被看作是美学或者教育学的附庸。所有这一切问题的根源在于我们的美育研究与人的存在、人的活动、人的价值等相距太远，与现实生活、现实人生相距太远。结果我们虽然具有建构中国美育思想新体系的美好愿望和坚定信心，却拿不出多少实绩，拿不出令人耳目一新的研究成果。对此，魏晋南北朝美育给我们以极大启示：在美育研究领域，抓住了人的生命、人的存在这一带有本体论意义的问题，也就获得了打开成功之门的钥匙。当下的中国美育若要真正发挥其应有功能，要与世界当代美育研究的进程同步，必须从超越主客关系出发去进行美育研究，专注于人的生命与生存，以提高人的生存质量、使人诗意地栖居作为美育理论建构的宗旨。

四、以审美体验作为理论建构的基础

魏晋南北朝美育思想家们之所以能够独树一帜，在中国古代美育发展史上占有突出地位，其中一个非常重要的原因就是他们始终将自己的美育思想建构置于丰富的审美体验之上。

以嵇康为代表的魏晋美育思想家崇尚自然美，对自然山水情有独钟，他们主张并且亲身投入外在气韵生动的大自然的怀抱中，深切感受大自然的美。他们“采薇山阿，散发岩岫，永啸长吟，颐性养寿”①，“目送归鸿，手挥五弦，俯仰自得，游心太玄”②。他们向往的是一个自然、和谐、空灵、超然物外的审美世界，因此他们常常流连于自然山水之间，“会其得意，忽焉忘反”③。

魏晋六朝的美育思想家们大多对艺术有着丰富而深刻的审美体验。例如嵇康：“少好音声，长而玩之，以为物有盛衰，而此无变，滋味有厌，而此不倦”④，对于艺术的酷好由此可见一斑。嵇康多才多艺，是哲学家、思想家、美学家，更是音乐家、书法家、文学家，有着比常人更为丰富更为独特的审美体验。嵇康擅长弹琴作曲，音乐修养极高。他精于琴艺，演奏古琴如行云流水。他还创作了《长清》《短清》《长侧》《短侧》（后人称之为“嵇氏四弄”）以及《孤馆遇神》《风入松》⑤等琴曲作品。嵇康在乐理上

---

① 戴明扬：《嵇康集校注》，人民文学出版社 1962 年版，第 32 页。

② 戴明扬：《嵇康集校注》，人民文学出版社 1962 年版，第 16 页。

③ 〔唐〕房玄龄等撰：《晋书》，中华书局，1974 年版，第 1370 页。

④ 戴明扬：《嵇康集校注》，人民文学出版社 1962 年版，第 83 页。

⑤ 又作《风入松歌》。

也有精妙独特的见解，著有《琴赋》《声无哀乐论》等著作；嵇康还善书法，尤工于草书，狂放潇洒，不拘一格，其墨迹被唐代书论家张怀瓘列为草书妙品："叔夜善书，妙于草制，观其体势，得之自然，意不在乎笔墨，若高逸之士，虽在布衣，有傲然之色。"①嵇康还酷好绘画，唐人张彦远指出：嵇康"工书画"，有"《狮子击象图》《巢由图》，传于代"②；嵇康的诗文作品，文辞壮丽，玄妙灵秀，清峻拔俗，千百年来一直为世人所推崇。多才多艺的才华丰富了魏晋人士的生命和人格内涵，创发了美感生命的情调。

敏锐独特的审美体验使得魏晋人比其他时代的人对艺术特性、美的价值、美的创造、美学情趣的认识与理解更加深刻。在魏晋时期的美育著述中，对具体的艺术审美感受的论述明显比对美的本质的论述要丰富得多、透彻得多，而且他们并非将自己的美学、美育思想完全置于纯粹的理论思辨中，而更多的是将自己的美学见解、美育观念渗透融会于具体的艺术创作和欣赏中，从而最终完成了自己的美育思想建构。例如嵇康的《声无哀乐论》《养生论》等美育著述，不作纯逻辑的玄学论辩，不作干巴巴的理论阐述，而是在真实的审美体验描述中，让思想的火花自然闪耀，让美育的智慧自由呈现，因而更具生命力。从一定意义上讲，魏晋美育思想是建构在深刻而独特的审美体验基础之上的。没有深切而丰富的审美体验，就不会有独树一帜的魏晋美育。

---

① 〔唐〕张怀瓘：《书断》，上海书画出版社、华东师范大学古籍整理研究室选编、校点：《历代书法论文选》，上海书画出版社 1979 年版，第 185 页。

② 〔唐〕张彦远著，俞剑华注释：《历代名画记》，上海人民美术出版社 1964 年版，第 122 页。

如前文所述,20 世纪的中国美育,由于整体学术背景及美育学科自身的历史局限,一直行走在西方美育理论的阴影里。尤其是在 20 世纪后半期,以席勒等人为代表的西方美育理论几乎完全垄断了我们的整个学术话语,并且一直影响至今,其带来的弊端和严重后果在此已无需多言。笔者认为,当下的中国美育,缺少的不是理性的演绎论证,而是感性的审美体验。我们的美育研究人员多是单纯的、专门的理论工作者,缺少的不是理论的素养、思维的严密,而是艺术创作的实践经验,缺乏对于各门艺术的真切体验,结果在相关研究上我们总是对西方理论亦步亦趋。那么我们应该走什么样的路呢?魏晋南北朝美育无疑给我们提供了一条可以借鉴的美育建构与发展之路,那就是必须高度重视对审美经验的研究并以审美体验作为理论研究工作的起点,从而为有中国特色的美育体系大厦的建构奠定坚实的基础。也只有这样,当下的中国美育才有走出困境的希望。

五、将养生作为美育的重要方法

中国古代的许多思想家都很重视审美教育,庄子曾提出过"心斋""坐忘"的理论学说,孟子曾主张"养浩然之气",等等。到了嵇康那里,则更进一步,他将美育置于其整个美学体系的中心位置。

魏晋南北朝的美育思想家们大都比较重视养生问题,而且在他们那里养生保健已经成为美育的一种主要方法。例如嵇康就写过《养生论》《答难养生论》等专著,发表过不少有关"颐性养寿"①的精辟论述。另外在他的诗歌、书信及其他著述中,对摄生保健亦多有涉及。嵇康的《声无哀乐论》其实就是以美学命

① 戴明扬:《嵇康集校注》,人民文学出版社 1962 年版,第 32 页。

题论证玄学的内容,他强调的就是以太和之音导养神气,使神应和于音声之和,在心神与音乐的会通中,达到“道”的境界。他在《养生论》中阐述的养生方法也是静心养性与服食良药两者相结合,其中尤其以静心养性为主。通过养神,使人的心中保持虚无平静,只有在这种心境下才能体验庄子所说那种独与宇宙天地精神往来的境界,才能将个人的生命与宇宙大化之道为伍,聆听天籁之音,认识和欣赏那种至高无上的“天地有大美而不言”之“大美”。魏晋六朝士人对养生的重视与倡导体现出他们对于人生的无限眷恋与执着。因此,从某种意义上讲,魏晋南北朝时期的美学就是一种促进人全面和谐、可持续发展的美育学说。

美育是美学建设的重要组成部分,但我国的美育学科起步较晚,目前仍处于学科建设的初期,尚存在许多不足,主要表现在没有充分注意到人的主体地位,缺乏具有民族特色的理论话语等。而魏晋南北朝以“和”为核心的美育观融合吸收了儒、道、佛各派思想,注重修身养性,注重个体的审美教育,这对于中国美育学科建设无疑具有重要的启发和借鉴意义。对于当下美学而言,研究魏晋美育思想及其当代意义,进而探索将其思想精华融入具体的美育实践中去的策略和途径,是十分必要的。过去,在美育研究和实践中,我们过多地强调了“神”而相对忽视了“形”,强调了“颐情”而相对忽视了“养身”。因此必须加大关于健体强身以及人体美学的研究,拓展美育的范围,将促进人体的健美作为美育的重要目标,切实改变目前美育在促进人的身心协调发展方面的薄弱状况。

以“和”为核心的魏晋南北朝美育是中国古代以儒家礼乐教化思想为主体的“中和论”美育发展进程中的重要一环。建基于“天人合一”文化理念之上的中国古代“中和论”美育观与西方传统的建基于“天人相分”文化理论之上的“和谐论”美育观既形成了鲜明的对比，又相互补充、相互融通，共同构成了光辉灿烂的人类美育思想宝库。我国美育的现代性建设应该在努力吸收世界范围内当代美学、教育学、心理学等各领域富有价值的理论学说，构建既具有中国特色，又具有新的时代内涵的当代美育理论体系。正如曾繁仁先生所说：“将中华古典美学与美育理论中‘中和’‘和谐’的美学精神，结合知识经济时代的要求，将其贯注于现有的美育范畴体系之中。一开始可能不太成熟，但要鼓励、支持，勇于探索，逐步走向成熟，并被国内外学者所接受。”①我们主张吸收和借鉴中国古代“中和论”美育观及西方美育理论的有益成分，发扬其优良传统，但并不是简单地回归传统，也不是照搬西方模式，而应当立足当代，立足本土，立足社会主义市场经济体制下的现实，努力实现对中西美育的批判性继承与创造性融合，使美育更好地启迪人们的思想、照亮人们的心灵，更好地发挥其陶冶、引导和感召人格的作用。

① 曾繁仁：《走向二十一世纪的审美教育》，陕西师范大学出版社2000年版，第185页。

结　语

实事求是地讲，目前我国的文艺学、美学在理论研究、学科建设、具体实践方面，还存在很多问题，与国际文艺学、美学的发展尚有一定差距，与西方尚不能完全平等地进行交流对话。

我们认为，中国文艺学、美学若要真正走向世界，要在众声喧哗的世界文艺学、美学格局中发出自己独特的声音，就不能人云亦云，不能步他国学术发展的后路，必须构筑一条与众不同的文艺学、美学发展之路。魏晋南北朝以“和”为核心的美育思想无疑给我们提供了一条新的发展思路：切实提高美育在当代文艺学、美学建设中的地位，以美育为中心开展文艺学、美学理论建构，并以日常的美育活动作为落实文艺学、美学理念的主要手段，在具体的美育建设活动中提升新的文艺学、美学理念，推动理论走向成熟与完善。这完全可以成为中国文艺学、美学未来发展的一个重要选择。以美育为中心意味着由美学的抽象思辨研究向现实人生研究的转变，意味着对人的自由生存和人的全面发展的真正关注。它不仅因应了世界范围内的文艺学、美学的人文关怀趋势，将审美与人生境界相联系，从而克服了先前文艺学、美学研究远离人生实践的弊端，将使当代中国文艺学、美学更具有现代化和人性化特点。同时，以美育为中心开展文艺学、美学建设，从而把艺术、美学与人生相联系的尝试，将进一步拓展美学的空间，建立一种人生大美学，贴近人生，切入精神文明建设，使中国文艺学、美学的研究与建设别开新境。因此，一方面，我国文艺学、美学研究需要适应时代，尽快走出脱离现实的抽象思辨窠臼，实现必要的“美育转向”，将美育作为理论与实践的前沿课题加以研究、突破。另一方面，吸收借鉴中国传统美育思想优秀成分以及西方现代有价值的美育思想。其实，中国古人历来是很重视审美教育的。作文先要养心，育才先要育人，这是中国古代一个基本的教育理念。在中国古代先贤看来，育人、养心有多种途径，可以有道德义理的教诲，也可以有知识方法的传授，而美育就是一条非常重要的途径。中国先哲很早就已经意识到：情感的陶冶、美好心灵的塑造，往往不是耳提面命的教诲，或单纯的知识传授所能奏效。它需要美好事物的长期浸染，需要美好情感的长期熏陶，需要接受主体在自觉自愿、愉悦欢快的状态下，不期然而然、潜移默化地得到影响和改造。这美好的事物、美好的情感，就集中表现在审美和艺术活动中。因此，我们要继承和发扬中国古代育人养心的基本理念以及“诗教”“乐教”的优良传统，对古代的自然人性论、君子培养理论、人格建构理论、养生理论等进行加工改造；对西方的诸如唯意志主义美学“人生艺术化”的思想，存在主义美学“生存状态诗意化”的思想，福柯“自我呵护”的命题等，做出批判的吸收，将其精华部分吸收到我国当代文艺学、美学理论体系之中，将人以审美的态度对待社会和自然以及人自身，作为文艺学、美学研究的一个

十分重要的当代课题,从而走出一条具有中国特色的文艺学、美学建设之路。

魏晋南北朝美育是在儒、道、佛、玄学等多种思潮的影响和作用下形成和发展起来的。尤其是玄学,作为一种新的时代思想,它对美育的影响是巨大而深远的。魏晋玄学是中国哲学史上非常重要的一股哲学思潮,它不仅直接承袭了老庄道家学说,纠正了两汉经学的弊病,也为宋明理学提供了思想资源,成为宋明理学的哲学起点。魏晋玄学的兴起繁盛对当时的社会、文化、生活等各方面都产生了重要的影响。在美育领域,主要表现为玄学与以儒家礼乐教化思想为主体的传统"中和论"美育观的双向互动关系的发生,玄学提升和深化了以儒家礼乐教化思想为主体的传统"中和论"美育观,而传统的"中和论"美育观则促进了玄学美学化倾向,从而深化了其中的人文蕴涵。在这种互动关系下,就形成了魏晋南北朝时期以"和"为核心的美育观,它从以人为本的观念出发,在新的形势下对人生、生命、生存等问题进行了重新思考和诠释,在应对挑战中彰显了中国古代"中和论"美育思想的生命力。因此,魏晋玄学与以儒家礼乐教化思想为主体的传统"中和论"美育的关系以及魏晋时期以"和"为核心的美育观都具有重要的研究价值,应引起我们足够的重视。

在审美教育成为全世界的共同话题的今天,我国的美育建设遇到了很严重的挑战。反思中国当代美育发展历程,我们发现中国现代美育的理论基础、话语形式、概念范畴、观点命题等基本都是来自西方,或者说完全照搬西方的美育模式,而忽视了中国的文化语境,割裂了与传统美育的联系,从而引发了诸多问题。魏晋南北朝美育是中国古代"中和论"美育的重要组成部分,不仅对中国古代文人知识分子的人格构建产生了重要影响,

对于解决当代美育建设困难也具有建设意义。中国当代美育建设就应该立足中国的文化土壤和现实状况,充分挖掘和利用以魏晋南北朝美育为代表的传统思想资源,为实现和谐、审美的人类社会不断探索。

参考文献

1.〔战国〕韩非子:《韩非子》,上海古籍出版社 1989 年版。

2.〔战国〕孟子等:《四书五经》,中华书局 2009 年版。

3.〔西汉〕刘安等编著,高诱注:《淮南子》,上海古籍出版社 1989 年版。

4.〔汉〕司马迁:《史记》,中华书局 1959 年版。

5.〔汉〕班固撰,〔唐〕颜师古注:《汉书》,中华书局 1962 年版。

6.〔东汉〕郑玄注,〔唐〕孔颖达正义:《礼记正义》,上海古籍出版社 1990 年版。

7.〔魏〕王弼撰,楼宇烈校:《王弼集校释》,中华书局 1980 年版。

8.〔魏〕刘劭撰,梁满仓等译注:《人物志》,中华书局 2009 年版。

9.〔晋〕陈寿撰,〔南朝宋〕裴松之注:《三国志》,中华书局 1982 年版。

10.〔东晋〕僧肇撰,徐梵澄译注:《肇论》,中国社会科学出版社 1985 年版。

11.〔晋〕葛洪:《抱朴子》,上海书店 1986 年版。

12.〔南朝宋〕刘义庆:《世说新语》,上海古籍出版社 1982 年版。

13.〔南朝宋〕宗炳、王微:《画山水序》,人民美术出版社 1985 年版。

14.〔南朝宋〕范晔撰,〔唐〕李贤等注:《后汉书》,中华书局 1965 年版。

15.〔南朝梁〕沈约:《宋书》,中华书局 1974 年版。

16.〔南朝梁〕释慧皎撰,汤用彤校注:《高僧传》,中华书局 1992 年版。

17.〔南朝梁〕僧祐编撰,刘立夫、胡勇译注:《弘明集》,中华书局 2011 年版。

18.〔南朝梁〕萧统编,〔唐〕李善注:《文选》,上海古籍出版社 1986 年版。

19.〔南朝梁〕萧子显:《南齐书》,中华书局 1972 年版。

20.〔南朝梁〕刘勰:《文心雕龙》,中华书局 1985 年版。

21.〔北齐〕颜之推:《颜氏家训》,中华书局 1954 年版。

22.〔北齐〕魏收:《魏书》,中华书局 1974 年版。

23.〔唐〕房玄龄等撰:《晋书》,中华书局 1974 年版。

24.〔唐〕姚思廉:《梁书》,中华书局 1973 年版。

25.〔唐〕姚思廉:《陈书》,中华书局 1972 年版。

26.〔唐〕令狐德棻等:《周书》,中华书局 1971 年版。

27.〔唐〕李百药:《北齐书》,中华书局 1972 年版。

28.〔唐〕李延寿:《北史》,中华书局 1974 年版。

29.〔唐〕李延寿:《南史》,中华书局 1975 年版。

30.〔唐〕魏徵等:《隋书》,中华书局 1973 年版。

31.〔唐〕杜佑:《通典》,中华书局 1988 年版。

32.〔唐〕欧阳询等撰,汪绍楹校:《艺文类聚》,中华书局 1965 年版。

33.〔唐〕张彦远辑,洪丕谟点校:《法书要录》,上海书画出版社 1986 年版。

34.〔唐〕张彦远撰俞剑华注释:《历代名画记》,上海人民美术出版社 1964 年版。

35.〔宋〕朱熹:《论语集注》,齐鲁书社 1992 年版。

36.〔宋〕朱熹:《四书章句集注》,齐鲁书社 1992 年版。

37.〔宋〕黎靖德编,王星贤点校:《朱子语类》,中华书局 1986 年版。

38.〔宋〕司马光编著,〔元〕胡三省音注,“标点资治通鉴小组”校点:《资治通鉴》,中华书局 1956 年版。

39.〔明〕胡应麟:《诗薮》,上海古籍出版社 1958 年版。

40.〔清〕严可均校辑:《全上古三代秦汉三国六朝文》,中华书局 1958 年版。

41.〔清〕严可均辑,何宛屏等审订:《全晋文》,商务印书馆 1999 年版。

42.〔清〕严可均辑:《全宋文》,商务印书馆 1999 年版。

43.〔清〕陈澧:《东塾读书记》,世界书局 1936 年版。

44.〔清〕沈德潜:《古诗源》,中华书局 1963 年版。

45.〔清〕王先谦:《新编诸子集成》,中华书局 1987 年版。

46.〔清〕王先谦:《荀子集解》,中华书局 1988 年版。

47.〔清〕马瑞辰:《毛诗传笺通释》,中华书局 1989 年版。

48. 周振甫:《文心雕龙今译》,中华书局2013年版。

49. 杨伯峻:《孟子译注》,中华书局1960年版。

50. 杨天宇:《礼记译注》,上海古籍出版社2004年版。

51. 杨天宇:《周礼译注》,上海古籍出版社2004年版。

52. 陈伯君:《阮籍集校注》,中华书局1987年版。

53. 徐震堮:《世说新语校笺》,中华书局1984年版。

54. 庄辉明、章义和:《颜氏家训译注》,上海古籍出版社2012年版。

55. 李逸安译注:《三字经 · 百家姓 · 千字文 · 弟子规》,中华书局2009年版。

56. 王明:《抱朴子内篇校释》,中华书局1986年版。

57. 董国柱:《佛教十三经今译》,黑龙江人民出版社1998年版。

58. 汤用彤:《魏晋玄学论稿》,上海古籍出版社2001年版。

59. 钟仕伦:《魏晋南北朝美育思想研究》,中国社会科学出版社2006年版。

60. 马怀良:《崩溃与重建中的困惑——魏晋风度研究》,中国社会科学出版社1993年版。

61. 刘运好:《魏晋哲学与诗学》,安徽大学出版社2003年版。

62. 张节末:《嵇康美学》,浙江人民出版社1994年版。

63. 詹锳:《文心雕龙的风格学》,人民文学出版社1982年版。

64. 罗宗强:《魏晋南北朝文学思想史》,中华书局1996年版。

65. 袁济喜:《六朝美学》,北京大学出版社1999年版。

66. 卢政:《嵇康美学思想述评》,中国社会科学出版社 2011 年版。

67. 黄少英:《魏晋人物品题研究》,齐鲁书社 2006 年版。

68. 牟宗三:《才性与玄理》,广西师范大学出版社 2006 年。

69. 高晨阳:《阮籍评传》,南京大学出版社 1994 年版。

70. 章太炎:《国学讲演录》,华东师范大学出版社 1995 年版。

71. 鲁迅:《鲁迅全集》,人民文学出版社 1973 年版。

72. 钱穆:《国学概论》,商务印书馆 1931 年版。

73. 梁漱溟:《中西文化及其哲学》,商务印书馆 2003 年版。

74. 宗白华:《美学散步》,上海人民出版社 1981 年版。

75. 朱光潜:《谈美书简》,中华书局 2012 年版。

76. 冯友兰著,张海焘主编:《中国哲学的精神——冯友兰文选》,国际文化出版公司 1998 年版。

77. 冯友兰:《三松堂小品》,北京出版社 1998 年版。

78. 汤用彤:《汤用彤全集》,河北人民出版社 2000 年版。

79. 汤用彤:《汤用彤学术论文集》,中华书局 1983 年版。

80. 李泽厚、刘纲纪主编:《中国美学史》,中国社会科学出版社 1984 年版。

81. 李泽厚:《美的历程》,天津社会科学院出版社 2003 年版。

82. 李泽厚:《美学三书》,安徽文艺出版社 1999 年版。

83. 叶朗:《中国美学史大纲》,上海人民出版社 1985 年版。

84. 胡经之、王岳川:《文艺美学方法论》,北京大学出版社 1994 年版。

85. 曾繁仁:《走向二十一世纪的审美教育》,陕西师范大学出版社 2000 年版。

86. 曾繁仁:《美育十五讲》,北京大学出版社 2012 年版。

87. 曾繁仁等:《现代美育理论》,河南人民出版社 2006 年版。

88. 谭好哲等:《美育的意义:中国现代美育思想发展史论》,首都师范大学出版社 2006 年版。

89. 余英时:《士与中国文化》,上海人民出版社 2003 年版。

90. 朱立元:《天人合一:中华审美文化之魂》,上海文艺出版社 1998 年版。

91. 周宪:《美学是什么》,北京大学出版社 2002 年版。

92. 侯外庐:《中国思想通史》,人民出版社 1957 年版。

93. 任继愈:《中国佛教史》,中国社会科学出版社 1985 年版。

94. 张惠芬、金忠明编著:《中国教育简史》,华东师范大学出版社 2001 年版。

95. 徐复观:《中国艺术精神》,春风文艺出版社 1987 年版。

96. 吴中杰:《中国古代审美文化论》,上海古籍出版社 2003 年版。

97. 黄书光:《中国社会教化的传统与变革》,山东教育出版社 2005 年版。

98. 石峻等编:《中国佛教思想资料选编》,中华书局 1981 年版。

99. 北京大学哲学系美学教研室编:《西方美学家论美和美感》,商务印书馆 1980 年版。

100. 俞剑华编著:《中国画论类编》,人民美术出版社 1986 年版。

101. 上海书画出版社、华东师范大学古籍整理研究室选编、校点:《历代书法论文选》,上海书画出版社 1979 年版。

102. 郭绍虞主编:《中国历代文论选》,上海古籍出版社 2001 年版。

103. 逯钦立辑校:《先秦汉魏晋南北朝诗》,中华书局 1983 年版。

104. 何启民:《竹林七贤研究》,台北商务印书馆 1966 年版。

105. 庄万寿:《嵇康研究及年谱》,学生书局 1990 年版。

106. 张蕙慧:《嵇康音乐美学思想探究》,台北文津出版社 1997 年版。

107. 曾春海:《嵇康:竹林玄学的典范》,万卷楼图书公司 2000 年版。

108. 张蕙慧:《中国古代乐教思想论集》,台北文津出版社 1991 年版。

109. 李美燕:《中国古代乐教思想》,丽文文化事业股份有限公司 1998 年版。

110. 姚世泽:《音乐教育与音乐行为:理论基础及方法论》,师大书苑 1993 年版。

111. 林安弘:《儒家礼乐之道德思想》,文史哲出版社 2002 年版。

112. 江文也著,杨儒宾译:《孔子的乐论》,华东师范大学出版社 2008 年版。

113. [德]马克思著,刘丕坤译:《1844 年经济学哲学手稿》,人民出版社 1979 年版。

114. [德]马克思、恩格斯:《马克思恩格斯全集》,人民出版社 1979 年版。

115. [德]马克思、恩格斯:《马克思恩格斯选集》,人民出版社1972年版。

116. [德]马克思,中共中央马克思、恩格斯、列宁、斯大林著作编译局译:《1844年经济学哲学手稿》,人民出版社2000年版。

117. [德]康德著,宗白华译:《判断力批判》,商务印书馆1964年版。

118. [德]黑格尔著,朱光潜译:《美学》,商务印书馆1979年版。

119. [俄]车尔尼雪夫斯基著,辛未艾译著:《车尔尼雪夫斯基文学论文选》,上海译文出版社1998年版。

120. [法]布尔努瓦著,耿昇译:《丝绸之路》,山东画报出版社2001年版。

121. [法]丹纳:《艺术哲学》,人民文学出版社1983年版。

122. [日]栗原圭介:《中国古代乐论の研究》,大东文化大学东洋研究所1978年版。

123. Robert G. Henricks , *Philosophy and Argumentation in Third – CenturyChina*: *the Essays of Hsi K'ang*, *Princeton*, N. J. : Princeton Univ. Pr. ,1983.

后 记

《魏晋南北朝美育思想研究》是我和祝亚楠女士二人合作研究的成果。

作为一名从事文艺美学研究与教学的高校教师，我自 2005 年开始潜心于魏晋南北朝美学及美育方面的研究。几年来，我主持完成了山东省高等学校人文社会科学研究项目“魏晋玄学与中国古代‘中和论’美育观”，作为子课题负责人参与研究了教育部人文社会科学重点研究基地重大项目“中国古代‘中和论’美育思想研究”。出于兴趣与爱好，祝亚楠女士在攻读硕士学位期间对魏晋南北朝美育思想进行过一些初步的研究，并且其硕士论文的主要内容就是玄学影响下的魏晋美育的基本特征、内在理念、概念范畴、美育追求、途径手段等。由于研究方向的一致性，2012 年我们二人开始进行合作，并着手本书稿的撰写。经过两年多的努力，书稿即将付梓，倍感欣慰。

在书稿完成之际，我要向跋涉在文艺学、美学领域的前辈和广大学者们表示深深的谢意。尤其感谢钟仕伦先生及其研究团队，他们的著作《魏晋南北朝美育思想研究》成为本书稿写作过程中极为重要的参考文献，在观点、思路等方面都给我以极大的启发。还有陈伯君、庄辉明、章义和、袁济喜、罗宗强、张节末、陈炎、谭好哲、仪平策等诸位学者，正是他们的大量研究著述和译注文献，给了我们极大的帮助和启发，使我们能够对一些问题的思考更加深入。同样，我也衷心地希望人们对这部书稿提出批评意见，这将使我受益无穷。

完成这部著作，需要查阅大量的文献资料。资料浩如烟海，丰富而又庞杂，笔者虽皓首穷经，对其爬罗剔抉，去粗取精，但由于本书试图宏观与微观相结合、理论与实践相结合、纵横结合、史论结合，多维度、多层次地对魏晋南北朝美育展开立体研究，加之笔者才疏学浅，资料文献难免有前后重复使用的情况，疏漏和错误之处也在所难免，恳请学界同仁和广大读者提出宝贵意见。

本书的写作和出版，得到了鲁东大学社科处、文学院各位领导和老师们的热情支持与关照，齐鲁书社的许允龙先生、赵自环女士为书稿的撰写提供了很多支持和帮助，在此一并向他们表示真挚的感谢。

我还要感谢我的家人，是他们给予了我无私的支持和帮助，他们始终是我生活和学习中的坚强后盾。感谢鲁东大学文学院文艺学专业的硕士研究生张晓娜同学、张献第同学、高菲同学，她们在文献搜集和书稿校对方面也付出了很多时间和精力。

卢　政

2015 年 9 月 25 日于鲁东大学